W0187641

1945

Niederlage und Neubeginn

Ernst Piper (Hg.)

1945
Niederlage und Neubeginn

EDITION
LINGENSTIFTUNG

Inhalt

Neue Grenzen und zwei deutsche Staaten

Auf dem Weg in die Bundesrepublik

Krieg – Bürgerkrieg – Unabhängigkeit

Ausblick

Vorwort

Vor einem Jahr erschien in der Edition Lingen Stiftung der Band *Das Zeitalter der Weltkriege*, der die Zeit von 1914 bis 1945 in den Blick nahm. Der sehr erfreuliche Erfolg, der dieser Publikation beschieden war, war Anlass für Überlegungen, einen zweiten Band folgen zu lassen, der sich dem epochalen Umbruch der Jahre zwischen dem Ende des Zweiten Weltkriegs und der Etablierung einer neuen Weltordnung in der Ära des Kalten Krieges widmet. Dem Kölner Verleger Werner Schulte ist dafür zu danken, dass er von Anfang an sehr aufgeschlossen auf diese Idee reagiert hat.

Der 8. Mai 1945 ist ein zentrales Datum in der Geschichte des 20. Jahrhunderts. Die Deutschen hatten den Krieg verloren und durch diese militärische Niederlage war die Befreiung vom nationalsozialistischen Terrorregime möglich geworden, eine Befreiung für die Völker Europas, aber auch für die Deutschen selbst. In mehreren europäischen Ländern ist der 8. Mai bis heute ein staatlicher Feiertag, während die Niederländer ihre Befreiung am 5. Mai feiern und die Italiener sogar schon am 25. April. Eine tiefe Zäsur war das Kriegsende für alle europäischen Nationen, auch wenn sich in den nationalen Meistererzählungen unterschiedliche Assoziationsräume ausgebildet haben: der große vaterländische Krieg als entscheidender Beitrag zur heroischen Nationalgeschichte in Russland, der Sieg über den Faschismus aus eigener Kraft in Italien, die Niederlage als Voraussetzung für den Neubeginn in Deutschland, der zum Äußersten entschlossene Widerstand gegen den deutschen Hegemonialanspruch in Großbritannien.

Die Verheerungen, die das NS-Regime hinterlassen hatte, waren so furchtbar, dass für ein Bekenntnis zur Kontinuität kein Raum war.

Trümmerlandschaft: Das Brandenburger Tor in Berlin am Ende des Krieges, Mai 1945.

Die bedingungslose Kapitulation der deutschen Wehrmacht und der vollständige Zusammenbruch des NS-Staates boten, so schien es, die Chance zu einem voraussetzungslosen Neuanfang. Lange Zeit war der Begriff „Stunde Null" enorm populär. Roberto Rossellinis neorealistischer Film *Deutschland im Jahre Null* (1948) hat diese Popularität vermutlich noch gefördert. (Vgl. dazu den Beitrag von Silke Kettelhake in diesem Band.) Inzwischen ist das Schlagwort von der Stunde Null aus dem Diskurs verschwunden. Bundespräsident Richard von Weizsäcker sprach in seiner berühmten Rede am 8. Mai 1985 davon, dass es keine Stunde Null gegeben habe, sondern lediglich einen Neubeginn. Dieser Neubeginn setzte in vielem nolens volens auf Kontinuität. Der Politiker, der die erste Epoche der bundesdeutschen Nachkriegsgeschichte geprägt hat, ist das beste Beispiel dafür. Konrad Adenauer war 1917 in Köln zum damals jüngsten Bürgermeister einer deutschen Großstadt gewählt worden. In den Jahren des „Dritten Reichs" hatte er sich ins Privatleben zurückgezogen. Als er 1949 zum ersten Bundeskanzler gewählt wurde, war er bereits 73 Jahre alt; als er 1963 aus dem Amt schied, stand er im 88. Lebensjahr. Konrad Adenauer war ein untadeliger Demokrat, nach dem 20. Juli 1944 geriet er sogar in Gestapo-Haft, aber die Welt seiner Jugend war inzwischen untergegangen. Die Ära Adenauer gilt heute eher als restaurativ denn als innovativ. Der aufgestaute Modernisierungsbedarf prägte dann die gesellschaftspolitischen Debatten der zweiten Hälfte der 60er-Jahre.

In den meisten europäischen Ländern hatte es in den Jahren nach dem Ersten Weltkrieg faschistische Bewegungen gegeben. Durchsetzen konnten sie sich dort, wo sie auf schwache, verunsicherte und Orientierung suchende Eliten trafen. Die schlimmsten Konsequenzen hatte das in Deutschland. Die nationalkonservativen Eliten in Reichswehr, Wirtschaft, Verwaltung und Kirchen hatten nie viel Sympathie für das demokratische System der Weimarer Republik gehabt, das ihnen glanzlos, parvenühaft und medioker erschien und überhaupt nicht geeignet, das gedemütigte Vaterland wieder zu nationaler Größe zu führen. So setzten nicht wenige ihre Hoffnungen auf Hitler und seine nationalsozialistische Bewegung. Und auch in der frühen Bundesrepublik gab es unter radikal veränderten Gegebenheiten eine beachtliche Kontinuität der Funktionseliten, aber auch eine Personalkontinuität in den sich reorganisierenden Verwaltungsapparaten.

In der DDR lagen die Dinge anders. Dieser Staat sah sich als das „neue Deutschland", der antifaschistische Impuls derer, die im „Dritten Reich" Widerstand geleistet hatten und verfolgt worden waren, wurde zur seiner Legitimierung instrumentalisiert. Die deutsch-sowjetische Völkerfreundschaft war Teil der Staatsräson. Die Sowjetunion etablierte in ihrer Besatzungszone ein kommunistisches Regime. Zu den Charakteristika eines solchen Regimes gehörte eine rücksichtslose Kaderpolitik. Durch rigorose Säuberungen wurde für einen Austausch der Eliten

Sorge getragen, wobei die Säuberungsaktionen nicht nur die SED, sondern auch die Blockparteien betrafen. Die Schauprozesse in den letzten Jahren des Stalinismus gingen einher mit der Enteignung der Privatunternehmer und der Transformation zur Planwirtschaft. Auch in der DDR gab es Nationalsozialisten, denen es gelang, ihre Karriere unter völlig veränderten politischen Rahmenbedingungen fortzusetzen, aber ihre Zahl war sehr viel kleiner als in der Bundesrepublik.

Das Thema des vorliegenden Bandes ist nicht nur das unmittelbare Kriegsende, das schon in vielen Hundert Büchern beschrieben worden ist, sondern die Umbruchszeit von 1945 bis 1949, und das in einer globalen Perspektive. Der erste Abschnitt ist der Besatzungsherrschaft in Deutschland, Österreich und Japan gewidmet. Den Italienern, die sich – auch – selbst von ihrem faschistischen Regime befreit hatten, ist eine Besatzungsherrschaft der Alliierten nach 1945 erspart geblieben. Besatzungsherrschaft hieß Besetzung des Landes, militärische und politische Kontrolle, und sie schloss auch das Bemühen ein, die begangenen Verbrechen zu ahnden und die ihnen zugrunde liegende Ideologie zu überwinden.

Der zweite Abschnitt beschäftigt sich mit der Situation in der Mitte Europas, dem ehemaligen Deutschen Reich, jetzt geteilt in zwei Staaten, die sich antagonistisch gegenüberstanden, da die Anti-Hitler-Koalition zerbrochen war, die neue Grenzen hatten und zudem mit der Aufgabe konfrontiert waren, Millionen von Vertriebenen zu integrieren. Daran schließt sich der dritte Abschnitt an, der sich aus drei ganz unterschiedlichen Perspektiven – der Schuldfrage, der Situation der Wirtschaft, der Rolle der Frauen – mit der Entstehung der Bundesrepublik und der bundesdeutschen Nachkriegsgesellschaft beschäftigt.

Der vierte Abschnitt richtet seinen Blick an ausgewählten Beispielen auf die internationale Entwicklung. Es geht zum einen um Italien, den ehemaligen Verbündeten der Achsenmächte Deutschland und Japan, und um Griechenland, wo der erste heiße Stellvertreterkrieg der beiden Hegemonen der neuen Weltordnung des Kalten Krieges, der USA und der Sowjetunion, stattfindet. Beide Länder fanden einen festen Platz im westlichen Bündnis. Mit dem 1948 durch UNO-Beschluss begründeten Staat Israel hatten die Juden nach mehr als 2000 Jahren der Diaspora wieder eine Heimat. Auch wenn die Mehrheit der Juden bis heute nicht in Israel lebt, kam dieser Gründung nach den Erfahrungen der Shoah eine nicht zu überschätzende Bedeutung für die jüdische Gemeinschaft zu, die nach vielen Jahrhunderten der erzwungenen Wanderschaft zum ersten Mal wieder über ein Territorium verfügte, wo sie sich – mehr oder weniger – sicher fühlen konnte. Die letzten beiden Beiträge widmen sich den weitreichenden politischen Veränderungen in Ostasien, die sich aus dem Wegfall Japans als imperialer Macht und dem Dekolonisierungsprozess ergaben.

Beschlossen wird der Band durch einen Beitrag, der den Bogen von der Situation unmittelbar nach Kriegsende bis heute spannt und Deutschlands Rolle in einem geeinten Europa thematisiert. Trotz zweier verlorener Kriege ist Deutschland heute eine wirtschaftliche Großmacht mit einem entsprechenden politischen Gewicht. Dies und seine geopolitische Lage gibt dem Land seine besondere Verantwortung für weitere Fortschritte im europäischen Integrationsprozess.

Das Buch richtet sich nicht an die akademische Fachöffentlichkeit, sondern an ein allgemein gebildetes Publikum. Die Beiträge befinden sich auf der Höhe der Forschung, verzichten aber auf das Referieren von Forschungskontroversen. Auch auf einen Anmerkungsapparat wurde verzichtet. Wer sich genauer informieren will, findet aber am Ende des Werkes eine Bibliografie mit Empfehlungen für die weitere Lektüre; zugleich enthält diese Bibliografie die wichtigste Literatur, die von den Autorinnen und Autoren herangezogen worden ist. Ergänzt werden die Texte durch eine informative Bebilderung und Karten.

Zur Freude des Herausgebers ist es gelungen, für die verschiedenen Themen hervorragende Gelehrte als Mitarbeiter zu gewinnen. Ihnen allen ist sehr dafür zu danken, dass sie sich an diesem Unternehmen beteiligt haben und auch den eng gesteckten Zeitrahmen beachtet haben, sodass das Buch zeitgerecht zum Jahrestag des 70. Jahrestag des Kriegsendes erscheinen kann. Verlag und Herausgeber danken den folgenden Archi-

ven und Museen für Rat, Hilfe und die Zurverfügungstellung von Abbildungen: Archiv der sozialen Demokratie der Friedrich-Ebert-Stiftung, Gabriele Lutterbeck; DEFA-Stiftung, Sabine Söhner; Institut für Stadtgeschichte Frankfurt, Volker Harms-Ziegler; Jüdisches Museum Berlin, Stefanie Haupt, Aubrey Pomerance, Ulrike Sonnemann, Oliver Stratz, Theresia Ziehe; Landesarchiv Berlin, Aileen Tomzek; Staatsarchiv Sigmaringen, Hartmut Obst, Direktor Volker Trugenberger; Stiftung Flucht, Vertreibung, Versöhnung, Michael Dorrmann und Cornelia Fanslau; Stiftung Gedenkstätten Buchenwald und Mittelbau-Dora, Holm Kirsten.

Mein besonderer Dank gilt Manfred Jehle, Berlin, für seine engagierte Mitarbeit und die Organisation der Bebilderung der Beiträge. Die Karten hat Georg Stelzner bearbeitet, den Umbruch besorgte Geert Möbius. Ihnen allen danke ich für das große Engagement bei der nicht immer leichten Durchführung der Aufgaben. Für die Betreuung des Werkes im Verlag gilt der Dank des Herausgebers Heinrich Hengst, der für die Bedingungen gesorgt hat, unter denen ein solches Werk nur zustande kommen kann.

Berlin, im März 2015   Ernst Piper

Der Krieg ist aus: Gruß eines US-Soldaten vom Flugplatz Pocking in Bayern an seine Mutter: „Hi Ma! The war is over I am coming home". Aufnahme von Tony Vaccaro, Juli 1945.

Ernst Piper

Niederlage und Neubeginn

„Viele Völker gedenken heute des Tages, an dem der Zweite Weltkrieg in Europa zu Ende ging. Seinem Schicksal gemäß hat jedes Volk dabei seine eigenen Gefühle, Sieg oder Niederlage, Befreiung von Unrecht und Fremdherrschaft oder Übergang zu neuer Abhängigkeit, Teilung, neue Bündnisse, gewaltige Machtverschiebungen – der 8. Mai 1945 ist ein Datum von entscheidender historischer Bedeutung in Europa.“
Bundespräsident Richard von Weizsäcker am 8. Mai 1985

Adolf Hitler wollte die Welt beherrschen und überzog sie mit einem Krieg, wie ihn die Menschheit noch nie zuvor gesehen hatte. Er führte Deutschland in die größte Katastrophe seiner Geschichte, eine Katastrophe, die beinahe ganz Europa in den Untergang gerissen hätte. Am Ende verlor er diesen Krieg. Deshalb ist der 8. Mai 1945 zugleich ein Tag der Niederlage und ein Tag der Befreiung. Ohne die Niederlage wäre die Befreiung nicht möglich gewesen. Darin liegt die besondere Bedeutung dieses Datums für die deutsche Geschichte.

In Europa begann der Zweite Weltkrieg mit dem Einmarsch in Polen am 1. September 1939, seine globale Dimension gewann er mit dem Überfall auf die Sowjetunion am 22. Juni 1941. In den ersten Wochen erzielte die Wehrmacht gewaltige Geländegewinne. Am 8. September stand die Heeresgruppe Nord vor Leningrad, umschloss die Stadt, eroberte sie aber bewusst nicht. In den ersten zwölf Monaten verhungerten dort etwa 500.000 Menschen, am Ende waren

es mehr als doppelt so viele, etwa ein Drittel der gesamten Einwohnerschaft. Dies war eines der furchtbarsten deutschen Kriegsverbrechen während des Zweiten Weltkriegs. Wenige Wochen später, am 27. November, standen die deutschen Panzer nur noch 30 Kilometer vom Moskauer Stadtzentrum entfernt, doch der Angriff blieb in Schlamm und Eis stecken. Die Wehrmacht erlitt erhebliche Verluste. Bis zum 1. Dezember 1941 waren 158.773 Soldaten gefallen, 31.191 wurden vermisst und 563.082 waren verwundet. Die Luftwaffe hatte inzwischen mehr als 2000 Flugzeuge verloren, und für einen Winterkrieg war das deutsche Ostheer nicht ausgerüstet. Hitler hatte geglaubt, einen Zweifrontenkrieg vermeiden zu können, und drei Viertel des gesamten Heeres an die Ostfront geworfen, um die Sowjetunion in einem weiteren Blitzkrieg niederzuwerfen und sich dann wieder England zuzuwenden. Doch diese Rechnung ging nicht auf. Die deutschen Geländegewinne waren gewaltig, doch die russischen Landmassen waren noch viel gewaltiger, sodass die sowjetische Armee selbst nach einem Fall Moskaus und weiteren deutschen Vorstößen noch über ausreichende Rückzugsräume verfügt hätte. Außerdem fraß sich der deutsche Angriff nach schnellen Anfangserfolgen fest. Weder Moskau noch Stalingrad konnten am Ende erobert werden.

Dass er den Krieg nicht gewinnen konnte, ahnte Hitler schon im November 1941. Dass er ihn verloren hatte, versuchte er noch im April 1945 zu leugnen. Dazwischen lagen dreieinhalb Jahre voll Leid und Zerstörung, Größenwahn und Vernichtung, Bombenkrieg und Vertreibung.

Mehr als 60 Millionen Menschen mussten sterben, bis der Diktator Hand an sich legte und dem Wahnsinn ein Ende machte. Ende 1944 hatten die Deutschen den größten Teil des in den Jahren zuvor eroberten Territoriums wieder verloren. Ihre ehemaligen Verbündeten Italien, Finnland, Rumänien und Bulgarien hatten die Fronten gewechselt und die sowjetischen Truppen standen zu Beginn des Jahres 1945 an einer Linie, die von Königsberg über Warschau bis Budapest reichte. Noch befand sich kein feindlicher Soldat auf deutschem Boden, aber das deutsche Haus war ein Haus ohne Dach geworden. Die deutsche Luftwaffe hatte den Angriffen der Engländer und Amerikaner am Ende kaum noch etwas entgegenzusetzen. Fast 500.000 Tonnen Bomben wurden noch im letzten Kriegsjahr über Deutschland abgeworfen. Die Luftangriffe im März 1945 waren die heftigsten des gesamten Krieges. Sie trugen zur Auflösung der Heimatfront bei, befriedigten aber auch das Rachebedürfnis der Alliierten. Hitler war das Leid der Zivilbevölkerung völlig gleichgültig. Er besuchte keine einzige der von Bomben getroffenen Städte, sondern erging sich stattdessen in Wutanfällen über die Unfähigkeit der deutschen Luftwaffe. Ihn interessierten nur militärische Erfolge, denn sie waren das einzige Mittel, sein armseliges Leben noch ein wenig zu verlängern.

Zu Beginn des Jahres 1945 hatte das Deutsche Reich noch 7,5 Millionen Soldaten unter Waffen. Aber lediglich 75 der 260 Divisionen standen an der Ostfront, obwohl Generaloberst Guderian dort die Entscheidungsschlacht erwartete. Hitler glaubte ihm nicht; er hatte die letzten deutschen Kräfte zu einer Offensive in den Ardennen zusammengezogen, in der absurden Hoffnung, ein militärischer Erfolg an der Westfront könnte das Bündnis der West-Alliierten mit den Russen in Frage stellen und sie motivieren, gemeinsam mit den Deutschen gegen den bolschewistischen Feind im Osten zu kämpfen. Am 12. Januar 1945 begann die sowjetische Großoffensive. Auf breiter Front wurden die deutschen Linien durchbrochen, am 18. Januar war Warschau erobert. Die mehrfach überlegenen sowjetischen Truppen stießen rasch zur Danziger Bucht vor, erreichten am 26. Januar das Frische Haff und kesselten die Heeresgruppe Mitte vor Königsberg ein. Am 31. Januar, nach einem

der schnellsten Vormärsche des ganzen Krieges, stand Marschall Schukow mit seiner Armee an der Oder, nur noch 65 Kilometer von Berlin entfernt. Im Sturm hatten die russischen Panzer Polen, Ostpreußen, Pommern und Schlesien überrollt und das deutsche Ostheer zerschlagen.

Immerhin konnten die Häfen Danzig und Gdingen noch bis Ende März verteidigt werden. Es gelang der deutschen Kriegsmarine, noch 1,5 Millionen Flüchtlinge und eine halbe Million Soldaten zu evakuieren. Trotz Angriffen aus der Luft und durch sowjetische U-Boote gab es relativ geringe Verluste. Man rechnet damit, dass etwa ein Prozent der Evakuierten auf der Flucht

Drei gefallene Wehrmachtssoldaten sind am Ort ihres Sterbens, nahe dem Wannsee in Berlin, bestattet worden. Das Grab ist mit Blumen geschmückt, daneben blüht die Lebensfreude auf. Foto Ewald Gnilka, Sommer 1945.

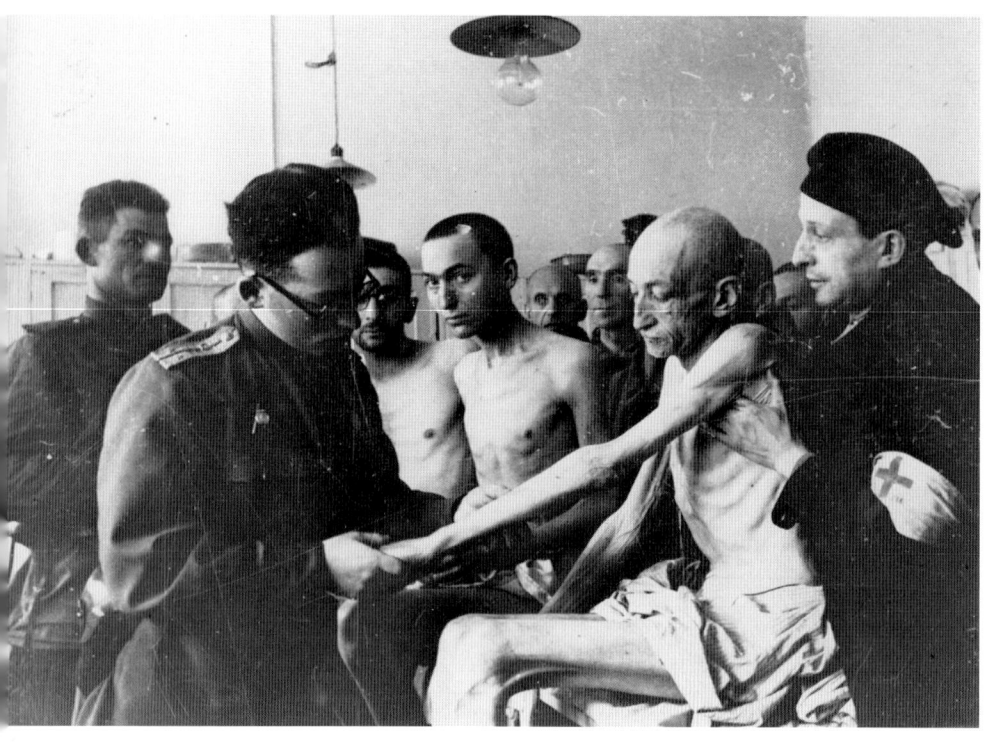

Am 27. Januar 1945 befreien sowjetische Soldaten die wenigen Überlebenden in Auschwitz: Ein sowjetischer Militärarzt versucht zu helfen, Ende Januar 1945.

umkamen. Die meisten starben, als das Kreuzfahrtschiff „Wilhelm Gustloff" nach einem Torpedoangriff in weniger als 50 Minuten sank. Das für 1465 Passagiere und 426 Besatzungsmitglieder gebaute Schiff der NS-Organisation „Kraft durch Freude" (KdF) hatte zum Zeitpunkt der Katastrophe mehr als 10.000 Menschen an Bord. (Günter Grass hat dieses Geschehen in seiner Novelle *Im Krebsgang* geschildert.) Als die Rote Armee näher kam, begaben sich etwa zwei Drittel der östlich von Oder und Neiße lebenden Deutschen auf die Flucht, für die kaum Vorbereitungen getroffen waren. Hitler hatte alle Evakuierungsmaßnahmen stets mit der menschenverachtenden Begründung abgelehnt, sie könnten Unruhe verursachen und bei der Zivilbevölkerung Zweifel am „Endsieg" der Deutschen nähren.

Auf ihrem Vormarsch erreichten sowjetische Einheiten am 27. Januar 1945 die kleine Stadt Auschwitz südwestlich von Krakau. Sie konnten die letzten 7650 Menschen, die dort noch in den Konzentrations- und Vernichtungslagern lebten, befreien, wobei allerdings die Hälfte von ihnen in den folgenden Wochen an den Folgen der erlittenen Qualen starb. Diese wenigen Tausend hatten es vermeiden können, nach Westen gejagt oder abtransportiert zu werden, und die SS hatte in der Eile des Aufbruchs nicht mehr die Zeit gefunden,

sie umzubringen. Die meisten hatten nicht so viel Glück gehabt. Etwa 58.000 Häftlinge schleppten sich, von Schergen der SS scharf bewacht, auf den sogenannten Todesmärschen neuen Torturen in weiter westlich gelegenen Lagern entgegen. Die SS räumte in den ersten Monaten des Jahres 1945 ein Lager nach dem anderen und transportierte die Häftlinge in Gebiete, die noch unter deutscher Kontrolle standen. Diese Todesmärsche fanden unter grausamsten Bedingungen statt. Es gab weder Nahrung noch eine der Jahreszeit angemessene Bekleidung. Wer nicht mehr weiterkonnte, wurde sofort erschossen. 250.000 Menschen kamen dabei ums Leben. In Gardelegen (Sachsen-Anhalt) wurden noch am 13. April 1945, einen Tag bevor die Amerikaner den Todesmarsch erreicht hatten, auf Anweisung des Kreisleiters der NSDAP über Tausend Häftlinge bei lebendigem Leib von SS-Männern in einer Scheune verbrannt.

In der Nacht vom 13. auf den 14. Februar 1945 erfolgte der schwerste Bombenangriff des ganzen Krieges in Europa, der Höhepunkt der Strategie des Flächenbombardements, die die Royal Air Force (RAF) seit 1942 verfolgte: „Dresden ist die größte bebaute Fläche, die noch nicht bombardiert wurde. Mit dem Angriff ist beabsichtigt, den Feind dort zu treffen, wo er es am meisten spüren wird. Hinter einer teilweise schon zusammengebrochenen Front gilt es, die Stadt im Zuge des weiteren Vormarschs unbenutzbar zu machen und nebenbei den Russen, wenn sie einmarschieren, zu zeigen, was das Bomberkommando tun kann." So lautete der Einsatzbefehl für die 773 britischen Lancaster, die in zwei Angriffswellen 650.000 Spreng- und Stabbrandbomben über der Stadt abwarfen. Dresden galt mit seinem einzigartigen Barockensemble als eine der schönsten Städte der Welt. Bisher war dieses „Elbflorenz" von Luftangriffen verschont geblieben. Da die Deutschen glaubten, dass dies auch so bleiben würde, gab es keine effektiven Luftschutzvorkehrungen und kaum Flugabwehrgeschütze. Doch nun entfachte der Bombenteppich ein Feuermeer, das aus der Luft bis nach Frankfurt zu sehen war. Selbst in 4000 Metern Höhe war die Glut des Feuerofens noch in den Kanzeln der britischen Bomber zu spüren. Mindestens 20.000 Menschen kamen bei diesem Angriff ums Leben. Dresden war ein bedeutsamer Eisenbahnknotenpunkt mit strategischer Bedeutung für die Versorgung des Ostheeres, zugleich aber auch der Sammelplatz von Hunderttausenden schlesischen Flüchtlingen.

Die Frage, ob Flächenbombardements, die auf die Zentren der Städte zielten, nach dem Sommer 1944 noch gerechtfertigt waren, ob sie noch einer rationalen militärischen Strategie entsprachen oder bloße Racheakte geworden waren, ist bis heute umstritten. Die pausenlose Bombardierung der Ballungszentren sollte die Rüstungsindustrie, soweit noch intakt, zum Stillstand bringen, aber auch durch die Zerstörung der Infrastruktur der Bevölkerung das Leben unmöglich machen und so den Krieg verkürzen. Die RAF hätte aber die Möglichkeit gehabt, die Bombardierung städtischer Bevölkerungszentren zugunsten von Präzisionsangriffen, wie sie angesichts der totalen britischen Luftüberlegenheit durchaus möglich gewesen wären, aufzugeben. Der Krieg hätte deshalb nicht länger gedauert und er hätte weniger zivile Opfer gefordert. Noch fragwürdiger als die Zerstörung Dresdens war der Luftangriff auf Swinemünde am 12. März 1945, bei dem die RAF die Stadt zum großen Teil zerstörte. Je nach Schätzung kamen in der von Flüchtlingen und Einwohnern völlig überfüllten Stadt zwischen 8000 und 23.000 Menschen ums Leben. Vor allem in der Bahnhofsgegend gab es viele Tote, da sich hier Lazarett- und Flüchtlingszüge stauten. Bei dem Angriff versenkten Tiefflieger auch eine Reihe von Schiffen, die zum Flüchtlingstransport eingesetzt wurden. Auch dabei kamen viele Menschen um, überwiegend Frauen und Kinder.

Am 19. März 1945, als die sowjetischen Armeen schon fast vor Berlin standen, erließ Adolf Hitler, der inzwischen jeden Bezug zur Realität des Kriegsgeschehens verloren hatte, den „Nero-Befehl". Alles sollte zerstört werden, was dem Feind bei seinem Vormarsch, der in Wahrheit längst stattgefunden hatte, dienlich sein konnte. Der Befehl sollte die gesamte Infrastruktur betreffen, vor allem Brücken, aber auch Versorgungsleitungen und Vorräte an Nahrungsmitteln und Industrieanlagen. Es sollten alle Möglichkeiten genutzt werden, der Schlagkraft des Feindes „den nachhaltigsten Schaden zuzufügen", denn, so die Begründung: „Der Feind wird bei seinem

Rückzug uns nur eine verbrannte Erde zurücklassen und jede Rücksichtnahme auf die Bevölkerung fallen lassen." Dieser Satz ist eine klassische Projektion. In Wahrheit war es nicht der Feind, sondern die deutsche Wehrmacht, die sich auf dem Rückzug befand und nach Hitlers Wunsch nur verbrannte Erde zurücklassen sollte. Glücklicherweise wurde dieser Befehl in vielen Fällen missachtet, oft fehlten auch die Zeit oder die Mittel, ihn umzusetzen. Zeitweise vermochte Rüstungsminister Albert Speer Hitler zu bremsen und statt der Zerstörung von Industrieanlagen deren „Lähmung" durchzusetzen.

Am 16. April 1945 begann die Schlacht um Berlin. Dieser militärisch völlig sinnlose Häuserkampf, bei dem die Sowjets Straßenzug um Straßenzug eroberten, führte nicht nur zu einer starken Zerstörung der Stadt, er kostete auch noch einmal 700.000 Menschen das Leben. Hitlers Reich, das einst große Teile Europas umfasst hatte, war inzwischen auf wenige Quadratkilometer zusammengeschrumpft. Von seinem nordöstlich der Reichskanzlei gelegenen „Führerbunker" aus befal der „Führer" Armeen, die nur noch in seiner Phantasie existierten, die Durchführung von Entlastungsangriffen. Seine Entourage hatte bereits das Weite gesucht. Nur wenige Getreue, darunter Joseph Goebbels, der sogar seine Familie in den Bunker geholt hatte, harrten noch bei ihm aus.

Eine siegesgewisse Inszenierung für den Frontfotografen: die Rote Armee in Stargard, das seit dem 4. März 1945 besetzt ist, 32 Kilometer vor Stettin und 142 Kilometer vor Berlin. Das Banner über der Straße weist „Nach Berlin", die drei oberen Straßenschilder zeigen die Richtung nach Moskau, Woronesch und Stalingrad. Aufnahme Jewgeni Chaldej, März 1945.

Am 28. April 1945, inzwischen war die Rote Armee schon bis zum Brandenburger Tor vorgerückt, wurde bekannt, dass Heinrich Himmler versucht hatte, Verbindung mit den West-Alliierten aufzunehmen, die sein Kapitulationsangebot aber abgelehnt hatten. Hitler bekam einen der schlimmsten Tobsuchtsanfälle seines Lebens und schäumte über den „schamlosesten Verrat der deutschen Geschichte". Himmler wurde aus der Partei ausgeschlossen und aller Ämter enthoben. Sein Stellvertreter im Führerhauptquartier, der mit der Schwester von Eva Braun verheiratete SS-Oberführer Hermann Fegelein, wurde als angeblicher Mitwisser standrechtlich erschossen. Nachdem selbst sein „treuer Heinrich" ihn verlassen hatte, traf Hitler in der folgenden Nacht die endgültige Entscheidung, seinem Leben ein Ende zu setzen. Sein faschistischer Kampfgefährte Benito Mussolini war zu diesem Zeitpunkt schon tot. Er war am 28. April, gemeinsam mit seiner Freundin Clara Petacci, in der Nähe des Comer Sees von Partisanen aufgegriffen und ohne große Umstände erschossen worden. Die Leichen hatte man an den Füßen aufgehängt, und eine erregte Menschenmenge hatte sie bespuckt und mit Steinen beworfen. Doch Hitler wollte auf keinen Fall „Feinden in die Hände fallen, die zur Erlustigung ihrer verhetzten Massen ein neues, von Juden arrangiertes Schauspiel benötigen" oder, „dass meine Leiche von den Russen in einem Panoptikum ausgestellt wird." Deshalb hatte er vorgesehen, sich zu erschießen, und seine Untergebenen verpflichtet, die Leiche zu verbrennen. Seine Geliebte Eva Braun, die er in einer improvisierten Zeremonie unmittelbar zuvor geheiratet hatte, ging mit ihm in den Tod. In seinem Testament setzte Adolf Hitler Großadmiral Karl Dönitz zu seinem Nachfolger als Reichspräsident ein.

Der Wehrmachtsbericht meldete am 30. April 1945: „Das heroische Ringen um das Zentrum der Reichshauptstadt hält mit unverminderter Heftigkeit an. In erbitterten Häuser- und Straßenkämpfen halten Truppen aller Wehrmachtsteile, Hitlerjugend und Volkssturm den Stadtkern. Ein leuchtendes Sinnbild deutschen Heldentums." Versprengte Soldaten, kaum bewaffnete Hitler-Jungen und Volkssturm-Männer sowie von Dönitz herbeigeschaffte Matrosen waren zur Verteidigung Berlins angetreten, alles in allem etwa 100.000 Mann. Ihnen standen zweieinhalb Millionen gut ausgerüstete sowjetische Soldaten gegenüber, die von Tausenden von Geschützen, Panzern und Flugzeugen unterstützt wurden. Darüber, wie dieses „heroische Ringen" ausgehen würde, war kein Zweifel möglich.

Am 7. Mai 1945, morgens um 2 Uhr 41, unterzeichnete Generaloberst Alfred Jodl im Obersten Hauptquartier der Alliierten Expeditionsstreit-

Das Ende des NS-Regimes: Sturm auf den Reichstag. Aufnahme Iwan Schagin, 30. April 1945.

Links: Der Victory-Europe Day war zuerst der 7. Mai 1945, proklamiert von den USA und Großbritannien: Die Titelseite der amerikanischen Zeitung *The Call Bulletin* meldet die Kapitulation am 7. Mai in der Ausgabe vom 8. Mai 1945. Später wird dann der 8. Mai, der Tag der Kapitulation in Berlin-Karlshorst, auch in den USA und Großbritannien zum V-E Day.

Rechts: Der Sieg des Sowjetsoldaten, hier als Heiliger Georg dargestellt, über den nationalsozialistischen Adler. Zum 24. Jahrestag der Kapitulationsurkunde vom 8./9. Mai 1945 werden der Sieg und das Ende des Krieges gefeiert, Mai 1969.

kräfte in Reims die deutsche Gesamtkapitulation. In der Nacht vom 8. auf den 9. Mai wurde diese Zeremonie auf ausdrücklichen Wunsch Stalins im Offizierskasino der ehemaligen Pionierschule in Karlshorst bei Berlin wiederholt. Leiter der deutschen Delegation war diesmal Generalfeldmarschall Keitel. Damit war der Krieg in Europa zu Ende. Insgesamt 53 Staaten hatten sich zuletzt mit dem Deutschen Reich im Kriegszustand befunden. Fast die gesamte zivilisierte Menschheit hatte sich in einer Koalition gegen den Irrsinn des Nationalsozialismus zusammengefunden. Aus dieser Anti-Hitler-Koalition gingen nach Kriegsende die Vereinten Nationen hervor.

In Asien, wo der Krieg schon 1938 begonnen hatte, wurde zunächst noch weiter gekämpft. Japan war in seiner insularen Situation strategisch in einer besseren Lage als der deutsche Verbündete. Die Amerikaner hatten sich, angesichts der zu erwartenden schweren Verluste, bisher nicht zu einer Invasion entschließen können. Am 26. Juli 1945 stellte der amerikanische Präsident Harry S. Truman den Japanern ein Ultimatum: „Wir werden Japans Fähigkeit zur Kriegführung vollständig zerstören. Wenn sie jetzt nicht unsere Bedingungen akzeptieren, dann können sie einen Regen der Vernichtung aus der Luft erwarten, wie man ihn auf dieser Erde noch nicht gesehen

hat." Seit Ende November 1944 hatten die Alliierten den Großraum Tokio systematisch bombardiert und der japanischen Kriegsmaschine massive Schläge zugefügt. Bei Luftangriffen auf insgesamt 60 Städte waren mehr als eine Million Zivilisten ums Leben gekommen, weit mehr als in Deutschland. Die Führung der US-Luftstreitkräfte setzte darauf, den Krieg durch die Zerstörung der Großstädte für sich zu entscheiden. Am Tag des Ultimatums, traf „Little Boy" auf der Insel Tinian ein. Es war die zweite von drei Atombomben, die die Amerikaner gebaut hatten, seit 1939 das „Projekt Manhattan" unter der Leitung des Physikers Robert Oppenheimer gestartet worden war. Die erste Bombe war zehn Tage zuvor in der Wüste von New Mexico gezündet worden. Nachdem der Test alle Erwartungen übertroffen hatte, stand für Truman fest, dass er diese militärische Option nutzen würde.

In Tokio wurde heftig über Trumans Ultimatum diskutiert, dem sich auch Großbritannien und China angeschlossen hatten. Doch noch hatte die Kriegspartei die Oberhand. Die Aussicht, alle überseeischen Besitzungen räumen zu müssen, etwa Formosa (das heutige Taiwan), Korea oder die mit einem chinesischen Marionettenkaiser versehene Mandschurei, war allzu schmerzlich. Am 6. August startete ein kleiner, von den Japanern gar nicht beachteter Verband von Flugzeugen den Angriff auf Hiroshima. Die Stadt war ausgewählt worden, weil es hier amerikanischen Informationen zufolge keine Kriegsgefangenenlager gab. Am Detonationspunkt der Atombombe erreichte die Hitze 60 Millionen Grad. Die dem Lichtblitz folgende Druckwelle breitete sich mit einer Geschwindigkeit von 3000 Metern pro Sekunde aus. In den ersten Sekunden nach der Explosion gab es schätzungsweise 70.000 bis 80.000 Tote. Bis Ende 1945 starben noch einmal so viele Men-

wenige traditionsbewusste Japaner stürzten sich daraufhin in ihr Schwert. In manchen Militärakademien ergossen sich Sturzbäche von Blut in die Treppenhäuser. Kamikazeflieger steuerten ihre Maschinen ins Meer. Das Land, das noch nie einen Krieg verloren hatte, war von einem Tag auf den anderen keine Großmacht mehr. Die am 3. November 1946 verabschiedete neue Verfassung legte fest, dass – ein weltweit ziemlich einzigartiger Vorgang – der ansonsten souveräne japanische Staat auf den Unterhalt einer Armee, die Androhung militärischer Gewalt und das Recht zur Kriegführung künftig verzichten sollte. Die Verfassung deklarierte auch das Ende des Feudalsystems. Der Kulturbruch hatte säkulare Dimensionen, die von den Besatzern verfügte „Reeducation" war radikal, aber sie hatte Erfolg. (Vgl. den Beitrag von Axel Schildt in diesem Band.) 1951 wurde der Friedensvertrag von San Francisco geschlossen, im Jahr darauf endete die amerikanische Besatzungsherrschaft und 1956, fast 20 Jahre früher als die beiden deutschen Staaten, wurde Japan Mitglied der Vereinten Nationen. Ein Feudalstaat, der sich Jahrhunderte lang von der Welt abgewandt hatte, wandelte sich in atemberaubendem Tempo zu einer bedeutenden Industrienation.

In das zerstörte, von den Alliierten besetzte Land retten sich Millionen Überlebende aus den Konzentrationslagern, Flüchtlinge und Vertriebene: Straßenszene in Berlin, Mai 1945.

schon an den Folgen. 1950 lag die Zahl der Opfer bei 200.000, später erreichte sie fast 300.000. Am 9. August warfen die Amerikaner ihre zweite und letzte Atombombe auf Nagasaki, wo etwa 35.000 Menschen durch die Explosion umkamen. Insgesamt forderte der Zweite Weltkrieg etwa drei Millionen japanische Opfer. Die Zahl der Opfer der japanischen Aggression, in erster Linie Chinesen, betrug mehr als 20 Millionen.

Der Einsatz der neuen Massenvernichtungswaffe hatte bald den gewünschten Effekt. Am 15. August erklärte Kaiser Hirohito die bis dahin für viele Japaner undenkbare Kapitulation. Nicht

Die Bilanz des Zweiten Weltkriegs war entsetzlich. Etwa 65 Millionen Menschen waren eines gewaltsamen Todes gestorben. Die beiden Völker, die den bei Weitem größten Blutzoll zu entrichten gehabt hatten, waren dabei die Russen und Chinesen. Dem grausigsten Kriegsziel der Deutschen, der Ausrottung des europäischen Judentums, waren fast sechs Millionen Menschen zum Opfer gefallen, darunter etwa eineinhalb Millionen Kinder. Die deutsche Wehrmacht hatte 4,8 Millionen Soldaten verloren, hinzu kamen eine halbe Million Tote der Waffen-SS und paramilitärischer Verbände sowie eine halbe Million Vermisste und vier Millionen Verwundete. Elf Millionen Soldaten waren in Kriegsgefangenschaft geraten. Vierzehn Millionen Deutsche verloren ihre Heimat, fast zwei Millionen von ihnen kamen während der Vertreibung um. Ein schreckliches Massenphänomen war die vor allem von Rotarmisten am Kriegsende verübte sexuelle Gewalt gegen Frauen und Kinder. Bis heute kursieren dazu die unterschiedlichsten Opferzahlen. Wir müssen davon ausgehen, dass bis zu einer Million Frauen jeglichen Alters davon betroffen und auch die Soldaten der westlichen Armeen in erheblichem Umfang beteiligt waren. Nach dem Krieg sind diese Vorgänge aus jeweils entgegengesetzten Gründen jahrzehntelang kaum thematisiert worden. Fast zehn Millionen von der nationalsozialistischen Knechtschaft Befreite befanden sich in Lagern für „Displaced Persons" (DP) und hofften, nach ihrer Verschleppung nun in ihre Heimat zurückkehren zu können. 13 Millionen Soldaten erlebten ihre Demobilisierung. Und etwa neun Millionen wegen der Luftangriffe evakuierte Deutsche strömten in die zerstörten Städte zurück.

All dies vollzog sich unter den denkbar schwierigsten Umständen. Die Infrastruktur war zerstört, Kommunikation funktionierte so wenig wie Transport. Es mangelte an Lebensmitteln und Heizmaterial. Die Kohleproduktion war um 80 Prozent gesunken. Fast vier Millionen Wohnungen, ein Fünftel des gesamten Bestandes, waren zerstört. Gleichzeitig mussten Millionen von Vertriebenen untergebracht werden. Zahllose Familien hatten ihren Ernährer verloren. Ein Drittel aller zwischen 1915 und 1924 geborenen Männer war im Krieg gefallen. Es wurde gehungert und, vor allem zu Beginn in den provisorischen Kriegsgefangenenlagern, auch gestorben. Der Krieg, der 1939 von Deutschland ausgegangen war und die halbe Welt verheert hatte, war am Ende mit aller Grausamkeit nach Deutschland zurückgekommen.

Man könnte denken, dass die Überlebenden angesichts all der namenlosen Schrecken froh waren, mit dem Leben davon gekommen zu sein, froh, dass Krieg und Unfreiheit überwunden waren, und sich erschöpft vom jahrelangen Morden der Neuordnung ihrer Lebensverhältnisse widmeten. Und doch kamen auch in den ersten Nachkriegsjahren Millionen von Menschen in ganz Europa gewaltsam zu Tode. Die Infrastruktur war in weiten Teilen des Kontinents zerstört. Es fehlte an Transport- und Versorgungsmöglichkeiten, an funktionierenden Verwaltungen, an anerkannten und durchsetzungsfähigen Autoritäten, an Polizeikräften und einer ordentlichen Gerichtsbarkeit. Und vielfach fehlte es auch an dem Willen, dem Töten Einhalt zu gebieten. Diebstahl und Raub, Vergewaltigung und Mord,

Racheakte und Pogrome waren an der Tagesordnung. Ethnische Konflikte brachen mit aller Schärfe auf, Griechen kämpften gegen Bulgaren, Serben gegen Kroaten, Rumänen gegen Ungarn und Polen gegen Ukrainer, wobei nicht selten ganze Dorfgemeinschaften ausgerottet oder vertrieben wurden.

Vielerorts waren Juden weiterhin antisemitischer Verfolgung ausgesetzt. Vielen bekannt ist das Pogrom in Kielce, bei dem am 4. Juli 1946 mehr als 40 Juden von ihren polnischen Nachbarn ermordet wurden. In Frankreich wurden Tausende von Kollaborateuren von ihren Lands-

leuten getötet, in Italien zahllose Repräsentanten des gestürzten faschistischen Regimes. Von den mehr als elf Millionen deutschen Kriegsgefangenen kamen mehr als eine Million um, die meisten von ihnen in Russland. Dort dauerte die Gefangenschaft viel länger als in den anderen Ländern und die Lebensumstände waren extrem schwierig, aber der Hauptgrund dafür, dass so viele deutsche Soldaten in sowjetischer Gefangenschaft starben, lag darin, dass es praktisch niemanden dort interessierte, ob sie die Haft überlebten oder nicht. Den sowjetischen Soldaten war jahrelang eine schreckliche antideutsche Hasspropaganda eingetrichtert worden,

Kultur in Trümmern – Auf die Zerstörung der Infrastruktur macht der Ort dieser Ausstellung zeitgenössischer Malerei aufmerksam: „Gesicht der Zeit" mit Werken von Adolf Eiermann und Helmut (Otto) Blankmeister zwischen den Ruinen der Stadt Frankfurt am Main, April 1946.

Links: Ein Münchner fordert auf einer Steinplatte Lebensmittel und droht, die „ReEducation" scheitern zu lassen, Winter 1945/1946.

Rechts: Die Lehre aus dem Hungerwinter 1945/1946: Nach dem Abholzen des Tiergartens wurden im Frühjahr 1946 Kartoffeln gepflanzt.

Am 24. Dezember 1945 feierten die Deutschen nach sieben Jahren zum ersten Mal ein Weihnachten ohne Krieg. Die *Stuttgarter Zeitung* schrieb aus diesem Anlass: „Das deutsche Volk wird heuer das Weihnachtsfest in einer Freudlosigkeit feiern müssen, wie sie so dunkel und so allgemein noch nie in der Geschichte, die wir übersehen können, über die Lande ihrer Zunge hereingebrochen ist." Der Autor des Artikels war keineswegs ein enttäuschter Nationalist oder gar ein unbelehrbarer Nazi. Geschrieben hatte diese Zeilen der Sozialdemokrat Carlo Schmid, der führend am Aufbau des Landes Württemberg-Hohenzollern beteiligt sein sollte und 1947 dessen stellvertretender Ministerpräsident wurde. (1952 wurde das Land mit Baden zum Bundesland Baden-Württemberg vereinigt.) Aus Carlo Schmids Worten sprach die maßlose Enttäuschung, die unermessliche Leere, die das „Dritte Reich" hinterlassen hatte. Hitlers totalitäres Regime hatte große Teile Europas verheert. Aber auch Deutschland selbst war innerlich wie äußerlich eine Trümmerwüste, Millionen von Vätern, Männern und Söhnen auf den Schlachtfeldern geblieben, ein großer Teil der in Jahrhunderten gewachsenen Städte zerstört, die künstlerische und die wissenschaftliche Elite marginalisiert, vertrieben oder ermordet, die geistige

aber die Sowjetunion hatte auch mehr unter der deutschen Aggression gelitten als jede andere am Krieg beteiligte Nation. Mit etwa 27 Millionen Kriegsopfern hatte sie einen beispiellosen Blutzoll entrichten müssen.

Mitte des Lebens verloren. Bei Kriegsende ging eine Selbstmordwelle durch Deutschland, wie es sie noch nie gegeben hatte. Die Menschen waren wie betäubt. Hunderttausende saßen noch Jahre später in Kriegsgefangenschaft. Millionen befanden sich auf der Flucht. Unzählige wurden vermisst. Andere waren im Exil oder lebten in DP-Camps. Diejenigen, die sich durch glückliche Umstände an ihrem Heimatort befanden, mussten in Häusern ohne Dach unterkommen, in ungeheizten Wohnungen ohne Fenster. Und wer eine Wohnung hatte, hatte noch lange nichts zu essen. Die Besatzer versorgten die Bevölkerung nur notdürftig mit Lebensmittelmarken. Im November 1945 wurde in den Westzonen die tägliche Kalorienzahl pro Kopf auf 1550 heraufgesetzt, im Februar 1946 wieder auf knapp über 1000 reduziert. Das war nicht einmal die Hälfte dessen, was ein Erwachsener zum Überleben brauchte. In ihrem *Handbook for Military Government in Germany* waren die Amerikaner 1944 noch davon ausgegangen, dass jeder Deutsche 2000 Kilokalorien am Tag erhalten sollte.

Der große englische Humanist Victor Gollancz, ein Verleger und Schriftsteller, der in Großbritannien mehrere aufrüttelnde Berichte über seine Deutschlandreise im Jahr 1946 veröffentlichte, schrieb, die Ernährungsrationen, die man der deutschen Bevölkerung zugestehe, seien nicht höher als zuvor die Rationen der Häftlinge im Konzentrationslager Bergen-Belsen, jenem Lager, das britische Soldaten am 15. April 1945 unter großer Anteilnahme der britischen Öffentlichkeit befreit hatten. Mangelernährung war im ganzen Land verbreitet. Typhusfälle vermehrten sich explosionsartig, die Säuglingssterblichkeit verdreifachte sich gegenüber den letzten Vorkriegsjahren. Obwohl der Krieg zu Ende war, verringerte sich die Bevölkerung Deutschlands weiterhin, denn die Zahl der Todesfälle überstieg die der Geburten bei Weitem.

Die meisten, die über jene Zeit geschrieben haben, erwähnen die erste Friedensweihnacht nicht. Es gab nichts zu feiern und man erinnerte sich nicht gern daran. Eine der Ausnahmen war die Halbjüdin Hildegard Hamm-Brücher, für die das Geschenk der Freiheit alle erlittenen Schrecken aufwog: „Zum ersten Mal empfand ich die Weihnachtsgeschichte als Heilsgeschichte, als lebendige Hoffnung und als Kraftquell. Die Geburt des ‚Heilands‘ war für mich nicht länger nur ein Gedenktag, sondern eine wirkliche Ankunft, die ich in diesem Jahr 1945 erstmals bewusst erleben und erfahren durfte."

Mit seiner Politik der gezielten Provokationen, dem skrupellosen Bruch internationaler Verträge, brutalen Überrumpelungsversuchen, der ungehemmten Aggressionsstrategie, militärischer Hochrüstung gepaart mit radikalem Expansionswillen und der Bereitschaft, kriegerische Risiken ohne Rücksicht auf Verluste einzugehen, hatte Hitler in den Anfangsjahren des Zweiten Weltkriegs bemerkenswerten Erfolg gehabt. Aber die Welt war nicht gewillt, dem Treiben seines Vernichtungswahns tatenlos zuzusehen. Schon bald nach dem Überfall auf die Sowjetunion war es zu einer ersten Verständigung unter seinen Gegnern gekommen. Am 12. Juli 1941 unterzeichneten die britische und die sowjetische Regierung einen Beistandspakt. Wenig später, am 9. August 1941, trafen sich Roosevelt und Churchill unter höchster Geheimhaltung auf dem britischen Schlachtschiff „Prince of Wales" in der Placentia Bay vor Neufundland. Hier verständigten sie sich auf die Atlantik-Charta, in der wesentliche Grundsätze für die weitere Kriegführung festgehalten wurden: der Verzicht auf territoriale Expansion, gleichberechtigter Zugang zum Welthandel und zu Rohstoffen, Verzicht auf die Gewaltanwendung zwischen Staaten, das Selbstbestimmungsrecht der Nationen, enge wirtschaftliche Zusammenarbeit aller Nationen mit dem Ziel der Herbeiführung besserer Arbeitsbedingungen und sozialer Schutz für alle arbeitenden Menschen, Sicherheit für die Völker vor Tyrannei, Freiheit der Meere, weltweite Abrüstung und eine endgültige Zerstörung der Nazi-Herrschaft. Diese Erklärung wurde am 24. September 1941 von der Sowjetunion und einer Reihe von Exilregierungen von den Deutschen besetzter Länder unterzeichnet, darunter die Griechenlands, Jugoslawiens, der Niederlande, Norwegens, Polens, der Tschechoslowakei und Frankreichs. Die Atlantik-Charta atmete noch den Geist des 14-Punkte-Plans des amerikanischen Präsidenten Woodrow Wilson vom Januar 1918 und gehört zur Gründungsgeschichte der Vereinten Nationen.

Franklin D. Roosevelt und Winston Churchill auf der „HMS Prince of Wales" während der Atlantic Charter Konferenz. Rechts neben Churchill: US-Generalstabschef George C. Marshall, 10. August 1941.

Die USA unterstützten in zunehmendem Maße Großbritannien und auch die Sowjetunion durch Kredite und Waffenlieferungen. Noch waren die USA offiziell neutral, doch das änderte sich schlagartig, als am Morgen des 7. Dezember 1941 von sechs japanischen Flugzeugträgern aus ein Luftangriff auf das Hauptquartier der amerikanischen Pazifikflotte in Pearl Harbor auf Hawaii gestartet wurde. Am 8. Dezember erklärten die Vereinigten Staaten Japan den Krieg, woraufhin Deutschland und Italien drei Tage später Amerika ebenfalls den Krieg erklärten. In Fortführung der Beratungen über die Atlantik-Charta trafen sich Amerikaner und Briten am 22. Dezember 1941 in Washington zur Arcadia-Konferenz und schufen die „Combined Chiefs of Staff", einen gemeinsamen Operations- und Planungsstab. Als Strategie wurde festgelegt, die koordinierten Luftangriffe auf Deutschland weiter zu verstärken und parallel dazu die sowjetische Offensive zu unterstützen. Die West-Alliierten wollten außerdem eine europäische Landfront gegen die Achsenmächte eröffnen, wobei es lange Zeit mehrere Optionen gab. Auf der Konferenz von Casablanca fiel dann im Januar 1943 die Entscheidung für ein Landemanöver auf Sizilien. Zugleich wurde die Strategie der kombinierten Bomberoffensive weiter intensiviert. Die Briten griffen in der Nacht an, die Amerikaner am Tag. Die Flug-

zeuge mit ihrer todbringenden Last wurden für die Deutschen bald ein Teil des Alltagslebens. Da die vorhandenen Luftschutzkeller und Bunker bei Weitem nicht alle Menschen aufnehmen konnten und direkter Bombeneinwirkung auch nicht gewachsen waren, begann man, Teile der Bevölkerung zu evakuieren.

Die Konferenz von Casablanca sollte erstmals ein trilaterales Treffen auf höchster Ebene sein. Roosevelt und Churchill hatten auch Stalin eingeladen, der aber in Russland blieb, weil sich die Schlacht um Stalingrad gerade im Endstadium befand und er das militärische Kommando nicht verlassen wollte. Nach der Konferenz wurden die bedingungslose Kapitulation von Deutschland, Japan und Italien erstmals offiziell als Kriegsziel benannt. Roosevelt notierte für die Mitteilung an die Presse: „Die bedingungslose Kapitulation dieser Mächte kann allem Ermessen nach den Weltfrieden für Generationen sichern. Bedingungslose Kapitulation bedeutet nicht die Vernichtung der deutschen, der japanischen oder der italienischen Bevölkerung, sie bedeutet vielmehr die Zerstörung einer Weltanschauung in Deutschland, Italien und Japan, die auf Eroberung und Unterjochung anderer Völker beruht." Es ging bei diesem Krieg auch um die Verteidigung universaler Prinzipien. Präsident Roosevelt hatte bereits in seiner grundlegenden Rede vor dem amerikanischen Kongress am 6. Januar 1941 die „Four Freedoms" propagiert: die Freiheit der Meinung, die Freiheit des religiösen Bekenntnisses, die Freiheit von Not und die Freiheit von Furcht. Der Präsident wollte das amerikanische Volk aufrütteln und aufrufen zu einer aktiven Verteidigung der Freiheit. Damals prägte er den berühmten Satz: „Wer die Freiheit aufgibt zu Gunsten der Sicherheit, der wird am Ende beides verlieren, Freiheit und Sicherheit." Angesichts starker isolationistischer Strömungen in den USA kam dieser Rede des populären Präsidenten große Bedeutung zu.

Am 19. Oktober 1943 kamen die Außenminister der USA, Großbritanniens und der UdSSR in Moskau zu einer Konferenz zusammen, bei der erstmals Genaueres hinsichtlich der weiteren Zusammenarbeit, auch über das Kriegsende hinaus, vereinbart wurde. Es wurde eine European Advisory Commission (Europäische Beratende Kommission) gegründet, die im Dezember 1943 in

Die bedingungslose Kapitulation Deutschlands fordern die Teilnehmer der Konferenz von Casablanca, zu der Stalin wegen der Kämpfe in Stalingrad nicht gekommen ist (von links): Henri Honoré Giraud, Franklin D. Roosevelt, Charles de Gaulle, Winston Churchill, 14.–26. Januar 1943.

London ihre Arbeit aufnahm. Die Kommission entwickelte 1944 im sogenannten Londoner Zonenprotokoll einen ersten Plan zur Bildung von Besatzungszonen in Deutschland nach Kriegsende. Die Anti-Hitler-Koalition verständigte sich darauf, von Deutschland die bedingungslose Kapitulation zu verlangen und Verhandlungen über einen Waffenstillstand auch mit den Verbündeten der Achsenmächte nur gemeinsam zu führen. Die USA und Großbritannien erneuerten ihre Verpflichtung, in Westeuropa eine zweite Front gegen das Deutsche Reich zu eröffnen, die mit der Landung in der Normandie allerdings erst im folgenden Jahr umgesetzt wurde. Am 16. November 1943 schloss sich auch das französische Komitee für die Nationale Befreiung, das die Generäle Charles de Gaulle und Henri Giraud am 3. Juni 1943 in Algier gegründet hatten, als Vertretung des freien Frankreich der Moskauer Erklärung an.

Ein zentrales Thema war die Frage, wie mit dem Deutschen Reich nach dem Ende des Krieges umgegangen werden sollte. Es ging um Fragen der Besetzung des Landes durch alliierte Truppen, die Übernahme der Regierungsgewalt, die Entmilitarisierung und die Zerstörung der Kriegsindustrie, aber auch um die Entnazifizierung und Demokratisierung Deutschlands. Auch erste Absichtserklärungen in Hinblick auf die Frage der Behandlung der nationalsozialistischen Kriegsverbrechen gab es in der Moskauer Erklärung. Die Verbrecher, „deren Verbrechen geografisch nicht begrenzt sind", sollten „nach gemeinsamem Beschluss der alliierten Regierungen bestraft werden." Das führte in der Konsequenz zu dem Hauptkriegsverbrecherprozess vor dem Internationalen Militärgerichtshof in Nürnberg. Am 26. Juni 1945 trafen sich Vertreter der Siegermächte in London. Leiter der amerikanischen Delegation war der Richter am obersten Bundesgericht Robert Jackson, dessen Dossier die Grundlage der Londoner Beratungen bildete. Nach 15 Sitzungen einigte man sich am 8. August 1945 auf das Londoner Abkommen und das Statut für den Internationalen Militärgerichtshof, der in Berlin seinen Sitz hatte, aber dann in Nürnberg tagte. Die übrigen Kriegsverbrecher sollten gemäß der Moskauer Erklärung von 1943 in den Ländern vor Gericht gestellt werden, in denen sie ihrer Taten beschuldigt wurden. Jedes Waffenstillstandsabkommen sollte die Bestimmung enthalten, nationalsozialistische Verbrecher an den

TOP SECRET

Program to Prevent Germany from
starting a World War III

1. Demilitarization of Germany.

It should be the aim of the Allied Forces to accomplish the complete demilitarization of Germany in the shortest possible period of time after surrender. This means completely disarming the German Army and people (including the removal or destruction of all war material), the total destruction of the whole German armament industry, and the removal or destruction of other key industries which are basic to military strength.

2. New Boundaries of Germany.

(a) Poland should get that part of East Prussia which doesn't go to the U.S.S.R. and the southern portion of Silesia. (See map in 12 Appendix.)

(b) France should get the Saar and the adjacent territories bounded by the Rhine and the Moselle Rivers.

(c) As indicated in 4 below an International Zone should be created containing the Ruhr and the surrounding industrial areas.

3. Partitioning of New Germany.

The remaining portion of Germany should be divided into two autonomous, independent states, (1) a South German state comprising Bavaria, Wuerttemberg, Baden and some smaller areas and (2) a North German state comprising a large part of the old state of Prussia, Saxony, Thuringia and several smaller states.

There shall be a custom union between the new South German state and Austria, which will be restored to her pre-1938 political borders.

4. The Ruhr Area. (The Ruhr, surrounding industrial areas, as shown on the map, including the Rhineland, the Keil Canal, and all German territory north of the Keil Canal.)

Here lies the heart of German industrial power. This area should not only be stripped of all presently existing industries but so weakened and controlled that it can not in the foreseeable future become an industrial area. The following steps will accomplish this:

(a) Within a short period, if possible not longer than 6 months after the cessation of hostilities, all industrial plants and equipment not destroyed by military action shall be completely dismantled and transported to Allied Nations as restitution. All equipment shall be removed from the mines and the mines closed.

(b) The area should be made an international zone to be governed by an international security organization to be established by the United Nations. In governing the area the international organization should be guided by policies designed to further the above stated objective.

Ort ihrer Verbrechen zu überstellen. Um die Vorbereitung dieser Verfahren kümmerte sich die United Nations War Crimes Commission (UNWCC), die wie die Beratende Kommission in London ihren Sitz hatte und bis Ende März 1948 bestand.

Bei dem eigentlichen Kernproblem, der territorialen Gestalt eines künftigen Nachkriegsdeutschland, gab es dagegen 1943 noch keine spruchreifen Überlegungen. Zu unterschiedlich waren die Positionen zwischen den Alliierten, aber auch innerhalb der einzelnen Regierungen. Insbesondere innerhalb der US-Regierung gab es weit auseinandergehende Ansichten darüber, wie mit dem besiegten Nazideutschland umgegangen werden sollte. Eine wichtige Rolle spielte

Top Secret: Die erste Seite des Morgenthau-Plans. Im September 1944 legte Henry Morgenthau seinen Plan zur Entmilitarisierung, Verkleinerung und Aufteilung Deutschlands und Internationalisierung des Ruhrgebiets vor.

Erziehung zur Demokratie: Deutsche Kriegsgefangene studieren die Geschichte der amerikanischen Demokratie, 7. Dezember 1945.

hier Henry Morgenthau, der von 1934 bis 1945, also fast während Roosevelts gesamter Amtszeit, amerikanischer Finanzminister war. Roosevelt teilte in vielem Morgenthaus negatives Deutschlandbild und neigte andererseits dazu, die Aggressivität und Skrupellosigkeit Stalins zu unterschätzen, sodass auch er den deutschen und den japanischen Expansionismus für grundsätzlich gefährlicher hielt als den sowjetischen.

Morgenthau trieb die Frage um, wie man nach einem gewonnenen Krieg verhindern könne, dass Deutschland, nachdem es – so die damalige Sicht – die Welt nun schon zweimal in einen großen Krieg gestürzt habe, wieder in die Lage käme, irgendwann einen dritten Krieg zu beginnen. In diesem Zusammenhang wurden viele Optionen erwogen: Gebietsabtretungen, eine längerfristige Besatzungsherrschaft, eine Aufteilung des Landes in kleinere Staaten, Demilitarisierung oder sogar eine grundsätzliche Reagrarisierung. Am 4. September 1944 legte Morgenthau ein „für die Zeit nach der Kapitulation empfohlenes Deutschlandprogramm" vor. Es war ein sehr radikales Programm, das unter anderem eine völlige Deindustrialisierung des Ruhrgebiets, nicht aber des ganzen Landes, vorsah. In einem Entwurf für das Abschlusskommuniqué der zweiten Konferenz in Québec, die im September 1944 stattfand, hatte Morgenthau geschrieben: „Dieses Programm

zur Abschaffung der auf Krieg ausgerichteten Industrien an Ruhr und Saar wird Deutschland zu einem Land mit vorwiegend agrarischem Charakter machen." Doch sowohl der amerikanische als auch der britische Außenminister widersprach dem Vorschlag entschieden und Churchill lehnte diese politische Agrarromantik ebenfalls ab.

Henry Morgenthau, dessen Großeltern aus Mannheim in die USA eingewandert waren, ist bis heute Gegenstand vielfältiger Projektionen. Er hatte von Anfang eng mit Roosevelt zusammengearbeitet und dessen Politik des New Deal maßgeblich unterstützt. Als Diplomatensohn hatte Morgenthau im Ersten Weltkrieg in der Türkei die Vernichtung der Armenier miterlebt und 1942 erfuhr er vom Schicksal der Juden in Europa. Dass die Täter bestraft werden müssten und Derartiges sich keinesfalls wiederholen dürfe, wurde für ihn zu einem zentralen Thema. Hier ist der Grundimpuls für seine radikalen Pläne zu suchen. Auf der anderen Seite gab es in der amerikanischen Regierung eine starke Fraktion von eher konservativen Pragmatikern, die bereits darüber nachdachten, dass man nach dem Krieg auf die Zusammenarbeit mit einem entnazifizierten Deutschland zur gemeinsamen Abwehr sowjetischer Expansionsbestrebungen hinarbeiten sollte. Die Gegner von Morgenthaus Plänen sorgten dafür, dass diese frühzeitig an die Öffentlichkeit kamen, was dazu führte, dass Roosevelt sich schon bald von ihnen distanzierte. Die Indiskretion hatte zur Folge, dass der Morgenthau-Plan auch in Deutschland bekannt wurde. Die NS-Propaganda erhielt so die Möglichkeit, den Finanzminister als jüdischen Racheengel darzustellen, der angeblich 30 Millionen Deutsche dem Hungertod preisgeben wollte. Auch wenn diese Propaganda nicht unmittelbar erfolgreich war und der Morgenthau-Plan seiner Realisierung niemals auch nur nahe kam, spielte er als Zerrspiegel eines angeblichen jüdischen und amerikanischen Vernichtungswillens eine beträchtliche Rolle und hatte in antisemitischen Kreisen ein beachtliches Nachleben.

Die Frage, ob die Amerikaner einem besiegten Deutschland eher einen harten Frieden der dauerhaften Unschädlichmachung, der Kontrolle und Zerstückelung auferlegen oder aber versuchen sollten, das Land gründlich entnazifiziert, friedfertig und wirtschaftlich stabilisiert in die Weltgemeinschaft der zivilisierten Nationen zurückzuführen, blieb im Grunde bis zu Roosevelts Tod am 12. April 1945 unentschieden. Erst sein Nachfolger Harry S. Truman leitete einen klaren Kurswechsel ein, indem er die Devise ausgab: „Nicht Deutschland ist unser Problem, sondern Russland." Der rasche Vormarsch der Roten Armee in Europa erfüllte die Amerikaner zunehmend mit Sorge und am 23. April bestellte Truman den sowjetischen Außenminister Molotow nach Washington, wo er ihm eine Standpauke hielt, die diesen zu dem Satz veranlasste: „So hat mein Lebtag noch niemand mit mir geredet." Jetzt, wo der Krieg sich dem Ende zuneigte, ging es um die Frage, wie künftige Macht- und Einflusssphären der Großmächte aussehen würden. Morgenthau durfte nicht an der Konferenz von Potsdam teilnehmen und wurde kurz darauf auch als Finanzminister entlassen. Truman vertraute seinem Tagebuch an: „Ich muss den Eifer des jüdisch-amerikanischen Staatsmannes besiegen, der nach Rache dürstet."

Dennoch schlug sich vieles, worüber in Morgenthaus Umfeld nachgedacht worden war, zunächst in den Richtlinien für die Besatzungspolitik nieder. Im Mai 1945 trat die Direktive JCS 1067 in Kraft, die Grundlinien der US-amerikanischen Besatzungspolitik festlegte, wobei die Bestimmungen der täglichen Konfrontation mit dem Alltag nicht immer lange standhielten. Deutschland sollte von den Besatzern als Feindstaat behandelt werden, der dauerhaft daran gehindert werden müsse, zu einer erneuten Gefahr für den Frieden zu werden. Das war nachvollziehbar. Aber das daraus abgeleitete Gebot der sogenannten Non-Fraternization zwischen amerikanischen Besatzern und deutschen Zivilisten, das jegliche freundliche Kontaktaufnahme untersagte, erwies sich sehr schnell als unrealistisch.

Für das wirtschaftliche Leben gab es in der Direktive JCS 1067 strenge Vorschriften. Die Schlüsselindustrien sollten einer mindestens zeitweiligen Kontrolle unterstellt werden, und bereits auf der Konferenz in Jalta hatte man im Februar 1945 Beschlüsse zur Dekartellisierung der deutschen Industrie gefasst. Es ging vor allem auch darum, rüstungswirtschaftlich bedeutsame Unternehmen aufzuspalten. Der bedeutsamste Fall, in dem das tatsächlich geschah, betraf den Chemiekonzern I.G. Farben, der mit über

200.000 Beschäftigten eines der größten Privatunternehmen der Welt war. Etwa zwei Drittel der gesamten Produktpalette hatten der Rüstungsproduktion gedient. Ab 1941 wurden synthetisches Kautschuk und Benzin in den Bunawerken bei Auschwitz hergestellt. Für die Häftlinge, die dort arbeiteten, wurde ein eigenes Konzentrationslager eingerichtet. Eine Tochterfirma der I.G. Farben, die Degesch, lieferte das Gas Zyklon B, mit dem gleichzeitig im Vernichtungslager Auschwitz-Birkenau die Vergasungsaktionen durchgeführt wurden. Während des Krieges plünderte die I.G. Farben in Zusammenarbeit mit der Wehrmacht und der nationalsozialistischen

Trotz „Non-Fraternization": Ein US-Soldat erklärt deutschen Jugendlichen in Frankfurt-Hoechst die Regeln beim Baseball. Aufnahme von Tony Vaccaro, 1945.

Bürokratie die Chemieindustrien der besetzten Länder. Nach Kriegsende wurde das Unternehmen aufgelöst und ein amerikanisches Militärgericht verurteilte 1948 dreizehn leitende Mitarbeiter zu bescheidenen Haftstrafen. Die Direktive JCS 1067 sah auch ein „industrial disarmament" vor, eine industrielle Abrüstung, sogenannte Demontagen. Doch in den westlichen Zonen nahmen die Besatzer davon relativ schnell Abstand, während die Sowjets in ihrer Besatzungszone umfangreiche Demontagen zur Befriedigung ihrer Reparationsansprüche durchführten. (Vgl. dazu den Beitrag von Christopher Kopper in diesem Band.)

Die Direktive JCS 1067 enthielt manche Elemente, die noch von einem Bestrafungs- und Racheimpuls getragen waren. So war den Besatzern sogar verboten, ihren deutschen Hausangestellten übriggebliebene Speisen zu überlassen. Auch die berühmten Nahrungsmittelpakete, die von der am 27. November 1945 gegründeten Hilfsorganisation CARE nach Europa geschickt wurden, durften erst ab dem 5. Juni 1946 in die amerikanische Besatzungszone geschickt werden, in die britische Zone kurz darauf und in die französische Zone sogar erst im Dezember 1946. Am Ende waren es dann immerhin fast zehn Millionen CARE-Pakete, die die Menschen in den westlichen Besatzungszonen, in Österreich und anderen europäischen Staaten erreichten. Die Direktive JCS 1067 wurde 1946 pragmatisch an den gewandelten Besatzungsalltag adaptiert und im Juli 1947 offiziell durch die Direktive JCS 1779 ersetzt. Die Konturen des beginnenden Kalten Krieges wurden täglich deutlicher erkennbar und er schuf neue Prioritäten. Die Spaltung Deutschlands erschien den Amerikanern im Vergleich zu einer Bolschewisierung des ganzen Landes als das kleinere Übel und die Integration der drei westlichen Besatzungszonen vertrug sich kaum mit den ursprünglichen Ideen über die Ausgestaltung der Besatzungsherrschaft.

Das Petersberger Abkommen, das der am 15. September gewählte Bundeskanzler Adenauer am 22. November 1949 mit den drei westlichen Alliierten Hohen Kommissaren aushandeln konnte, zog dann auch offiziell einen Schlussstrich unter die bisherige Besatzungspolitik. Die Demontagen wurden eingestellt. Die Bundesrepublik Deutschland sollte in die Europäische Gemeinschaft eingegliedert werden und sie erhielt die Erlaubnis, sich um die Aufnahme in internationale Organisationen zu bemühen.

Ein Akt der Diplomatie war es, entschieden zu versichern, dass die Bundesregierung nach den Grundsätzen von Freiheit, Toleranz und Menschlichkeit handeln und jegliches Wiederaufleben totalitärer Bestrebungen verhindern wolle. Und die „ernste Entschlossenheit, die Entmilitarisierung des Bundesgebietes aufrechtzuerhalten", war angesichts der von den Amerikanern schon im Jahr darauf betriebenen Geheimverhandlungen über die Aufstellung westdeutscher Streitkräfte ohnehin bald Makulatur. Das Petersberger Abkommen erweiterte den Handlungsspielraum der ersten deutschen Bundesregierung ganz erheblich und war ein wichtiger Schritt hin zur Wiedergewinnung der staatlichen Souveränität.

Schon vor Kriegsende hatten sich auf der Konferenz von Jalta Gegensätze gezeigt, die im April 1945, nach dem Tod Roosevelts, vollends aufbrachen. In einem Telegramm an dessen Nachfolger Harry S. Truman sprach Churchill davon, „dass längs der russischen Front ein eiserner Vorhang niedergegangen ist. Wir wissen nicht, was dahinter vor sich geht." Am 12. März 1947 verkündete der neue amerikanische Präsident die nach ihm benannte Truman-Doktrin. Die USA wollten demnach allen Völkern Beistand gewähren, „deren Freiheit von militanten Minderheiten oder durch einen äußeren Druck bedroht ist." Das war ganz explizit auch auf die Situation in Griechenland gemünzt. (Vgl. dazu den Beitrag über den griechischen Bürgerkrieg von Heinz A. Richter in diesem Band.) Die Truman-Doktrin bedeutete eine entschiedene Abkehr vom Isolationismus der Zwischenkriegszeit. Die USA, waren jetzt bereit, sich weltweit zu engagieren und das sowjetische Expansionsstreben in die Schranken zu weisen. Das war ein sehr bedeutsamer Schritt, zumal es durch den Zerfall des British Empire und die Auflösung der übrigen Kolonialimperien eine Vielzahl potentieller Konfliktherde gab. Die Möglichkeit einer neuen Weltordnung mit zwei global agierenden Blöcken zeichnete sich ab.

Doch anders als nach dem Ersten Weltkrieg entstand zugleich auch der organisatorische Rahmen einer Weltstaatengemeinschaft, die Organisation der Vereinten Nationen. Ihr zentrales Gremium, der Sicherheitsrat, tagte erstmals am 17. Januar 1946 in London. Der Sicherheitsrat hat bis heute zehn nichtständige Mitglieder

Die erste Verhandlung über die Auflösung des Besatzungsstatuts: Bundeskanzler Konrad Adenauer mit den Hohen Kommissaren John McCloy (USA, vorne links), Sir Ivone Kirkpatrick (Großbritannien, am hinteren Ende des Tisches in der Mitte) und André François-Poncet (Frankreich, rechts am Tisch, Adenauer gegenüber) auf Schloß Ernich bei Remagen, 24. September 1951.

sowie fünf ständige: Frankreich, Russland, die Vereinigten Staaten, die Volksrepublik China und Großbritannien, die ein erweitertes Vetorecht gegen alle Entscheidungen des Rates besitzen. Natürlich hat sich dieses Gremium im Lauf der Jahre in vielen wichtigen Fragen durch die unterschiedlichen Interessen der Mitglieder, insbesondere der USA, Russlands und Chinas, oftmals in seiner Handlungsfähigkeit blockiert, dennoch ist die Existenz der Vereinten Nationen ein entscheidender Fortschritt gegenüber der Situation nach dem Ende des Ersten Weltkriegs, als die Partikularinteressen der Staaten sehr rasch wieder ungebremst die Oberhand gewannen. Selbst in der Hochzeit des Kalten Krieges war so noch ein Minimum an Kommunikation zwischen den gegnerischen Machtblöcken gegeben.

Ihre frühesten Wurzeln haben die Vereinten Nationen in den Haager Friedenskonferenzen von 1899 und 1907 und im Völkerbund, der nach dem Ersten Weltkrieg mit dem Ziel gegründet worden war, den Frieden auf der Welt dauerhaft zu sichern. Allerdings erhielt der Völkerbund durch mangelndes Beitrittsinteresse nicht das nötige Gewicht. Selbst die USA, deren Präsident Woodrow Wilson der Hauptinitiator des Völkerbunds gewesen war, traten ihm nicht bei, weil es Wilson nicht gelang, das eigene Parlament von dieser Idee zu überzeugen. Während des Zweiten Weltkriegs hatte man die Perspektive einer neuen globalen Nachkriegsordnung dagegen schon frühzeitig deutlich im Blick. Eine Organisation zur Sicherung des Friedens zu schaffen, war ein erklärtes Ziel der Atlantik-Charta, auf die sich Roosevelt und Churchill schon verständigt hatten, als die USA noch gar nicht in den Krieg eingetreten waren. Am 1. Januar 1942 wurde die auf den Prinzipien der Atlantik-Charta beruhende Deklaration der Vereinten Nationen von 26 Staaten der Anti-Hitler-Koalition in Arcadia bei Washington unterzeichnet. Die Unterzeichner verpflichteten sich, alle Anstrengungen im Kampf gegen die Achsenmächte zu unternehmen, und zugleich an der Schaffung eines dauerhaften Systems internationaler Sicherheit mitzuwirken und auf separate Friedensschlüsse oder Waffenstillstandsabkommen zu verzichten. Bei der Konferenz von Dumbarton Oaks bei Washington wurde im Sommer 1944 von Experten ein erster Entwurf für die Charta der Vereinten Nationen ausgearbeitet.

Nach der Einbeziehung Frankreichs in den Kreis der hauptverantwortlichen Mächte konnte die Charta der Vereinten Nationen auf der Konferenz von Jalta fertiggestellt werden. Sie wurde am 26. Juni 1945 auf der Konferenz von San Francisco von 50 Staaten unterzeichnet. Alle diese Staaten gelten als Gründungsmitglieder der Vereinten Nationen. Als erster Staat ratifizierten die USA die Charta und boten den Vereinten Nationen als Sitz New York an. Nachdem die Republik China, Frankreich, die Sowjetunion, das Vereinigte Königreich, die Vereinigten Staaten von Amerika und die Mehrheit der Gründungsstaaten die Charta ratifiziert hatten, trat sie am 24. Oktober 1945 in Kraft. Artikel 4 legte fest, dass alle friedliebenden Staaten Mitglieder der Vereinten Nationen werden konnten, was grundsätzlich also auch für die einstigen Kriegsgegner der Anti-Hitler-Koalition galt, aber die Aufnahme der beiden deutschen Staaten wurde durch ein wechselseitiges Veto der Westmächte bzw. der Sowjetunion lange Zeit verhindert. Die Bundesrepublik engagierte sich dennoch schon sehr bald in verschiedenen UN-Unterorganisationen. Am 18. September 1973 wurden die Bundesrepublik und die DDR schließlich gemeinsam als reguläre Mitglieder in den Kreis der Vereinten Nationen aufgenommen. Seit der Wiedervereinigung am 3. Oktober 1990 ist die Bundesrepublik Deutschland Mitglied dieser Staatengemeinschaft, die ursprünglich aus einer gegen Adolf Hitlers Weltmachtansprüche gebildeten Kampfgemeinschaft hervorgegangen ist.

Die Konferenz im Opernhaus von San Francisco (25. April–26. Juni 1945), auf der am 26. Juni 1945 die Charta der Vereinten Nationen unterzeichnet wird.

Wolfgang Benz

Die Potsdamer Konferenz

Auf der Agenda der drei verbündeten Großmächte USA, Sowjetunion und Großbritannien stand, nachdem das Deutsche Reich kapituliert hatte und der Nationalsozialismus als Herrschaftsideologie erledigt war, die Neuordnung Europas. Der Zweite Weltkrieg war zu Ende, der Kalte Krieg zwischen den Vereinigten Staaten und der Sowjetunion stand in seinen Anfängen. In der Deutschlandpolitik waren die Gegensätze durch Stalins Reparationsforderungen seit Jalta verhärtet. Zum Bruch kommen lassen wollte es Washington aber nicht. So lehnte Präsident Truman es ab, deutsche Gebiete als Faustpfand zu benutzen, wie Churchill angeregt hatte. Die Präsenz US-amerikanischer Truppen in Sachsen und Thüringen als Druckmittel gegen die Sowjetunion zu verwenden, schien Präsident Truman überzogen. Am 28. Mai 1945 befahl er den Rückzug in die auf der Konferenz von Jalta als US-Besatzungszone festgelegten Gebiete.

Weil der Krieg gegen Japan noch andauerte, waren die USA am Einvernehmen mit der Sowjetunion und an deren Kriegseintritt in Ostasien interessiert. Das änderte sich erst am Tag vor der Potsdamer Konferenz, als am 16. Juli 1945 die erste Atombombe erfolgreich getestet wurde. Mit der neuen Waffe beendeten die USA nicht nur wenig später den Zweiten Weltkrieg auch auf dem asiatischen Schauplatz, US-Präsident Truman beeindruckte und verstörte Stalin mit der Atombombe zutiefst und verschaffte sich damit eine überlegene Position am Potsdamer Verhandlungstisch.

Die politischen, territorialen und ökonomischen Probleme, die der Zweite Weltkrieg in Europa hinterlassen hatte, bedurften der Verständigung zwischen den drei Großmächten der Anti-HitlerKoalition USA, Großbritannien und Sowjetunion. Die Westgrenze des als Staat wiedererstandenen

Der Cecilienhof in Potsdam, Tagungsstätte der Potsdamer Konferenz. Die roten Geranien des Sowjetsterns werden seit dem Sommer 1945 jährlich neu gepflanzt.

Polen und damit verbunden die künftige Gestalt Deutschlands standen zur Debatte. Zu den strittigen Fragen gehörte die neue Regierung im besetzten Österreich, die von der sowjetischen Seite ohne Konsultation mit den Westmächten sanktioniert war, und der Streit um Triest, wo die jugoslawischen Truppen Titos, der sich der Unterstützung Moskaus erfreute, britischem Militär, das die Interessen Italiens vertrat, gegenüberstanden. Die Frage, wie die ehemaligen Verbündeten Hitlers, Bulgarien und Rumänien sowie das Land Ungarn zu behandeln seien, stand ebenfalls im Katalog der zu regelnden Angelegenheiten, genau wie die Reparationen, die Deutschland bezahlen sollte.

Der britische Premier Winston Churchill hatte am 6. Mai 1945 den Anstoß zu der Konferenz gegeben. Als Ort des Treffens schlug Stalin am 30. Mai Berlin vor, als Termin wurde auf Anregung Trumans der 15. Juli in Aussicht genommen. In Berlin fiel wiederum der sowjetischen Seite die Gastgeberrolle zu – jetzt zum dritten Mal: In Teheran hatten die Großen Drei im Herbst 1943 in der sowjetischen Botschaft konferiert, in Jalta hatten sie sich im Februar 1945 auf sowjetischem Territorium getroffen, und in Berlin würde das Treffen auf sowjetisch besetztem Gebiet stattfinden. Die Vorbereitungen für die letzte der Kriegskonferenzen der Großen Drei, die offiziell „Berliner Konferenz" heißen sollte und die unter dem beziehungsreich-mehrdeutigen Code „Terminal" – Endstation – firmierte, begannen Anfang Juni.

Da im zerstörten Berlin selbst keine brauchbaren Räumlichkeiten für die Konferenz auffindbar waren, machten die Generäle des sowjetischen Staatssicherheitsdienstes und die Beamten des Moskauer Volkskommissariats für Auswärtige Angelegenheiten, in deren Händen die Organisation des Gipfeltreffens lag, den Vorschlag, in die Vororte auszuweichen. In Babelsberg fand sich eine Villenkolonie, die als Wohngebiet für die Delegationen dienen konnte (viele der Häuser gehörten Größen des Films, die Ufa-Studios lagen in der Nähe), und in geringer Entfernung davon wurde ein Tagungslokal ausgemacht, das allen Ansprüchen genügte: Schloss Cecilienhof. Es war unzerstört, bis März 1945 hatten Angehörige der Hohenzollern-Familie darin gewohnt. Das Schloss war zwischen 1913 und 1917 als Kronprinzenpalais im Stil eines englischen Land-

hauses im „Neuen Garten" am Heiligen See in Potsdam erbaut worden. Die Innenausstattung war im Krieg irgendwohin ausgelagert worden, so fertigte eine Moskauer Möbelfabrik einen riesigen runden Konferenztisch an, der mit einem Durchmesser von knapp sieben Metern aber zu üppig ausfiel und wieder verkleinert werden musste. Er wurde in der großen Empfangshalle aufgestellt, die als Sitzungssaal diente. Schloss Cecilienhof wurde in aller Eile restauriert; unter dem Befehl von Generalleutnant Antipenko waren Soldaten der Roten Armee und 1200 deutsche Arbeiter und Techniker im Palais und seiner Umgebung beschäftigt. Im Schlosshof pflanzten sie aus

Tausenden roten Geranien einen Sowjetstern. Die Zufahrtswege von Babelsberg nach Schloss Cecilienhof wurden repariert, teilweise sogar neu angelegt, damit die Delegationen in etwa zehnminütiger Autofahrt unter Umgehung der schwer zerstörten Innenstadt Potsdams den Konferenzort erreichen konnten.

Von den Großen Drei, die sich in Teheran und in Jalta getroffen hatten, war am Ende der Potsdamer Konferenz nur noch Stalin übrig. Anstelle des im April verstorbenen Franklin D. Roosevelt vertrat der neue Präsident Harry S. Truman die Vereinigten Staaten, und der britische Premierminister hieß ab 26. Juli 1945 nicht mehr Winston Churchill, sondern Clement Attlee. Churchill hatte die Konferenz, die am 17. Juli begann und am

Kronprinz Wilhelm und seine Gemahlin Cecilie geb. von Mecklenburg-Schwerin mit Familienangehörigen vor dem Schloss Cecilienhof in Potsdam, 1935. Das Gebäude war 1914–1917 nach Plänen des Architekten Paul Schultze-Naumburg für das Paar gebaut worden.

Volk die Möglichkeit geben, sich darauf vorzubereiten, sein Leben auf einer demokratischen und friedlichen Grundlage von Neuem wiederaufzubauen. Wenn die eigenen Anstrengungen des deutschen Volkes unablässig auf die Erreichung dieses Zieles gerichtet sein werden, wird es ihm möglich sein, zu gegebener Zeit seinen Platz unter den freien und friedlichen Völkern der Welt einzunehmen."

Die politischen Grundsätze, die im Anschluss an diese Absichtserklärung dekretiert wurden, brachten gegenüber den Vereinbarungen von Jalta keine Überraschungen. So wurde als Ziel

gehandhabt) wurden. Die Verwaltung sollte künftig nach den Prinzipien der „Dezentralisation der politischen Struktur und der Entwicklung einer örtlichen Selbstverantwortung" organisiert sein, und dazu sollten „in ganz Deutschland" die lokale Selbstverwaltung wiederhergestellt und (ebenfalls „in ganz Deutschland") demokratische politische Parteien erlaubt und gefördert werden. Diese Grundsätze standen zwar nicht im Widerspruch zu der in Potsdam protokollierten Selbstständigkeit der Besatzungszonen, in der Realität wurden alle diese Prinzipien dann aber von Zone zu Zone völlig verschieden gehandhabt: Der Grundsatz „soweit dieses praktisch durch-

Die Teilnehmer der Konferenz vom 17. bis 25. Juli: Winston Churchill, Harry S. Truman und Josef Stalin im Garten des Cecilienhofs. Zu allen Konferenzen der Alliierten wurden die gleich inszenierten Fotografien der drei thronenden Staatenlenker veröffentlicht.

Rechts: Vom 28. Juli bis 2. August saß Clement Attlee für das Vereinigte Königreich in Churchills Sessel.

der Besatzung – und das war praktisch die Arbeitsanweisung an den Alliierten Kontrollrat in Berlin – die völlige Entmilitarisierung Deutschlands und die Ausschaltung bzw. Überwachung der gesamten deutschen Rüstungsindustrie in Aussicht genommen. Zu diesem Zweck wurden alle deutschen Streitkräfte und die NSDAP nebst ihren organisatorischen Verzweigungen aufgelöst, alle nationalsozialistischen Gesetze sollten außer Kraft gesetzt werden, Kriegsverbrecher und hohe Funktionäre des NS-Regimes waren zu verhaften und zu internieren, und ehedem aktive NSDAP-Mitglieder sollten aus Ämtern und Stellungen entfernt werden. Erziehungswesen und Rechtspflege waren nach demokratischen Gesichtspunkten zu reorganisieren – an dieser Forderung knüpften die Maßnahmen an zur „Umerziehung", „Reorientation", „Re-Education" oder wie immer sie in den einzelnen Zonen genannt (und entsprechend unterschiedlich

führbar ist, muss die Behandlung der deutschen Bevölkerung in ganz Deutschland gleich sein" war bald die reine Ironie.

Als Beweis dafür, dass die Besatzungsmächte, oder doch wenigstens die drei Großmächte, in Potsdam nicht an eine Aufteilung oder Zerstückelung Rumpfdeutschlands dachten, ist die Absichtserklärung im „Potsdamer Protokoll" von großer Bedeutung: „Bis auf weiteres wird keine zentrale deutsche Regierung errichtet werden. Jedoch werden einige wichtige zentrale deutsche Verwaltungsabteilungen errichtet werden, an deren Spitze Staatssekretäre stehen, und zwar auf den Gebieten des Finanzwesens, des Transportwesens, des Verkehrswesens, des Außenhandels und der Industrie. Diese Abteilungen werden unter der Leitung des Kontrollrates tätig sein." Diese Staatssekretariate wurden nie errichtet, weil Frankreich dagegen opponierte und deshalb im Alliierten Kontrollrat keine Einigung darüber zu erzielen war.

Unter den Prinzipien, die von der Potsdamer Konferenz über die Behandlung der deutschen Wirtschaft aufgestellt wurden, war – politisch gesehen – der folgende Grundsatz der bemerkenswerteste: „Während der Besatzungszeit ist Deutschland als eine wirtschaftliche Einheit zu betrachten." Andere, wenig erfreuliche Ankündigungen standen freilich dieser Feststellung gegenüber. Die deutsche Industrie sollte erheblichen Restriktionen unterworfen werden, und zwar aus zwei Gründen. Zum einen war beabsichtigt,

bestehenden übermäßigen Konzentration der Wirtschaftskraft, dargestellt insbesondere durch Kartelle, Syndikate, Trusts und andere Monopolvereinigungen". Die Entflechtung der deutschen Konzerne erwies sich dann als mühsames Geschäft, das in den einzelnen Zonen mit unterschiedlichem Elan und unterschiedlichem Erfolg betrieben wurde.

Über die Höhe der Reparationsleistungen, die Deutschland auferlegt werden sollten, konnten sich die Alliierten in Potsdam ebenso wenig wie in Jalta einigen. In einer weiteren Frage gab es ebenfalls keine Verständigung: Die Sowjet-

das industrielle deutsche Kriegspotenzial zu vernichten; dazu wurde selbstverständlich die Herstellung von Waffen, Kriegsausrüstungen, Schiffen und Flugzeugen verboten, aber auch die Erzeugung von Metallen und Chemikalien sowie der Maschinenbau sollten überwacht und beschränkt werden. Die Produktionskapazität sollte sich zum anderen am Reparationsplan orientieren: Anlagen, die die Bedürfnisse der alliierten Reparationskommission und das vom Kontrollrat noch zu definierende Niveau der künftigen Friedenswirtschaft überstiegen, sollten entfernt oder vernichtet werden. Das war die Ankündigung der Demontagen, die von da an fast ein Jahrzehnt lang für Aufregung sorgten.

Ein weiteres Postulat warf düstere Schatten auf das deutsche Wirtschaftsleben. Verlangt war, dass es „in praktisch kürzester Frist" zu dezentralisieren sei „mit dem Ziel der Vernichtung der

union war der Ansicht, Reparationen müssten Vorrang haben vor der Finanzierung von Importen nach Deutschland. Diese waren zur Verhinderung einer Hungersnot aber notwendig, und wenn die Deutschen sie, weil sie selbst nichts zu verkaufen hatten, nicht bezahlen konnten, mussten die Besatzungsmächte einspringen, wollten sie die Deutschen nicht verhungern lassen. Die beiden Westmächte wollten einer Ausplünderung Deutschlands durch die Sowjetunion nicht zustimmen, weil das letzten Endes indirekt amerikanischen und britischen Reparationsleistungen an die UdSSR gleichgekommen wäre.

Stalin konnte seine Forderung auf eine Kriegsentschädigung im Wert von zehn Milliarden Dollar zugunsten der Sowjetunion nicht durchsetzen, die Westmächte kamen ihm aber auf andere Weise entgegen. Anders als nach dem Ersten Weltkrieg bestand 1945 bei ihnen kein Interesse an Barleis-

Gegenüber den drei Staatsmännern: Die Fotografen der Potsdamer Konferenz, in der Mitte der sowjetische Fotograf Jewgeni Chaldej, Juli 1945.

Auch ein Teil der Verein-
barungen von Potsdam:
Demontagen zur Erstat-
tung von Kriegsschä-
den. Auf dem Gelände
der Kruppwerke wurden
nach dem Abtransport
der Maschinen die
Werkshallen gesprengt.
Aufnahme um 1950.

Rechts: Die Gebiete öst-
lich der Oder und Neiße
mit den drei Metropolen
Breslau, Danzig und
Königsberg wurden
nach der Potsdamer
Konferenz polnisch
bzw. russisch. Das zer-
störte Breslau (hier die
Victoriastraße in der
Schweidnitzer Vorstadt,
jetzt Ulica Lwowska)
wurde von den Polen
wieder aufgebaut.

Zink, Holz und andere Waren „nach Vereinbarung"
in die Westzonen geliefert werden.

Die Entnahmen von Reparationsgütern als
Kriegsbeute hatten gleich nach der Kapitulation
im Mai 1945 begonnen. Der Umfang dessen, was
von Deutschland (besser gesagt: den einzelnen
Besatzungszonen) zu leisten war, wurde aber
erst nach langen und zähen Verhandlungen im
Alliierten Kontrollrat Ende März 1946 im „Indus-
trieplan" bekannt gegeben. In der Praxis hatten
die Demontagen in allen Zonen also einen großen
Vorsprung vor den Ausführungsbestimmungen
zu den Potsdamer Verabredungen. Bei ordent-

licher Verrechnung der Güter über Reparationskonto wäre das weiter nicht tragisch gewesen.
Schlimm war jedoch, dass sich die Sowjetunion
nicht an die Potsdamer Grundverabredung hielt
und die Gegenleistungen aus der Ostzone für
die zusätzliche 15-Prozent-Quote an demontierten Industrieausrüstungen aus den Westzonen
schuldig blieb. Das brachte, zusammen mit der
französischen Eigenbrötelei im Südwesten und
der De-facto-Annexion des Saargebiets durch
Frankreich, das Wirtschafts- und Ernährungs-
system „Restdeutschlands" vollends durchei-
nander. In Potsdam hatte immerhin Konsens
darüber geherrscht, dass die vier Besatzungszonen zusammen einigermaßen im ökonomischen
Gleichgewicht bleiben sollten. In der US-Zone
reagierte schließlich im Mai 1946 General Clay, als
damals stellvertretender Militärgouverneur, indem
er die Notbremse zog und die Lieferungen aus
Demontagen an die Sowjetunion einstellte.

tungen durch Deutschland. Der für die Kriegsschäden und Kriegsanstrengungen der Alliierten
zu leistende – „größtmögliche" – Ausgleich sollte
in Gütern aus deutscher Produktion, aus einem
Teil der Produktionsmittel selbst (in der Form
demontierter Fabrikanlagen) und in Arbeitsleistungen bestehen. Über die Modalitäten einigte man
sich in Potsdam folgendermaßen: Die Ansprüche der Sowjetunion würden aus der sowjetisch
besetzten Zone befriedigt werden, die Sowjetunion sollte davon aber auch Polen entschädigen. Die Forderungen der USA, Großbritanniens
und aller anderen Nationen sollten aus den westlichen Besatzungszonen abgegolten werden. Die
UdSSR sollte außerdem, und darin bestand das
Entgegenkommen der Westmächte, über die
Entnahmen aus der Ostzone hinaus auch an den
Demontagen in den Westzonen beteiligt werden.
Ohne Gegenleistung wurden Moskau 10 Prozent
der für die künftige deutsche Friedenswirtschaft
nicht benötigten industriellen Ausrüstung, die auf
Reparationskonto aus den Westzonen zu entnehmen war, in Aussicht gestellt. Darüber hinaus
sprach man der UdSSR weitere 15 Prozent der
„verwendungsfähigen und vollständigen industriellen Ausrüstung, vor allem der metallurgischen,
chemischen und Maschinen erzeugenden Industrien, soweit sie für die deutsche Friedenswirtschaft
unnötig und aus den westlichen Zonen Deutschlands zu entnehmen" seien, zu. Für diese Güter
sollten im Austausch Nahrungsmittel, Kohle, Kali,

In die Konkursmasse des Deutschen Reiches fielen nach den Vereinbarungen der Potsdamer Konferenz auch die deutsche Kriegs- und Handelsmarine, die deutschen Auslandsguthaben sowie deutsche Patente und Gebrauchsmuster und – last, but not least – deutscher Sachverstand.

Die Frage, welches Territorium der polnischen Nation zugestanden würde, stand – wie mehrfach in der Geschichte des 19. und 20. Jahrhunderts – auch in Potsdam wieder auf der Tagesordnung. Verhandelt wurde auch darüber, welche Verpflichtungen die neue polnische Regierung übernehmen sollte. Sie war aus dem von Stalin

und einschließlich des südlichen Teils Ostpreußens unter „die Verwaltung des polnischen Staates kommen und in dieser Hinsicht nicht als Teil der sowjetischen Besatzungszone in Deutschland betrachtet werden sollten".

Ebenfalls „vorbehaltlich der endgültigen Bestimmung der territorialen Fragen bei der Friedensregelung" war das nördliche Ostpreußen mit Königsberg von Deutschland abgetrennt und der Sowjetunion angegliedert worden. In diesem Punkt gaben die Regierungschefs der USA und Großbritanniens sogar ausdrücklich zu Protokoll, dass sie diese Lösung bei der

protegierten kommunistischen „Lubliner Komitee" hervorgegangen, im Juni 1945 durch Vertreter der bürgerlichen Exilregierung in London ergänzt und daher von den Westmächten noch vor Beginn der Potsdamer Konferenz anerkannt worden. Mit formelhaften Erklärungen wie der Zusicherung freier und demokratischer Wahlen und der baldigen Rückkehr aller Exilpolen ließen sich die beiden Westmächte darüber beruhigen, dass Polen künftig ein Satellitenstaat Moskaus sein würde.

Weniger umstritten als die Legitimität der dem Kreml genehmen Regierung war das Problem der polnischen Westgrenzen. Im Grundsatz waren die drei Großmächte mit der Provisorischen Polnischen Regierung einig, dass „bis zur endgültigen Festlegung der Westgrenze Polens" die deutschen Gebiete östlich der Oder-Neiße-Linie einschließlich der früheren Freien Stadt Danzig

„bevorstehenden Friedensregelung unterstützen" würden. Der rechtliche Status der deutschen Ostgebiete war im Sommer 1945 aber nicht das ärgste Problem. Gravierender war der Beschluss der drei Großmächte, die deutsche Bevölkerung aus Polen, der Tschechoslowakei und Ungarn auszuweisen. Unter dem Stichwort „ordnungsgemäße Überführung deutscher Bevölkerungsteile" spielte sich seit dem Frühjahr 1945 die millionenfache Tragödie der Vertreibung Deutscher aus Ost- und Südosteuropa ab. Zusammen mit den seit 1944 vor der vordringenden Roten Armee westwärts Fliehenden waren es schließlich mehr als zwölf Millionen Menschen, die ihre Heimat verloren. Sie mussten vom restlichen Deutschland aufgenommen, ernährt, gekleidet und untergebracht werden. Da in der französischen Zone bis 1949 praktisch keine Flüchtlinge willkommen waren, drängten sie sich in den drei anderen Besatzungszonen;

Links: Die frühere Freie Stadt Danzig wurde polnisch. Die meisten Deutschen hatten die Stadt schon verlassen, als die Aufräumungsarbeiten begannen. Aufnahme 17. Oktober 1945.

Rechts: Königsberg, die Metropole Ostpreußens, wurde 1945 Zentralort des russischen Oblast Kaliningrad. Die Aufnahme zeigt die beim Luftangriff im August 1944 zerstörte Stadt.

und viele der zunächst im sowjetischen Besatzungsgebiet Aufgenommenen wanderten in die britische und die amerikanische Zone weiter.

Die Vertreibung der Deutschen sollte, so hatten es die Alliierten auf ihren Kriegskonferenzen in Teheran und Jalta erörtert und in Potsdam besiegelt, innerhalb der neuen Grenzen Frieden stiften und die Minderheitenprobleme ein für allemal bereinigen, wie Churchill im britischen Unterhaus am 15. Dezember 1944 erklärte: „Denn die Vertreibung ist, soweit wir in der Lage sind, es zu überschauen, das befriedigendste und dauerhafteste Mittel. Es wird keine Mischung der Bevölkerung geben, wodurch endlose Unannehmlichkeiten entstehen, wie zum Beispiel im Fall Elsass-Lothringen. Reiner Tisch wird gemacht werden." Für die Tschechoslowakei hatte Staatspräsident Beneš bereits 1941 im Londoner Exil dasselbe gefordert: die restlose Austreibung der Minderheit von 3,5 Millionen Sudetendeutschen.

Zu Mitleid mit den Millionen betroffener Deutscher neigte kaum jemand. Zu groß waren bei den östlichen Nachbarn Deutschlands die Leiden, die ihnen nationalsozialistischer Germanisierungswahn und deutsche Besatzungspolitik in den Jahren des Zweiten Weltkriegs zugefügt hatten. Andererseits – das galt vor allem für die Westmächte – hielt man es aber auch für möglich, den gigantischen Bevölkerungstransfer in einigermaßen humaner Form durchzuführen. Das war, wie die Leiden und Verluste der Flüchtlinge

und Vertriebenen bewiesen, aus vielen Gründen eine irrige Annahme.

Die erste Nachkriegsvolkszählung vom 29. Oktober 1946 erfasste in den vier Besatzungszonen über 9,6 Millionen aus ihrer Heimat vertriebene Deutsche, davon in der sowjetischen Zone 3,6 Millionen, in der britischen 3,1 Millionen, in der amerikanischen 2,7 Millionen, in Berlin 100.000 und in der französischen Besatzungszone 60.000. Bis zur nächsten Volkszählung vom 1. September 1950 hatte sich diese Zahl allein für das Bundesgebiet (und ohne die innerdeutschen Flüchtlinge aus der DDR) noch einmal um über zwei Millionen auf einen Anteil von 16,4% (1946: 13,5%) der Gesamtbevölkerung erhöht.

Das Gipfeltreffen in Potsdam fand unter Ausschluss der Öffentlichkeit statt, die Presse war nicht zugelassen. Interessierte Zeitgenossen wurden durch das amtliche Kommuniqué vom 2. August 1945 (das „Potsdamer Abkommen") über die Konferenzergebnisse unterrichtet. Der amerikanische Präsident Truman hielt am 9. August eine Rundfunkansprache, der aber nicht viel mehr zu entnehmen war, als dass die Besprechungen mit Generalissimus Stalin, Premierminister Churchill und dessen Nachfolger Attlee aus der Sicht der USA im Geist des gegenseitigen Verstehens und der Freundschaft geführt worden waren. Wer ganz genau hinhörte, erfuhr auch, dass die Reparationsfrage und das Problem der Grenzen Polens und seiner Regie-

Vertreibung als „das befriedigendste und dauerhafteste Mittel": Auszug von Deutschen aus der Sammelstelle Modrany in Prag, Mai 1946.

rung etwas heikel gewesen waren. Stalin äußerte sich erstmals 1946, aber nur, um der Welt klarzumachen, dass nach sowjetischer Auffassung die polnischen Westgrenzen in Potsdam endgültig definiert worden seien.

Winston Churchill, der am 16. August 1945 im britischen Unterhaus seine erste große Rede als Oppositionsführer hielt, beurteilte im Rückblick auf die Zeit des Weltkriegs die Potsdamer Konferenz eher skeptisch. Ein Deutschland ohne Kopf sei am Ende des Kampfes den Eroberern in die Hände gefallen, es werde vielleicht viele Jahre dauern, bis irgendein staatlicher Aufbau in Deutschland möglich sei. In der Zwischenzeit müsse die Verantwortung von deutschen lokalen Körperschaften übernommen werden, die unter alliierter Kontrolle für die Erhaltung des Lebens der Bevölkerung Sorge zu tragen hätten: „Die deutschen Massen dürfen uns nicht zur Last fallen und erwarten, jahrelang von den Alliierten ernährt, organisiert und erzogen zu werden. Wir müssen tun, was wir können, um das Unglück einer Hungersnot abwehren zu helfen. Es wäre aber unnütz, wollten wir uns auf unserer kleinen Insel, die selbst die Hälfte ihrer Nahrung einführen muss, einbilden, wir könnten einen merklichen Beitrag in dieser Hinsicht leisten ..." Als seine persönliche Meinung gab Churchill zu Protokoll, „dass die Polen zugestandene provisorische Westgrenze, die von Stettin an der Ostsee, längs der Oder und ihrem Nebenfluss, der westlichen Neiße, verläuft und ein Viertel des Ackerlandes ganz Deutschlands umschließt, kein gutes Vorzeichen für die künftige Karte Europas ist". Voll Sorge erwähnte Churchill dann die Berichte über die Umstände der Vertreibung der Deutschen aus Polen; für den bevorstehenden Exodus der Sudetendeutschen aus der Tschechoslowakei fürchtete er die Wiederholung trauriger Zustände: „Spärliche und vorsichtige Berichte über die Dinge, die vor sich gingen und gehen, sind durchgesickert; es ist aber nicht ausgeschlossen, dass eine Tragödie ungeheuren Ausmaßes sich hinter dem Eisernen Vorhang, der Europa gegenwärtig entzweischneidet, abspielt."

Im August 1945 war „Eiserner Vorhang" noch eine brillante Formulierung, bald gehörte sie im Zeichen des Kalten Kriegs, der seinen Höhepunkt in Europa im Sommer 1948 in der Ber-

lin-Blockade haben sollte, zum alltäglichen Wortschatz. Zu beiden Seiten dieses Vorhangs begann, ziemlich bald nach der Potsdamer Konferenz, aber zunächst noch unsichtbar und teilweise sogar unbewusst, die Entstehung neuer deutscher Staatlichkeit, der Bundesrepublik Deutschland und der Deutschen Demokratischen Republik.

Die Potsdamer Konferenz hinterließ Europa geteilt in die Interessensphären der Sowjetunion einerseits und der Westmächte andererseits. Zu den Hypotheken gehörte das tiefe Misstrauen Stalins, dem die USA mit der Zündung der ersten Atombombe zeitgleich mit den Verhandlungen ihre militärische Überlegenheit drastisch demonstriert hatten. Frankreich fühlte sich gedemütigt, weil es in Potsdam ausgeschlossen war und vergalt das im Alliierten Kontrollrat in Berlin mit Obstruktion. Der für Deutschland am schwersten wiegende Kompromiss wurde erst später sichtbar. Die Formel, nach der jede Besatzungsmacht sich aus ihrer Zone an Reparationsleistungen bedienen durfte (wovon nur die Sowjetunion und Frankreich ausgiebig Gebrauch machten), bedeutete die Teilung Deutschlands. Die Absicht der Konferenzteilnehmer war es nicht gewesen, doch es ergab sich zwangsläufig in den drei Jahren nach Potsdam, dass sich durch ihre Beschlüsse und Verabredungen, die sie getroffen hatten, die Teilung Europas und Deutschlands vollzog.

Die Beschlüsse der Potsdamer (hier „Berliner" genannten) Konferenz wurden auch den Deutschen sogleich bekannt gemacht: Plakat mit Auszügen aus dem Text des Abkommens, August 1945.

Axel Schildt

Besatzungsherrschaft in Deutschland, Österreich und Japan

Alliierte Besatzungsplanungen

Spätestens nach der Niederlage von Stalingrad, der alliierten Landung in Sizilien und der Wende im pazifischen Krieg 1943 war klar, dass die sogenannten Achsenmächte Deutschland, Italien und Japan den Krieg gegen die Alliierten, an deren Spitze die USA, die Sowjetunion, Großbritannien und am Schluss auch Frankreich, standen, verloren hatten. Dennoch kämpften Deutschland und Japan, von fanatischen Durchhalteparolen angetrieben, bis zum bitteren Ende weiter. Der Großteil der Verluste, vor allem unter der Zivilbevölkerung, und der materiellen Zerstörungen resultierte aus dem letzten Kriegsjahr.

Den Alliierten ging es nicht mehr wie nach dem Ersten Weltkrieg vor allem um Grenzverschiebungen und Reparationen. Das Territorium der besiegten Länder sollte vielmehr restlos militärisch besetzt und militärisch regiert werden, um die einstmaligen Aggressoren dann, nach gründlicher Neuordnung jener wirtschaftlichen und politischen Strukturen, die eine Stütze der Diktatur und ursächlich für den deutschen und japanischen Angriffskrieg gewesen waren, sowie nach einer radikalen „Umerziehung" der Bewohner, wieder in den Kreis der zivilisierten Nationen aufzunehmen.

Mit Blick auf Deutschland hieß es in der Mitteilung über die Potsdamer Konferenz vom 17. Juli bis zum 2. August 1945: „Es ist nicht die Absicht der Alliierten, das deutsche Volk zu vernichten oder zu versklaven. Die Alliierten wollen dem deutschen Volk die Möglichkeit geben, sich darauf vorzubereiten, sein Leben auf einer demokratischen und friedlichen Grundlage von neuem wiederaufzubauen." Wie lange das und mithin die Besatzungsherrschaft dauern würde, blieb offen. Die genauen Regelungen für Deutschland, etwa die Festlegung der Besatzungsgebiete und der allgemeinen Prinzipien ihrer Verwaltung wurden auf verschiedenen Konferenzen, in Teheran Ende 1943, in Jalta im Februar 1945 und in Potsdam im Sommer des gleichen Jahres festgelegt. Die Sowjetunion hatte dabei gegen britische Vorschläge, die für eine gemeinsame Besatzung plädierten, durchgesetzt, dass den drei alliierten Mächten, zu denen als vierte Frankreich hinzutrat, jeweils eine Zone in alleiniger Zuständigkeit zufallen sollte.

Über die gemeinsamen Ziele war man sich in Potsdam einig geworden: Durchgesetzt werden sollten die sogenannten vier Ds, die völlige Demilitarisierung, radikale Denazifizierung, politi-

Bronze-Monument „Big Troika" des Präsidenten der Russischen Akademie der Künste, Zurab Tsereteli, zum 60. Jahrestag der Konferenz von Jalta (Krim), 4.–11. Februar 1945. Die Aufstellung des Moskauer Geschenks neben dem Livadia-Palast, in dem die Konferenz stattfand, wurde durch Proteste der Bevölkerung verhindert.

Am Rande der Potsdamer Konferenz am 30. Juli 1945 konstituiert: Der Alliierte Kontrollrat mit Vertretern aller vier Besatzungsmächte, hier bei seiner zweiten Sitzung, erstmals im Gebäude des Berliner Kammergerichts in der Potsdamer Straße, 10. August 1945.

sche Demokratisierung sowie die Dekartellisierung, also die Entflechtung wirtschaftlicher Kartelle und Monopole. Der alliierte Konsens über diese Ziele verdeckte allerdings entgegengesetzte Vorstellungen von dem, was unter einer zukünftigen demokratischen Gesellschaft verstanden wurde. Das Ziel der Westalliierten war die Durchsetzung einer demokratischen kapitalistischen Gesellschaft, die Sowjetunion sprach von der Herstellung einer „Volksdemokratie", ein Begriff, der sehr rasch zur verschleiernden Formel für die Aufrichtung eines kommunistisch beherrschten Systems wurde. Nur mühsam einigte man sich in einer „Paketlösung" über den Verlauf der künftigen deutsch-polnischen Grenze entlang von Oder und Neiße und der Regelung von Reparationen. Diese waren vor allem für die schwer getroffene Sowjetunion, die viele Millionen Kriegsopfer zu beklagen hatte und deren europäische Gebiete weitgehend zerstört waren, von zentraler Bedeutung. Letztlich blieb es dabei, dass sie Reparationen nur aus ihrer eigenen Zone entnehmen durfte.

Trotz entgegengesetzter Absichten wurde mit der Schaffung eines gemeinsamen „Alliierten Kontrollrats" der vier Militärgouverneure als oberstem Regierungs-, Kontroll- und Verwaltungsorgan zunächst die Fiktion gemeinsa-

mer Ziele gefestigt. Dieser Kontrollrat, der auf das Prinzip der Einstimmigkeit verpflichtet war, wuchs sich zwar zu einem großen bürokratischen Apparat aus, funktionierte aber nur in den Anfangszeiten. Es war vereinbart worden, dass im Falle von Uneinigkeit die jeweiligen Oberbefehlshaber der Besatzungszonen nach eigenem Belieben handeln durften. Mit dem beginnenden Kalten Krieg wurde der Alliierte Kontrollrat durch ein sowjetisches Veto in den wichtigsten Fragen blockiert. Auch die alliierten Außenministerkonferenzen – in Moskau Anfang und in London Ende 1947 – waren nicht in der Lage, eine Einigung über zentrale, vor allem wirtschaftliche, Probleme herbeizuführen.

Besatzungsherrschaft in Deutschland

Der Ost-Gegensatz war schon in der zweiten Kriegshälfte, seit der Niederlage von Stalingrad im Februar 1943, von den Nationalsozialisten selbst propagandistisch immer wieder betont worden. Deutsche Emissäre aus NSDAP und SS erkundeten die Möglichkeit einer Teilkapitulation im Westen bei Weiterführung des Kampfes im Osten. Erst als sich GIs der 69. US-Infanterie-Division und Soldaten der 58. Sowjetischen Garde-

Links: Bei ihrem Ein-
marsch in Ensheim
(heute ein Stadtteil von
Saarbrücken) bringen
amerikanische Infante-
risten eine deutsche
Familie in Sicherheit,
16. März 1945.

Rechts: Ein amerikani-
scher Soldat verteilt
Süßigkeiten an Berliner
Kinder, Juli 1945.

division bei Torgau an der Elbe am 25. April 1945 feiernd in den Armen lagen, zerstoben die letzten Hoffnungen auf eine baldige feindliche Auseinandersetzung der alliierten Mächte. Angesichts der besonderen Grausamkeit des nationalsozialistischen Vernichtungskrieges gegen die Sowjetunion herrschte panische – und nicht unbegründete – Angst vor Racheaktionen unter den deutschen Flüchtlingen, die in riesigen Trecks nach Westen zogen. Zahlreiche nationalsozialistisch belastete Funktionsträger ebenso wie einfache Soldaten versuchten, vor dem Einmarsch der Roten Armee auf westalliiertem Territorium in Gefangenschaft zu gelangen.

Angesichts des für die Bevölkerung relativ glimpflichen Kriegsendes im Westen, vor allem im Bereich der US-Streitkräfte, und der Gewaltorgien in Ostdeutschland, wo Zehntausende von Vergewaltigungen durch Soldaten der Roten Armee registriert wurden, haben viele Zeitgenossen von „zweierlei Kriegsende" gesprochen. Allerdings wurde der prinzipielle Dualismus von westlicher und östlicher Besatzung in der unmittelbaren Nachkriegszeit überdeckt durch einen Widerspruch, der für alle Besatzungsgebiete galt. Denn obschon es das Ziel war, demokratische Verhältnisse zu fördern, so waren doch alle Besatzungszonen durch die autoritäre Struktur militärischer Macht geprägt. Unterschiede nahmen die Menschen damals nicht nur im Ost-West-Gegensatz wahr. Eher wurde kolportiert,

wo die regionalen Lebensverhältnisse relativ gut oder besonders schlecht seien und wo die jeweilige Besatzungsmacht ihre Anordnungen besonders hart auslegte.

Von Westen aus wurde Deutschland vor allem von amerikanischen Truppen besetzt. Am 11. September 1944 waren sie in der Eifel erstmals auf Reichsgebiet vorgedrungen. Ihr Besatzungsgebiet erstreckte sich, bevor die Zonen endgültig festgelegt wurden, von Aachen bis Leipzig im Osten und bis Linz in Österreich. In Deutschland umfasste es im Kern die späteren Bundesländer Hessen und Bayern sowie den östlichen Teil von Baden-Württemberg einschließlich der Großstadt Stuttgart. Die GIs erlebten meist einen freundlichen Empfang durch die Bevölkerung, anders als sie selbst erwartet hatten und zum Ärger der nationalsozialistischen Durchhalte-Propagandisten und mobilen Kommandos, die alle Defätisten mit dem Tode bedrohten. Dennoch: Nur an wenigen Stellen trafen die Sieger auf den Widerstand von Wehrmachtseinheiten, Truppenteilen der Waffen-SS oder der schlecht bewaffneten und unzureichend ausgebildeten Volkssturm-Einheiten.

Trotz der insgesamt geringen Gegenwehr trat die amerikanische Militärregierung, das Office of Military Government for Germany, US (OMGUS) anfangs nicht nur als freundlicher Feind auf. In der maßgeblichen „Direktive an den Oberkommandierenden der Okkupationstruppen der Vereinigten Staaten hinsichtlich der Militärregierung für Deutschland" (Direktive JCS 1067), fertiggestellt im Februar, von Präsident Roosevelt am 23. März 1945 unterzeichnet, war unmissverständlich festgehalten worden: „Deutschland wird nicht besetzt zum Zwecke seiner Befreiung, sondern als besiegter Feindstaat. [...] Bei der Durchführrung der Besetzung müssen Sie gerecht, aber fest und unnahbar sein. Die Verbrüderung mit deutschen Beamten und der Bevölkerung werden Sie streng unterbinden." In die Direktive JCS 1067 gingen noch Gedankengänge ein, die während des Krieges Einfluss auf den amerikanischen Präsidenten gehabt hatten. So zielten Überlegungen des US-Finanzministers Henry Morgenthau jr. darauf ab, Deutschland, kontrolliert durch eine harte Besatzungspolitik, in ein überwiegend agrarisches Land umzuwandeln, um es dauerhaft politisch und wirtschaftlich auszuschalten. Allerdings war dieser „Morgenthau-Plan" schon am Ende des Krieges verworfen worden. Durchgesetzt hatten sich die Planer des Außen- und des Kriegsministeriums, die kein Machtvakuum in Mitteleuropa entstehen lassen und die deutsche Wirtschaft langsam wieder aufbauen wollten. Die JCS 1067 wurde sehr bald äußerst großzügig interpretiert, bevor sie 1947 gänzlich zurückgezogen wurde.

Das britische Besatzungsgebiet umfasste den deutschen Norden und Nordwesten – die späteren Bundesländer Schleswig-Holstein, Hamburg, Niedersachsen und Nordrhein-Westfalen. Bereits am 4. Mai hatte das Oberkommando der Wehrmacht (OKW), das unter Führung von Großadmiral Dönitz in Flensburg stationiert war, vor Feldmarschall Montgomery kapituliert. Noch dezidierter als die USA wandten die britischen Besatzungsoffiziere das auf kolonialen Erfahrungen beruhende Prinzip der *Indirect Rule* an. Die britischen Offiziere lebten, hermetisch abgeschirmt von der deutschen Bevölkerung, in beschlagnahmten Häusern, fuhren in nur für sie reservierten Waggons der öffentlichen Verkehrsmittel und verlebten ihre Freizeit in eigenen Clubs: „For British Forces only". Auf der Grundlage von Verordnungen und Anordnungen sollte die deutsche Verwaltung britische Vorgaben umsetzen. Der deutsch-britische Kontakt lief auf der Ebene der Kommandeure der Provincial Detachements auf Besatzer- und der regionalen und kommunalen Spitzenbeamten auf deutscher Seite. Kontinuitäten deutscher Verwal-

tung waren wohl in keiner anderen Besatzungszone derart ausgeprägt. Der deutschen Expertise versicherte man sich auch durch das im März 1946 in Hamburg ernannte Zonal Advisory Council, dem 37 Personen aus verschiedenen Bereichen der Gesellschaft angehörten. Insgesamt ergab sich in der Britischen Zone bald eine vertrauensvolle Zusammenarbeit mit den deutschen politischen und wirtschaftlichen Eliten, mit denen man sich durch gemeinsame konservative Werthaltungen verbunden wusste.

Allerdings hatte die nach Kriegsende gewählte Labour-Regierung unter Ernest Bevin in einem nach ihm benannten Plan das Ziel aufgestellt, Schlüsselindustrien an Rhein und Ruhr zu sozialisieren. Dies unterschied die britische Linie in der Besatzungspolitik graduell von der amerikanischen, der eine personelle Säuberung der wirtschaftlichen Eliten auszureichen schien, während sie gegen Sozialisierungsinitiativen deutscher Landtage, etwa in Hessen, ein Veto einlegte.

Die britischen Planungen sahen zunächst eine langandauernde Besatzung vor. Aus diesem Grund sollte die lokal über Minden, Bad Oeynhausen und andere ostwestfälische Kleinstädte verstreute Verwaltung in Hamburg konzentriert werden. In diesem Zusammenhang wurden Anfang 1946 in der Hansestadt umfangreiche Beschlagnahmungen von Wohn- und Büroräumen durchgeführt und mit dem Bau einer Hoch-

Nach der Befreiung des KZ-Außenlagers Wöbbelin am 2. Mai 1945 zwangen die amerikanischen Soldaten die Einwohner von Ludwigslust, 200 Leichen von Häftlingen vor dem Schloss zu bestatten und an einer Trauerfeier teilzunehmen.

Die Besatzungszonen der Alliierten in Deutschland und Österreich.

haus-Siedlung für Offiziere und Unteroffiziere begonnen. Nahe der City gelegen, wurden diese Hochhäuser am Grindelberg später die ersten Wohnhochhäuser auf deutschem Boden. Aber es waren nicht britische Offiziere, die dort einzogen, sondern einheimische Bürger, denn die Besatzung dauerte kürzer als zunächst gedacht.

Großbritannien, ehedem stolze Weltmacht, war durch den Krieg verarmt und hatte nach Schätzungen ein Viertel bis ein Drittel seines Volksvermögens eingebüßt. Der prominente Wirtschaftsexperte John Maynard Keynes meinte 1945, man stehe vor einem „financial Dunkirk". Bei den USA waren die Briten durch Rüstungslieferungen im Rahmen eines umfangreichen Leih- und Pachtsystems tief verschuldet. Die eigenen Exporte waren demgegenüber auf ein Drittel des Vorkriegsstandes zurückgegangen. Auch die laufenden Besat-

zungskosten erwiesen sich als schwere Bürde. Zeitgenossen gebrauchten das Bild von der zu kleinen (britischen) Schlange, die das (deutsche) Kaninchen nicht verdauen könne. Bereits im September 1945 sah sich Großbritannien gezwungen, von den USA einen Kredit in Höhe von sechs Milliarden Dollar zu erbitten. Gewährt wurden schließlich knapp vier Milliarden zu recht günstigen Zinsbedingungen über eine fünfzigjährige Laufzeit. Aber verbunden war damit die restlose Eingliederung in das von den USA geplante weltwirtschaftliche System, darunter auch die Aufhebung aller Beschränkungen für US-Importe in das Vereinigte Königreich.

Die ökonomische Abhängigkeit von den USA mündete in den Zusammenschluss der amerikanischen und britischen Zonen zur sogenannten Bizone unter amerikanischen Vorzeichen. Nach der

Errichtung der Bizone Anfang 1947 und endgültig nach einigen Vertragsveränderungen im Herbst des Jahres spielte die britische Besatzungsmacht im Konzert der Alliierten keine selbstständige Rolle mehr, aus dem United Kingdom war wirtschaftlich und politisch „Little England" geworden.

Die Franzosen der „France libre" unter General Charles de Gaulle waren erst spät, auf der Konferenz von Jalta im Februar 1945, als künftige Besatzungsmacht einbezogen worden. Sie hatten bei der Befreiung Frankreichs 1944 keine tragende Rolle gespielt, sollten aber das Gewicht der Westalliierten gegenüber Stalin stärken. Auf ihren Territorien – in Deutschland im späteren Bundesland Rheinland-Pfalz und im westlichen Teil des späteren Baden-Württembergs – präsentierte sich das französische Militär besonders martialisch. Vor allem der Beginn der Besatzung war von großer Härte gegenüber der Bevölkerung geprägt. Zeitgenössische Beobachter verglichen die Zustände, etwa die Brutalität ein- und durchmarschierender Truppenteile, mit jenen in der sowjetischen Besatzungszone. Der SPD-Vorsitzende Kurt Schumacher sprach von „West-

russen". Der erste Oberbefehlshaber General de Lattre de Tassigny vertrat die Auffassung, man könne die Deutschen am besten mit grandiosen militärischen Zeremonien beeindrucken und „umerziehen". Aus einigem Abstand freilich zeigt sich, dass die Entwicklung in der französischen Zone insgesamt bald sehr große Ähnlichkeiten mit jener in der amerikanischen und der britischen bzw. der Bizone aufwies.

Eine auffallende Besonderheit stellte der Sonderstatus des Saarlandes dar, das in gegenüber 1920 leicht erweiterten Grenzen zu einem französischen Protektorat mit eigener Regierung wurde. Bis heute diskutieren Historiker darüber, ob Frankreich damals beabsichtigte, das wegen seiner Montan- und Schwerindustrie wichtige Saarland zu annektieren. Das Saarstatut, das den Sonderstatus regelte, war jedenfalls später die Bedingung Frankreichs für eine Vereinigung der Westzonen zur Bundesrepublik. Erst nach längeren Auseinandersetzungen und einer Volksabstimmung durfte das Saarland zum 1. Januar 1957 als zehntes Bundesland der Bundesrepublik Deutschland beitreten.

Die vier Sektoren Berlins: Erst mit der Herstellung der deutschen Einheit am 3. Oktober 1990 endete auch der Vier-Mächte-Status der Stadt.

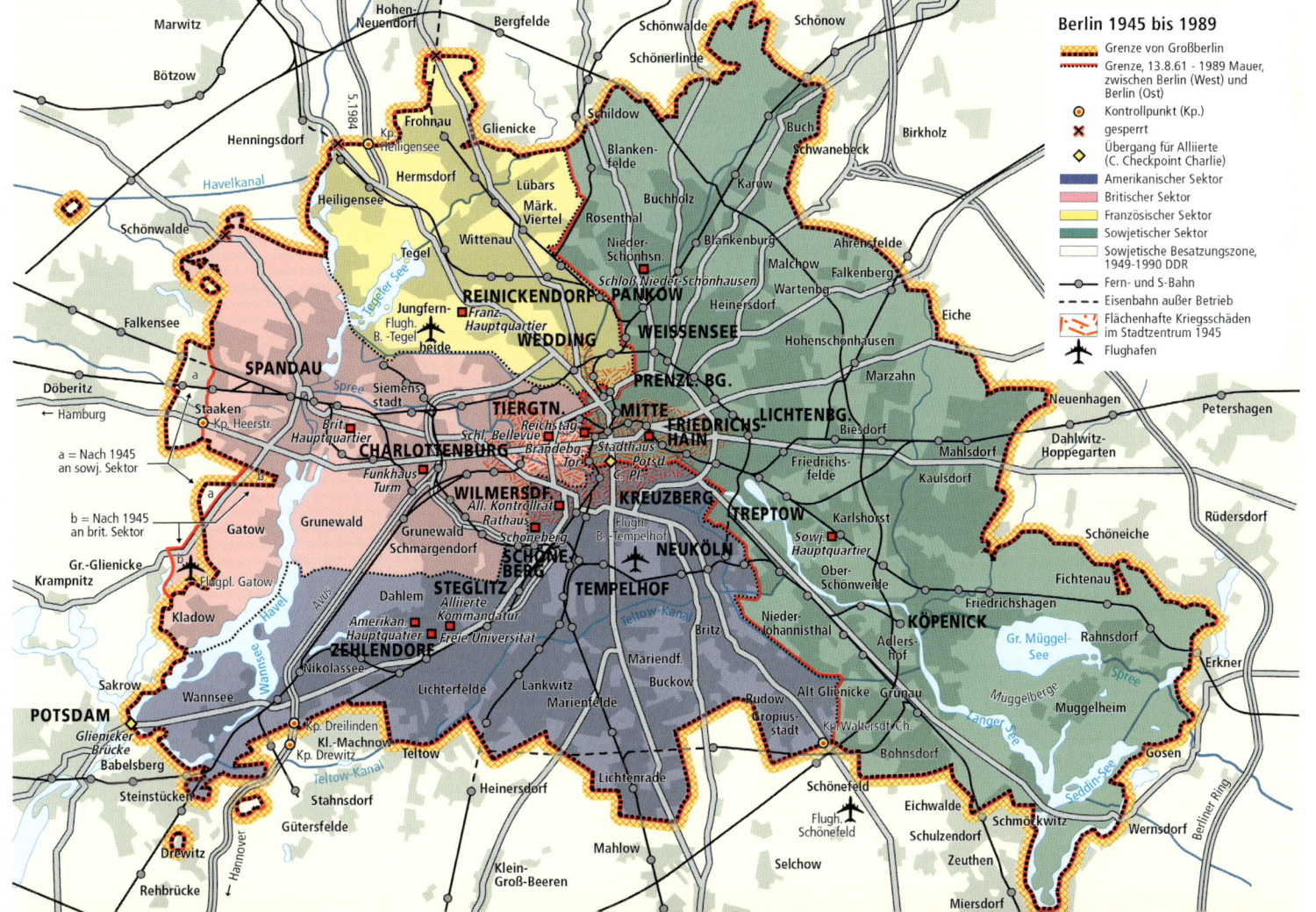

Berlin 1945 bis 1989

- Grenze von Großberlin
- Grenze, 13.8.61 - 1989 Mauer, zwischen Berlin (West) und Berlin (Ost)
- ⊙ Kontrollpunkt (Kp.)
- ✕ gesperrt
- ◇ Übergang für Alliierte (C. Checkpoint Charlie)
- Amerikanischer Sektor
- Britischer Sektor
- Französischer Sektor
- Sowjetischer Sektor
- Sowjetische Besatzungszone, 1949-1990 DDR
- Fern- und S-Bahn
- Eisenbahn außer Betrieb
- Flächenhafte Kriegsschäden im Stadtzentrum 1945
- ✈ Flughafen

Nachdem die alliierten Truppen im Frühjahr 1945 auf deutschem Boden standen und der militärische Widerstand im Süden und Westen rasch zusammenbrach, starben bis Anfang Mai in der letzten Schlacht um Berlin Hunderttausende Soldaten und Zivilisten. Die Führung von Wehrmacht und Waffen-SS weigerte sich bis zuletzt zu kapitulieren. Die eigene Kriegführung im Osten und die nationalsozialistische Propaganda hatten die Furcht vor dem rachsüchtigen „Iwan" bis zum Äußersten gesteigert. Tatsächlich kam es in den ersten Wochen der Besatzung zu zahlreichen Gewaltexzessen von Angehörigen der Roten Armee, zu Vergewaltigungen, Raubzügen und willkürlichen Verhaftungen. Allerdings wurde die militärische Disziplin von der Armeeführung bald wieder hergestellt, fürchtete man doch um den guten Ruf der Roten Armee in der Welt. Danach herrschte auch in der Sowjetischen Besatzungszone (SBZ) eine Besatzungsordnung, die durchaus ähnlich autoritäre Züge wie in den Westzonen aufwies. Von Anfang an setzte die in Berlin-Karlshorst residierende Sowjetische Militäradministration (SMAD) auf die kleinen Gruppen deutscher Kommunisten, führend die „Gruppe Ulbricht", die im Moskauer Exil für ihre Aufgabe vorbereitet worden war, zunächst als Helfer der Besatzungsmacht, dann auch mit einigen Handlungsspielräumen, das politische und gesellschaftliche Leben in der SBZ an sowjetischen Vorbildern auszurichten.

Allerdings ist in Rechnung zu stellen, dass die Sowjetunion als von den Deutschen zerstörtes und ausgeraubtes, restlos verarmtes Land aus einem Krieg kam, der 27 Millionen Militär- und Ziviltote und jährlich bis zu 55 Prozent des Nationaleinkommens gefordert hatte. Anders als die Konsumverheißungen einer „Amerikanisierung" im Westen konnte eine „Sowjetisierung" keine gesellschaftliche Strahlkraft entfalten. Anders als bei Briten und Amerikanern gab es auf sowjetischer Seite auch weder eine ausgearbeitete Nachkriegsplanung noch eine langfristige Strategie. Aus der eigenen Besatzungszone sollten Reparationen, vor allem industrielle Güter und Anlagen, entnommen werden, um die eigene Wirtschaftskraft zu stärken und den einstmaligen Aggressor zu schwächen. Die Amerikaner und Briten hingegen waren an Reparationsleistungen ihrer Zonen nicht interessiert, weil es ihnen darum ging, die westdeutsche Wirtschaft möglichst rasch wieder aufzurichten. Allerdings gab es, vor allem in der britischen Zone, eine Demontage von rüstungsindustriellen Anlagen, was den eigenen Sicherheitsbedürfnissen entsprach. Die gleichen Motive hegte Frankreich bei seinen Forderungen nach einer Abtrennung des Ruhrgebiets. Als Gefahr für den Weltfrieden sollte Deutschland durch Demilitarisierung und Entnazifizierung endgültig ausgeschaltet werden, aber die Herstellung eines einheitlichen Nationalstaats blieb als Perspektive erhalten. Ein wirtschaftlicher, aber indirekt auch politischer Kurswechsel erfolgte in der SBZ 1947, als man vom System der direkten Entnahme aus dem Bestand hin zur Produktion von Reparationsgütern unter dem Dach sowjetischer Aktiengesellschaften (SAG) überging.

Glückliches Österreich

Nicht nur Deutschland, auch Österreich wurde in alliierten Abkommen vom 4. und 9. Juli 1945 von den Siegermächten in vier Besatzungszonen eingeteilt. Zur französischen Zone gehörten der Südwesten, Vorarlberg und Tirol, zur US-Zone Salzburg und Oberösterreich, die britische Zone umfasste den Süden, die Steiermark und Kärnten, die sowjetische Niederösterreich und das Burgenland im Osten. Wie Berlin in Deutschland lag die österreichische Hauptstadt Wien innerhalb des sowjetisch verwalteten Territoriums und wurde in vier Besatzungssektoren aufgeteilt. Und wie in Berlin warben die alliierten Mächte jeweils mit ihrer Kultur um ein positives Image. Während des Kalten Kriegs wurde Wien, dessen Sektorengrenzen frei zu überqueren waren, in einigen prominenten Kinofilmen, darunter Carol Reeds Thriller *Der dritte Mann* (1949), auch als Welthauptstadt der Spionage imaginiert.

Generaloberst Nikolai E. Bersarin, Stadtkommandant von Berlin, inspiziert auf dem Platz vor dem Reichstag seine Truppen, 20. Mai 1945. Wegen seiner Verdienste um die Versorgung der Stadt war er von 1975 bis 1992 Ehrenbürger (Ost-)Berlins, seit 2003 ist er Ehrenbürger der vereinten Hauptstadt.

Politisch hatte Österreich ein glücklicheres Los als Deutschland gezogen. Obwohl die große Mehrheit der Österreicher Hitler jubelnd begrüßt und sich viele an den deutschen Kriegsverbrechen beteiligt hatten, erklärten die Alliierten in der Moskauer Deklaration von 1943 das Land zum ersten Opfer der nationalsozialistischen Eroberungspolitik, das wieder befreit werden sollte. Die Okkupationslegende wurde schon früh zum Kern einer neuen Identitätskonstruktion der künftigen Alpenrepublik, etwa in den Feiern zum 950-jährigen Bestehen Österreichs 1946.

Bereits unmittelbar nach Kriegsende, am 27. April 1945, war eine provisorische Staatsregierung gebildet worden, der drei Parteien angehörten: die Sozialdemokraten (SPÖ), die den Regierungschef Karl Renner stellten, die bürgerlich-konservativen Volksparteiler (ÖVP) und die Kommunisten (KPÖ). Die ersten Wahlen fanden bereits am 25. November 1945 statt, wobei 800.000 ehemalige Mitglieder der NSDAP von der Abstimmung ausgeschlossen waren. Zur Enttäuschung der Sowjets schafften die Kommunisten nur knapp den Sprung über die Fünf-Prozent-Hürde (5,4 % der Stimmen, 4 Mandate). Die ÖVP erhielt nahezu die Hälfte der Stimmen (49,8 %) und erreichte mit 85 von 165 die absolute Mehrheit der Mandate, die Sozialdemokraten lagen knapp dahinter (44,6 %, 76 Mandate). Die beiden Parteien bildeten für lange Jahre eine Große Koalition, die für die auf Ausgleich eingestellte österreichische politische Kultur charakteristisch wurde. Die sowjetische Seite wusste nun endgültig, dass eine kommunistische Partei in freien Wahlen keine Chance hatte, aber sie hielt sich an das Ergebnis und kooperierte mit der Regierung.

Österreich war auferlegt worden, die Kosten der alliierten Truppen aus seinem Haushalt zu bezahlen, anfangs zählten sie 700.000 Personen, davon etwa 400.000 Angehörige des sowjetischen Besatzungsapparats. Bereits 1946 begann die deutliche Verringerung der alliierten Truppen auf weniger als 200.000. Im Mai 1946 einigten sich die Siegerstaaten darauf, dass die Besatzungskosten 35 Prozent des österreichischen Staatshaushalts nicht überschreiten durften, 1947 wurden sie auf 12,5 und 1949 auf 4,5 Prozent des gesamten Budgets gesenkt.

Japan – der unbekannte Feind

Als in Mitteleuropa der Krieg beendet war, tobte er noch im pazifischen Raum. Die japanischen Soldaten, von ultranationalistischem, militaristischem und staatsvergottetem Denken beherrscht und propagandistisch hochgeputscht, kämpften gegen den amerikanischen Feind mit fanatischer Brutalität. Umgekehrt dominierte auch auf Seiten der GIs eine sprachliche Verrohung und rassistische Herabwürdigung des Feindes. Japaner galten als „gooks" (Schlitzaugen, „Japse") und wurden vom Chef des Marinestabes, Admiral William F. Halsey, als „bestialische Affen" herabgewürdigt. Anders als auf dem europäischen Kriegsschauplatz, wo immer wieder auf „gute Deutsche" hingewiesen worden war, gab es keine „guten Japaner", auf die man hätte Rücksicht nehmen müssen. Die deutsche Kultur war den amerikanischen Planern vertraut und sie verwiesen auf die parlamentarische Demokratie der Weimarer Republik. Demgegenüber blieb ihnen die japanische Kultur fremd und schien frei von demokratischen Traditionen zu sein. Japan war der unbekannte Feind.

Die Forderung nach bedingungsloser Kapitulation, die auf der Potsdamer Konferenz erhoben worden war, hatte die japanische Regierung zunächst nicht beantwortet und stattdessen versucht, die Sowjetunion als Vermittlerin anzuru-

Glückliches Österreich: Als Dank für die Hilfe der Amerikaner bei der Wiedereröffnung der Hofreitschule in Wien gibt Alois Podhajsky, ihr Leiter, in Salzburg eine Vorführung vor General George S. Patton und seinen Soldaten, 28. August 1945.

General Douglas MacArthur empfängt hemdsärmelig mit den Händen in den Taschen in seinem Hauptquartier in Tokio den Tenno Hirohito. Die Inszenierung sollte den Kaiser in den Augen der Japaner herabsetzen, bewirkte aber das genaue Gegenteil. 27. September 1945.

Links: Demonstration der Überlegenheit: F4U und F6F Kampfflugzeuge der US Air Force fliegen während der Unterzeichnung der japanischen Kapitulation über der „USS Missouri", 2. September 1945.

Rechts: An Bord der „USS Missouri" unterzeichnet General Umezo Yoshijirō die Kapitulationsurkunde, 2. September 1945.

fen, was diese wiederum am 8. August mit der Kriegserklärung an Japan beantwortete. Erst die Atombomben-Abwürfe auf Hiroshima am 6. und auf Nagasaki am 9. August 1945 führten nach heftigen internen Auseinandersetzungen am folgenden Tag zur japanischen Kapitulationserklärung, die allerdings mit der Bedingung versehen worden war, dass der Kaiser (Tenno), der in Japan zugleich eine staatliche und eine göttliche Instanz war, im Amt bleiben dürfe. Dieser unternahm es, die Kapitulation, die er selbst durchgesetzt hatte, der japanischen Bevölkerung, die noch nie seine Stimme gehört hatte, in einer Rundfunkrede am 15. August bekanntzugeben. Etwa 3,7 Millionen Kriegs- und Ziviltote hatte Japan zu beklagen, die meisten waren auch hier im letzten halben Jahr des Krieges gestorben.

In den Kapitulationsverhandlungen in Manila war festgelegt worden, dass amerikanische Transportmaschinen in Atsugi, einem Luftwaffenstützpunkt bei Tokio, von dem noch wenige Wochen zuvor die Kamikaze-Verbände gestartet waren, am 28. August mit einem Truppenvorauskommando von 4000 Mann landen würden. Der nicht risikolose Beginn der „Operation Blacklist" zur Besetzung des Landes beeindruckte die Japaner. Noch nie hatten fremde Soldaten japanischen Boden betreten. Die eigentliche Zeremonie fand am 2. September an Bord des Schlachtschiffes „Missouri" statt, das in der Bucht von Tokio ankerte. Auf japanischer Seite war es schwer gewesen, Vertreter zu finden, die sich der demütigenden Prozedur unterwerfen mochten. Der Regierungschef Higashikuni hatte die Teilnahme abgelehnt; schließlich unterzeichneten Außenminister Shigemitsu Mamoru und General Umezu Yoshijirō die Dokumente. Auch dieser hatte sich zunächst geweigert und angekündigt, Harakiri zu begehen. Erst der persönlichen Weisung des Tenno hatte er sich gefügt. Auf alliierter Seite trat General Douglas MacArthur, der legendäre Befehlshaber der US-Truppen im pazifischen Raum, als bestimmende Kraft auf. Er formulierte, etwas gönnerhaft, die in Potsdam festgelegten Bedingungen, unter denen auch Japan in eine freiheitliche Welt eintreten könne: „Wenn die Talente dieser Rasse in konstruktive Kanäle geleitet werden, kann dieses Land sich selbst aus dem gegenwärtig beklagenswerten Zustand in eine Position der Würde bringen." Während Vertreter aller alliierten Mächte die Urkunde zum Kriegsende unterzeichneten, waren Vertreter der „Opferstaaten", die unter der japanischen Besatzung gelitten hatten, etwa aus Korea, den Philippinen, Birma und Indonesien, nicht eingeladen worden.

Der Unterschied zwischen der Besatzungsherrschaft in Deutschland und der in Japan bestand nicht so sehr in den Zielen – auch Japan sollte entmilitarisiert, demokratisiert und dereinst wieder in die Familie friedlicher Völker aufgenommen werden – als in der Methode. Der wichtigste Unterschied lag darin, dass Japan weder von den alliierten Mächten gemeinsam besetzt, noch die bestehende Staatlichkeit zerstört wurde. Stattdessen traten die USA als allein bestimmende Siegermacht auf. Den anderen Alliierten wurde von den USA lediglich die Mitarbeit in einem Beratungsgremium, der Far Eastern Advisory Commission (FEAC), zugestanden, die keinen Einfluss auf amerikanische Entscheidungen nehmen konnte. Sowjetische Forderungen auf ein eigenes Besatzungsgebiet wurden von den USA schroff abgelehnt.

Die tatsächliche Macht lag, und dies wurde durch eine intensive Propagandaarbeit in Japan, aber auch durch die Medien in den USA immer wieder herausgestrichen, bei General MacArthur in seiner Doppelfunktion als Supreme Commander for the Allied Powers (SCAP) und Oberkommandierender der US-Streitkräfte im gesamten Fernen Osten. Sein Hauptquartier in Tokio, das sechste Stockwerk des Daiichi-Versicherungshauses in unmittelbarer Nähe des Kaiserpalastes, bildete ein persönliches Machtzentrum, das sogar dem Weißen Haus in Washington ein Dorn im Auge war. MacArthur herrschte hier selbst wie ein Kaiser. Der Tenno musste beim US-General um einen Termin nachsuchen und zum ersten Mal in seinem Leben das Quartier eines bürgerlichen Beamten aufsuchen. Am 27. September 1945 erschien er, ein kleiner Mann mit Zylinder und im schwarzen Gehrock, bei MacArthur, der den Monarchen betont lässig in einer Khaki-Uniform ohne Schlips und mit offenem Kragen empfing – ein Bild, das durch die internationale Presse ging und die Machtverhältnisse zeigte.

Allerdings verzichteten die Amerikaner im Alltag auf eine nennenswerte Truppenpräsenz, sodass die einzelnen Bürger kaum mit den Besatzungsangehörigen in Berührung kamen, deren Anweisungen direkt an die Verwaltungsspitze der Japaner übermittelt wurden. Insgesamt waren die Amerikaner zunächst überrascht und dann erfreut, dass ihnen die Japaner trotz der Härte im Krieg freund-

lich gegenübertraten. Schon zwei Wochen nach Beginn der Besatzung erklärte MacArthur öffentlich, statt der geplanten 500.000 Mann Besatzungstruppen werde er mit 200.000 auskommen können. Und zwei Jahre später konstatierte er, dass sich Japan erfolgreich auf dem Weg zu einer modernen demokratischen Gesellschaft befinde.

Politische Säuberung und Demokratisierung

Die grundsätzlichen Linien in der Besatzungspolitik der Alliierten, ob es sich um die Entnazifizierung und politische Säuberung, die „Re-Education" bzw. „Reorientation" durch Bildungsreformen und Medien oder den Aufbau des politischen Lebens handelte, schienen sich zunächst zu gleichen, bevor der Beginn des Kalten Krieges 1947/48 die unterschiedlichen Weichenstellungen deutlich machte.

Gemeinsam agierten die vier Siegermächte noch bei dem Hauptkriegsverbrecherprozess, der vom 20. November 1945 bis zum 1. Oktober 1946 in Nürnberg stattfand (vgl. den Beitrag von Gerd Hankel in diesem Band). In der internationalen, aber auch in der deutschen Presse gab es eine umfangreiche Berichterstattung über den Prozess. Spätestens jetzt konnte kein Deutscher mehr behaupten, er hätte von diesen Verbrechen nichts gewusst. Im Übrigen verdeutlichte der Prozess, dass es nicht um eine „Kollektivschuld" gehen sollte, wie häufig von deutscher Seite behauptet, sondern um die Aburteilung konkreter Verbrechen.

Bereits unmittelbar nach dem Einmarsch hatten die US-Truppen etwa 80.000 Personen im Rahmen eines „automatical arrest" interniert, in

Auch ein Beitrag zur demokratischen Erziehung: Marionettentheater in der US-Bibliothek in Frankfurt am Main, Mai 1947.

45

der SBZ und in der britischen Zone waren es ca. 70.000, in der französischen ca. 20.000 Menschen. In allen Zonen wurden zudem NS-Aktivisten aus ihren beruflichen Stellungen entfernt.

Ende 1945 begann in der US-Zone die Entnazifizierung mittels Fragebögen, die 131 Fragen enthielten. Wer sie nicht ausfüllte, dem drohten Strafen und Entlassung, vor allem aus dem öffentlichen Dienst. Recht schematisch hob die Entnazifizierung auf die Mitgliedschaft in der NSDAP und den Zeitpunkt des Parteieintritts ab. Wer die Mitgliedschaft erst seit dem 1. Mai 1937 besaß, als der Eintrittsstopp aufgehoben worden war und viele Beamte und gesellschaftliche Eliten bedrängt wurden, in die Partei einzutreten, wurde meist nicht weiter behelligt. Nach anfänglich zum Teil harter Bestrafung auch kleiner Funktionäre versandete die Entnazifizierung, gegen die Parteien und Kirchen heftig agitierten, unter deutscher Verantwortung (seit März 1946) an vielen Orten. Bis zum Abschluss der Verfahren 1949 waren in der US-Zone etwa 13 Millionen Menschen überprüft worden, von denen 3,6 Millionen betroffen waren. (Vgl. den Beitrag von Sven Felix Kellerhoff in diesem Band.)

Ähnlich verlief die Entnazifizierung auch in den anderen Besatzungszonen, in der britischen allgemein etwas milder. Selbst in der SBZ wurde rasch deutlich, dass angesichts des hohen Nazifizierungsgrades eine radikale politische Säuberung, etwa im Bereich der Gesundheitsfürsorge, gar nicht möglich war. So blieben zahlreiche NS-belastete Mediziner der Berliner Charité in ihrer Stellung. Eine Sonderstellung der Entnazifizierung in der SBZ ergab sich vielmehr daraus, dass aufgrund der sowjetischen Faschismusauffassung die ökonomischen Strukturen grundlegend umzugestalten waren, weil

sie ursächlich für die Durchsetzung des Nationalsozialismus gewesen seien. So wurde die Enteignung industrieller Betriebe und des Großgrundbesitzes im Rahmen einer umfassenden Bodenreform als Maßnahme zur Entnazifizierung dargestellt. Außerdem gab es in der SBZ ein höheres Maß an Willkür, weil von teils beliebigen Verhaftungen und Internierungen in neun sogenannten Speziallagern nicht nur ehemalige Nationalsozialisten, sondern auch politische Gegner der sowjetischen Militäradministration und der SED betroffen waren. 150.000 Menschen durchliefen diese Lager; ein Drittel der Inhaftierten starb wegen unzureichender Ernährung und auf Grund von Krankheiten.

In Österreich war die Entnazifizierung schneller als in Deutschland in die Hände der eigenen Verwaltung gelegt worden, nämlich bereits im Februar 1946. Bis dahin hatte nur ein Bruchteil der Bevölkerung, acht Prozent in der amerikanischen und sechs Prozent in der britischen Zone, den obligatorischen Fragebogen abgegeben. In der sowjetischen Zone wiederum blieben einfache NSDAP-Mitglieder unbehelligt. Wie in Deutschland gab es ein wichtiges Datum für deren Einteilung. Wer vor dem Anschluss 1938 bereits das Parteibuch besessen hatte, das betraf etwa 100.000 Parteiangehörige, galt als überzeugter Nationalsozialist und Zerstörer der österreichischen Republik, die danach Hinzugekommenen wurden eher als Opportunisten betrachtet. Bereits im Mai 1948 wurde die Entnazifizierung im Wesentlichen abgeschlossen, es folgte eine Reihe von Amnestien. Nicht einmal die Hälfte der bei Kriegsende errechneten 60.000 nationalsozialistisch schwer belasteten Personen war zur Rechenschaft gezogen worden. Auch die Zahl von 13.607 Verurteilungen in der sowjetischen Zone Österreichs im ersten Nachkriegsjahrzehnt war nicht besonders hoch.

In Japan begann die politische Säuberung vom Einfluss derjenigen, „die das japanische Volk getäuscht und irregeleitet" hatten, im Oktober 1945. Auch hier mussten Fragebögen ausgefüllt werden. Die Durchführung lag in der Hand der japanischen Behörden, die dabei von amerikanischer Seite überwacht wurden. 1946 verloren etwa 1000 Personen ihre hohe Stellung in Staat und Wirtschaft, 1947 waren es etwa 1700. Außerdem waren 183.000 Berufsoffiziere, Polizisten und Angehörige des Geheimdienstes suspen-

Entnazifizierung in der sowjetisch besetzten Zone: Propaganda zum Volksentscheid am 30. Juni 1946 in Sachsen über die „Enteignung von Kriegsverbrechern und Nationalsozialisten", Aufnahme 26. Juni 1946.

diert worden, weitere 20.000 entzogen sich der Überprüfung durch Aufgabe ihrer Positionen. Vor einem internationalen Militärgericht fand vom 4. Juni 1946 bis zum 12. November 1948 in Tokio ein Kriegsverbrecherprozess statt. (Vgl. den Beitrag von Gerd Hankel in diesem Band.)

Zur politischen Säuberung gehörte in der Konzeption aller Alliierten nicht nur die politische Überprüfung der gesamten Bevölkerung und die gerichtliche Aburteilung von verbrecherischen Handlungen, sondern auch die „Umerziehung" und „Reorientation", vor allem der Jugend, durch Reformen des Bildungssystems und ein neues Mediensystem. Bei beiden dominierte der Gedanke, diese Bereiche nach anfänglich starker Kontrolle bald in zuverlässige einheimische Hände zu legen. Im zeitlichen Abstand betrachtet, gelang es allerdings, zumindest in den deutschen Zonen unter westlicher Kontrolle, nicht, die Hochschul- und Schulstrukturen grundlegend zu reformieren. Zu stark waren die Beharrungskräfte nationaler Traditionen. Größere Durchschlagkraft hatte dagegen der Aufbau eines neuen Presse- und Rundfunksystems. Nach einer kurzen Phase der Unterrichtung der Bevölkerung durch Armeeblätter und vom Militär kontrollierte Radiosender wurden in Deutschland Lizenzen für Druckerzeugnisse ausgegeben, in der US-Zone bei Tageszeitungen jeweils an eine Gruppe von Personen mit unterschiedlichem politischem Hintergrund. In der britischen Zone sollte die Presse nicht direkt von Parteien betrieben werden, aber diesen nahestehen, in der SBZ erhielten Parteien, Gewerkschaften und politische Organisationen eine Lizenz. Während dort aus dem Lizenzsystem die recht uniforme Presse der DDR unter Leitung der SED hervorging, entwickelte sich im Westen eine pluralistische Bandbreite von Druckerzeugnissen, deren Redaktionen allerdings personell eine weit höhere Kontinuität aus der Zeit vor 1945 aufwiesen, als die Alliierten sich das vorgestellt hatten. Dies gilt, in etwas geringerem Maße auch für die öffentlich-rechtlichen Rundfunkanstalten, die 1947/48 in den westlichen Zonen eingerichtet wurden. In allen besetzten Gebieten, in Deutschland, Österreich und Japan, betrieben die Siegermächte im Übrigen eigene Radiosender, gaben eigene Zeitungen heraus und unterhielten zudem eigene Zentren, in der US-Zone Amerika-Häuser genannt, um die Bevölkerung und besonders deren Eliten auch kulturell zu beeindrucken.

Das japanische Herrscherpaar interessiert sich für das politische Zeitgeschehen: Kaiser Hirohito und Kaiserin Nagako hören die Ergebnisse der ersten freien Wahlen nach dem Krieg, 16. April 1946.

In Japan mit seinen Relikten einer Feudalordnung war die „Umerziehung" mehr als eine „Re-education", weil hier von amerikanischer Seite viel tiefergehende gesellschaftliche Veränderungen angestrebt wurden als in Deutschland. General MacArthur hatte dafür folgende Ziele formuliert: die Emanzipation der Frauen, die Stärkung der Gewerkschaften, Maßnahmen gegen die Kinderarbeit, die Durchsetzung einer liberalen Erziehung, Gedankenfreiheit sowie Freiheit der Religion und die Demokratisierung der Wirtschaft. Die in diesem Geiste ausgearbeitete Verfassung wurde am 3. November 1946 vom Kaiser verkündet. Er selbst verlor seinen göttlichen Status. In Artikel 1 wurde er zum „Symbol des Staates und der Einheit des Volkes, von dem alle Macht ausgeht". Die Frauen erhielten das aktive und passive Wahlrecht, gebrochen wurde die absolute Macht des Patriarchats im Familienrecht. Gestritten wurde vor allem über den Artikel 9, der schließlich lautete: „In aufrichtigem Streben nach einem auf Gerechtigkeit und Ordnung gegründeten internationalen Frieden verzichtet das japanische Volk für alle Zeiten auf den Krieg als ein souveränes Recht der Nationen." Mit dieser Fassung ließ sich später sogar die Aufstellung einer Verteidigungsarmee begründen.

Während die japanische Verfassung unter starkem US-Einfluss bereits 1946 ausgearbeitet worden war, wurde die Demokratisierungspolitik in den deutschen Westzonen langsamer und zunächst nur in lokalen und regionalen Schritten betrieben. Zunächst entstand ein neues Parteien-

Links: Durch den Abschluss des Staatsvertrags am 15. Mai 1955 wurde Österreich souverän. Nach der Auflösung der alliierten Militärpolizei kamen noch einmal je ein amerikanischer, britischer, französischer und sowjetischer Militärpolizist zu einem Erinnerungsfoto zusammen, Wien 15. September 1955.

Rechts: Durch den Deutschlandvertrag erhält die Bundesrepublik die Souveränität, 5. Mai 1955. In der letzten Sitzung des Rates der Alliierten Hohen Kommission im Schloss Deichmannsaue (Bad Godesberg) wird das Besatzungsstatut für aufgehoben erklärt. Die Hohen Kommissare von links: André François-Poncet (Frankreich), James Bryant Conant (USA) und Frederick Millar (Großbritannien).

system, in dem die Arbeiterparteien SPD und KPD an ihre Existenz vor 1933 anknüpfen konnten, während die bürgerlichen konservativen Parteien und die Nationalsozialisten vom Erdboden verschwanden. CDU und CSU als überkonfessionelle christlich-demokratische Parteien wirkten als neues Element des Parteiensystems, die Liberalen führten die vor 1933 zersplitterten Kräfte innerhalb der FDP zusammen. Im Durchschnitt aller Wahlen in den Westzonen ergab sich bereits ein bürgerliches Übergewicht, das auch bei den ersten Bundestagswahlen 1949 zum Ausdruck kam. Zwar kam es Ende der 1940er-Jahre zur Gründung einer ganzen Reihe von kleinen rechtspopulistischen und konservativen Parteien, die dann aber im Laufe des folgenden Jahrzehnts von der CDU/CSU aufgesogen wurden.

In der SBZ, wo zuerst Parteien – KPD, SPD, CDU und Liberaldemokraten (LDP) – zentral zugelassen worden waren, wurde rasch deutlich, dass die Kommunisten trotz aller Unterstützung seitens der SMAD, wie schon in Österreich, keine Chancen besaßen, im freien Parteienwettbewerb zu bestehen. Auch nach der Vereinigung der KPD mit der SPD zur Sozialistischen Einheitspartei Deutschlands (SED), die nur mit Zwangsmaßnahmen der Besatzungsmacht durchgesetzt werden konnte, war eine dauerhafte Mehrheit nicht auszumachen. In den Landtagswahlen am 20. Oktober 1946 erreichte die SED nicht einmal die Hälfte der Stimmen.

In Japan dominierten bei den Unterhaus-Wahlen im April 1947 Sozialisten und Demokraten, die zusammen mit einer kleinen Partei die Regierungskoalition stellten, während die Konservativen abgeschlagen waren und die Kommunisten mit vier von 464 Sitzen in der Bedeutungslosigkeit landeten.

Kalter Krieg und Ende der Besatzungszeit

Die ursprünglich geplante Dauer der Besatzungszeit wurde durch den beginnenden Kalten Krieg verkürzt, für dessen Beginn verschiedene symbolische Daten genannt werden können. Große internationale Aufmerksamkeit erregte die sogenannte Truman-Doktrin, die Botschaft einer Rede des US-Präsidenten vor dem Kongress am 12. März 1947, wonach der demokratisch westlichen eine kommunistisch östliche Lebensweise gegenüberstehe und jedes Land zu unterstützen sei, das sich für den Westen entscheide. Entsprechend dieser Doktrin ging es darum, Westdeutschland und Japan politisch und wirtschaftlich zu stärken und in das westliche Bündnis einzugliedern.

Nicht nur in Deutschland, auch in Japan war der amerikanische „Umkehrkurs" spürbar. Japan sollte nun eine zentrale Säule der westlichen Vorherrschaft im pazifischen Raum bilden. Deshalb nahm die Militärregierung eine radikale Veränderung ihrer Politik in Japan vor. Sie verordnete 1947 nicht nur ein Streikverbot, sondern auch eine antikommunistische Säuberung. Gezielt wurden mehr als 12.000 Mitarbeiter von Unternehmen, aus staatlicher Verwaltung, aus den Medien, Schulen und Hochschulen entlassen, die im Verdacht standen, Kommunisten zu sein. Gleichzeitig wurden Kriegsverbrecher rehabilitiert und gelangten wieder auf hohe politische Posten, etwa Kishi Nobusuke, während des Krieges Minister, bis 1948 inhaftiert und bald darauf Vorsitzender der konservativen Liberaldemokratischen Partei, später sogar Premierminister. Ergebnis der amerikanischen Unterstützung der Konservativen in Japan, die der eigenen bisherigen Politik widersprach, war das Ende der gesellschaftlichen Reformen und wirtschaftlichen Entflechtungsmaßnahmen. Die USA veranlassten Japan 1950 – gegen den Rat MacArthurs – zur Aufstellung einer Polizeitruppe, eine Umschreibung für die Bildung einer Armee und die Umgehung des Artikels 9 der Verfassung.

Am 8. September 1951 unterzeichneten die Vertreter von 48 Nationen in San Francisco einen Friedensvertrag mit Japan. Dieser sicherte den USA eigene Militärbasen im Lande und integrierte Japan in das westliche Bündnis. Die auf der Konferenz in Jalta vereinbarte Rückgabe der Kurilen-Inseln und Süd-Sachalins an die Sowjetunion war nicht Gegenstand des Vertrags. Die Besatzungszeit in Japan endete offiziell am 28. April 1952.

Auf die amerikanische Strategie antwortete die Sowjetunion in Europa mit aggressiven Drohgebärden wie etwa der Berlin-Blockade 1948/49 und der Überführung der eigenen Zone in den von der SED kontrollierten Staat DDR, der nach der Gründung der Bundesrepublik umgehend aus der Taufe gehoben wurde. Beide deutschen Teilstaaten erhielten ein „Besatzungsstatut". Die westlichen „Hohen Kommissare", die an die Stelle der vorherigen Militärgouverneure traten, besaßen demnach das Recht zum Eingreifen, wenn etwa die Verfassungsordnung in Gefahr wäre. Das Besatzungsstatut bestand bis zum 5. Mai 1955. Auch wenn die Bundesrepublik keinen Friedensvertrag abschließen konnte, wurde sie, ungeachtet einiger verbleibender alliierter Vorbehaltsrechte, damit vom halbsouveränen zum souveränen Staat innerhalb des westlichen wirtschaftlichen, politischen und militärischen Systems.

Harte diplomatische Auseinandersetzungen wurden um Österreich geführt. Auch hier zwang der Marshall-Plan, die wirtschaftliche Hilfe für Staaten, die sich am Westen orientieren wollten, die sowjetische Besatzungsmacht zur Abschottung ihrer niederösterreichischen Zone. Die US-Diplomatie wiederum nahm eine obstruktive Rolle bei den Verhandlungen um den „Österreich-Vertrag" ein. In Planungspapieren der NATO verlief die geostrategische Grenzlinie von Lübeck nach Triest mitten durch österreichisches Gebiet. Nachdem es den USA gelungen war, Westdeutschland und Japan vertraglich in das westliche Bündnis zu integrieren, dauerte es noch bis zum Frühjahr 1955, bis sich die Westmächte widerstrebend mit einem neutralen Status von Österreich, der zwischen den Alliierten bereits 1943 vereinbart worden war, einverstanden erklärten. Am 15. Mai 1955 unterzeichneten die Hochkommissare und die Außenminister der vier Siegermächte und der österreichische Außenminister im Marmorsaal des Wiener Schlosses Belvedere den Staatsvertrag, der Österreich die staatliche Souveränität und Unabhängigkeit gab.

Zehn Jahre nach dem Ende des Zweiten Weltkriegs war das Kapitel Besatzung beendet. Deutschland war geteilt, die beiden Hälften jeweils in einen der Machtblöcke des Kalten Krieges integriert. Japan avancierte zum verlässlichen Verbündeten der USA; lediglich Österreich blieb neutral, wenngleich politisch und kulturell eher dem Westen verbunden.

Abschluss des Friedensvertrags zwischen Japan, den USA, Großbritannien und weiteren 47 Nationen in San Francisco, 8. September 1951: Hier der Fuhrpark der Teilnehmer an der feierlichen Unterzeichnung.

Gerd Hankel

Die internationalen Militärgerichtshöfe: Nürnberg und Tokio

Der Nürnberger Prozess gegen die Hauptkriegsverbrecher begann am 20. November 1945 und endete am 1. Oktober 1946. War er anfangs von vager Hoffnung, großer Skepsis, ja schroffer Ablehnung begleitet, trat bald das Erschrecken über die Vielzahl von Verbrechen, die im Prozess zur Sprache kamen, in den Vordergrund. Trotz einiger Vorbehalte, die auch nach seinem Ende intensiv thematisiert wurden, gilt der Nürnberger Prozess heute als Geburtsstunde eines Völkerrechts, das der staatlichen Macht Grenzen setzt. Und sein Gegenstand, die etliche Male dokumentierten NS-Verbrechen, waren als Warnung und Mahnung von bestimmendem Einfluss auf die deutsche Geschichte.

Der Prozess von Tokio gegen die japanischen Hauptkriegsverbrecher begann am 29. April 1946 und endete am 12. November 1948. Von Beginn an stand er im Schatten des Nürnberger Prozesses. Sein Zustandekommen, Verlauf und erwartbares Ergebnis machten ihn in den Augen der japanischen Bevölkerung zu einem Akt der Strafe und zur zynischen Siegerjustiz. Seine Auswirkung auf den politischen Neubeginn in Japan ist entsprechend gering.

Die Anfänge von Nürnberg

Als die United Nations Commission for the Investigation of War Crimes 1942 mit der Erfassung der NS-Verbrechen begann und Entwürfe für eine internationale Strafgerichtsbarkeit zu ihrer Ahndung vorlegte, war dies auch Ausdruck der wachsenden alliierten Entschlossenheit, die Ahndung dieser Verbrechen nicht Deutschland und den Deutschen zu überlassen. Diese Alternative war nach dem Ersten Weltkrieg praktiziert worden und, weil das Reichsgericht in Leipzig allzu nachsichtig geurteilt hatte, gescheitert.

Die Entschlossenheit der Alliierten wurde später noch mehrfach bekräftigt, am nachdrücklichsten in der Moskauer Erklärung vom 1. November 1943. Der amerikanische Präsident Roosevelt, der britische Premier Winston Churchill und der sowjetische Partei- und Regierungschef Josef Stalin versicherten darin, dass angesichts der vorliegenden Beweise für Gräueltaten, Massaker und kaltblütige Massenhinrichtungen die dafür Verantwortlichen bestraft werden würden. Zuständig seien die Gerichte der Staaten, in denen die Untaten begangen worden seien.

Der Schwurgerichtssaal 600 im Justizpalast Nürnberg, in dem der Internationale Militärgerichtshof verhandelte, 1946.

Diejenigen Täter aber, deren Verbrechen „geografisch nicht begrenzt seien", würden „aufgrund einer gemeinsamen Entschließung der Alliierten bestraft werden".

Zunächst war jedoch an eine andere Lösung gedacht worden, die auch in den Folgemonaten wiederholt zur Sprache kam. Sie stammte von Churchill und sah vor, die Hauptverantwortlichen für die NS-Verbrechen zu exekutieren, ohne einen Prozess, allein gerechtfertigt durch die Schwere der Taten und die Eindeutigkeit der Täterschaft. Auch Stalin neigte einem solchen Verfahren zu. Am Ende setzten sich jedoch die USA mit der Idee eines internationalen Prozesses durch. „[Es ist] nicht möglich", schrieb Thomas Mann im amerikanischen Exil, „eine Million Menschen hinzurichten, ohne die Methoden der Nazis nachzuahmen. Es sind aber rund eine Million, die ausgemerzt werden müßten." Überdies wäre durch ein solches Vorgehen auch das Ziel einer neuen Weltordnung gründlich diskreditiert worden. Beginnend mit der Atlantik-Charta vom August 1941 sollte, wie in weiteren Deklarationen und Konferenzen konkretisiert, mit der Organisation der Vereinten Nationen (UNO) ein bestimmten rechtlichen Grundsätzen und Verfahren gehorchendes kollektives Sicherheitssystem geschaffen werden, dem nach Ablauf einer gewissen Bewährungsfrist auch die Verliererstaaten beitreten konnten.

Es war daher auch kein Zufall, dass die alliierten Beratungen über die Einrichtung eines internationalen Militärgerichtshofs mit dem 26. Juni 1945 an genau dem Tag in London begannen, an dem in San Francisco die Gründungsversammlung der Vereinten Nationen zu Ende ging. Das Ergebnis dieser Beratungen war das „Abkommen über die Verfolgung und Bestrafung der Hauptkriegsverbrecher der europäischen Achse", wobei mit Hauptkriegsverbrecher im Sinne früherer Erklärungen diejenigen gemeint waren, „für deren Verbrechen ein geografisch bestimmter Ort nicht gegeben ist". Zu dem Abkommen vom 8. August 1945 gehörte auch das Statut für den Internationalen Militärgerichtshof – nach der englischen Bezeichnung International Military Tribunal gewöhnlich IMT abgekürzt –, das Verfassung, Zuständigkeit und Aufgaben des Gerichtshofs festlegte.

Kernaussage des Abkommens, dem später noch neunzehn weitere Staaten beitraten, war laut Artikel 6 des ihm beigefügten Statuts, dass nicht nur die herkömmlichen Kriegsverbrechen Straftatbestände darstellen, sondern auch gewisse gegen den Frieden gerichtete Handlungen (Verbrechen gegen den Frieden, nämlich „Planen, Vorbereitung, Einleitung oder Durchführung eines Angriffskriegs") sowie solche, die sich gegen die Zivilbevölkerung richten (Verbrechen gegen die Menschlichkeit wie zum Beispiel Mord, Ausrottung oder Versklavung).

Für diese Verbrechen sollten die Täter ohne Ansehen ihres Ranges oder ihrer Position persönlich verantwortlich sein. Sie sollten sich nicht länger hinter dem Schutzschild der staatlichen Souveränität verstecken oder einer Immunität erfreuen können. Artikel 7 des Statuts lautet denn auch unmissverständlich, dass die „amtliche Stellung eines Angeklagten, sei es als Oberhaupt eines Staates oder als verantwortlicher Beamter in einer Regierungsabteilung, weder als Strafausschließungsgrund noch als Strafmilderungsgrund gelten [soll]". Mit anderen Worten, der klassische Satz von den Großen, die man laufen lasse, auf Kosten der Kleinen, die man hänge, sollte nicht mehr gelten. Artikel 8 ergänzte, dass Handeln auf Befehl nicht vor Strafe schütze, sondern allenfalls

In den Verhandlungen des Internationalen Militärgerichtshofs gegen die Hauptkriegsverbrecher galten die rechtlichen Grundsätze, die zu geordneten Gerichtsverfahren gehören: Die Verteidiger der Angeklagten vor dem Gerichtsgebäude, 13. November 1945.

Ankläger: der amerikanische Hauptanklagevertreter beim Internationalen Militärgerichtshof Robert H. Jackson, 1946.

Der Prozess. Verlauf und Ergebnis

Der 21. November 1945 – der zweite Tag des Prozesses in Nürnberg (die Eröffnungssitzung hatte am 18. Oktober in Berlin stattgefunden) – ist der Tag des amerikanischen Chefanklägers Robert Jackson. Fast fünf Stunden lang stellt er dar, warum sich die Angeklagten, entgegen aller bisherigen internationalen Gepflogenheit, für ihre Taten vor dem in Nürnberg zusammengetretenen Militärgericht verantworten müssen. Eindringlich beschreibt er Entstehung und Wesen der NS-Herrschaft, schildert deren kriegerische Ausdehnung über Europa, konfrontiert die Zuhörer mit ruhiger, klarer Stimme mit dem Grauen, wie es aus zahlreichen Befehlen und Berichten von Nazi-Oberen spricht. Es ist die Abrechnung mit einem Regime, das das Vertrauen in den zivilisatorischen Fortschritt nachhaltig erschüttert hat und jetzt, vertreten durch gut 20 „armselige Gestalten", auf der Anklagebank sitzt. Denn Recht, nicht Rache soll praktiziert werden im Nürnberger Gerichtssaal. Darauf legt Jackson großen Wert. Mehrfach weist er darauf hin, dass der Prozess eine Zeitenwende darstellt, ein bislang einzigartiger Tribut der Macht an die Vernunft, der, wenn er Bestand und Anerkennung haben soll, der Aura der Einzigartigkeit entkleidet werden muss. Verbrechen, so unvorstellbar in Art und Ausmaß sie zuvor waren, können sich wiederholen und von anderen Tätern begangen werden, für die dann derselbe rechtliche Maßstab zu gelten hat. In den Worten Jacksons, oft zitiert, aber nach wie vor von bildmächtiger Ausdruckskraft:

„Denn wir dürfen niemals vergessen, dass nach dem gleichen Maß, mit dem wir die Angeklagten heute messen, auch wir morgen von der Geschichte gemessen werden. Diesen Angeklagten einen vergifteten Becher reichen bedeutet, ihn an unsere eigenen Lippen zu bringen. Wir müssen an unsere Aufgabe mit so viel innerer Überlegenheit und geistiger Unbestechlichkeit herantreten, dass dieser Prozess einmal der Nachwelt als die Erfüllung menschlichen Sehnens nach Gerechtigkeit erscheinen möge."

Angeklagt waren 24 Vertreter aus Politik, Wirtschaft und Militär, die – nach dem Selbstmord von Hitler, Himmler und Goebbels – zur Spitze des

strafmildernd wirken könne. Und Artikel 9 räumte dem Gerichtshof die Befugnis ein, Organisationen, deren Mitglied ein Angeklagter gewesen sei, zu verbrecherischen Organisationen zu erklären.

Alles in allem waren dies Bestimmungen, die das bisherige Recht auf eine andere, neue Ebene hoben. Die drei Tatbestände waren originäre Strafrechtsnormen, sie dienten nicht als Indikatoren der Rechtswidrigkeit, sondern waren unmittelbar Grundlage individueller Bestrafung. Verbrechen, die aufgrund ihrer Schwere weit über die Grenzen eines nationalen Hoheitsgebiets hinausreichen, können nicht die Angelegenheit eines einzelnen Staates sein, schon gar nicht des davon betroffenen, so die dahinterstehende Überlegung. Sie zu ahnden ist Sache der Staatengemeinschaft, die zu diesem Zweck eigene Vertreter bestellt. Das anzuwendende Recht ist folglich kein staatliches, es ist supranationales Recht, das heißt, ein über den Staaten stehendes Recht der Menschheit, das diese angewendet wissen will, um sich gegen massive Verletzungen ihrer fundamentalen Normen zur Wehr zu setzen. Dazu gehört notwendigerweise auch, dass die Strafbarkeit nicht vor hohen Amtsträgern, etwa vor Staatsoberhäuptern und ihren Erfüllungsgehilfen, Halt macht.

nationalsozialistischen Deutschlands gerechnet wurden. Dies waren:

Martin Bormann, 1933 bis 1945 Reichsleiter und 1941 bis 1945 Chef der NSDAP-Parteikanzlei, 1943 bis 1945 Stellvertreter Hitlers;

Großadmiral Karl Dönitz, 1943 bis 1945 Oberbefehlshaber der deutschen Kriegsmarine, vom 1. bis 23. Mai 1945 Hitlers Nachfolger als Reichspräsident und Oberbefehlshaber der Wehrmacht;

Hans Frank, 1939 bis 1945 Generalgouverneur im besetzten Polen;

Wilhelm Frick, 1933 bis 1943 Reichsinnenminister, 1943 bis 1945 Reichsprotektor von Böhmen und Mähren;

Hans Fritzsche, 1942 bis 1945 Leiter der Rundfunkabteilung im Reichspropagandaministerium;

Walther Funk, 1937 bis 1945 Reichswirtschaftsminister;

Hermann Göring, 1933 bis 1945 Reichsminister ohne Geschäftsbereich und 1935 bis 1945 Oberbefehlshaber der Luftwaffe;

Rudolf Heß, 1933 bis 1941 Hitlers Stellvertreter;

Alfred Jodl, 1940 bis 1945 Chef des Wehrmachtführungsstabes im Oberkommando der Wehrmacht (OKW);

Ernst Kaltenbrunner, 1933 bis 1945 Chef der Sicherheitspolizei und des Sicherheitsdienstes der SS, 1942 bis 1945 Chef des Reichssicherheitshauptamts;

Wilhelm Keitel, 1933 bis 1945 Chef des OKW;

Gustav Krupp von Bohlen und Halbach, Konzernchef;

Robert Ley, 1933 bis 1945 Führer der deutschen Arbeitsfront;

Konstantin Freiherr von Neurath, 1932 bis 1938 Reichsaußenminister, 1939 bis 1941 Reichsprotektor von Böhmen und Mähren;

Franz von Papen, 1932 bis 1933 Reichskanzler, 1933 bis 1934 Vizekanzler;

Erich Raeder, 1935 bis 1943 Oberbefehlshaber der deutschen Kriegsmarine;

Joachim von Ribbentrop, 1938 bis 1945 Reichsaußenminister;

Alfred Rosenberg, 1941 bis 1945 Reichsminister für die besetzten Ostgebiete;

Fritz Sauckel, 1942 bis 1945 Generalbevollmächtigter für den Arbeitseinsatz;

Hjalmar Schacht, 1933 bis 1939 Reichsbankpräsident und 1934 bis 1936 Reichswirtschaftsminister;

Baldur von Schirach, 1933 bis 1945 Reichsjugendführer, 1940 bis 1945 Reichsstatthalter von Wien;

Arthur Seyß-Inquart, 1939 bis 1940 Stellvertreter Hans Franks, Generalgouverneur von Polen, 1940 bis 1945 Reichskommissar der besetzten Niederlande;

Albert Speer, Hitlers Architekt, 1942 bis 1945 Reichsminister für Rüstung, Bewaffnung und Munition;

Julius Streicher, 1933 bis 1940 NSDAP-Gauleiter von Franken, 1933 bis 1945 Herausgeber des *Stürmer*.

Sämtliche Angeklagte bekannten sich „nicht schuldig", sofern sie denn bei der Prozesseröffnung im Gerichtssaal anwesend waren (Bormanns Aufenthaltsort konnte nicht ermittelt werden, Ley beging vor Verfahrensbeginn Selbstmord, Gustav Krupp von Bohlen und

Hauptangeklagte in Nürnberg (Reihe vor den Militärpolizisten, von links): Karl Dönitz, Erich Raeder, Baldur von Schirach, Fritz Sauckel, Alfred Jodl, Franz von Papen, Arthur Seyß-Inquart, Albert Speer, Konstantin von Neurath, Hans Fritzsche. Reihe davor: Hermann Göring, Rudolf Heß, Joachim von Ribbentrop, Wilhelm Keitel, Ernst Kaltenbrunner, Alfred Rosenberg, Hans Frank, Wilhelm Frick, Julius Streicher, Walther Funk, Hjalmar Schacht. Aufnahme Jewgeni Chaldej, 1946.

Halbach wurde wenig später für verhandlungsunfähig erklärt). Schuldig seien Hitler, Himmler und Goebbels gewesen, denen man vom ersten Prozesstag an alle Verbrechen des „Dritten Reiches" anzulasten versuchte. Die Angeklagten selbst seien unschuldig in das vergangene Geschehen verstrickt. „In zwei Reihen saßen sie da," berichtete ein Prozessbeobachter, „Herren unterschiedlichen Alters: Die einen hörten zu, die anderen sprachen miteinander, die Dritten machten Notizen, andere wieder reichten Zettel zu ihren Anwälten, die ein wenig tiefer vor der Barriere saßen." Und dann ein Eindruck, der bis heute weit verbreitet ist: „All diesen Erzganoven, deren blutiges Handwerk aller Welt bekannt war, war äußerlich davon nicht das Geringste anzusehen."

Ein hilflos abwehrendes „schrecklich, schrecklich, schrecklich" war das Äußerste, was im Prozess von den Angeklagten zu hören war, als sie

Die Sicherheitsvorkehrungen sind sorgfältig, aber nicht undurchlässig: Besucher der Gerichtsverhandlung vor dem Nürnberger Justizpalast, 1946.

mit ihren Verbrechen konfrontiert wurden. Dokumente über Dokumente präsentierte die Anklage, die die Verbrechen des NS-Staates belegen und die strafrechtliche Verantwortlichkeit der Angeklagten beweisen sollten. Zeugen schilderten, das ihnen und ihren Angehörigen zugefügte Leid und machten anschaulich, welcher Abgrund an verwerflichem Handeln sich hinter den juristischen Termini „Kriegsverbrechen" oder „Verbrechen gegen die Menschlichkeit" verbarg. Filmaufnahmen holten den Horror entlegener Tatorte in den Gerichtssaal und unterstrichen eindrucksvoll den Anspruch des Gerichts, aufklärend zu wirken und einen Beitrag zur „Reeducation" der Deutschen nach dem erfolgten Zivilisationsbruch zu leisten. Verteidigungsversuche – die Angeklagten hatten laut Statut Anspruch auf ein „gerechtes Verfahren" (Artikel 16) – waren da nur sehr schwer möglich, zumal auch die deutsche Öffentlichkeit von national gestimmten Rechtfertigungen nichts hören wollte. Die öffentliche Zustimmung zum Prozess war groß, besonders zu Anfang. Später ging das Interesse zurück, überlagert von den Zumutungen der täglichen Not und des Überlebenskampfs, denen gerade im Winter 1945/46 sehr viele Deutsche ausgesetzt waren. Kurz vor der Urteilsverkündung wuchs es jedoch wieder, denn vielen mag das Nürnberger Strafverfahren auch der eigenen Entlastung gedient haben, schließlich mussten sich die „wirklich" Verantwortlichen jetzt den Folgen ihrer Taten stellen. Eine Stimme von vielen: „[W]enn die nicht schuldig sind und Verantwortung tragen und übernehmen müssen für all das Unglück – wer dann?"

Die alliierten Richter aus Frankreich, Großbritannien, der Sowjetunion und den USA verurteilten zwölf der Angeklagten „zum Tode durch den Strang" (Frank, Frick, Göring, Jodl, Kaltenbrunner, Keitel, von Ribbentrop, Rosenberg, Sauckel, Seyß-Inquart, Streicher sowie, in Abwesenheit, Bormann), drei erhielten eine lebenslange Haftstrafe (Funk, Heß, Raeder), vier befristete Strafen zwischen 10 und 20 Jahren (Dönitz, von Neurath, von Schirach, Speer) und drei wurden für nicht schuldig befunden und freigesprochen (Fritzsche, Schacht, von Papen). Außerdem erklärten die Richter die Gestapo und den Sicherheitsdienst, die SS und das Korps der Politischen Leiter der NSDAP zu verbrecherischen Organisationen.

Die Anfänge von Tokio

Anders als Deutschland hatte Japan nicht bedingungslos kapituliert. In der am 2. September 1945 unterzeichneten Kapitulationsurkunde akzeptierte es, dass Strafverfahren gegen mutmaßliche japanische Kriegsverbrecher stattfinden sollten. Hintergrund des Bestrafungsverlangens der Siegermächte war, dass Japan seit Beginn der 1930er-Jahre eine brutale Eroberungspolitik im südostasiatischen und westpazifischen Raum praktiziert hatte. Dabei hatten japanische Soldaten zahlreiche Massaker an der Zivilbevölkerung begangen, eine Schreckensherrschaft wie beispielsweise in der damaligen chinesischen Hauptstadt Nanking etabliert und in großer Zahl Kriegsgefangene, die als völlig rechtlos galten, misshandelt und getötet. Vor allem der Umstand, dass Tausende US-amerikanische Soldaten auf dem Weg in Kriegsgefangenenlager an tropischen Krankheiten oder Unterernährung gestorben und viele von japanischen Wachen umgebracht worden waren, ließ den Ruf nach unnachgiebiger Bestrafung der Verantwortlichen laut werden.

Allerdings verfügten die Kriegsgegner Japans über keine gemeinsame Prozessstrategie, wie sie in Gestalt des Londoner Abkommens vom 8. August 1945 für den europäischen Kriegsschauplatz definiert worden war. Die USA hatten die Hauptlast des Krieges gegen Japan getragen, sie hatten folglich das größte Interesse an einem internationalen, ihre Anstrengungen legitimierenden Strafverfahren gegen mutmaßliche japanische Kriegsverbrecher, wohingegen das Interesse der anderen Kriegsgegner Japans deutlich geringer ausgeprägt war. General Douglas A. MacArthur, der Oberbefehlshaber der amerikanischen Einheiten und zugleich Oberkommandierender der alliierten Truppen, war jedoch zunächst wenig geneigt, internationale beziehungsweise alliierte Prozesse vorzubereiten. Er favorisierte eine schnelle Lösung, das heißt eine möglichst umstandslose Bestrafung der Täter, wie sie bereits von einigen alliierten Verbündeten sofort nach Kriegsende begonnen worden war, anstelle langwieriger Absprachen über Art und Umfang der Strafverfolgung, über Zuständigkeiten und prozessuale Details. Mit diesen Vorstellungen konnte er sich jedoch nicht durchsetzen. Das Washingtoner Außenministerium, das sich

durch die entsprechende amerikanische Ankündigung im Potsdamer Abkommen vom 26. Juli 1945 gebunden sah, wollte wenigstens die japanischen Hauptkriegsverbrecher vor ein alliiertes Gericht gestellt sehen und beauftragte General MacArthur formell, ein entsprechendes Verfahren vorzubereiten.

Am 19. Januar 1946 verkündete dieser in einer „Special Proclamation" die Einsetzung eines international besetzten Militärgerichts zur Aburteilung von „Personen, die individuell oder als Mitglieder von Organisationen oder in beiden Eigenschaften wegen Verbrechen angeklagt werden, die Verbrechen gegen den Frieden enthalten". Dem Erlass beigefügt war das Statut des geplanten Militärgerichts, das unter US-amerikanischer Federführung von Vertretern der künftigen Anklagebehörde ausgearbeitet worden war.

Inhaltlich war es in vielen Punkten identisch mit dem Statut des Nürnberger Tribunals. Verbrechen gegen den Frieden, Kriegsverbrechen und Verbrechen gegen die Menschlichkeit sollten bestraft werden (Artikel 5), eine amtliche Stellung des Angeklagten oder sein Handeln auf Befehl schützten nicht vor Strafe, beides konnte allenfalls strafmildernd berücksichtigt werden (Artikel 6). Anders als im Statut von Nürnberg war im Tokioter Statut nicht vorgesehen, Organisationen

Blick von der Zuschauertribüne in den Gerichtssaal des Internationalen Militärgerichts in Tokio, Mai 1946.

Hauptangeklagter vor dem Internationalen Militärgerichtshof in Tokio war der ehemalige Ministerpräsident Hideki Tojo, Juni 1946.

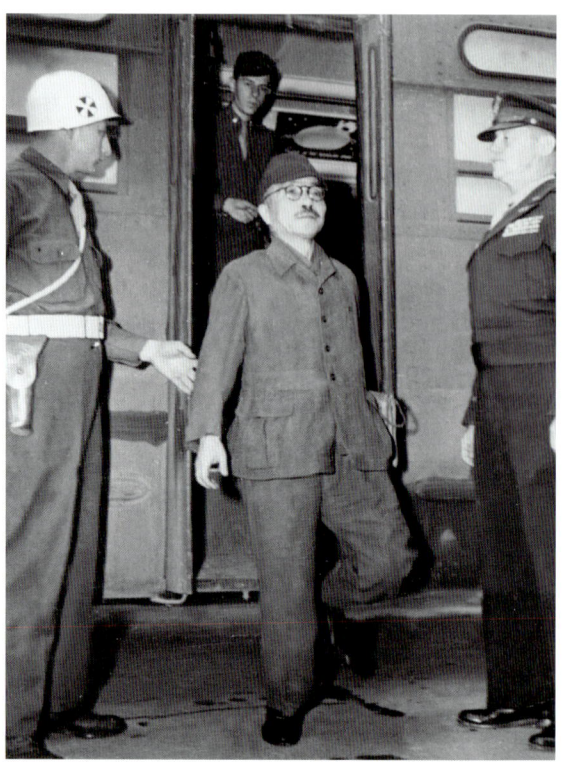

Der Prozess. Verlauf und Ergebnis

Als das Tokioter Tribunal Anfang Mai 1946 erstmals zusammentrat, hätte sich wohl niemand vorstellen können, dass dieses Verfahren über zweieinhalb Jahre dauern und die Richter nach Abschluss der Hauptverhandlung noch sieben Monate für die Abfassung des Urteils benötigen würden. Der Prozess fand im Auditorium Maximum der früheren Kaiserlichen Militärakademie von Tokio statt.

Zuvor hatten die Ankläger aus einer Liste von 260 Namen diejenigen ausgewählt, die nach den Strafbestimmungen des Statuts allem Anschein nach mit einer Verurteilung zu rechnen hatten. Vertreter der japanischen Wirtschaft waren nicht darunter. Hier war die Anklage zu dem Ergebnis gekommen, dass sich keine Beweise für eine Verstrickung japanischer Wirtschaftsführer in die Kriegführung des Landes finden lassen würden.

Die meisten der schließlich 28 Angeklagten waren Mitglieder der militärischen Führung, gefolgt von Politikern, Diplomaten und hohen Staatsbeamten. Ziel war es, möglichst alle staatlichen und militärischen Führungsgremien sowie alle historischen Phasen der japanischen Aggression abzudecken, und zwar mit den jeweils Hauptverdächtigen. Angeklagt waren somit 15 hohe Offiziere der Armee, drei Admiräle und zehn Zivilisten, unter ihnen fast alle japanischen Ministerpräsidenten der Zeit unmittelbar vor und während des Zweiten Weltkriegs sowie jeder seit 1938 für die Armee zuständige Minister. Der prominenteste Angeklagte war Hideki Tojo, der zum Zeitpunkt des japanischen Angriffs auf Pearl Harbour (7. Dezember 1941) Ministerpräsident und Kriegsminister gewesen war. Nicht angeklagt wurde der japanische Kaiser, der Tenno. Obschon er anfänglich ganz oben auf der Liste der Hauptkriegsverbrecher gestanden hatte, weil er für sämtliche politischen Entscheidungen im großjapanischen Kaiserreich einschließlich solchen, die die Kriegführung betrafen, die Letztverantwortung getragen hatte, strich man ihn wieder. Nicht nur hatte die japanische Seite immer wieder betont, dass die Unantastbarkeit der Institution des Tenno eine Bedingung für die japanische Kapitulation sei, auch maßen die USA im Blick auf ihre Besatzungspolitik der Integrations- und Harmonisierungsfunktion seiner Autorität einen großen Wert bei.

als verbrecherisch einzustufen. Es habe in Japan keine solchen Organisationen wie in Deutschland gegeben, hieß es zur Begründung.

Die Richterbank sollte mit jeweils einem Richter aus den neun Signatarstaaten der Kapitulationsurkunde (Australien, China, Frankreich, Großbritannien, Kanada, Neuseeland, Niederlande, Sowjetunion, USA) besetzt werden, später kam noch jeweils ein Richter aus Indien und von den Philippinen hinzu. Der Oberbefehlshaber der alliierten Streitkräfte war befugt, den Vorsitzenden Richter, dessen Stimme bei Stimmengleichheit den Ausschlag gab, zu ernennen. Damit lag die Besetzung dieser einflussreichen Position in amerikanischer Hand, während in Nürnberg die Richter ihren Vorsitzenden selbst wählten und den Vorsitz turnusmäßig wechselten. Das gleiche Vorrecht bestand auch in Bezug auf die Anklagevertretung. Während sie sich in Nürnberg aus vier gleichberechtigten nationalen Anklagevertretern der Alliierten zusammensetzte, wurde in Tokio der Chef der Anklagevertretung von MacArthur als dem Oberbefehlshaber der alliierten Streitkräfte ernannt. Die übrigen zehn Anklagevertreter hatten nur eine beigeordnete Funktion, eigene Kompetenzen waren ihnen nicht zugewiesen (Artikel 8).

Im Zentrum der Anklage stand der Tatvorwurf der „Verschwörung" (conspiracy). Er überwölbte gewissermaßen die Trias der abzuurteilenden Verbrechen gegen den Frieden, Kriegsverbrechen und Verbrechen gegen die Menschlichkeit. Eine „kriminelle militärische Clique" habe es sich in Japan zum Ziel gesetzt „den Rest der Welt auszubeuten" und deshalb „einen Angriffskrieg geführt, begünstigt und Kriegsverbrechen und Verbrechen gegen die Menschlichkeit eingeplant oder in Kauf genommen", hieß es in der Anklageschrift. Die meisten der im Zusammenhang mit der Verschwörung angeklagten Tatvarianten bezogen sich jedoch allein auf die Planung, Vorbereitung und Durchführung der japanischen Eroberungsfeldzüge in Südostasien. Als das Gericht überdies von den insgesamt 55 Anklagepunkten nur zehn zur Verhandlung annahm, tauchten die Gräueltaten an der Zivilbevölkerung und die Kriegsverbrechen nur noch ganz am Rande auf. Die Staaten, die vormals Opfer der japanischen Aggression geworden waren, wollten das ihnen als souveräne Völkerrechtssubjekte angetane Unrecht gesühnt wissen. Das Leid der Menschen trat demgegenüber in den Hintergrund.

In dem Urteil, das am 12. November 1948 verkündet wurde, stellte eine Mehrheit von acht Richtern fest, dass es in Japan vor 1945 tatsächlich eine Verschwörung mit dem Ziel gegeben habe, Eroberungskriege in Asien zu führen. Mit zwei Ausnahmen hätten auch alle Angeklagten an dieser Verschwörung teilgenommen und sich deshalb im Sinne des Statuts strafbar gemacht, weil die Feldzüge völkerrechtswidrige Angriffskriege gewesen seien. Die beiden ehemaligen Ministerpräsidenten Hideki Tojo und Koki Hirota wurden zum Tode verurteilt, wie auch (weitere) fünf Generäle. 16 weitere Angeklagte wurden zu lebenslanger Haft, einer zu 20 und einer zu sieben Jahren Freiheitsentzug verurteilt. Freisprüche ergingen nicht. Bei einem Angeklagten wurde wegen einer schwerwiegenden psychischen Erkrankung von einer Verurteilung abgesehen, zwei Angeklagte waren vor der Urteilsverkündung gestorben.

Die Bedeutung von Nürnberg und Tokio

Der Nürnberger Hauptkriegsverbrecherprozess gilt allgemein als Geburtsstunde des Völkerstrafrechts, der Prozess von Tokio nicht. Das mag vordergründig daran liegen, dass es in Nürnberg noch zwölf Nachfolgeprozesse gegen die nationalsozialistische Elite gegeben hat, in Tokio diese Prozesse jedoch, entgegen der ursprünglichen Absicht, nicht zustande gekommen sind. Auch mag der Umstand eine Rolle gespielt haben, dass die in Nürnberg verhandelten Verbrechen eine andere Dimension hatten als die in Tokio vor Gericht gebrachten Taten oder dass die Nürnberger Angeklagten durchweg bekannter waren als die Angeklagten von Tokio. Der eigentliche Grund für diesen Bedeutungsunterschied jedoch ist, dass der Tokioter Prozess im Gegensatz zu seinem Nürnberger Pendant mit elementaren Zweifeln behaftet ist.

Nicht angeklagt wurde Kaiser Hirohito, obwohl er an der Spitze der Hauptkriegsverbrecher-Liste gestanden hatte. Er war für die Gewöhnung an die Demokratie unentbehrlich. Hier eröffnet der Kaiser die 90. Sitzung des Parlaments am 20. Juni 1946, wenige Wochen nach Beginn der Verhandlungen des Internationalen Militärgerichtshofs.

Zum einen erscheint er als eine beinahe persönliche Angelegenheit des alliierten Oberbefehlshabers MacArthur. Autoritär sorgte er für das Zustandekommen und die Durchführung des Prozesses und hielt noch an dem Chefankläger Joseph B. Keenan fest, nachdem dessen chronischer Alkoholismus unübersehbar geworden war. Die von MacArthur eingesetzten Richter waren zudem durchweg keine Experten des Völkerrechts. Sie befassten sich in erster Linie mit möglichen strafrechtlichen Aspekten in der japanischen Geschichte vor 1945 und vergaßen darüber weitgehend, sich mit den eigentlichen Kriegs- und Menschlichkeitsverbrechen auseinanderzusetzen. Zum anderen wurde berechtigte oder zumindest vertretbare Kritik, wie sie sogar von einzelnen Richtern geäußert wurde, unterdrückt. Die fünf Sondervoten, die zusammen mit dem Mehrheitsurteil formuliert worden waren und länger waren als dieses, durften trotz des Protests der Verteidigung nicht veröffentlicht werden.

Am deutlichsten und sachkundigsten kritisierte das Urteil der indische Richter Radhabinod Pal, der als einziger über eine gewisse Expertise im Völkerrecht verfügte. Wenn er auch wenig überzeugend mit seiner Meinung war, dass keiner der Angeklagten wegen eines internationalen Verbrechens im Sinne des Tokioter Statuts verurteilt werden könne, weil das gegen das Rückwirkungsverbot verstoße, so war sein Hinweis auf die unterschiedliche Situation in Deutschland gegenüber Japan umso beachtlicher. In Japan, so Pal, habe das Verfassungssystem funktioniert und auch die Meinungen innerhalb der Gesellschaft

widergespiegelt. Der Kaiser, das Militär und die Beamten seien vollständig in der Gesellschaft integriert gewesen und die japanische Gesellschaft habe sie unterstützt und gefördert. Die Angeklagten hätten ihre Position verfassungsgemäß erreicht und nicht zu irgendeinem Zeitpunkt die Macht ergriffen oder die Herrschaft an sich gerissen. Daher empfinde die japanische Gesellschaft die „Kriegsverbrecherprozesse" auch als notwendiges Übel und Siegerjustiz, und verbinde damit keine Notwendigkeit einer moralischen Selbstbezichtigung. Vielmehr machten sich die Angeklagten größte Vorwürfe, den Krieg verloren zu haben.

Wenn somit der Prozess von Tokio, auch wegen der ungesühnt gebliebenen Atombombenabwürfe von Hiroshima und Nagasaki, schwerlich als ein politisch-moralischer Lernprozess gelten kann, kann das Gleiche nicht vom Nürnberger Hauptkriegsverbrecherprozess gesagt werden. Allerdings wird es auch hier angesichts der Präzedenzlosigkeit des Prozesses nicht überraschen, dass gegen ihn eine ganze Reihe Einwände erhoben wurden. Es sei in Nürnberg, so hieß es zum Beispiel, Siegerjustiz praktiziert worden. Nicht um Recht sei es gegangen, sondern um Macht, um eine Macht, die allein die Taten des Besiegten in den Blick nehme, nicht aber diejenigen der Sieger. Zudem sei gegen das Gebot „nullum crimen, nulla poena sine lege" verstoßen worden: Weder eine individuelle Strafbarkeit wegen Verbrechen gegen den Frieden noch eine solche wegen Verbrechen gegen die Menschlichkeit habe es vor dem Prozess gegeben.

Hinter dem Einwand, die siegreichen Alliierten hätten dieselben Verbrechen begangen wie die Deutschen (das *tu-quoque*-Argument), verbarg sich letztlich die Ablehnung des gesamten Verfahrens. Die Forderung, die alliierten Siegermächte hätten zur Vermeidung dieses Einwands auch eigene Staatsangehörige wegen gleicher oder ähnlicher Straftaten wie die in Nürnberg zur Verhandlung stehenden anklagen müssen, wirkt auf groteske Weise fehldimensioniert. Sie legt, auch wenn man ihr eine rein formale Berechtigung zuerkennt, unweigerlich den Verdacht einer Relativierung der NS-Verbrechen nahe. Und zum Einwand, es sei gegen das Rückwirkungsverbot verstoßen worden, ist zu berücksichtigen – wenn man die pragmatische Auffassung des Gerichts

Links: Die Information der Öffentlichkeit über den Gang der Verhandlungen sollte dazu beitragen, Vertrauen in das Gerichtsverfahren zu schaffen: der Presseraum im Justizpalast in Nürnberg, 1946.

Rechts: Einer der angesehensten Fotografen bei der Verhandlung in Nürnberg: Der sowjetische Kriegsreporter Jewgeni Chaldej mit einer Speed Graphic, die ihm Robert Capa, einer der Gründer von Magnum Photos, geschenkt hatte, Nürnberg 1946.

nicht teilt („Dieses Recht [i.e. das Kriegsvölkerrecht, G.H.] ist nicht statisch, sondern folgt durch ständige Angleichung den Notwendigkeiten einer sich wandelnden Welt") –, dass dieses Rechtsprinzip wie alle anderen Rechtsprinzipien nicht absolut gilt. Im Falle kollidierender Normen muss abgewogen – und entschieden werden. Das Rückwirkungsverbot in Nürnberg absolut zu setzen hätte bedeutet, Verbrechen zuvor nicht gekannten Ausmaßes straflos zu lassen und dies sogar gerade *wegen* ihres Ausmaßes.

Der damit notwendigerweise verbundene Eingriff in das Prinzip der Staatssouveränität sollte gleichwohl nicht zu weitreichend sein. Verbrechen gegen die Menschlichkeit waren nach dem Wortlaut des Nürnberger Statuts nur insoweit strafbar, als sie mit den beiden anderen, den kriegsbezogenen Verbrechen (Verbrechen gegen den Frieden, Kriegsverbrechen), in direktem Zusammenhang standen. Damit fielen alle Handlungen, die zwar dem Tatbild der Menschlichkeitsverbrechen entsprachen, aber vor Beginn des Krieges im September 1939 von Deutschen gegen Deutsche begangen worden waren, durch dieses Raster und blieben straflos. Auch die künftige Weltordnung sollte, dies wird hier deutlich, auf der strikten Respektierung der staatlichen Souveränität fußen, ihr Wegfall kam erst mit der Wandlung vom „normalen" zum „Verbrecherstaat" in Frage. Für die Richter war dieser Punkt durch den Beginn des Angriffskrieges gegen Polen markiert.

Man mag diese zeitliche Beschränkung beklagen, gemessen an der fast revolutionären Neuerung, für die Nürnberg steht, fällt sie kaum ins Gewicht. Erstmals wurden dort höchst- und höherrangige Politiker und Militärs für ihre Taten zur Verantwortung gezogen, und kein nationales Recht und darin etwa bestehende Erlaubnisnormen vermochten sie zu schützen. Was sich nach dem Ersten Weltkrieg angedeutet hatte, wurde nun an einem Beispiel vollzogen, denn ein Beispiel sollte es sein, eine Folgepraxis war – denken wir an die einleitende Bemerkung von Robert Jackson – intendiert.

Allerdings wäre es unvollständig, Nürnberg ausschließlich auf den Aspekt der Bestrafung makrokriminellen Unrechts zu begrenzen. Auch wenn es lapidar klingen mag, gerät doch häufig

Die Verhandlungen vor dem Internationalen Militärgerichtshof waren öffentlich und dienten auch der Information des Publikums über die Verbrechen des NS-Regimes: Zuschauertribüne im Nürnberger Gerichtssaal, 1946.

aus dem Blick, dass die dort betriebene strafrechtliche Aufarbeitung den Beginn auch der geschichtlichen Aufarbeitung darstellt, ja zum Teil inhaltlich von dieser gar nicht zu trennen ist. In einem Verfahren zur Ahndung von Staatsverbrechen geht es niemals allein um die Durchsetzung des Strafrechts, immer geht es auch um die Auseinandersetzung mit der dazu gehörenden Zeitgeschichte. Die in Nürnberg ans Licht gebrachten historischen Dokumente und Fakten bildeten eine sehr wichtige Grundlage für die spätere Zeitgeschichtsforschung, für die Herausarbeitung der Verstrickung des Einzelnen in das Unrecht. Dass Hermann Göring heute nicht, wie er noch während der Verhandlung gegenüber dem Gerichtspsychologen mutmaßte, als Held gefeiert wird, hat seinen Grund auch in diesem aufklärenden Zusammenspiel von Justiz und Historiografie.

Sven Felix Kellerhoff

Entnazifizierung

Man kann nicht die Hälfte eines Volkes bestrafen. Von den 77 Millionen Menschen, die 1939 im Deutschen Reich lebten, waren mehr als 40 Millionen Mitglied einer oder mehrerer Massenorganisationen des NS-Staates. Neben der eigentlichen NSDAP zählten dazu die Deutsche Arbeitsfront mit ihrer „Kraft durch Freude" genannten Urlaubsverwaltung, die Hitler-Jugend, der Bund Deutscher Mädel und das Nationalsozialistische Kraftfahrerkorps, aber auch Berufsverbände wie der Nationalsozialistische Lehrerbund oder Sozialorganisationen wie die Nationalsozialistische Volkswohlfahrt. Nach dem Zweiten Weltkrieg lebten im nun deutlich kleineren, besetzten Deutschland noch rund 70 Millionen Menschen, von denen wenigstens 35 Millionen der einen oder anderen

Gliederung der Hitler-Partei angehört hatten. Bei den unzähligen Aufmärschen und Kundgebungen hatten sicher noch mehr Deutsche dem „Führer" oder seinen Funktionären zugejubelt. Und nahezu alle Deutschen hatten sich ab 1939/40 mit ganzer Kraft für die Wehrmacht und die Rüstungsindustrie eingesetzt, die Hitlers Krieg erst möglich gemacht hatte – die Zahl der Widerständler bewegte sich im Promille-, die der Unangepassten im niedrigen einstelligen Prozentbereich. Angesichts solcher Zahlen schien die Aufgabe, über die die Regierungen der Anti-Hitler-Koalition auf mehreren Konferenzen beraten und die sie in Potsdam im Sommer 1945 formal beschlossen hatten, unlösbar: die „Denazification" Deutschlands. Jede der vier Siegermächte sollte in ihrer Besatzungszone selbst für die Umsetzung verantwortlich sein, genauso wie für die anderen der „vier großen Ds": neben „Demilitarization" noch „Decentralization" und „Decartelization".

Allerdings hatte es, wie den vorrückenden britischen und amerikanischen Truppen bereits bei der Besetzung Aachens im Oktober 1944 aufgefallen und wie es sich seither mit jedem weiteren eroberten Dorf, jeder eingenommen Stadt bestätigt hatte, kaum Nazis im „Dritten Reich" gegeben. Jedenfalls nicht, wenn man die Menschen selbst befragte. Nach eigenen Angaben waren die meisten Deutschen eigentlich im Widerstand, keinesfalls aber für Hitler gewesen; mindestens sahen sie sich als schuldlose Opfer des Krieges. Kaum jemand bekannte sich dazu, in den vergangen zwölf Jahren an die NS-Ideologie geglaubt, sie gar umgesetzt zu haben. Gerade die in alliierten Uniformen zurückgekehrten jüdischen Exi-

Ausfüllen der Fragebögen zur Entnazifizierung unter den Augen britischer Soldaten, Hamburg 1945.

lanten trauten ihren Ohren kaum. Viele von ihnen erinnerten sich nämlich noch gut, wie im Februar, März und April 1933 die Begeisterung für Hitler und seine Partei sturmflutartig angestiegen war, wie bis dahin vermeintlich unpolitische Männer und Frauen gar nicht schnell genug Mitglieder der NSDAP, der SA oder anderer Parteigliederungen werden konnten. Genauso schlagartig verschwanden 1944/45 offenbar die Nazis in den bereits besetzten Gebieten Deutschlands. Natürlich glaubten die einst geflüchteten Juden daran so wenig wie die anderen, nicht ganz so persönlich betroffenen Deutschland-Experten der Alliierten.

Das freilich machte ihre Aufgabe nicht leichter. Denn sie hatten einen klaren Auftrag auszuführen. Und da man nun einmal nicht ein halbes Volk bestrafen konnte, war das Ziel der „Denazification" präzisiert worden: Belastete Personen sollten mindestens bis auf Weiteres, am besten aber für immer aus verantwortlichen Positionen des künftigen Deutschlands ausgeschlossen werden. Formal festgelegt wurde dieses Programm für die amerikanische Besatzungszone durch eine Weisung der Vereinigten Stabschefs der USA an ihren Oberbefehlshaber in Europa, Dwight D. Eisenhower. In der am 10. Mai 1945 in Kraft getretenen Direktive 1067 hieß es: „Alle Mitglieder der Nazipartei, die nicht nur nominell in der Partei tätig waren, alle, die den Nazismus oder Militarismus aktiv unterstützt haben, und alle anderen Personen, die den alliierten Zielen feindlich gegenüberstehen, sollen entfernt und ausgeschlossen werden aus öffentlichen Ämtern und aus wichtigen Stellungen in halbamtlichen und privaten Unternehmungen." Sogar einige weitere Richtlinien hatten die Generalstäbler in Washington D. C. formuliert: „So sind diejenigen zu behandeln, die erstens ein Amt innehatten oder auf irgendeiner Stufe von den örtlichen bis zu den Reichsstellen der Partei und ihrer Gliederungen aktiv gewesen sind oder in Organisationen, die militaristische Lehren unterstützen, zweitens irgendwelche Naziverbrechen, rassische Verfolgungen oder Diskriminierungen veranlasst oder an ihnen teilgenommen haben, drittens sich als Anhänger des Nazismus oder rassistischer und militaristischer Überzeugungen bekannt haben, oder viertens der Nazipartei oder Nazifunktionären oder Naziführern freiwillig beträchtliche moralische oder materielle Hilfe oder politische Hilfe irgendeiner Art geleistet haben."

Einsammeln der Fragebögen zur Entnazifizierung, 1945.

Das mochte von der US-Hauptstadt aus gesehen präzise und handhabbar erscheinen, doch das war es in der Praxis nicht: Zwar konnten Amtsträger der NSDAP und anderer Organisationen auf lokaler, kommunaler oder regionaler Ebene noch recht leicht festgestellt werden, etwa durch Parteihandbücher, Zeitungen oder Akten und natürlich auch mit Hilfe von Denunzianten. Dagegen war kaum zu erwarten, dass sich irgendjemand bekennen würde, zu Verbrechen oder rassischen Verfolgungen aufgerufen oder daran teilgenommen zu haben. Noch schwieriger würde es sein, nicht formal organisierte „Anhänger des Nazismus" festzustellen. Geradezu unmöglich schien es schließlich nachzuweisen, dass „beträchtliche moralische oder materielle Hilfe oder politische Hilfe irgendeiner Art", wie im Kriterienkatalog der Vereinigten Stabschefs verlangt, wirklich „freiwillig" geleistet worden war.

Als erste Maßnahme nach der Besetzung deutscher Gebiete waren überall die Schulen geschlossen, Polizisten suspendiert, Zeitungen verboten worden. Doch eine Lösung war das nicht, denn Kinder mussten unterrichtet, die öffentliche Ordnung geschützt, Informationen verbreitet werden. Dazu brauchte man einheimische Lehrer, Polizisten, Journalisten in großer Zahl. Politisch unbelastete Deutsche, vor

Die Fragebögen, in der US-Zone schon seit dem 15. Mai 1945 ausgegeben, mussten ausgefüllt und abgeliefert werden, andernfalls gab es keine Lebensmittelmarken. Hier der Fragebogen des Flugpioniers Hugo Eckener.

allem frühere Mitglieder von SPD und Zentrum, empfahlen den zuständigen Besatzungsoffizieren Fachleute, die vertrauenswürdig seien; das konnte zutreffen oder Ergebnis eines eingeforderten Gefallens sein. So kam schon ab Sommer 1945 in den westlichen Besatzungszonen wieder so etwas wie Alltag in Gang.

Doch diese improvisierte, allein auf Leumundszeugnissen beruhende Säuberung erfüllte die Erwartung an eine wirkliche „Denazification" nicht. Deshalb machten sich die Offiziere der US-Militärregierung daran, Grundlagen für das weitere Vorgehen zu schaffen – und zwar durch eine verbind-

liche Selbstauskunft aller Erwachsenen in ihrer Zone. Dieses Verfahren stützte sich auf das Gesetz zur Befreiung vom Nationalsozialismus, das die Militärregierung erlassen und die neu entstandenen Länder übernommen hatten. Da im kriegszerstörten Land Nahrung noch streng rationiert war, man also Lebensmittelkarten brauchte, hatten die neuen, amerikanisch kontrollierten Verwaltungen Zugriff auf praktisch alle gemeldeten Einwohner. Die Ausgabe solcher Karten wurde geknüpft an das Ausfüllen eines umfangreichen Fragebogens, in dem mehr als 140 konkrete Angaben gemacht werden mussten. Wer sich verweigerte, hatte mit abgestuften Sanktionen zu rechnen – von der Verweigerung neuer Lebensmittelkarten bis hin zur Meldung bei den US-Behörden. Den größten Teil machten Fragen nach der Zugehörigkeit zur NSDAP oder ihren Gliederungen aus, aber auch berufliche Tätigkeiten während der zwölf Jahre des „Dritten Reiches" mussten angegeben werden sowie bei Männern Aufgaben und Einsatzorte im Zweiten Weltkrieg.

Insgesamt wurden in der US-Zone innerhalb weniger Monate 13,41 Millionen Fragebögen ausgefüllt und bearbeitet, eine ungeheure Zahl. Bei 3,66 Millionen vermerkten die ihrerseits streng beaufsichtigten Bearbeiter, meist frühere Mitglieder unzweifelhaft demokratischer Parteien, dass mehr als eine rein formale Mitgliedschaft in einer NS-Gliederung vorlag. Etwas weniger als 10 Millionen Einwohner der amerikanischen Zone galten bereits nach dem Ausfüllen und der Auswertung der Fragebögen als „entnazifiziert"; diese Übersetzung für die englische Wortschöpfung „denazification" hatte sich auf Deutsch inzwischen etabliert. Sie bekamen einen postkartengroßen Bescheid, auf dem es hieß: „Aufgrund der Angaben in Ihrem Meldebogen sind Sie von dem Gesetz zur Befreiung vom Nationalsozialismus und Militarismus vom 5. März 1946 nicht betroffen." Der Volksmund nannte dieses Papier, das unter anderen eine Anstellung im neu aufzubauenden öffentlichen Dienst ermöglichte, treffend „Persilschein".

Möglich wurden diese Überprüfungen Dank eines glücklichen Zufalls: Ende Mai 1945, nach der Kapitulation der Wehrmacht und damit dem Ende des „Dritten Reiches", hatte sich der Inhaber der Papiermühle Wirth nahe München bei den US-Besatzungsbehörden gemeldet. Einige

Wochen zuvor, genau zwischen dem 18. und dem 27. April, hatten Lastwagen rund 50 Tonnen Unterlagen zu seiner Firma gebracht. Das Begleitpersonal, gekleidet in SS-Uniformen, verlangte, diese Lieferung umgehend einzustampfen. Der Unternehmer sagte zu, hielt sich aber nicht daran; stattdessen ließ er die gestapelten Aktenberge mit anderem Altpapier abdecken. Denn er hatte erkannt, dass seine Firma die komplette Mitgliederkartei der NSDAP und weitere Unterlagen aus der Zentralverwaltung der Hitler-Partei vernichten sollte. Dem Papiermühlen-Besitzer war klar, dass es sich um höchst sensibles Material handelte – und dass es für ihn ein schlechter Start in die Nachkriegszeit wäre, wenn unmittelbar vor dem Untergang des Nationalsozialismus ausgerechnet sein Unternehmen potenziell wichtige Beweise beseitigt hätte.

Doch zu seiner großen Überraschung interessierte sich bei den US-Militärbehörden zunächst niemand für die Papierberge. Ein halbes Jahr gammelte das Material in der Papiermühle vor sich hin, bis im Oktober 1945 ein amerikanischer Archivexperte davon erfuhr. Er schlug Alarm und wenig später wurden die noch erhaltenen 10,7 Millionen Karteikarten sowie kistenweise weiteres Material abtransportiert. Zusammen mit anderen, meist zufällig gefundenen Akten wurde die NSDAP-Mitgliederkartei ins eigens geschaffene Berlin Document Center (BDC) gebracht, das seine Bestände im Bunker einer Abhörzentrale der Nazis im südwestlichen Bezirk Zehlendorf unterbrachte. Unbelastete Deutsche ordneten das aus vier verschiedenen Karteien bestehende Material nach einem durchgehenden Namensalphabet neu, um die Lücken möglichst gering zu halten – immerhin ein Fünftel der ursprünglichen Unterlagen war zwischen April und Oktober 1945 verloren gegangen.

Nach Namen wurden die Akten sortiert, weil die Amerikaner sie für die Verfolgung von NS-Tätern nutzen wollten – und für die Entnazifizierung. Anworten in den ausgefüllten Fragebögen wurden mit den Karteikarten im BDC verglichen; wer ungenaue oder gar falsche Angaben gemacht hatte, wurde genauer überprüft. Schon vor Beginn der Fragebogenaktion war bekanntgegeben worden, dass Unmengen von NSDAP-Akten sichergestellt worden waren. Das hielt zwar wirklich Belastete nicht unbedingt von

Lügen ab, zumal wenn sie unter falschen Namen abgetaucht waren. Doch die Gefahr, überführt zu werden, sorgte bei vielen Deutschen, die sich ein reines Gewissen einzureden versuchten, für Ehrlichkeit. Jeder, der in den Behörden der neu eingerichteten Länder der US-Zone etwas werden wollte, musste sich zudem einer detaillierten Überprüfung unterziehen – und 1946 konnte niemand wissen, wie lang nachweislich falsche Angaben Folgen haben würden.

Die 3,66 Millionen Erwachsenen, die in der amerikanischen Besatzungszone nach der ersten Auswertung der Fragebögen als potenziell belastet galten, sollten nach dem aus der Direktive 1067 abgeleiteten Raster weiter überprüft werden. Aber auch das waren noch viel zu viele, als dass jeder Einzelfall öffentlich verhandelt werden konnte. Also erließen die Militärbehörden zwei Amnestien: Wer 1919 oder später geboren worden war, also seine Jugend weitgehend oder ganz im „Dritten Reich" erlebt hatte, wurde nicht weiter verfolgt. Noch mehr Menschen profitierten von der zweiten Regelung zu Weihnachten 1946, die nominelle Parteimitglieder mit kleinem Einkommen als „Mitläufer" bis auf eine geringe Geldbuße straffrei stellte. Beides galt freilich nicht, wenn jemandem Verbrechen, etwa im Zusammenhang mit den Novemberpogromen 1938 nachgewiesen wurden; sie konnten, sofern es gerichtsverwertbare Beweise gab, verfolgt werden, unabhängig von einer eventuellen Amnestie im Rahmen der Entnazifizierung.

Das Gedächtnis der NSDAP aus dem Braunen Haus in München: Mitarbeiter der amerikanischen Militärregierung sichten und ordnen die Zentralkartei, in der Millionen Parteigenossen der NSDAP registriert sind, im Berlin Document Center. Berlin-Zehlendorf 1946.

Links: Prinz August Wilhelm („Auwi") von Preußen vor der Spruchkammer des Internierungslagers Ludwigsburg, links seine Anwältin beim Plädoyer, 13. Mai 1948.

Rechts: Winifred Wagner, die Schwiegertochter Richard Wagners, links, neben ihrem Verteidiger vor der Spruchkammer II in Bayreuth, 25. Juni 1947.

Von den 3,66 Millionen ermittelten mehr als nur formalen NS-Anhängern in der US-Zone blieben nach den beiden Amnestien noch rund 950.000 übrig. Sie mussten sich zunächst schriftlich, in einem zweiten Schritt dann oft vor öffentlich tagenden Spruchkammern verantworten, die mit deutschen Laienrichtern besetzt waren. Deren Aufgabe war es, die vorgeladenen Personen in eine von fünf Kategorien einzuteilen: Hauptschuldige, Belastete, Minderbelastete, Mitläufer und Entlastete. Von der knappen Million Einzelfälle in der US-Zone wurden 1654 als Hauptschuldige eingestuft, 22.122 als Belastete und 106.422 als Minderbelastete. Die weitaus meisten wurden als Mitläufer beurteilt, ein nennenswerter Anteil von Verfahren jedoch auch wegen nachweislicher Entlastung eingestellt.

Praktisch alle Hauptschuldigen und viele der Belasteten saßen rund anderthalb Jahre nach der Kapitulation der Wehrmacht noch in Haft. Fast ausnahmslos gehörten sie nämlich zu jenem Personenkreis, der unmittelbar nach der Besetzung im Rahmen des von den Alliierten verabredeten *automatic arrest* interniert worden war. Aus Sorge vor einem Guerillakampf verstockter Nazis gegen die Besatzungstruppen auch nach der klaren militärischen Niederlage der Wehrmacht hatten sich die alliierten Nachkriegsplaner entschieden, vorsorglich einen breit gefassten Kreis von Funktionsträgern des zerschlagenen „Dritten Reiches" festzusetzen. Bewusst handelte es sich dabei nicht um ein an reguläre Strafverfahren angelehntes, sondern um ein aus den Regeln für Kriegsgefangenschaft abgeleitetes Vorgehen. Das ersparte die Einzelfallprüfung, denn die Internierung sollte

präventiv die Sicherheit der alliierten Besatzungstruppen gewährleisten, nicht persönliche Schuld bestrafen.

Das amerikanische „Arrest Categories Handbook" legte unter anderem fest, dass das „gesamte Personal des Reichssicherheitshauptamtes" sowie das „gesamte Personal der Geheimen Feldpolizei" zu internieren war; ferner alle früheren Mitarbeiter der Grenzpolizei ab dem Rang des Kriminalsekretärs, also dem mittleren Dienst. Da aber keineswegs nur die Politische Polizei die Macht des NS-Regimes geschützt hatte, sondern ebenso die „normale" Schutzpolizei, waren auch alle höheren Polizeibeamten in Arrest zu nehmen, nämlich ab dem Rang des Regierungsdirektors, ferner alle Polizeipräsidenten. Die weitaus größte Zahl der Internierten aber waren Funktionäre der NSDAP und ihrer Gliederungen gewesen: Alle hauptamtlichen Verwaltungsmitarbeiter ab Kreisebene waren festzunehmen, ebenso alle Ortsgruppenleiter, ihre Stellvertreter und die oft nebenberuflichen Amtsleiter auf Ortsebene. Unabhängig von der ausgeübten Tätigkeit sollten zudem alle Parteimitglieder ab dem Rang eines Abschnittsleiters inhaftiert werden. Ähnliche Regeln galten für die Funktionsträger der SA, der Hitler-Jugend und der Deutschen Arbeitsfront, die aber oft gleichzeitig mehrere Posten in unterschiedlichen NS-Organisationen innegehabt hatten.

Viel kleiner dagegen war die Zahl der vorsichtshalber zu arrestierenden Staatsbeamten: Angehörige des höheren Diensts, „die seit dem 1. März 1939 berufen" worden waren, fielen unter

die Vorschriften des *automatic arrest*, aber auch und unabhängig vom Datum der Einstellung „alle Staatsbeamten ab dem Rang eines Ministerialrates". Daher fand sich im Sommer 1945 praktisch die gesamte Reichsministerialbürokratie in alliierter Internierung wieder, außerdem die Leitung der regionalen und kommunalen Verwaltungen sowie große Teile der Polizeiführung. Ausgenommen blieb davon nur, wer aus Gestapo- oder KZ-Haft befreit oder während des „Dritten Reiches" aus seinen Ämtern entfernt worden war.

Entsprechend dieser Regeln wurden 1945 insgesamt rund 182.000 Deutsche in den drei westlichen Besatzungszonen interniert, allein in der US-Zone etwa 117.500. Sie kamen in Dutzende der zahllosen Lager, die während der Nazi-Zeit entstanden waren. Darunter waren frühere Kriegsgefangenen- wie ehemalige Fremdarbeiterlager, aber auch einige befreite KZs, in der US-Zone etwa Dachau. Die Internierten lebten dort jedoch unter unvergleichlich besseren Bedingungen als die Häftlinge der SS. Es gab weder Folter noch Vernichtung durch Arbeit, stattdessen eine ordentliche medizinische Pflege, und die Versorgung mit Lebensmitteln folgte den Richtlinien für Kriegsgefangene. Entsprechend lag die Sterbequote der Internierten in der US-Zone deutlich unter der allgemeinen Mortalität der Nachkriegszeit. Die Internierung wurde so, gerade in den harten ersten 18 Monaten nach Kriegsende, für viele Insassen zu einem Glücksfall. In der britischen Zone waren die Verhältnisse nicht so gut, denn Großbritannien konnte 1945/46 nicht einmal die eigene Bevölkerung ausreichend ernähren. Teilweise schlecht entwickelten sich sogar die Lebensbedingungen der Internierten im französisch besetzten Gebiet: Genau wie reguläre Kriegsgefangene mussten sie zum Teil harte Zwangsarbeit leisten, bei der Beseitigung von Kriegsschäden in Frankreich etwa, aber auch in Bergwerken.

Die Spruchkammern tagten grundsätzlich öffentlich, auch wenn persönliche Dinge erör-

Links: Fritz Thyssen vor der Spruchkammer Königstein (Taunus), 17. August 1948.

Mitte: Reichsarbeitsführer Konstantin Hierl vor der Spruchkammer des Internierungslagers Ludwigsburg, 20. August 1948.

Rechts: Die völkische Verlegerin Mathilde Ludendorff vor der Münchner Hauptspruchkammer, 23. November 1949.

Verhaftete Parteifunktionäre auf dem Weg in ein US-Internierungslager, 1945.

tert wurden; Publikum war sogar ausdrücklich erwünscht. Auf diese Weise sollten die Nutznießer und Mitmacher des „Dritten Reiches" bloßgestellt werden. Verfahren gegen Prominente erregten naturgemäß ungleich größeres Aufsehen in der sich gerade erst neu formierenden deutschen Öffentlichkeit als Anhörungen von kleinen Funktionären. Zum Beispiel die Verhandlung gegen Hugo Eckener, den auch international bekannten langjährigen Aufsichtsratsvorsitzenden der Luftschiffbau Zeppelin AG in Friedrichshafen. Zuständig war der Untersuchungsausschuss für die politische Überprüfung der Wirtschaft im Landkreis Tettnang am Bodensee. Das Urteil,

lastend wirkte dagegen, dass der Unternehmer nach Zeugenaussagen ein Gegner der NSDAP gewesen war und niemals ihr Mitglied – allerdings sahen die fünf Ausschussmitglieder den Grund dafür „in den wenigen sozialistischen Tendenzen" der NSDAP sowie den „Eingriffen in die freie Wirtschaft durch die Nationalsozialisten", die er „aufgrund seiner kapitalistischen Einstellung ablehnte".

Gegen diese Vorwürfe wandte der schon 78-jährige Eckener ein, dass er „unpolitisch" gewesen sei und zum letzten Mal 1932 bei einer Wahl abgestimmt habe – eine Behauptung, die nicht überprüft werden konnte. Zur Rede von 1934 sei er von Propagandaminister Joseph Goebbels gedrängt worden. Die Ernennung zum „Wehrwirtschaftsführer" schließlich sei eine Formalität gewesen, und seine Rede vor Zeppelin-Mitarbeitern habe lediglich seine innere Ablehnung des Krieges kaschieren sollen. Eckener focht den Spruch des Untersuchungsausschusses an, doch er musste sich gedulden: Bevor Berufungen verhandelt wurden, sollte zunächst die erste Runde der Entnazifizierung vorangebracht werden. Solange musste er vorerst zwar keine Strafe bezahlen, wohl aber mit dem erstinstanzlichen Verdikt leben.

Insgesamt fielen die Urteile der Spruchkammern in der US-Besatzungszone deutlich härter aus als in der britischen und französischen Zone: In der Regel wurden gegen Minderbelastete Bußgelder verhängt, bürgerliche Rechte wurden entzogen und Berufsverbote erlassen; gegen Belastete ausgesprochene Haftstrafen verrechneten die Kammern andererseits oft mit der bereits in Internierung verbrachten Zeit; Reststrafen wurden, wenn es sie überhaupt noch gab, meist zur Bewährung ausgesetzt. Angesichts der Verbrechen, die während des „Dritten Reiches" begangen worden waren, mögen die verhängten Strafen milde erscheinen. Allerdings ging es bei der Entnazifizierung nicht um die Sanktionierung konkreter Verbrechen, die ordentlichen Gerichten vorbehalten bleiben sollte, sondern darum, das Gift nationalsozialistischer Ideologie zu bekämpfen und ihre Unterstützung abseits konkreter Straftaten zu brandmarken.

Obwohl parallel zu der allgemeinen Entnazifizierung auch die vom *automatic arrest* betroffe-

Der Luftfahrtpionier Hugo Eckener erhielt seine Entlastung erst 1949 durch die Spruchkammer Tettnang. In glücklicheren Zeiten war er in New York gefeiert worden: Konfettiparade für Eckener nach der Landung seines Luftschiffs auf dem Landeplatz Lakehurst, November 1928. Von Präsident Franklin D. Roosevelt wurde er am 11. Mai 1936 beglückwünscht (links Botschafter Hans Luther).

gesprochen am 23. Oktober 1946, fiel hart aus: Eckener wurde als „Belasteter" eingestuft, sollte 100.000 Reichsmark Geldbuße entrichten und seine bürgerlichen Ehrenrechte für fünf Jahre verlieren, also weder wählen noch für ein öffentliches Amt kandidieren dürfen.

Der Entnazifizierungs-Ausschuss wertete als belastend, dass der Luftschiffpionier sich 1934 in einer Rundfunkrede für die Zusammenlegung der Ämter von Reichskanzler und Reichspräsident ausgesprochen, sich also nach der Direktive 1067 als „Anhänger des Nazismus" bekannt hatte. Zudem war er 1939 zum „Wehrwirtschaftsführer" ernannt worden; ohnehin sei er ein „rücksichtsloser Verfechter kapitalistischer Interessen" gewesen. Als Förderung des Militarismus wertete die Kammer eine weitere Ansprache Eckeners, diesmal 1940 vor den Mitarbeitern der Zeppelin-Werke: „Wir freuen uns, dass wir der Hammer und die anderen der Amboss sind." Ent-

nen Deutschen in den westlichen Internierungslagern überprüft wurden und ihre Zahl bis 1. Januar 1947 auf 96.000 sank, blieben die meisten mutmaßlichen Hauptschuldigen noch in Haft. Ihnen drohte nach Auffassung der alliierten Offiziere ohnehin fast immer eine längere Zeit im Gefängnis oder gar die Todesstrafe. Gegen nachweislich Verantwortliche vor allem des KZ-Systems organisierten Amerikaner und Briten schon 1945/46 eine Reihe von Prozessen mit oft harten Urteilen; sie dienten neben der Bestrafung von Schuld der Aufklärung der Deutschen über die Verbrechen der SS.

Es überraschte die alliierten Militärregierungen allerdings nicht, dass die Öffentlichkeit in den westlichen Zonen die gesamte Entnazifizierung zunehmend skeptisch sah. Ab Sommer 1946 mehrten sich in allen politischen Lagern außer den Kommunisten die Stimmen, die einen „Schlussstrich" forderten und ein „Ende der Gesinnungsschnüffelei". Wie nach dem erfolgreichen Sturz der meisten Diktaturen neigten auch im besetzten Deutschland größere Teile der Gesellschaft schon bald dazu, auf Aufarbeitung möglichst weitgehend zu verzichten. Die Motive waren eindeutig, aber durchaus unterschiedlich: Täter auf mittleren und unteren Ebenen hofften, so der befürchteten Strafe für ihre Verbrechen zu entgehen. Die viel zahlreicheren Mitläufer wollten mit ihrem Verhalten möglichst nicht mehr konfrontiert werden. Die Mehrheit der Angepassten schließlich, die tatsächlich keine individuelle Schuld trugen, sah keine Notwendigkeit, den begonnenen Neustart mit zeit- und kraftfressenden Verfahren zu belasten.

Diese Abwehrreflexe allein hätten wohl die US-Besatzungsbehörden nicht beeindruckt.

Doch gleichzeitig nahmen die Spannungen zwischen den westlichen Siegermächten und der Sowjetunion stark zu. Zuerst in Berlin, wo es bereits Anfang 1946 zu offenen Konfrontationen kam und bald auch im Alliierten Kontrollrat, der eigentlich die Deutschland als Ganzes betreffenden Fragen gemeinschaftlich entscheiden sollte. Nach Abschluss des Nürnberger Hauptkriegsverbrecherprozesses weigerte sich die Sowjetunion, weitere hohe Funktionäre der NS-Diktatur strafrechtlich zu belangen; die zwölf sogenannten Nachfolgeprozesse fanden daher vor rein amerikanischen Gerichten statt. 1947 wurde klar, dass sich der Ost-West-Konflikt ausweiten könnte – und dafür brauchten die Westmächte die Unterstützung der Westdeutschen. Angesichts dieser Entwicklung ließen die US-Besatzungsbehörden die Entnazifizierung 1948 auslaufen. Zur selben Zeit kamen auch die meisten der noch Internierten frei und mussten sich deshalb meist nicht mehr vor Spruchkammern verantworten. Sie galten durch ihre in der Regel bis zu dreijährige Haft als ausreichend bestraft.

Eine terroristische Reaktion auf die Entnazifizierung: Bombenanschlag auf das Gebäude und besonders den Sitzungssaal der Nürnberger Spruchkammer, 9. Januar 1947. Trotzdem musste sich kurz darauf vor dieser Kammer der populäre Reichssendeleiter des deutschen Rundfunks Hans Fritzsche rechtfertigen, 27. Januar 1947.

Der erste Bestseller der Bundesrepublik Deutschland: Ernst von Salomons autobiografischer Roman *Der Fragebogen*, in dem er seine Abneigung gegen das Programm der Entnazifizierung und der Erziehung zur Demokratie ausdrückte. Abbildung der Ausgabe 1952, 157.–181. Tausend.

Dieser grundsätzliche Stimmungswandel erfasste auch viele Berufungsverhandlungen – mit eindeutigen Ergebnissen: Fast immer wurden die erstinstanzlichen Urteile der Spruchkammern deutlich abgeschwächt oder sogar ganz aufgehoben. Nun kam die große Zeit der Leumundszeugen: Da jeder Hinweis auf Entlastung willkommen war, gab es eine Welle von positiven Aussagen. Waren in der ersten Phase der Entnazifizierung nur Aussagen von Verfolgten des NS-Regimes und von nachweislichen politischen Gegnern gewürdigt worden, so hatte sich jetzt der Kreis deutlich erweitert. Ein große Rolle spielten Geistliche der beiden großen christlichen Kirchen. Wer nun als entlastet eingestuft wurde, bekam ebenfalls einen „Persilschein".

Zu Gunsten von Hugo Eckener zum Beispiel sagten „einige Persönlichkeiten" aus. Er habe nach der für das „Dritte Reich" außerordentlich peinlichen Feuerkatastrophe des Zeppelins LZ-129 „Hindenburg" in Lakehurst bei New York 1937 als Vorzeige-Unternehmer ausgedient gehabt und sich im folgenden Jahr weitgehend aus der Öffentlichkeit zurückgezogen. Damit hatte er Erfolg; die Strafe wurde in vollem Umfang aufgehoben. Die örtliche Zeitung, der *Südkurier*, kommentierte diese Entscheidung im September 1949 und kritisierte den erstinstanzlichen Schuldspruch hart: „Das Urteil gegen Dr. Eckener hatte den wahren Sachverhalt völlig verkannt und war zu einem großen Teil die Frucht politischer Demagogie." Wie Eckener ging es vielen der verurteilten Belasteten: Sie wurden nun zu Minderbelasteten oder zu Mitläufern herabgestuft, oft sogar offiziell entlastet.

Deshalb gilt die Entnazifizierung im Rückblick als gescheitert; die bekannteste Studie über die Arbeit der Spruchkammern trägt den prägnanten Titel *Die Mitläuferfabrik*. Doch lohnt es sich, die

vermeintliche Gewissheit dieser Einschätzung infrage zu stellen, und zwar gleich in mehrfacher Hinsicht. Erstens hat es nie zuvor und auch nicht seitdem einen auch nur ansatzweise vergleichbaren Versuch gegeben, die Mitmacher und Profiteure einer gestürzten Diktatur in so großem Umfang zu überprüfen, wie 1946 bis 1948 in der US-Besatzungszone. Viel spricht dafür, dass der Zwang zur öffentlichen Rechenschaftslegung einen Prozess des Umdenkens ausgelöst hat, auch wenn sich das weder allgemein belegen noch gar quantifizieren lässt. Sicher jedoch bot die „strikte Abgrenzung von rechtsextremer Aktivität", die für Beamte eine Bedingung zur Wiedereinstellung war, die „Chance einer zweiten Sozialisation", wie der Hamburger Zeithistoriker Axel Schildt es formulierte: „Gefordert und geleistet wurde Anpassung an die neue Ordnung, ob als äußerer Opportunismus oder aus inneren Antrieben, sei dahingestellt." Die erstaunlich schnelle Stabilisierung der jungen Bundesrepublik zum demokratischen Rechtsstaat dürfte viel mit der so oft verlachten Entnazifizierung zu tun haben.

Eine gänzlich andere Art von „Denazification" setzten die sowjetische Besatzungsmacht und in ihrem Auftrag deutsche Kommunisten in der Sowjetischen Besatzungszone (SBZ) um. Zwar wurden auch hier im Sommer 1945 pauschal Lehrer, Polizisten und Beamte entlassen. Doch statt aus unbelasteten Personen schrittweise die Strukturen provisorisch wieder aufzubauen, bildete man in Schnellkursen von wenigen Monaten Arbeiter und Bauern zu sogenannten Neulehrern und Volksrichtern aus. Das Experiment führte in ein Fiasko, denn nur die Hälfte der Lehrgangsteilnehmer erwies sich als geeignet oder schaffte die – betont leichte – Prüfung.

Da die sowjetische Besatzungsmacht keinen direkten Zugriff auf die NSDAP-Mitgliederkartei im Berlin Document Center hatte, erließen die Offiziere eine Registrierungspflicht für alle ehemaligen Wehrmachtsoffiziere, und zwar ab dem untersten Offiziersrang Leutnant, für alle Mitglieder der NSDAP, der SA, SS und natürlich der Gestapo. Ehemalige Mitglieder oder Anhänger der KPD stellten lange Namenlisten auf, in denen sie echte oder angebliche Nationalsozialisten anzeigten; sicher wurden dabei auch alte Rechnungen beglichen. Viele der registrierten Personen wurden festgenommen und als „Kriegsgefangene" in die Sowjetunion deportiert, wo sie meist im Gulag Zwangsarbeit leisten mussten. Eine an Recht und Gesetz gebundene Aufarbeitung wie durch die Spruchkammern der US-Zone gab es außerhalb der Viermächtestadt Berlin nicht.

Neben diese harte Säuberung aber trat rasch ein Angebot. Jeder konnte sich, wie belastet auch immer er war, durch totalen Gehorsam gegenüber den neuen Machthabern reinwaschen. Ein Lippenbekenntnis zur Staatsideologie des Antifaschismus genügte allerdings nicht; die SED verlangte reibungsloses Mitmachen beim Aufbau ihrer Diktatur. Wilhelm Pieck, formal der Vorsitzende der KPD, faktisch aber nur der Strohmann des Apparatschiks Walter Ulbricht, notierte nach einem Gespräch mit Josef Stalin am 23. Januar 1946: „Taktische Linie der Behandlung der Nazi-Mitglieder: Differenzieren – aktive Nazi weiter wie bisher bekämpfen, nominelle Mitglieder der Nazi-Partei heranziehen, ihnen sagen, daß [sie] bei loyalem Verhalten auf unsere Unterstützung rechnen [können]." Man könne auch „andeuten", hatte Stalin dem SED-Funktionär mitgeteilt, „daß sie sogar Mitglieder der Partei werden könnten". Diese Weisung wurde in der SBZ konsequent umgesetzt. Jeder galt als entlastet, der sich dem totalen Machtanspruch der neuen Staatspartei unterwarf. Zeitweise hatte jedes dritte SED-Mitglied zuvor einer NS-Organisation angehört.

Wer dagegen die offiziellen Verlautbarungen über die „Demokratisierung" der Gesellschaft ernst nahm, die verordnete Führungsrolle der Kommunisten ablehnte oder gar Widerstand leistete, fand sich schnell und fast immer unter konstruierten Vorwürfen in Geheimdienstgefängnissen, Internierungslagern oder gleich im Deportationszug etwa nach Sibirien wieder. In insgesamt zehn vom sowjetischen Geheimdienst NKWD verwalteten „Speziallagern" wurden rund 123.000 Menschen eingesperrt; gemessen an der Gesamtbevölkerung waren das etwa doppelt so viele wie in den drei westlichen Besatzungszonen. Allerdings nicht, weil in der SBZ härter gegen Nazis, Profiteure und Mitläufer durchgegriffen worden wäre, sondern, weil eben auch viele echte oder vermeintliche Gegner des neuen kommunistischen Regimes eingeliefert wurden. Wegen miserabler Lebensmittelversorgung starb rund ein Drittel der Insassen,

übrigens völlig isoliert von der Außenwelt. Das war mehr als das Zwanzigfache der Todesrate in den US-Internierungslagern. Erstmals kam es 1948 zu größeren, allerdings willkürlichen Entlassungen aus diesen als „Schweigelagern" bekannten Filialen des sowjetischen Gulag-Systems. Die Lager wurden Anfang 1950 aufgelöst, die Insassen entweder freigelassen oder der inzwischen aufgebauten Unrechtsjustiz der SED-Diktatur zur weiteren Bestrafung übergeben.

Zu dieser Zeit hatte die SED längst als Auffangorganisation für frühere NSDAP-Mitglieder die Nationaldemokratische Partei Deutschlands gegründet, eine reine Tarnorganisation. Formal wurde die Entnazifizierung in der SBZ sogar schon ein Jahr vor ihrem Ende in den westlichen Zonen abgeschlossen, nämlich im August 1947. Die weitere Strafverfolgung blieb den inzwischen durchweg von kommunistischen Parteigängern dominierten ostdeutschen Gerichten überlassen; an langwierigen Verfahren mit Berufungsinstanzen wie vor allem in der US-Zone hatte die sowjetische Militäradministration kein Interesse. Ihr ging nicht darum, vergangene Verbrechen und Verstrickungen aufzuarbeiten, sondern das SED-Regime zu etablieren.

Die Machthaber in der Sowjetischen Besatzungszone machten den ehemaligen Nazis ein Angebot: Wer jetzt für Weltfrieden, gegen Kriegshetze und für Einheit unter Führung der Partei der Arbeiterklasse eintrat, durfte sich als entnazifiziert ansehen. Plakat zum 1. Mai 1949 in der Sowjetischen Besatzungszone.

Michael Schwartz

Flucht und Vertreibung als Folge des Zweiten Weltkriegs

Flüchtlinge bei der Ankunft in Berlin, Mai 1945.

Die Flucht, Vertreibung und Zwangsumsiedlung von mindestens zwölf Millionen Deutschen war die größte einzelne ethnische „Säuberung" in der europäischen Geschichte, und auch im weltweiten Vergleich ist sie zweifellos – neben dem fast gleichzeitigen Flucht- und Vertreibungsgeschehen in Indien und Pakistan zwischen 1947 und 1950 – eine der umfassendsten. Die Zahl der Überlebenden dieser Gewaltpolitik wurde 1950 in den beiden deutschen Nachkriegsstaaten – ihren Hauptaufnahmegebieten – auf 12,45 Millionen Menschen beziffert. Die Zahl der Umgekommenen ist unklar und bis heute strittig, der Historiker Hans-Ulrich Wehler geht von 1,71 Millionen Todesopfern aus, sodass insgesamt 14 Millionen Menschen von

dieser größten gewaltsamen Bevölkerungsverschiebung betroffen waren. Unter ihnen waren 6,6 Millionen Vertriebene aus den zum Deutschen Reich in den Grenzen von 1937 gehörigen Ostgebieten, die 1945 an Polen und die Sowjetunion fielen – also überwiegend die deutschen Bewohner Ostpreußens, Schlesiens, Oberschlesiens, Pommerns und des östlichen Brandenburgs. Hinzu kamen 3 Millionen Deutsche aus der Tschechoslowakei, 2,1 Millionen aus Polen in dessen Vorkriegsgrenzen von 1939, weitere 238.000 aus Jugoslawien, 210.000 aus Ungarn und 133.000 aus Rumänien. In diese Schätzung von zwölf bis vierzehn Millionen deutschen Vertreibungsopfern sind die bereits ab 1941 innerhalb der Sowjetunion deportierten Russlanddeutschen noch nicht einbezogen. Die Wolgadeutschen, denen das Stalin-Regime zwischen 1924 und 1941 eine autonome Sowjetrepublik gewährt hatte, stellten mit 370.000 Menschen nur ein Viertel dieser weit größeren Bevölkerungsgruppe. Russlanddeutsche lebten in verschiedenen Regionen Russlands, in der Ukraine, im Kaukasus und auf der Krim. Ihre Deportation begann zwei Monate nach dem deutschen Überfall auf die Sowjetunion; bis Mitte 1942 registrierte Stalins Sicherheitsapparat 1,2 Millionen Opfer dieser Zwangsumsiedlung – das waren 80 Prozent aller deutschstämmigen Sowjetbürger.

Der hier angesprochene Prozess ethnischer „Säuberungen" in Osteuropa um 1945 weist *sämtliche denkbare Formen* von „Säuberung" auf: Hier findet sich die *Evakuierung* oder die *Flucht* vor einer Feindarmee ebenso wie die nur scheinbar „wilde" (in Wahrheit sehr gut organisierte) *Vertreibung*, es gibt innerstaatlich oder zwischenstaatlich organisierte *Zwangsdeportationen*, aber auch mehr oder weniger „freiwillige" Formen der *Umsiedlung*. Hinzu treten insbesondere in der Endphase des Krieges und in der Frühphase des Nachkriegs immer wieder *Massaker* an Zivilisten.

Eine Expertenkommission der Vereinten Nationen definierte 1992 „ethnische Säuberungen" als „vorsätzliche Politik, die von einer ethnischen und religiösen Gruppe verfolgt wird, um die Zivilbevölkerung einer anderen ethnischen oder religiösen Gruppe durch gewaltsame und terroristische Mittel aus bestimmten geographischen Gebieten zu entfernen". Diese Definition ist nicht nur deshalb bedeutsam, weil sie neben ethnischen auch religiöse Ausgrenzungskriterien benennt, sondern vor allem deshalb, weil der damit bezeichnete Sachverhalt primär auf die *Entfernung* von Menschen aus einem bestimmten Raum zielt, nicht zwangsläufig auch auf ihre Ermordung. Ethnische „Säuberung" ist folglich nicht ohne Weiteres mit Genozid gleichzusetzen, obschon beides in der historischen Praxis nicht leicht zu trennen ist. Zusammenhänge zwischen Hungersnot und Zwangsmigration sowie die Tatsache, dass viele Genozidopfer nicht durch unmittelbare Gewalt, sondern an Hunger oder Krankheiten starben, verweisen auf diese Grauzone zwischen Vertreibung und Völkermord. Gleichwohl müssen beide

Phänomene klar unterschieden werden. Genozid erscheint als Radikalvariante ethnischer „Säuberung", aber eben nur als eine von mehreren Varianten. Wie bei der juristischen Unterscheidung zwischen Mord und Totschlag ist der Nachweis des Vorsatzes entscheidend. Die Massaker der Hutu an den Tutsi in Ruanda 1994 hatten eine klare Vernichtungsabsicht, die gleichzeitigen Massaker im jugoslawischen Bürgerkrieg haben diese genozidale Intensität hingegen nicht erreicht, sondern waren eher Mittel zum Zweck der Vertreibung.

Beim Genozid – sofern dieser seit der UN-Definition von 1948 leider inflationär benutzte Begriff

tatsächlich absichtsvollen massenhaften *Mord* bezeichnet – soll ein Entkommen gerade unmöglich gemacht werden. Der Unterschied zwischen den „Säuberungs"-Varianten Vertreibung und Genozid besteht somit darin, dass bei jener die *Entfernung* der Opfer, aber nicht ihre *Ausrottung* das Ziel ist. Mit Blick auf die von den Nationalsozialisten bis 1945 systematisch ermordeten europäischen Juden und auf die deutschen Vertriebenen ab 1944/45 wurde dieser wichtige Unterschied von Tony Judt mit der (allzu scharfen) Bemerkung auf den Punkt gebracht: „Die Vertriebenen waren lebendig und präsent, während ihre Opfer, vor allem die Juden, fast alle tot waren." Nicht alle Vertriebenen überlebten die

Nicht nur Vertreibungen, sondern den Völkermord an den Juden Europas bereitete das NS-Regime vor: Abtransport der Juden aus Würzburg, 1943.

Vertreibung und nicht alle – man denke an die Kinder – waren für die NS-Judenverfolgung mitverantwortlich, doch im Kern bezeichnet Judt damit treffend den wesentlichen Unterschied zwischen einer Vertreibung und einem Völkermord.

Obschon zwölf bis fünfzehn Millionen Deutsche die größte bisher bekannte einzelne Opfergruppe darstellen, fallen in den Zeitraum zwischen 1939 und 1950 noch weit mehr Zwangsmigrationen als nur diese Vertreibung der Deutschen. Es geschahen außerdem noch weit schlimmere Verbrechen als Vertreibungen oder Zwangsumsiedlungen. Und was die 1945 erwachsenen Deutschen angeht, waren sie nicht nur Opfer ethnischer Gewalt gegen Kriegsende, sondern sind in den Jahren des gewaltsam ausgedehnten und menschenverachtenden Rassismus praktizierenden NS-Imperiums – in allen denkbaren Abstufungen – auch Träger, wenn nicht gar Mittäter ethnisch motivierter Gewalt gewesen, insbesondere im Zuge der Eskalation des Weltkriegs, der deutschen Besatzungsherrschaft in ganz Osteuropa und des millionenfachen Völkermordes an den europäischen Juden.

Insgesamt sind etwa 60 Millionen Menschen während des Zweiten Weltkriegs und unmittelbar nach dessen Ende in Europa zu Zwangsmigranten gemacht worden. Zunächst wurden in den Jahren 1939 und 1943 etwa 30 Millionen Menschen von Stalin und Hitler vertrieben, verschleppt, umgesiedelt und deportiert. Die folgenden Zwangsmigrationen der Jahre 1944 bis 1948 wurden von den Siegermächten des Zwei-

ten Weltkriegs veranlasst und betrafen etwa 31 Millionen Menschen, von denen nur knapp die Hälfte zu den besiegten Deutschen zählten. Die erste Welle dieser primär in Mittel-, Ost- und Südosteuropa umgesetzten Zwangsmigration unvorstellbaren Ausmaßes wurde bei Kriegsende zum größten Teil wieder rückgängig gemacht, die zweite Welle gerade durch dieses Kriegsende erst ermöglicht.

Dieser heute für unser friedlich gewordenes Mitteleuropa kaum noch vorstellbare Prozess aus Evakuierungen, Fluchtbewegungen, Vertreibungen und Zwangsumsiedlungen führte nicht nur in Deutschland zu dramatischen demografischen Konsequenzen. Durch den für ethnische „Säuberungen" typischen und im Zweiten Weltkrieg und dessen Nachkrieg besonders tiefgreifenden Zusammenhang von Ethnogewalt und gewaltsamer Umverteilung brachte dieser demografische Bruch auch eine tiefgreifende gesamtgesellschaftliche Umwälzung. Der deutsche Völkermord an sechs Millionen Juden und die nachfolgende Vertreibung von zwölf bis vierzehn Millionen Deutschen haben zu einer gewaltigen sozialen Nivellierung und materiellen Umverteilung geführt. Mit den ermordeten Juden und den vertriebenen Deutschen wurden wesentliche Teile des alten Bürgertums in Mittel- und Osteuropa beseitigt. Im ersten Falle wurden nicht nur Deutsche, sondern auch Hunderttausende einfacher Ungarn, Polen, Tschechen, Niederländer und Franzosen durch Aneignung jüdischen Eigentums zu Komplizen der Nazis. Im andern Falle wurde die Vertreibung der Deutschen zur günstigen Gelegenheit für Polen, Balten,

Links: Geordnete Zwangsmigration durch deutsch-sowjetische Kooperation: Beratung des Umsiedlungskommissars SS-Obergruppenführer Lorenz mit einem sowjetischen Offizier über die Umsiedlungen im unteren Donauraum, 1940.

Rechts: Ankunft jüdischer Kinder und Erwachsener aus Ungarn im Vernichtungslager Auschwitz-Birkenau, Juni 1944.

Ukrainer, Slowaken, Ungarn und andere, die Arbeitsplätze und Wohnungen der Vertriebenen zu übernehmen.

Die im 19. Jahrhundert massiv erfolgende „Verwandlung der Welt" (Jürgen Osterhammel) war nicht zufällig mit einer Verbreitung und Intensivierung ethnischer „Säuberungen" einher gegangen. Wo immer in den Jahrzehnten vor dem Ersten Weltkrieg neue Nationalstaaten entstanden und wo immer innerhalb alter Vielvölkerreiche Nationalitätenpolitik betrieben wurde, bestand die Gefahr einer Entmischung der Völker. Diese gewaltsame Entmischungsdynamik prägte erst recht das 20. Jahrhundert und reicht vielfältig bis in unsere Gegenwart. Der Balkan ist, in Wechselwirkung mit Kleinasien und dem Kaukasus, das klassische europäische „Labor" für spätere ethnische „Säuberungen" in anderen Teilen des Kontinents gewesen. Aber er war nicht das einzige, wie die Debatte über Wechselwirkungen zwischen europäischer Kolonialgewalt in der „Dritten Welt" und späteren ethnischen „Säuberungen" in Europa selbst demonstriert.

Flucht, Massenvertreibung, Deportation und sonstige Formen der Zwangswanderung prägten gegen Ende des Zweiten Weltkriegs nicht nur Europa, sondern verschiedene Teile der Welt, die wiederum auf vielfältige Weise von Europa und dortigen ethnischen „Säuberungen" geprägt waren. Schon die türkischen Deportationen der Armenier während des Ersten Weltkriegs verwischten die dünne Grenze zwischen Europa und Nicht-Europa. Zudem überschritten sie die kritische Grenze zwischen Deportation und Völkermord – was dann im Zweiten Weltkrieg mit dem deutschen Völkermord an den europäischen Juden auf noch viel stärker systematisierte Weise geschah. Schon im Ersten Weltkrieg liefen diverse Deportationen nicht nur parallel, sondern übten Wechselwirkungen aufeinander aus. Der Erste Weltkrieg ist damit nicht nur die kriegerische und politische „Urkatastrophe" für Europa und die Welt – er ist auch der Dammbruch für ethnische „Säuberungen" in weiten Teilen Europas, insbesondere Osteuropas, weit über den Balkan hinaus. Es ist kein Zufall, dass gerade im Jahrzehnt zwischen 1912 und 1923, das die Balkankriege, den Ersten Weltkrieg und den griechisch-türkischen Krieg umspannt, ältere Formen ethnischer „Säuberung" zu einer international akzeptierten Sozialtechnologie großräumiger und umfassender Bevölkerungstransfers ausgebaut wurden, wie sie im Lausanner Abkommen vom Januar 1923 kulminierten.

Nicht nur diese Tendenz zur Internationalisierung von Vertreibungs- oder Zwangsumsiedlungs-Beschlüssen, sondern auch der sich ab 1914 brutalisierende Umgang mit Zivilisten eines feindlichen Volkes oder mit als unzuverlässig definierten Minderheiten des eigenen Volkes lassen es als berechtigt erscheinen, schon im Ersten Weltkrieg Züge eines „totalen Krieges" zu entdecken. Es bedurfte eines Hitler und eines Stalin, ihrer totalitären Ideologien und ihrer zahllosen willigen Helfer, um diesen totalen Krieg gegen wehrlose Frauen, Kinder und Alte auf seinen Höhepunkt zu treiben – und auch die gegen Hitlers mörderisches NS-Imperium siegreichen alliierten Großmächte im Hinblick auf Bevölkerungstransfers zu radikalisieren. Doch wenn es richtig ist, dass stets eine Kombination aus gegen den multiethnischen Status quo gerichteten Ideologien und aus der eskalierenden Gewalterfahrung von Kriegen der entscheidende Faktor für ethnische „Säuberungen" gewesen ist, um unerwünschte ethnische Gruppen gewaltsam zu beseitigen, erweist sich der Erste Weltkrieg nicht nur allgemein als „Urkatastrophe" Europas oder der modernen Welt insgesamt – er ist auch die Urkatastrophe der Ausbreitung ethnischer „Säuberungen", zumindest innerhalb Europas selbst.

Der Exodus der Waisenkinder aus dem Osmanischen Reich: Kinder von armenischen und griechischen Opfern ethnischer „Säuberungen" werden von der 1915 gegründeten Organisation Near East Relief nach Griechenland gebracht, 1915/16.

Vor der Einigung über den Bevölkerungs-Transfer in Südosteuropa, Lausanne 22. November 1922. Vorne von links: Lord George Curzon, Benito Mussolini, Raymond Poincaré.

Misshandlungen vor der Abschiebung: Deutsche in Prag, 1946.

neuen Sozialtechnologie umzugehen, wie ihre Mitwirkung am „Transfer"-Vertrag von Lausanne 1923 demonstriert. Das Lausanner Abkommen wurde mit rund zwei Millionen Opfern nicht nur zur bis dahin umfassendsten Vertreibungs- und Zwangsumsiedlungspolitik der Weltgeschichte, sondern auch zum zwiespältigen Symbol für eine neue Handlungsalternative internationaler Politik. Bis zum Zerfall des Minderheitenschutz-Systems von Versailles, das die Siegermächte des Ersten Weltkriegs 1919/20 etabliert hatten und zwei Jahrzehnte lang aufrechterhielten, galt das Modell von Lausanne allerdings nur als Notlösung für vermeintlich „unzivilisierte" Krisenzonen an der südöstlichen Peripherie, nicht als Königsweg für das eigentliche, das „zivilisierte" Europa. Erst als Hitler zwischen 1938 und 1940 die Versailler Ordnung zerschlug und in Osteuropa ein rassistisch-kolonialistisches Imperium über Nachbarvölker wie Polen oder Tschechen errichtete, das in seinen Bezeichnungen („Generalgouvernement", „Protektorat") eine Herabstufung auf das Niveau traditioneller Kolonialherrschaft zum Ausdruck brachte (und in Wahrheit noch weit schlimmer war), erodierten auch auf Seiten der Gegner Hitlers zwar nicht alle, aber doch einige zivilisatorische Vorbehalte. Nicht zufällig wurde daher der Zeitraum zwischen 1939 und 1950 zum globalen Höhepunkt ethnischer „Säuberung".

Im Ersten Weltkrieg eskalierten Massendeportationen – zum Teil mit dem Ziel ethnischer „Säuberung" – nicht nur auf dem Balkan und im Kaukasus, sondern auch in weiten Teilen Osteuropas (Polen, Baltikum, West-Russland) und mit dem Genozid an den Armeniern auch in Kleinasien. In intellektuellen Planspielen etablierte sich ethnische „Säuberung" als diskutable Strategie für eine Neuordnung des gesamten Kontinents oder zumindest diverser Krisenherde. Briten und Franzosen lernten in der Nachkriegsphase mit dieser

Das Münchner Abkommen von 1938 leitete diese Enthemmung ein. Ein geschockter tschechischer Nationalist, der Jurist Zdeněk Peška, sandte 1939 eine Denkschrift über „Bevölkerungsaustausch" an den zurückgetretenen Präsidenten Edvard Beneš ins Exil, die den griechisch-türkischen Transfer von Lausanne als Vorbild einer künftigen Neuordnung pries und die Entfernung aller illoyalen Deutschen aus der wiederherzustellenden Tschechoslowakei forderte. Zur selben Zeit warb in Frankreich der Soziologe Bernard Lavergne dafür, das Transfer-Prinzip in ganz Europa in großem Maßstab anzuwenden. Lavergne gab zu, dass die tatsächlich deportierte Generation unter dieser „Transplantation" schwer zu leiden haben würde, doch für künftige Generationen werde in den fortan national homogenisierten Staaten eine glücklichere Zukunft geschaffen. Bei alledem unterstrich der französische Professor die bahnbrechende Rolle Hitlers: Bisher habe die Öffentlichkeit derart radikale Lösungen aus humanitären Gründen nicht erwägen wollen, doch ändere sich diese Haltung, seitdem Hitler in München *ausdrücklich* einen Bevölkerungsaustausch zwischen Deutschen und Tschechen vorgeschlagen habe. Beneš machte sich Lavergnes Transfer-Projekt 1941 öffentlich zu eigen, indem er bedauerte, dass es nicht schon 1918/19 möglich gewesen sei, in Mittel- und Osteuropa national homogene Staaten zu errichten. Schon damals hätte man jenen extensiven Bevölkerungstransfer durchführen müssen, wie ihn Lavergne nunmehr vorgeschlagen habe. Damit fand er Anklang bei Churchill und Roosevelt, und auch bei dem in diesen Fragen durch eigene russisch-sowjeti-

gegenüber den angelsächsischen Großmächten vor allem das enthemmende Vorbild der von Hitler befohlenen Massenumsiedlungen, die ab 1939 in der Tat Angehörige der polnischen Nation massenhaft zu Opfern machten, verwies jedoch auch auf entsprechende Umsiedlungs-Planungen Hindenburgs und Ludendorffs aus dem Ersten Weltkrieg, um daran die Frage zu knüpfen, weshalb sich angesichts derartiger deutscher Grundhaltungen die Gegner Deutschlands nach einem Sieg über Hitler zurückhalten sollten. So dachte damals auch ein Großteil der angelsächsischen Öffentlichkeit, allen voran der britische Premier Winston Churchill. Wieder-

Als die polnische Bevölkerung 1945 Lwów (Lemberg) verlassen musste, wurden zwei Nationaldenkmäler abgebaut und in Breslau aufgestellt: Das Denkmal des Dichters Alexander Fredro wurde vor dem Stadtmuseum aufgestellt. Das Panorama Racławicka zeigt die siegreiche Schlacht polnischer Aufständischer unter Tadeusz Kościuszko 1794 gegen die Russen.

sche Deportationstraditionen geprägten und entsprechend unempfindlichen Stalin traf Beneš auf Zustimmung, zumal er im Gegenzug einer Westverschiebung Polens zugunsten der Sowjetunion zustimmte. Bei einer Neuordnung Europas nach dem Zweiten Weltkrieg, so Beneš bereits Jahre vor Kriegsende, müsse das Problem der Minderheiten systematischer und radikaler gelöst werden als 1919 in Versailles. Auch der griechische Politiker Nikolaos Politis – als Außenminister unter Venizelos 1923 am Transfer-Vertrag von Lausanne beteiligt – befürwortete im Pariser Exil 1940 die „Beseitigung von Minderheitenproblemen" durch Bevölkerungstransfers. Dabei berief er sich nicht nur auf die Zwangsumsiedlungspolitik Hitlers, sondern auch auf den 1923 vereinbarten Austausch zwischen Griechenland und der Türkei, der im Ergebnis befriedigend gewesen sei.

Die polnische Exilregierung unter General Sikorski betonte in den frühen 1940er-Jahren

holt verwies er auf den griechisch-türkischen Bevölkerungsaustausch von 1923 als Vorbild für eine künftige Zwangsumsiedlung von Millionen Deutschen. In einer Rede vor dem Unterhaus bezeichnete Churchill 1944 Vertreibung als das „befriedigendste und dauerhafteste Mittel" zur Friedenssicherung im Osten Europas. Auch US-Präsident Roosevelt glaubte an eine solche Friedenslösung durch Zwangstransfers. Den sowjetischen Diktator Stalin musste man nicht überzeugen; die sowjetische Herrschaftspraxis kannte schon lange vor dem Zweiten Weltkrieg das Instrument der Massendeportation und hatte es seit Mitte der 1930er-Jahre gezielt ethnisiert. Neben der bereits 1941/42 durchgeführten Deportation der großen Mehrheit der Russlanddeutschen traf ab 1943/44 dieselbe Gewaltpolitik auch diverse muslimische Völker, welche die sowjetische Diktatur kollektiv der Kollaboration mit dem deutschen Feind bezichtigte, etwa Krimtataren oder Tschetschenen.

Auch wechselseitige Transfers nach dem Muster von Lausanne hatte Stalin ab 1939 in Verträgen mit Hitler eingeübt bzw. beobachten können und brachte diese Methode vertraglich vereinbarter Umsiedlungen zwischen 1944 und 1946 im Kreis seiner osteuropäischen Vasallenstaaten zur Geltung. Dies war namentlich bei der Westverschiebung Polens der Fall, die auch zu einer erzwungenen Westverschiebung von über zwei Millionen Polen führte und von einer Ostverschiebung vieler Ukrainer und Litauer von Polen in die Sowjetunion begleitet war. Der Staat Polen wurde – nolens volens – mit deutschem Territorium entschädigt, aber dennoch verlor Polen durch die neuen Grenzen ähnlich wie das

lität durchgeführt wurde. Durch die von Hitlers Umsiedlungs-Reichskommissar Heinrich Himmler angestoßenen NS-Planungen für den sogenannten Generalplan Ost sollten in einem Zeitraum von zwanzig oder fünfundzwanzig Jahren nach einem deutschen „Endsieg" bis zu 31 Millionen Osteuropäer zu Opfern gemacht werden; ganz Osteuropa – namentlich Polen, die Ukraine, Weissrussland und weite Teile des europäischen Russlands – sollten zum Experimentierfeld eines „Großgermanischen Reiches" werden, dessen „Eindeutschung" durch Vertreibung, Massenmord, Hunger und Sklavenarbeit rücksichtslos erreicht werden sollte. Das neu erworbene Land sollte mit deutschen Bauern besiedelt werden.

Links: Deutsche aus Bessarabien im Auffanglager Galatz in Rumänien. Sie wurden nach der Abtretung Bessarabiens an die Sowjetunion im Oktober 1940 nach Polen umgesiedelt. Foto 13. Oktober 1940

Rechts: Umsiedlertreck aus der Bukowina, Ende 1940.

besiegte Deutsche Reich ein Viertel seines bisherigen Umfangs. Die Bevölkerungen beider Staaten waren gegen Ende des Zweiten Weltkriegs von der ethnischen Neuordnung Europas am stärksten betroffen.

Neben dem Vorbild von Lausanne spielte für die alliierte Vertreibung von zwölf bis fünfzehn Millionen Deutschen, aber auch für zahlreiche weitere Bevölkerungsverschiebungen im Nachkriegs-Europa die ebenso gewalttätige wie umfassend angelegte Zwangsumsiedlungspolitik Adolf Hitlers im Zweiten Weltkrieg eine entscheidende Rolle. Gemeint ist jene von Hitler im Oktober 1939 vor dem Reichstag angekündigte „neue Ordnung der ethnographischen Verhältnisse" in Osteuropa, die zu Lasten von Millionen Juden, Polen und Russen mit äußerster Brutа-

Es blieb nicht bei Planspielen. Im besetzten Polen war die am weitesten verbreitete Form von Terror, den die Deutschen verübten, die Vertreibung. Betroffen waren besonders die Bewohner des 1939 an das Deutsche Reich angeschlossenen „Reichsgaues Wartheland", der Region um Posen. Dorthin wurden zwischen 1940 und 1944 nicht nur 85 Prozent der 630.000 volksdeutschen Umsiedler dirigiert, die Hitler aus Osteuropa – vom Baltikum bis Rumänien – „heim ins Reich" holen ließ; von dort wurden auch im Gegenzug, um Platz für diese Volksdeutschen zu schaffen, 928.000 Polen ins östlich gelegene Generalgouvernement vertrieben. Auch dort fielen etwas später weitere 100.000 Polen zwischen 1942 und 1944 einem Umsiedlungsprojekt des Reichsführers SS Heinrich Himmler in der Region Zamość zum Opfer. Übertroffen wurde diese rücksichtslose Vertreibungspolitik des „Großdeutschen Reiches" freilich noch durch die europaweite Deportation jüdischer Menschen unterschiedlichster Nationalitäten in die Vernichtungslager. Dem NS-Völkermord fielen insgesamt – durch Hunger, Krankheiten, Massenerschießungen oder Vergasungsaktionen – etwa sechs Millionen Juden zum Opfer.

Die Alliierten ahmten ab 1945 diese völkermörderische Politik Hitlers bewusst nicht nach – nicht einmal Stalin, der diesbezüglich keine grundsätzlichen Hemmungen besessen haben dürfte. Allein im Bereich umfassender Zwangsmigrationen erfolgte von alliierter Seite eine „vergeltende" Politik, wobei die Gewissensberuhigung einer „ordnungsgemäßen und humanen Überführung" (so Stalin, Truman und Attlee im Sommer 1945 in Potsdam) den Realitäten insbesondere der unmittelbaren Nachkriegszeit keinesfalls standhielt.

Die ab 1945 an etlichen Millionen Deutschen verübte Vertreibungs- und Zwangsumsiedlungspolitik war folglich alles andere als voraussetzungslos. Vielmehr schlug damals eine Explosion von Rache und Gewalt nach dem von Hitler begonnenen Krieg und den damit verbundenen Verbrechen auf die Deutschen im Osten zurück. Obgleich diese Vertreibung direkt und indirekt zahlreiche Todesopfer forderte, wurde die Schwelle zum zielgerichteten Völkermord nicht überschritten. Dennoch waren die leidvollen Erfahrungen der deutschen Vertreibungsopfer – überwiegend Frauen, Kinder und alte Menschen – schlimm genug.

Zwei Drittel der 1950 registrierten zwölf Millionen Vertriebenen – 8,1 Millionen – befanden sich in der Bundesrepublik Deutschland, ein Drittel (gut 4 Millionen) in der Deutschen Demokratischen Republik (DDR). Dort hatte die Zwangszuwanderung die größten Veränderungen bewirkt, denn in der DDR stellten die Zwangsmigranten 1949 nicht weniger als 24,1 Prozent der Bevölkerung, während ihr Anteil in der Bundesrepublik immer noch beachtliche 15,7 Prozent betrug. Die regionalen Unterschiede waren erheblich, in der DDR schwankten sie zwischen 43,3 Prozent in Mecklenburg-Vorpommern und 17,2 Prozent in Sachsen. Ähnlich sahen die Relationen im Wes-

ten aus, etwa zwischen Schleswig-Holstein und Nordrhein-Westfalen. Vertriebene waren zunächst überwiegend in wenig besiedelten und wirtschaftsschwachen ländlichen Regionen untergebracht worden, obwohl angesichts der verbreiteten Fremdenfeindlichkeit in bäuerlich geprägten Gesellschaften massive Hindernisse für ihre soziale Integration zu erwarten waren. Frühzeitig machte sich jedoch ein Abwanderungstrend in Industrieregionen und größere Städte bemerkbar.

Diese Zwangszuwanderung von Deutschen nach Deutschland vollzog sich unter heute unvorstellbaren Bedingungen – mit brutaler Gewalt und unter chaotischen, oft tödlichen, noch häufiger

traumatischen Umständen. Nach Angaben der DDR-Regierung waren zwischen 1945 und 1950 insgesamt 4,3 Millionen Umsiedler auf dem Territorium der Sowjetischen Besatzungszone (SBZ) bzw. der DDR aufgenommen worden. Knapp 1,9 Millionen habe man „planmäßig" übernommen und angesiedelt, doch die Mehrheit – 2,5 Millionen Menschen – sei völlig planlos, größtenteils schon in den letzten Kriegsmonaten, dorthin gelangt. Nach internen Angaben der sowjetzonalen „Zentralverwaltung für deutsche Umsiedler" (ZVU) hatten diese chaotischen Zustände bis Mitte 1946 angedauert. Bis dahin seien etliche Massentransporte „unorganisiert und unplanmäßig über die Grenze geschleust" worden, erst seitdem hätten Vereinbarungen mit der Tschechoslowakei und Polen eine planmäßige Übernahme der Umsiedler ermöglicht.

Vertriebene erreichen das Lager Friedland, 1946. Am 26. September 1945 eröffnete die britische Armee das Auffanglager bei Göttingen.

Die Zahlenangaben variieren in verschiedenen Quellen, hier nach K. Erik Franzen: Die Vertriebenen. Hitlers letzte Opfer, Berlin 2001, S. 280 (zum Teil geschätzte Zahlen).

Flüchtlinge und Vertriebene in West- und Ostdeutschland (1946, 1950)

Bundesländer	Vertriebene 1946	Bevölkerungs- anteil in %	Vertriebene 1950	Bevölkerungs- anteil in %
Baden-Württemberg			861.526	13.4
Württemberg-Baden	509.300	14,1		
Württemberg-Hohenzollern	27.800	2,5		
(Süd-)Baden	19.900	1,7		
Bayern	1.657.800	18,9	1.937.297	21,1
Bremen	25.300	5,2	48.183	8,6
Hamburg	55.200	3,9	115.981	7.2
Hessen	552.500	13,8	720.583	16,7
Niedersachsen	1.467.800	23.4	1.851.472	27,2
Nordrhein-Westfalen	698.600	5,8	1.331.959	10,1
Rheasd vcb inland-Pfalz	30.600	1,1	152.267	5,1
Schleswig-Holstein	833.700	32,2	856.943	33,0
Westzonen/BRD	**5.878.500**	**13,4**	**8.737.737**	**16.5**
Brandenburg	540.700	21.4	538.411	24.6
Mecklenburg-Vorpommern	903.200	42,2	684.601	40,7
Sachsen	683.900	12,3	754.939	15,6
Sachsen-Anhalt	899.600	21,6	777.963	22,9
Thüringen	571.000	19,5	480.301	20,2
Ostzone/DDR	**3.598.400**	**20,8**	**3.305.076**	**21,3**
Berlin	116.900	3,7		
Berlin-Ost			68.861	6,6
Berlin-West			148.389	6,9
Gesamt (inkl. Berlin)	**9.593.800**	**14,9**	**12.260.063**	**17,8**

Die sowjetzonale Gesundheitsverwaltung beschrieb im September 1945 eine für ganz Deutschland durch die Ankunft der Vertriebenen drohende Seuchengefahr: „Die bisherigen Ströme der Ausgewiesenen und Heimkehrer sind [...] in improvisierten Auffanglagern [...] zusammengefaßt und teilweise in Städten und auf dem Lande untergebracht worden." Eine „vollständige Registrierung, ausreichende Ernährung und insb. ärztliche Betreuung" sei angesichts des „zum großen Teil ziellosen Hin- und Herströmens" der Vertriebenen, des für Berlin geltenden Zuzugsverbots und der in der SBZ grassierenden „nazistischen Propaganda, es sei wieder erlaubt, in die Ostgebiete zurückzukehren," nicht möglich gewesen. „Infolgedessen haben sich sowohl bei den Erfaßten und Untergebrachten infolge ihrer Massenansammlung und schlechten Ernährungslage als auch bei den nicht erfaßten obdachlos Umherirrenden, die vielfach Feld- und Gartendiebstähle begehen, Seuchen gebildet, insbesondere Typhus- und Diphterieerkrankungen, wozu noch ein Massensterben durch Unterernährung eingesetzt hat." Die Säuglingssterblichkeit unter Vertriebenen in der Provinz Brandenburg lag bei 90 Prozent, in Berlin wurden jede Woche 700 Typhusfälle registriert.

Nicht nur die Lebensverhältnisse der Vertriebenen, auch die der nach Kriegsende in den Vertreibungsgebieten zurückgebliebenen Deutschen waren katastrophal. Ende 1945 befanden sich nach Schätzungen der deutschen Caritas allein im polnisch verwalteten Breslau noch 180.000 Deutsche, im sowjetisch gewordenen Königsberg (Kaliningrad) noch 16.000. In Oberschlesien hatten viele Deutsche einen polnischen Ausweis erworben, um dort bleiben zu können. Viele Deutsche lebten auch noch im Waldenburg-Hirschberger Gebiet und wurden dort als Zwangsarbeiter eingesetzt; 40.000 deutsche Bergleute wurden erst 1948 aus Schlesien in die SBZ ausgesiedelt.

In der zu 90 Prozent kriegszerstörten Stadt Breslau drängte sich die deutsche Bevölkerung auf engstem Raum zusammen. Bis zu sechs Familien hausten in schwer beschädigten Wohnungen, alle gut erhaltenen Wohnungen und insbesondere die Villenviertel waren von Polen beschlagnahmt. Die Angst der Deutschen vor den Polen war sehr groß, da man jeglicher Willkür schutzlos ausgeliefert war. In einem Bericht vom Sommer 1945 hieß es: „Abends werden unter die Haustürklinken Bretter gestellt und die Türen fest verrammelt. Bei Eintritt der Dunkelheit wird auf den Straßen viel geschossen. Leider kommen – besonders in den Vororten – noch viele Vergewaltigungen vor. Auch geplündert wird noch sehr viel." Die Ernährung der Breslauer Deutschen war „die denkbar schlechteste". Allein harter Arbeitseinsatz garantierte eine Minimalversorgung: „Wer nicht arbeitet, erhält kein Brot. Bei geschlossenem Arbeitseinsatz gibt es einige Teller Wassersuppe." Wer nicht verhungern wollte, versetzte auf dem schwarzen Markt seine Habseligkeiten, um an Sloty zu kommen, denn in polnischer Währung waren Lebensmittel frei verkäuflich. Bargeldlose Deutsche mussten unter dem Schutt der zerbombten Stadt nach alten Kartoffeln graben oder sich von den Feldern Getreide holen. Eine organisierte Krankenhilfe gab es für Deutsche überhaupt nicht. Man konnte daher auf Frauen aus Breslau treffen, „welche ihre Kinder auf kleine Wägelchen gebettet bis nach Dresden

befördern, um sie dort in ein Krankenhaus [...] zu bringen." Nicht wenige Kinder starben unterwegs. Die Sterblichkeit unter den Deutschen in Breslau stieg ständig an, insbesondere unter Kleinkindern. Weder die bessere Versorgung in Vororten noch die Tatsache, dass einzelne Polen den Deutschen Lebensmittel spendeten, änderte etwas an der katastrophalen Lage in der Stadt. Fazit des Berichts: „Die Deutschen in Breslau gehen seelisch langsam zu Grunde."

In Stettin befanden sich ein Jahr später, im Sommer 1946, noch 11.000 deutsche Bewohner, über deren Situation der Vorsitzende des dortigen „Vertrauensausschusses", ein Altkommunist, der mecklenburgischen Landesverwaltung berichtete. Demnach hatten auch die Deutschen in Stettin bis April 1946 nur eine Minimal-Verpflegung von 200 Gramm Brot pro Tag von den Polen erhalten. Seither erhielten Arbeitende 650 Gramm Brot täglich, Kinder und Nichtarbeitende 250 Gramm. Überhaupt habe sich seit Mai 1946 das Verhältnis zwischen Deutschen und Polen gebessert. „Bis zu diesem Zeitpunkt waren Plünderungen am hellen Tage auf

Zahlenangaben nach Werner Hilgemann, Atlas zur deutschen Zeitgeschichte, München 1984, S. 163, und K. Erik Franzen: Die Vertriebenen. Hitlers letzte Opfer, Berlin 2001, S. 276. Da die Zahlen in den verschiedenen Quellen voneinander abweichen, werden hier nur annähernde und gerundete Zahlen angegeben.

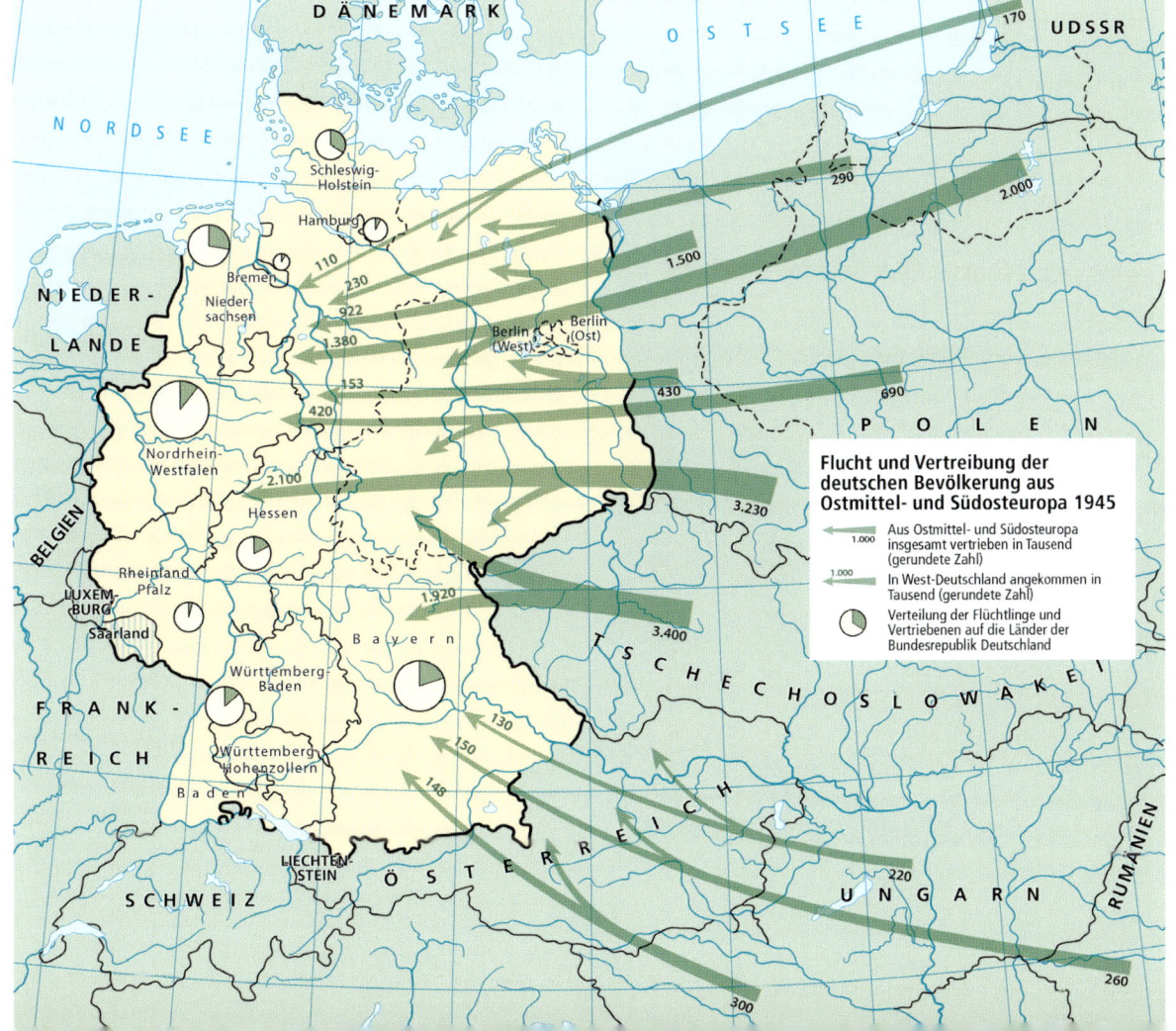

Flucht und Vertreibung der deutschen Bevölkerung aus Ostmittel- und Südosteuropa 1945

Aus Ostmittel- und Südosteuropa insgesamt vertrieben in Tausend (gerundete Zahl)

In West-Deutschland angekommen in Tausend (gerundete Zahl)

Verteilung der Flüchtlinge und Vertriebenen auf die Länder der Bundesrepublik Deutschland

der Straße an der Tagesordnung." Die deutsche Bevölkerung der polnisch besetzten Gebiete habe überall „Furchtbares durchgemacht", in Stettin sei sie „Straße für Straße systematisch herausgedrängt und ihres persönlichen Besitzes beraubt" worden. Dass es überhaupt noch Deutsche in Stettin gab, sei allein durch deren Nutzen für die Sowjets zu erklären. Die noch vorhandenen deutschen Betriebe seien ausschließlich für die Rote Armee tätig – allen voran Vulkan-Werft, Hafen, Kraftwerk und Schiffsreparatur-Betrieb. Doch alle in Stettin lebenden Deutschen hätten damit zu rechnen, die Stadt jederzeit verlassen zu müssen. Seit August 1945 habe es immer wieder deutsche Abwanderungswellen gegeben, seit Februar 1946 praktizierten die Polen eine „systematische Evakuierung" der Deutschen. Die Sowjets hätten versprochen, die für sie arbeitenden Betriebe und Belegschaften geschlossen nach Deutschland zu überführen, was im Falle der Verlagerung der Vulkanwerft nach Wismar teilweise wahr gemacht worden sei.

Oft genug aber war diese Überführung nicht nur strapaziös, sondern auch lebensgefährlich. Im Herbst 1945 bat die Zentralverwaltung für deutsche Umsiedler (ZVU) die Sowjetische Militäradministration (SMAD) dringend um militärischen Begleitschutz für die Umsiedler-Transporte

aus Polen und der ČSR, „um ein Ausplündern derselben durch Banden unmöglich zu machen". Vielfach waren Deutsche von tschechischen Soldaten beschossen worden, was oftmals Verwundete und Tote zur Folge hatte. Selbst als die Vertriebenenaufnahme ab Mitte 1946 einigermaßen geregelt verlief, blieben die Transporte strapaziös und leidvoll genug. Der Leiter eines sächsischen Umsiedlerlagers berichtete: „Die Anmarschwege der Schlesier aus den einzelnen ausgesiedelten Orten bis zur Abfahrtsstation waren von unbeschreiblichen Schwierigkeiten. Kilometer mußten sie mit der letzten Habe, die ihnen verblieben war, zu Fuß zurücklegen. Das vorgeschriebene Kilogepäck mussten die meisten auf halbem Wege vor Erschöpfung noch zurücklassen oder es wurde ihnen noch von den polnischen Überwachungsmannschaften durchwühlt und gestohlen, alte und gebrechliche Menschen schleppten sich nur noch mühsam zum Verladebahnhof, Mütter, weinende Kinder mit sich führend, bevölkerten die Straßen. Ein Massenelend von unbeschreiblichem Ausmaße, hervorgerufen durch die unheilvolle Politik jener Hitlerknechte. [...] Auch [...] diese Transporte mußten [...] die stärksten Plünderungen und Beraubungen ihrer letzten Habe ertragen. Geld, Kleidungsgegenstände und Lebensmittel wurde[n] ihnen weggenommen, Schläge und Quälereien waren an der Tagesordnung."

Mit der Ankunft in den deutschen Besatzungszonen waren die Probleme nicht vorbei. Über die katastrophale Unterbringung in einem Schweriner Aufnahmelager berichtete ein Ost-Berliner Kontrolleur im Oktober 1945: „Keine Waschgelegenheit. Keine Möglichkeit, sich aufzuwärmen. Kein warmes Getränk, noch eine Suppe für Flüchtlinge und Heimkehrer. Der Schmutz in den Ecken und an den Seiten türmte sich zu kleinen Bergen. Niemand war vorhanden, der für Ordnung und Sauberkeit gesorgt hätte. Ein Inferno menschlicher Verelendung auf kleinstem Raum. Man fragt sich unwillkürlich: [...] Was tun die Verwaltungsstellen dort überhaupt? Will man warten, bis diese Seuchenherde zur Gefahr für die gesamte Bevölkerung werden?"

Die Situation nach Kriegsende war durch eine Vielzahl chaotischer Migrationsströme geprägt: „Aus der Tschecho-Slowakei und aus dem Osten bewegten sich ununterbrochene Züge

Ein Bauer auf dem Weg aus Posen in die sowjetische Besatzungszone, wo er im Rahmen der Bodenreform angesiedelt werden soll, 1946.

von Flüchtlingen, Heimkehrern und Umsiedlern durch das Land. In umgekehrter Richtung zogen Ukrainer und Polen sowie Fremdarbeiter aus allen Ländern Europas durch Sachsen." In die SBZ gelangten im Sommer 1945 nicht nur Flüchtlinge aus dem Osten, sondern auch zurückwandernde Flüchtlinge aus dem Westen, die in ihre ostdeutsche Heimat zurückwollten, da sie irrtümlich annahmen, dort dauerhaft bleiben zu dürfen. Als Polen daraufhin die Oder-Neiße-Grenze sperrte, staute sich der Rückwandererstrom in Sachsen und besonders im Görlitzer Gebiet, und zu gleicher Zeit vertrieben die Polen die Deutschen aus Schlesien. Damals hielten sich zwischen zwei und drei Millionen Flüchtlinge in Sachsen auf. „Sie haben die Felder geerntet, Kartoffeln herausgeholt, es entstehen Krankheiten, Hungersnot."

Aus der Tschechoslowakei vertriebene Sudetendeutsche „überschwemmen das Land" – so empfanden es jedenfalls die in Panik geratenden sächsischen Verantwortlichen im Sommer 1945. Diese Sudetendeutschen waren „vollkommen heruntergewirtschaftet, sie hatten nur, was sie auf dem Leibe tragen, kein Geld, kein Essen, schwer erkrankt, sie konnten nicht weiter laufen, legten sich auf die Straße vor Erschöpfung. Krankenhäuser und Altersheime in Sachsen sind vollkommen überfüllt mit Leuten, die nicht mehr weiter können, sie müssen verpflegt und gekleidet werden." Es gab „ausgesprochene Hungergebiete" um Görlitz oder im Erzgebirge.

Im August 1945 ordnete die sächsische Verwaltung die Ausweisung aller seit Herbst 1944 im Lande eingetroffenen Flüchtlinge an und entzog diesen Menschen die Lebensmittelkarten. Um die „eigene Bevölkerung Sachsens" ernähren zu können, dürfe man den Flüchtlingen gegenüber weder „Nachgiebigkeit" noch „falsches Mitleid" zeigen. In Chemnitz protestierten daraufhin schlesische Flüchtlinge heftig gegen dieses unverantwortliche Vorgehen; sie beriefen sich sogar auf das Potsdamer Abkommen der alliierten Großmächte, um in der sowjetischen Besatzungszone auf „ordnungsgemäße und humane" Weise behandelt zu werden. Auch der sowjetische Stadtkommandant von Zschopau bezeichnete die Dresdner Anordnung „als unmenschlich und unvertretbar" und verbot dem Bürgermeister, sie zu befolgen. Die übrigen Länder der SBZ

taten aus Eigeninteresse alles, um diese sächsische Abschiebepolitik zu bremsen, und blockierten die Vertriebenentransporte. Die Folge: „Tausende von Flüchtlingen hungern und sterben in den Eisenbahnzügen. Es ist eine vollkommene Desorganisation eingetreten." Erst allmählich gelang es der sowjetischen Militäradministration und ihren deutschen Hilfsverwaltungen, dieses Chaos bürokratisch zu ordnen.

Für viele Vertriebene folgte damals auf den Schock ihrer Vertreibung der zweite Schock ihrer Ankunftserfahrung – die tiefe Enttäuschung, unter deutschen Landsleuten keine solidarische Aufnahme zu finden. Stattdessen sahen sich Vertriebene von den Alteingesessenen in allen Besatzungszonen materiell und kulturell diskriminiert. Die sowjetische Militärverwaltung in Sachsen diagnostizierte 1947 vor allem bei der zwischen Einheimischen und Vertriebenen hart umkämpf-

Das Glück der Abreise aus Bremerhaven, 2. April 1952: Die polnische Familie Zylka war in einem Lager für *displaced persons* untergebracht, bis ihr die Immigration in die USA erlaubt wurde.

Unfreundlicher Empfang: sudetendeutsche Flüchtlinge in München, 15. Juni 1946.

ten wohnungsmäßigen Unterbringung „große Unzulänglichkeiten". Diese erleichterten „faschistischen und reaktionären profaschistischen Elemente[n]" unter den Vertriebenen ihre „feindliche Propaganda darüber", dass „die Deutschen aus Schlesien und dem Sudetenlande in Deutschland nur zeitweilig untergebracht seien und bald wieder in ihre Heimat zurückkehren würden, daß die Umsiedler überhaupt ‚Fremde' seien". Solche feindliche Agitation werde durch die sozialpolitische Untätigkeit der lokalen Verwaltungen leider immer wieder bestätigt. Viele Gemeindeverwaltungen benachteiligten Vertriebene sogar aktiv: Diese würden „nur in letzter Reihe zur Arbeit herangezogen, die Lebensmittelmarken erhalten sie auch als die letzten und es klappt nicht mit der Belieferung". Auch erhielten Vertriebene keine Tariflöhne, „sie schuften bei Unternehmern für ein Stück Brot und eine Schale Suppe". Schon Ende 1946 hatte die Sowjetische Militäradministration in Sachsen kritisiert, „die örtlichen Verwaltungsbehörden" würden „sich für die Ansiedlung der Umsiedler nicht interessieren", und die einheimische Bevölkerungsmehrheit sehe in den Umsiedlern „Fremde, die sich vorübergehend aufhalten, der ansässigen Bevölkerung die Nahrungsmittel wegessen", und empfinde diese Menschen als „schwere Belastung". Auch die brandenburgische Landesregierung bestätigte 1947, „daß die ehem.[aligen] Umsiedler als Fremde und Eindringlinge behandelt werden". „Gesellschaftli-

cher Verkehr" zwischen Alteingesessenen und Vertriebenen war nicht nur in den Dörfern selten, sondern auch in Industriegebieten wie Bitterfeld kaum gegeben. Erst im Laufe der 1950er-Jahre besserte sich diese Situation in der neuen Heimat, die zunächst für viele eine ausgesprochen „Kalte Heimat" (Andreas Kossert) war.

Bis heute gibt es einen Unwillen, der massenhaften Vertreibung und Zwangsumsiedlung von Millionen Deutschen gegen Ende des Zweiten Weltkriegs den hohen Stellenwert einzuräumen, der diesem historischen Ereignis eigentlich zukommt. Viele Deutsche tendieren dazu, das Thema zu umgehen, weil sie fürchten, dass es unweigerlich eine Debatte über die düstere NS-Vorgeschichte provoziert. Für Polen, Tschechen und Slowaken wiederum stellt die Vertreibung der Deutschen nationale Erzählungen in Frage, in denen Deutsche ausschließlich als Täter und die eigenen Völker ausschließlich als Opfer erscheinen. Für Amerikaner und Briten schließlich wirft die Geschichte der Vertreibungen unangenehme Fragen nach der Mitwirkung ihrer Staatsführer und Völker an einem der größten Fälle massenhafter Menschenrechtsverletzungen in der modernen Geschichte auf. Die Vertreibung der Deutschen war keine „ordnungsgemäße Überführung" (R. M. Douglas), in einigen Aspekten hatte sie sogar eine verstörende Ähnlichkeit mit den nationalsozialistischen Anstrengungen, das demografische Gesicht des Kontinents zu verändern. Zwar gibt es keine wirkliche Parallele selbst zwischen den schlimmsten Nachkriegslagern der Siegermächte und den deutschen Konzentrations- und Vernichtungslagern der Kriegszeit. Dennoch dürfen die NS-Verbrechen nicht dazu benutzt werden, zu verhindern, dass massenhafte und gravierende Menschenrechtsverletzungen der Siegermächte klar benannt werden: Mit Ausnahme der Kriegsjahre hatte Europa westlich der Sowjetunion niemals ein so gewaltiges Ausmaß willkürlicher Internierung erlebt, bei dem unzählige Menschen, darunter viele Kinder, starben, wie in jener Zeit.

Zusammenfassend bleibt festzuhalten: Ohne die ebenso gewalttätige wie umfassende Umsiedlungspolitik der Deutschen, die in Osteuropa zu Lasten von Millionen Juden, Polen und Russen rücksichtslos durchgeführt wurde und im Falle der jüdischen Opfer in millionenfachem Völkermord mündete, wäre die spezifische Enthemmung der alliierten Politik nicht möglich gewesen, die ihrerseits zur Vertreibung oder Zwangsumsiedlung von zwölf bis fünfzehn Millionen Deutschen und zahlreichen weiteren Bevölkerungsverschiebungen im Nachkriegs-Europa geführt hat. Zusätzlich spielte hierfür – wie schon die sowjetisch-polnischen Umsiedlungsverträge von 1944 demonstrieren – aber auch eine viel ältere, freilich bis 1939 fast nur auf europäische Randzonen angewendete Sozialtechnologie ethnischer „Säuberung" eine wichtige Rolle, wie sie

selseitigen Unfähigkeit europäischer Völker, ihr multiethnisches Zusammenleben in den Umbrüchen unserer Moderne friedlich zu organisieren. Vergebens warnten besorgte Zeitgenossen davor, nach dem Sieg über Hitler eine Politik massenhafter Vertreibung und erzwungener Assimilation in Osteuropa zu praktizieren: Diese Politik sei einem Tyrannen wie Hitler angemessen, nicht aber demokratischen Staaten, man solle stattdessen die Alternative rechtsstaatlicher Integration in multiethnischen Staaten zu realisieren suchen. Damals

Zum Staatsbesuch des amerikanischen Präsidenten Dwight D. Eisenhower in Bonn erinnern Transparente an den Verlust der Ostgebiete des Deutschen Reiches, 27. August 1959.

im Transfervertrag von Lausanne 1923 modellhaft geworden ist. Wenn wir über die Ursachen dessen diskutieren, was ab 1939 oder ab 1945 geschehen ist, ist daher neben den NS-Verbrechen stets auch von dieser bis ins frühe 19. Jahrhundert zurückreichenden Geschichte moderner ethnischer „Säuberungs"-Politik in ihren globalen Zusammenhängen und Wechselwirkungen zu sprechen.

Die ethnischen „Säuberungen" um 1945 waren die Konsequenz der vorangegangenen deutschen Verbrechen. Sie waren aber ebenso der Höhepunkt einer seit 100 Jahren erwiesenen wech-

kam es bekanntlich nicht dazu. Heute, rund sieben Jahrzehnte nach den schlimmen Ereignissen des Zweiten Weltkriegs und seines keineswegs friedlichen Nachkriegs, scheint sich zumindest für große Teile Europas eine friedenssichernde Chance durch die Integration der Europäischen Union zu bieten. Diese Chance darf nicht aufs Spiel gesetzt werden. Zugleich aber müssen wir sehen, dass die Gewaltpolitik ethnischer „Säuberung" nicht nur an bestimmten Peripherien Europas, sondern erst recht in vielen anderen Teilen der Welt immer noch grausame Realität ist. Diese Politik ist noch längst nicht hinreichend geächtet.

russland und Zentralasien deportiert und über 100.000 ermordet. In einer weiteren Aktion wurden 125.000 Militärangehörige dem russischen Geheimdienst NKWD überstellt. Von ihnen wurden bis zu 25.000 ermordet, für die 1943 gefundenen Massengräber steht weltweit symbolisch der Name Katyń.

Deutscher Überfall auf die UdSSR

Der deutsche Überfall auf die Sowjetunion eröffnete 1941 eine neue Periode der polnisch-sowjetischen Beziehungen. Gegenüber dem sowjetischen Botschafter Maiski forderte die polnische Exilregierung in London unter Władysław Sikorski unter anderem die Zurücknahme des Hitler-Stalin-Pakts, die Rückkehr zu den Grenzen des Rigaer Vertrags und die Freilassung aller deportierten und inhaftierten Polen. Im unter starkem Druck seitens der britischen Regierung zustande gekommenen Sikorski-Maiski-Abkommen vom

In der Moskauer Deklaration vereinbarten die Außenminister (von links) Cordell Hull (USA), Wjatscheslaw Molotow (UdSSR) und Anthony Eden (Großbritannien) die gegenseitige Konsultation, 30. Oktober 1943. An den Verhandlungen wurde Polens Exilregierung nicht beteiligt.

Juli 1941 gelang es jedoch nur, reguläre polnische Streitkräfte in der Sowjetunion aufzustellen, die an der Seite der Roten Armee kämpften. Die Grenzfrage wurde offengelassen, lediglich die sowjetisch-deutschen Verträge von 1939 wurden für ungültig erklärt. Die Sowjetunion erklärte sich aber bereit, einen unabhängigen polnischen Staat innerhalb der ethnischen Grenzen Polens anzuerkennen, die Regierungsbildung und innere Verwaltung sollte Angelegenheit Polens sein.

England sicherte schriftlich zu, keine der seit 1939 vollzogenen territorialen Veränderungen anzuerkennen, jedoch hielt diese Garantie den folgenden Ereignissen nicht stand.

Bis zur Teheran-Konferenz

Die der polnischen Exilregierung nahestehenden Organisationen, die Exilpresse und die Intellektuellen diskutierten die zukünftige Gestalt Nachkriegspolens intensiv. So formulierte die Zeitung *Dziennik Związkowy* in Chicago am 3. Dezember 1940 die territorialen Ziele: Die Westgrenze Polens solle mindestens zehn Kilometer westlich der unteren Oder bis zum Erzgebirge verlaufen. Als legitimes politisches Mittel wurden damit auch Massenvertreibungen diskutiert: „Wir sollten die deutsche und polnische Bevölkerung austauschen", schrieb der *Wiarus Polski* in Lille am 6. März 1940.

Der anfangs noch in Paris sitzenden Exilregierung legten Jan Kaczmarek, Stefan Murek und Arka Bożek, die dort im Exil lebenden Aktivisten des 1922 gegründeten Bundes der Polen in Deutschland, wichtige Vorschläge für die zukünftige Verschiebung der polnischen Westgrenze vor. Ein engagierter Verfechter der Idee von der Oder-Neiße-Linie, der direkten Zugang zu General Sikorski hatte, war Tadeusz Sulimirski, der Anfang 1940 im schottischen Crawford eine westslawische Studiengruppe organisierte.

Schritt für Schritt wurde die Frage der polnischen Westgrenze Bestandteil der internationalen Diplomatie. Die polnische Exilregierung begann, öffentlich Korrekturen des Versailler Vertrags hinsichtlich der Grenzen von Danzig, Niederschlesien und Ostpreußen zu fordern. Ihr Außenminister Edward Raczyński forderte 1941 in London auf dem zweiten Treffen des Interalliierten Rates der Atlantic Charter, dass „die zukünftigen Grenzen Polens die Sicherheit des Landes als Teil der allgemeinen Sicherheit in Europa garantieren" müssten. Dazu gehöre ein breiter Zugang zum Meer, ein ausreichender Verteidigungsstreifen, und die Absicherung der ökonomischen Entwicklung für eine größer werdende Bevölkerung.

General Sikorski erläuterte am 18. Dezember 1942 der Presse in Chicago sein Memorandum an den Präsidenten der USA. Nach dem Modell Frankreichs, das nach dem Ersten Weltkrieg auf der Besetzung des Rheinlands bestanden hatte, forderte Sikorski die militärische Besetzung der Gebiete östlich der Oder und der westlichen Neiße durch polnisches Militär. Er beschrieb die Oder mit dem Stettiner Haff und den Zuflüssen von der tschechischen Grenze her als natürliches Bollwerk gegen Deutschland und plädierte für eine Teilung Ostpreußens, Grenzkorrekturen entlang der pommerschen Ostseeküste sowie eine Übergabe des niederschlesischen Kohlegebietes entweder an Polen, unter internationale Kontrolle oder zu gleichen Teilen an die Tschechoslowakei und an Polen.

Für Stalin war seit dem deutschen Überfall ein prosowjetisches Polen Eckstein seiner Politik, um die Regionen, die er sich durch den Hitler-Stalin-Pakt einverleibt hatte, endgültig zu sichern. Ihm war klar, dass er Polen dafür einen Ausgleich anbieten musste und entwickelte die Idee der Kompensation, seine Bezeichnung für die gewaltsame Veränderung staatlicher Souveränität. Dafür brauchte Stalin das Einverständnis einer legitimen polnischen Regierung und des polnischen Volkes. Die Exilregierung, die den gesamten polnischen Widerstand im Untergrund organisierte, schloss jedoch kategorisch jede Veränderung der polnischen Ostgrenze von 1938 aus. Die Kompensationsidee wurde sofort von den meisten politisch denkenden Polen im Westen und im okkupierten Heimatland abgelehnt. Es war klar, dass Polen dadurch in eine Abhängigkeit von der Sowjetunion käme, die so in die Lage versetzt würde, weite Teile Europas zu dominieren.

Von den Alliierten erhoffte sich Stalin zumindest ein stilles Einverständnis. Tatsächlich sorgten sich Washington und London während des Krieges fast immer um „größere Ereignisse", das sowjetische Vorgehen in Osteuropa blieb für sie stets zweitrangig. Sein territoriales Programm legte Stalin dem britischen Außenminister Anthony Eden im Dezember 1941 in Moskau vor. Er forderte die sofortige britische Zustimmung zur Wiederherstellung der sowjetischen Grenzen aus der Zeit vor Hitlers Überfall. Die künftige polnische Grenze sollte auf der Curzon-Linie basieren. Die baltischen Staaten sowie Teile Finnlands und Rumäniens sollten der UdSSR einverleibt werden.

Für die Alliierten war die bedingungslose Kapitulation Deutschlands – laut Beschluss im Januar 1943 in Casablanca – das oberste und allein verbindende Kriegsziel, für das sie fast alle anderen Überlegungen beiseite schoben. Man stand sich misstrauisch gegenüber und dieses Misstrauen zieht sich durch die Abkommen und Vereinbarungen, die die Großen Drei während des Krieges schlossen. Einen scharfsinnigen Chronisten wie Andrzej Bobkowski in seinem Pariser Exil machte – wie die Mehrheit der Polen – dabei wütend, dass „man von Russland wie von einem normalen Land spricht, einem einfachen Partner Englands und Amerikas. Das ist wirklich ignorant (…) Es ist der gleiche Totalitarismus wie überall (…), aber der sowjetische Totalitarismus ist noch schrecklicher als der Totalitarismus der Nazis, weil er die Seelen angreift und tiefer in das Innere dringt."

Da die Sowjetunion im Kampf gegen Hitler die weitaus größten Opfer brachte, kam Stalins Ambitionen ein entsprechendes Gewicht zu. Als die Schlacht bei Stalingrad die Kriegswende einläutete, initiierte er am 1. März 1943 in Moskau die Bildung einer Vereinigung der Polnischen Patrioten aus den Reihen der emigrierten polnischen Kommunisten. Dies war der Nukleus der zukünftigen polnischen Regierung, die die Unterstützung der UdSSR hatte. Am 14. April 1943 machte die deutsche Regierung ihre Entdeckung der Massengräber in Katyń bekannt, woraufhin die polnische Exilregierung in London beim Internationalen Roten Kreuz eine Untersuchung der Gräber beantragte. Die Sowjetregierung sah hierin einen

An den Kämpfen in Russland, Polen und Ostdeutschland waren polnische Armeen beteiligt: im Vordergrund polnische, im Hintergrund sowjetische Soldaten vor dem Sturm auf Berlin, April 1945.

An der Nachkriegsordnung waren die Polen nur im Außendienst, nicht aber an den Verhandlungstischen der Großen beteiligt: Ein polnischer und ein sowjetischer Soldat (hinten) kontrollieren die Straßen nördlich von Berlin, 1945.

grenze. Im August 1943 schlossen sie eine Zusammenarbeit mit der Sowjetunion, den polnischen Kommunisten und den rechtsnationalen Parteien aus. Dieser unheilbare Bruch zwischen Polen und der UdSSR drohte die Anti-Hitler-Koalition zu spalten und sicher liegt hier eine Wurzel des späteren Kalten Krieges. Während Großbritannien und die USA weiterhin offiziell die polnische Exilregierung als legitimen Verbündeten ansahen, begann Moskau die polnischen Führer öffentlich als „Reaktionäre" und „Kollaborateure der Faschisten" zu verleumden, vor allem wegen der Untersuchung des Massakers von Katyń. Zu einem Zeitpunkt, da die zweite Front in Westeuropa noch nicht eröffnet war und die Rote Armee die Hauptlast des Kampfes gegen Deutschland trug, riskierten Churchill und Roosevelt wegen der polnischen Frage keinen Bruch mit Stalin und versuchten lediglich, möglichst viele Punkte offen zu lassen.

feindlichen Akt und nutzte die Gelegenheit, um am 25. April die diplomatischen Beziehungen zur Exilregierung abzubrechen und das zwei Jahre zuvor mit Sikorski geschlossene Abkommen zu kündigen.

Die neue Vereinigung der Polnischen Patrioten übernahm programmatische Punkte der Exilregierung und forderte am 28. Juni 1943 die Einverleibung von Ostpreußen, Danzig und Oberschlesien in den zukünftigen polnischen Staat. Von der Übergabe polnischer Gebiete entlang der Curzon-Linie jedoch sprach sie nicht. Sie erwies sich damit als politisches Instrument in der Hand der Sowjetführung, die sie fortan als legitimen Vertreter Polens behandelte, die Londoner Exilregierung in der Anti-Hitler-Koalition Schritt für Schritt isolierte und die Weichen für ein kommunistisches Nachkriegspolen ohne Rücksicht auf westliche Interessen stellte.

Zu allem Überfluss verlor Polen in dieser entscheidenden Situation seinen weithin respektierten Ministerpräsidenten Sikorski, der am 4. Juli 1943 bei einem Flugzeugunglück ums Leben kam. Die seit Oktober 1939 entstandenen polnischen Widerstandsgruppen wie auch die Vertreter von vier demokratischen Exilparteien einigten sich jedoch auf das gemeinsame Nachkriegsziel eines nichtkommunistischen, unabhängigen Polen mit der im Frieden von Riga 1921 vereinbarten Ost-

Nirgends wird das deutlicher als in den offiziellen und inoffiziellen Berichten über die Konferenzen von Teheran und Jalta, auf denen Stalin, Roosevelt und Churchill das Schicksal großer Teile Europas mit teils bemerkenswerter Unbekümmertheit diskutierten. So erläuterte Churchill Stalin sein Einverständnis, dass er die 1939 einverleibten Teile Ostpolens entlang der Curzon-Linie behalten könne und das Land nach Westen verschoben würde, mithilfe von drei Streichhölzern, die Deutschland, Polen und die UdSSR darstellten. Laut den Konferenzprotokollen war Stalin von dieser Idee angetan und so wurde über die nationale Zugehörigkeit von Hunderttausenden von Menschen entschieden. De facto wurde Nachkriegseuropa in Teheran in Einflussbereiche aufgeteilt. West- und Südeuropa für die Angloamerikaner, Zentral- und Osteuropa für die Sowjetunion. Da kein Vertreter Polens zugegen war, bewegte Stalin die Alliierten dazu, sich die sowjetisch-imperiale Auffassung über das Staatsgebiet Polens zu eigen zu machen, nämlich dass sich die Curzon-Linie praktisch mit der deutsch-sowjetischen Demarkationslinie von 1939 und der ehemaligen Grenze zwischen dem Zarenreich und Kongresspolen deckte. Die polnische Regierung wurde über diese wesentlichen Entscheidungen nicht einmal informiert, sondern sollte von den Alliierten zu einem späteren Zeitpunkt vor vollendete Tatsachen gestellt werden. Damit war ein beklagenswerter Präzedenzfall für künftige alliierte Entscheidungen über die polnische Frage in Jalta und Potsdam geschaffen.

Diese entscheidende Definition des polnischen Staatsgebietes hatte Folgen für alle späteren Ereignisse. Aus polnischer Sicht begann die Befreiung Polens am 4. Januar 1944, als die Rote Armee die Deutschen in Wolhynien über ihre Vorkriegsgrenze trieb. Aus sowjetischer Sicht, und nun bestätigt in Teheran, waren diese Regionen jedoch offiziell Bestandteil der Sowjetunion. Und so wurden örtliche Abteilungen der polnischen Widerstandsbewegung, die aus den Wäldern

Als Leiter des Einsatzes entsandte Beria General Iwan Serow, der bereits 1939 bis 1941 die Deportation „gefährlicher Elemente" aus Ostpolen und den baltischen Staaten geleitet und 1944 die brutale Deportation der Krimtataren organisiert hatte. Dem Angriff auf die Heimatarmee folgte Gewalt gegen jedermann, der mit ihr sympathisierte. Das NKWD inhaftierte im ehemaligen Ostpolen von 1944 bis 1947 insgesamt zwischen 35.000 und 45.000 Menschen. Mit dem unerbittlichen Vorrücken der Ostfront nach Westen „säuberten" die sowjetischen Sondertruppen in den folgenden Monaten die polnische Bevölkerung von den aktivsten politischen Elementen,

kamen, um die Offensive der Roten Armee zu unterstützen, für „illegal" erklärt und als Gegner der Politik der Alliierten vom NKWD festgenommen. Einheiten der polnischen Heimatarmee, die in Wolhynien und später in Wilna, Lemberg und Białystok unter schrecklichen Verlusten an der Seite der Russen in ihrem Heimatland gekämpft hatten, wurden zum Lohn in sowjetische Gefangenenlager deportiert. Kooperation, Verrat, Entwaffnung, Festnahme – die meisten späteren Begegnungen zwischen Roter Armee und Heimatarmee verliefen nach demselben Muster. Im Hochsommer 1944 informierte der sowjetische Geheimdienstchef Beria Stalin, er habe 12.000 NKWD-Leute geschickt, um die verbleibenden Partisanen der Heimatarmee aus den Wäldern zu vertreiben und die Bevölkerung zu „befrieden", die ihnen Obdach und Nahrung gegeben hatte.

nahmen Widerstandsgruppen fest, lösten nach Gutdünken Bürgermeister, Gemeindeälteste und Fabrikleiter ab und enteigneten Grundbesitzer und Unternehmer. Gleichzeitig machte man Jagd auf vermeintliche Kollaborateure, auf Deutsche im wehrfähigen Alter, auf ehemalige Mitglieder des Volkssturms und der Hitlerjugend sowie auf Ex-Funktionäre sämtlicher Nazi-Organisationen. So wurde die Befreiung gleichzeitig begrüßt und gefürchtet.

Nach der etablierten Version der sowjetischen Geschichtsschreibung jedoch wurden in der letzten Phase des Krieges Warschau, Budapest, Prag, Wien und Berlin unter dem Jubel der Bevölkerung vom Joch Nazideutschlands befreit. Und die Befreiung Polens nach sowjetischer Lesart begann erst mit dem Übertritt der Roten

Soldaten der Heimatarmee Polens im Kampf gegen die deutschen Besatzer: Der Warschauer Aufstand begann am 1. August 1944. Die Rote Armee wartete auf dem anderen Weichselufer, bis die Heimatarmee am 2. Oktober 1944 zur Kapitulation gezwungen wurde.

Armee am 19. Juli 1944 über den Bug und damit auf aus sowjetischer Sicht polnischen Boden. In dieser Phase tat Stalin einen weiteren Schachzug und fusionierte die Vereinigung der Polnischen Patrioten in Moskau und das Nationalkomitee für die Befreiung im Untergrund unter dem Namen Polnisches Komitee der Nationalen Befreiung (PKWN) zur Schattenregierung, an deren Spitze der Kommunist Bolesław Bierut stand. So vollzog sich die Befreiung Polens von Anfang an zu sowjetischen Bedingungen. Im Tross der Roten Armee folgte mit dem PKWN eine fertige, von niemandem legitimierte oder gewählte kommunistische Verwaltung, die am 22. Juli 1944 in der Stadt Lublin in ihr Amt eingeführt wurde. Dieses sogenannte Lubliner Komitee hatte kein Recht, die Funktionen einer provisorischen Regierung zu übernehmen, und von allgemeiner Zustimmung konnte keine Rede sein.

Jalta

Als die Großen Drei in Jalta vom 4.–11. Februar 1945 erneut zusammenkamen, stand Stalin auf dem Gipfel seiner Macht in Europa. Die Rote Armee hatte ein halbes Dutzend Länder überrannt und befand sich bereits an der Oder. Inmitten des Chaos der bereits laufenden Vertreibung der Deutschen, der Schlussoffensive und der Plünderungen versammelten sich die Alliierten, um der europäischen Nachkriegsordnung die letzte Form zu geben. Sie bestätigten den in Teheran vereinbarten Grenzverlauf längs der Curzon-Linie und erklärten sich grundsätzlich damit einverstanden, Polen durch vormals deutsche Gebiete im Westen zu entschädigen. In Jalta wurden keine Gebietsfragen geregelt und die Absprachen besaßen keine völkerrechtliche Verbindlichkeit. Während Stalin echte Geländegewinne verzeichnete, entwarfen die Westalliierten improvisierte Lösungen auf dem Papier. Auch ohne ihre Zustimmung konnte er in Osteuropa nach Belieben schalten und walten. Die polnischen Gebiete aus dem geheimen Zusatzprotokoll zum Hitler-Stalin-Pakt waren wieder in sowjetischer Hand und noch während der Jalta-Konferenz wurde das „Lubliner Komitee" in Warschau eingesetzt. Nach der Konferenz erreichte Stalin nach monatelangem Druck auf die in Jalta geschaffene Interregierungskommis-

sion die endgültige Anerkennung des Lubliner Komitees als „Polnische Regierung der Nationalen Einheit" mit Bolesław Bierut als Präsident und Edward Osóbka-Morawski als Premierminister. Vierzehn der einundzwanzig Kabinettsposten fielen der Lublin-Gruppe zu. Der Premierminister der Exilregierung Stanisław Mikołajczyk akzeptierte die Beschlüsse von Jalta und trat im Juni als einziges Mitglied seiner Regierung auf starkes Drängen der britischen Regierung als Vizepremier in die provisorische Regierung ein.

Die entscheidende Frage – die deutsche Frage – wurde in Jalta nicht diskutiert. Sie war zu kompliziert und man hielt es für sinnvoll, so lange wie möglich an der Anti-Hitler-Koalition festzuhalten. Das führte dazu, dass nicht diplomatische Lösungen, sondern der Aufenthaltsort der Besatzungstruppen schon vor der deutschen Kapitulation über die Nachkriegsordnung entschieden. Noch während der Konferenz von Jalta erlaubte Stalin Bierut, in den von der Roten Armee eroberten Gebieten eine polnische Verwaltung zu errichten und die deutsche Bevölkerung zu vertreiben. Bierut erklärte, dass die Verwaltungseinheiten mittels eines breitangelegten Programms der Erweiterung der polnischen Westgrenze an den Flüssen Oder und Neiße errichtet würden. Außerdem übernahm er die Hoheit über Schlesien und das südliche Ostpreußen, während eine Studiengruppe des „Lubliner Komitees für die westlichen Gebiete" die Errichtung der polnischen Verwaltung in Brandenburg und Pommern bis zu 30 km westlich der Oder forderte. Am 5. März 1945 erklärte Premierminister Osóbka-Morawski vor dem Polnischen Nationalrat, dass die „wiedergewonnenen" Gebiete in die polnische „Kultur" zurückkehren und die jahrhundertealten Spuren der Germanisierung verschwinden würden. Am 14. März 1945, noch bevor die Rote Armee die gesamte Region unter Kontrolle hatte, wurden vier neue Wojewodschaften dekretiert: Masuren, Oberschlesien, Niederschlesien, Pommern und kurz darauf auch noch die Wojewodschaft Gdansk.

Stalin setzte auf die normative Kraft des Faktischen und schloss am 21. April 1945 mit der prosowjetischen Regierung in Warschau einen „Vertrag über Freundschaft, gegenseitige Hilfe und Nachkriegskooperation". Darin wurde die terri-

Die von der Sowjetunion eingesetzte kommunistische Führung vereinnahmte den Kampf der Heimatarmee gegen die deutsche Besatzung: Eröffnung der Ausstellung über den „Widerstand im Untergrund", 9. Mai 1947. Links sitzend: Präsident Bolesław Bierut, hinter ihm stehend Ministerpräsident Jozef Cyrankiewicz, rechts Verteidigungsminister Michał Rola-Zymierski.

toriale Integrität und Sicherheit Polens garantiert und eine gegenseitige militärische Hilfe im Fall einer deutschen Aggressionspolitik beschworen. Es war das letzte Glied der Kette, die Polen an die Sowjetunion band.

Der Terror des sowjetischen Militärs und des Geheimdienstes wurde auf ihrem Weg ins Innere Polens brutaler, entschiedener und effizienter. Im westpolnischen Poznań inhaftierte, folterte und verhörte man innerhalb einer Woche Dutzende Soldaten der Heimatarmee. Anschließend führte das NKWD in den Wäldern vor der Stadt Massenhinrichtungen Tausender Menschen durch. Nach den im Warschauer Militärarchiv lagernden Schätzungen des NKWD wurden allein von Januar bis April 1945 rund 215.540 Menschen in Polen festgenommen. Darunter waren 138.000 Deutsche oder Volksdeutsche, dazu kamen rund 38.000 Polen. Alle wurden in Lager in der UdSSR geschickt und etwa 5000 starben „im Lauf der Operation und Untersuchung".

Auch die gesamte Führung der bereits aufgelösten Heimatarmee wurde heimtückisch nach Moskau verschleppt und nach sowjetischem Gesetz der „Vorbereitung eines bewaffneten Aufstands gegen die Sowjetunion im Bunde mit den Deutschen" angeklagt und „faschistischer" Sympathien beschuldigt. Die Angeklagten waren britische Verbündete und Untertanen der Exilregierung, die immer noch sowohl von Großbritannien als auch von den USA anerkannt wurde. Alle waren Überlebende des Warschauer Aufstands, und unter ihnen befanden sich die Führer der demokratischen Parteien, die eigentlich die regierende Elite hätten bilden sollen. Die meisten der sechzehn Männer erhielten lange Haftstrafen, drei von ihnen starben später im Gefängnis. Die Verhaftungen erteilten dem polnischen Untergrund, den Kommunisten und der Welt eine Lektion, die jeder auf seine Weise lernen konnte. In der polnischen Gesellschaft vereinte diese Botschaft einen großen Teil der Menschen gegen die Kommunisten. Diese konkrete Botschaft erzeugte auch den ersten Bruch im Bündnis zwischen der Sowjetunion und den Anglo-Amerikanern. Roosevelt erklärte in einem Brief an Churchill am 8. März 1945 diese Verhaftungen als Wendepunkt und „Testfall zwischen uns und den Russen, welche Bedeutung Begriffen wie Demokratie, Souveränität, Unabhängigkeit, repräsentativer Regierung und freien und ungehinderten Wahlen zukommen soll."

Der „Führer und Lehrer der Menschheit" kontrolliert nach dem Potsdamer Abkommen Ostmitteleuropa: Stalin-Monument über dem Letná-Park in Prag, 30 Meter hoch und 22 Meter lang, errichtet 1955, gesprengt 1962.

Potsdamer Abkommen

„Terminal" war der Deckname der interalliierten Konferenz vom 17. Juli bis 2. August 1945 in Potsdam, auf der die Großen Drei Polens Westgrenze bis zur endgültigen Regelung im Rahmen eines Friedensvertrags an der Oder und der Lausitzer Neiße festlegten. Am Ende wurde entschieden, dass die deutschen Minderheiten in Polen, Ungarn und der Tschechoslowakei unterschiedslos deportiert werden sollen. Stalin hatte sehr sorgfältig die Basis dafür geschaffen, dass sich allmählich der eiserne Vorhang vor Zentral- und Osteuropa senkte. Die westlichen Regierungen erkannten die Marionettenregimes von Bulgarien und Rumänien an, auch in Ungarn und der Tschechoslowakei war von westlichem Einfluss nicht viel übrig. Das geopolitische Gerüst Nachkriegseuropas band Polen dauerhaft an die sowjetische Vormundschaft. Seine neuen Grenzen beraubten es aller direkten Kontakte mit nichtkommunistischen Ländern und mit den beiden einzigen Nachbarn, die in der Vorkriegszeit an seiner Seite gestanden hatten: Rumänien und Ungarn. Ein von drei Seiten von sowjetischer Macht eingeschlossenes Land war nicht zu Abenteuern bereit. Polens neue Westgebiete, die 32,4 Prozent des polnischen Staatsgebietes

ausmachten, mehr als alles, was Polen jemals als polnisch betrachtet hatte, beschworen das Gespenst eines deutschen Nachkriegsrevanchismus herauf und machten auf lange Sicht einen sowjetischen Schutz vor Deutschland notwendig, weshalb sich zunächst viele Polen, trotz ihrer Erfahrungen, mit der sowjetischen Vorherrschaft arrangierten.

Nachkriegspolitik der Großmächte

So wie von Stalin vorausgesagt, deckten sich die politischen Systeme Nachkriegseuropas mit den letzten Positionen der jeweiligen Armeen. Dieses Eingeständnis veranlasste Churchill am 5. März 1946 in Fulton, Missouri, zu seiner berühmten Rede:

„Von Stettin an der Ostsee bis hinunter nach Triest an der Adria hat sich ein eiserner Vorhang über den Kontinent gesenkt. Dahinter liegen die Hauptstädte der vormaligen Staaten Zentral- und Osteuropas: Warschau, Berlin, Prag, Wien, Budapest, Belgrad, Bukarest und Sofia. Alle diese berühmten Städte und die umwohnende Bevölkerung befinden sich in der Sowjetsphäre, wie ich sie nennen muss, und sind in der einen oder anderen Form nicht nur dem sowjetischen Einfluss ausgesetzt, sondern unterstehen in hohem und in vielen Fällen in steigendem Maße der Kontrolle Moskaus (…) Nach dem zu schließen, was ich während des Krieges bei unseren russischen Freunden und Verbündeten gesehen habe, bewundern sie nichts so sehr wie Kraft und Macht, und nichts verachten sie so sehr wie militärische Schwäche."

Der später allgemein verwendete Begriff „eiserner Vorhang" beschrieb die Situation treffend. In allen von der Sowjetunion dominierten Ländern wurden die Grundrechte der Bewegungs-, Rede-, Versammlungs- und Gewissensfreiheit unterdrückt. In den Jahren 1945–48 wurden in diesen Ländern kommunistische Regierungen durchgesetzt, politische Gegner aus dem öffentlichen Leben entfernt sowie die Eigentums- und Sozialstrukturen grundlegend verändert. Für diese umwälzenden Prozesse ist die Oder-Neiße-Linie das Symbol, obwohl die eigentliche Grenze zwischen den Systemen die deutsch-deutsche Grenze wurde und auch die Sowjetische Besatzungszone in Deutschland zu dieser Entwicklung gehört.

Die amerikanische Politik machte in diesen Jahren einen Lernprozess durch, der auf der Moskauer Konferenz der Außenminister 1947 unerwartet klare Spuren hinterließ. Die von Staatssekretär George C. Marshall geführte Delegation präsentierte ein Programm, das für Jahre als Leitlinie für die Politik hinsichtlich der Oder-Neiße-Grenze diente. Unter anderem erkannte man aufgrund der Annektion der polnischen Provinzen durch Russland, also betont nicht aufgrund der von Deutschen verursachten Verbrechen, die Notwendigkeit einer „substanziellen Revision der deutschen Vorkriegs-Grenze zugunsten Polens" an. Diese polnisch-deutsche Grenze sollte nicht als deutsch-polnisches Problem angesehen werden, sondern als eines, das die politische Stabilität und das ökonomische Wohlergehen ganz Europas betrifft. Die „neuen Grenzen [sollten] kein ständiges politisches Problem und keine Hindernisse für den gewohnten und gesunden Handels- und Geschäftsverkehr und menschlichen Austausch bilden". Eine Lösung sollte nicht die Hoffnung auf friedliche und kooperative polnisch-deutsche Beziehungen zerstören, „nicht die demokratischen Kräfte in Deutschland diskreditieren" und „(...) militanten nationalistischen Gruppen nicht die Chance geben, Einfluss auf die nächste Generation von Deutschlands Jugend zu gewinnen".

Gleichwohl unterzeichneten 1950 die DDR und Polen den Görlitzer Vertrag, der die „zwischen den beiden Staaten bestehende unantastbare Friedens- und Freundschaftsgrenze an Oder und Lausitzer Neiße" festlegte. Das US-Außenministerium reagierte entsprechend der berühmten Hoover-Stimson-Doktrin, nach der durch militärische Gewalt zustande gekommene Territorialerweiterungen oder Verträge niemals anzuerkennen sind. US-Hochkommissar John J. McCloy erklärte, „dass die Frage von Deutschlands östlichen Grenzen erst durch ein Friedensabkommen mit Deutschland geklärt wird (…) Sie kann für Deutschland nicht auf die Tagesordnung durch Repräsentanten eines Regimes gesetzt werden, das keine wirkliche Unterstützung des deutschen Volkes hat. Die Regierung der USA hat deshalb weder die Oder-Neiße-Grenze anerkannt, noch die Einverleibung der deutschen Gebiete in den polnischen Staat, die sich unter polnischer Verwaltung befinden."

Sicher kann man hier von einem abgestimmten Vorgehen zwischen den USA und Adenauers Politik der Westbindung sprechen. Die westdeutsche Ablehnung der Oder-Neiße-Linie ruhte auf zwei rechtlichen Grundlagen: dem Potsdamer Abkommen, das die endgültige Festlegung der Grenzen im Rahmen eines Friedensvertrages mit einer gesamtdeutschen Regierung vorsah, sowie dem Grundgesetz von 1949. Letzteres definierte den Alleinvertretungsanspruch West-Deutschlands als Nachfolger des Deutschen Reiches.

Die DDR erkannte die in Potsdam vorläufig festgelegte Oder-Neiße-Linie als Grenze zwischen Deutschland und Polen an: Unterzeichnung des Görlitzer Abkommens durch die Ministerpräsidenten Otto Grotewohl (DDR, links) und Józef Cyrankiewicz (Polen), 6. Juli 1950.

Seine Grenzen sollten erst nach der Wiedervereinigung festgelegt werden, nachdem das deutsche Volk eine neue Verfassung und eine gesamtdeutsche Regierung habe. West-Deutschland konnte also gar nicht, selbst wenn es das gewollt hätte, die Oder-Neiße-Linie anerkennen. Diese Rechtsauffassung galt trotz der Warschauer Verträge von 1970 bis zur deutschen Wiedervereinigung und keine im Bundestag vertretene Partei wagte daran zu rütteln. Diese Linie gehörte zum Gründungskonsens der Bundesrepublik quer durch alle Lager, obwohl die Realität eine andere Sprache sprach. Auch Adenauer hatte wenig Illusionen, die jenseits liegenden Gebiete

An die Reichsbahner delegierte Völkerverständigung: Namensgebung der Brigade „Deutsch-polnische Freundschaft" im Reichsbahnausbesserungswerk Friedrichstadt in Dresden, April 1952.

wiederzuerlangen. Im September 1955 sagte er dem SPD-Vorsitzenden Erich Ollenhauer: „Die Oder-Neiße, die östlichen Provinzen – sie sind verloren! Sie existieren nicht mehr." Das Bonner Außenministerium ließ Ende der 1950er-Jahre im westlichen Ausland gedruckte Atlanten prüfen, und stellte fest, dass nur ein einziger Schweizer Atlas den provisorischen Charakter der Oder-Neiße-Grenze hervorhob. Während der zweiten Berlin-Krise von 1958 bis 1962, als der sowjetische Staatschef Nikita S. Chruschtschow einseitig die Nachkriegsordnung aufkündigte, verstrich kaum eine Woche, ohne dass amerikanische Senatoren, britische Publizisten, französische Parlamentarier oder UNO-Diplomaten für den Bestand dieser Grenze plädierten. Auch die

Regierungen der DDR und Polens verkündeten, dass „jeder Versuch zur Veränderung der Oder-Neiße-Grenze den Ruf nach Krieg bedeutete". Nach den Worten des britischen Botschafters in Warschau, Sir George Clutton, im Februar 1962, konnte es keine Entspannung in Zentraleuropa geben, solange es keine Anerkennung der Oder-Neiße-Linie gäbe. Und so unvorstellbar es klingt, Großbritannien gab gegenüber Polen hinter dem Rücken seines NATO-Partners Bundesrepublik 1962 eine heimliche Garantie der Oder-Neiße-Grenze ab, um die polnischen Ängste zu beruhigen und für mehr Stabilität in Europa zu sorgen. Immerhin war dem Westen klar, dass es keine deutsche Bedrohung gab, sondern dies die wirkungsvollste Propagandawaffe der Sowjetunion war, um Osteuropa zu beherrschen. Das Tübinger Memorandum „Mehr Wahrheit in der Politik" von 1961, unterzeichnet von acht hochangesehenen Persönlichkeiten wie Carl Friedrich von Weizsäcker und Werner Heisenberg, rückte erstmals und dauerhaft die Oder-Neiße-Grenze in den Mittelpunkt der politischen Debatte in der Bundesrepublik. Es setzte sich für eine Verteidigung Westberlins und die deutsche Wiedervereinigung im europäischen Kontext ein, forderte jedoch zur Entspannung zwischen Ost und West den Verzicht auf die Rückgewinnung der Gebiete östlich von Oder und Neiße. Es bereitete die von Willy Brandt initiierte Entspannungspolitik mit den Warschauer Verträgen von 1970 vor, die den polnischen Ängsten um die Sicherheit der Oder-Neiße-Linie ein Ende machte und für Polen die Notwendigkeit eines unbefristeten Bündnisses mit der Sowjetunion beseitigte.

In der Oder-Neiße-Region

Innerhalb des globalen Kontextes mussten für die Menschen beiderseits der ungeliebten Grenze tragfähige Lebensgrundlagen geschaffen werden. Obwohl in der DDR und der Volksrepublik Polen „sozialistische Brudervölker" in ähnlichen politischen Systemen lebten, konnte ihr Leben nicht unterschiedlicher sein. Die ohne Rücksicht auf regionale Bindungen und Gegebenheiten gezogene Grenze trennte Dörfer und Kleinstädte mit traditioneller Ausrichtung auf die Städte Stettin, Frankfurt (Oder), Guben oder Görlitz von diesen Zentren und zerschnitt deren innerstädtische Versorgungsnetze und Verkehrsanbindungen. Noch Jahre nach der Errichtung der neuen Grenze war die Region weit von Normalität entfernt. Viele Vertriebene aus den Ostgebieten hatten sich in den überfüllten Grenzkreisen niedergelassen. Nicht wenige waren 1945 nur vom Nachbarort über den Fluss gekommen und warteten auf Gelegenheit zur Rückkehr. Die DDR-Regierung betrachtete das „Umsiedlerproblem", also die Versorgung und Integration der Vertriebenen und Flüchtlinge aus dem Osten, ab 1953 als abgeschlossen. Eine öffentliche Erinnerung an die ehemals deutschen Gebiete war Tabu. Zwar sahen viele der insgesamt vier Millionen Vertriebenen in der DDR auch eine neue Chance, aber oft wurden sie des Revanchismus verdächtigt und als „fünfte Kolonne" des „imperialistischen Westens" von der Staatssicherheit überwacht und verfolgt. Die Tatsache und die Umstände der Vertreibung verstärkten häufig alte antipolnische Ressentiments, ein Schuldbewusstsein für die Kriegsverbrechen an Polen existierte kaum. Die geringe Akzeptanz der Grenze zeigte sich bei den Losungen des Aufstands vom 17. Juni 1953. Sie reichte anfangs bis in die SED hinein. So erklärte der spätere DDR-Ministerpräsident Otto Grotewohl 1947 in Stuttgart, dass die SED jede Grenzverletzung bedauere und die Oder-Neiße-Linie ebenso ablehne wie Grenzveränderungen im Westen. Auch der Schriftsteller und spätere Kulturminister Johannes R. Becher, weigerte sich 1948 eine deutsche Delegation auf dem „Internationalen Kongress der Intellektuellen zur Verteidigung der Kultur" in Breslau anzuführen, da er nicht von Wrocław, sondern von Breslau sprechen und die Oder-Neiße-Grenze nicht akzeptieren wollte.

Die fehlende völkerrechtliche Grundlage der Grenze, die Zweifel an ihrer Dauer und das Stimmungsbild in Deutschland führte die polnische Seite zu einer radikalen Abriegelung ihrer neuen Westgrenze. Von der Entspannung durch den Görlitzer Vertrag blieb die Grenzregion ausgeschlossen. Das strenge Grenzregime, das von polnischer und sowjetischer Seite installiert worden war, machte die Grenze für die Bewohner auf beiden Seiten praktisch unpassierbar. Erst allmählich nahm auf polnischer Seite der militärische Charakter der Grenzsicherung ab. Erst 1955 übertrug die Sowjetunion die Hoheit an der gesamten Grenze von ihren Kommandostäben auf die deut-

Dieser in Polen und der DDR verbreiteten Parole stimmten zunehmend auch die Politiker des Westens zu: Plakat der Deutsch-Polnischen Gesellschaft für Frieden und gute Nachbarschaft. Im Hintergrund: Stahlwerk Eisenhüttenstadt, 1952.

sche Grenzpolizei. Am 27. Januar 1951 legten die Außenminister beider benachbarten Länder in Frankfurt (Oder) die Grenzmarkierung auf deutschen Wunsch in der Flussmitte fest.

Viele Probleme des Zusammenlebens von Deutschen und Polen wurden erst allmählich, nach anfänglicher Unsicherheit und Fremdheit, gelöst. Dabei ging es um den Straßen- und Eisenbahnverkehr, Brücken, Fischereirechte, die Flussregulierung und Uferbefestigung sowie die Zusammenarbeit der Grenzschutzorgane. Eine menschliche und individuelle Normalität stellte sich in der deutsch-polnischen Grenzregion noch lange nicht ein. Die 1952 mit viel Propaganda eingeweihte neue Frankfurter Stadtbrücke blieb unbelebt, beide Seiten waren an einem kleinen Grenzverkehr nicht interessiert. Hinzu kamen politische Differenzen bei der Familienzusammenführung mit Angehörigen der deutschen Minderheit in Polen. Die in Polen verbliebenen rund 1,7 Millionen Deutschen wurden 1951 mittels einer Sammeleinbürgerung zu Polen erklärt. Beide deutschen Staaten bemühten sich um die Ausreise der noch in Polen befindlichen Deutschen auf Basis der Familienzusammenführung. Aufgrund mangelnder Kooperation kamen bis 1954 nur 10.000 Deutsche in

Staatsmännerfreundschaft: Die Ausstellung „Deutsch-Polnische Freundschaft" auf dem Postplatz in Dresden mit dem Porträt des Präsidenten Bolesław Bierut. Im Inneren des Bauwerks die Büste des Präsidenten, April 1952.

die DDR, offizielle Ausreisen in die Bundesrepublik fanden noch nicht statt. Die polnische Regierung erlaubte sogar die begrenzte Rückkehr von Deutschen in ihre ehemalige Heimat, wo sie die polnische Staatsangehörigkeit erhielten, meist ihren Namen zu polonisieren und in der Öffentlichkeit die deutsche Sprache zu meiden hatten. Polnische Regierungsvertreter sahen in der Spätumsiedlung eine Störung der inneren Konsolidierung der polnischen Gesellschaft. Umsiedlungen von 200 Familien in den Bezirk Cottbus gab es noch Mitte der 1960er-Jahre. Ihnen wies das Innenministerium Wohnort und Arbeit zu, wer sich jedoch weigerte, die Arbeit anzunehmen, wurde „zurückgeschleust".

Wegen der gegenseitigen Gleichgültigkeit kam es lediglich zu dienstlichen Begegnungen, aber auch die Spitzenfunktionäre der SED und der Polnischen Vereinigten Arbeiterpartei (PVAP), die benachbarten Verwaltungseinheiten und gesellschaftlichen Organisationen kannten einander kaum. An den Oderfestspielen, einer seit 1961 jährlich stattfindenden Veranstaltung der Volkskunst in Frankfurt (Oder), nahmen stets Polen teil. Ein wirkliches Kennenlernen begann mit der Entsendung von polnischen Gastarbeitern in grenznahe Betriebe auf deutscher Seite seit Mitte der 1960er-Jahre. Erst als 1972, fast drei Jahrzehnte nach Kriegsende, der pass- und visafreie Verkehr zwischen der DDR und Polen begann, eröffneten sich neue Möglichkeiten auf betrieblicher und

privater Ebene. Allerdings entwickelten sich aufgrund des Einkaufstourismus auf beiden Seiten neue Konflikte, die einer natürlichen Begegnung im Wege standen. Der politische Kampf der antikommunistischen Solidarność-Bewegung ab 1980 und die Einführung des Kriegsrechts 1981 führten wieder zur Beschränkung der unmittelbaren Begegnungen, und der Reiseverkehr wurde durch Einführung des Visumszwangs erschwert. Menschen der älteren und mittleren Generationen sahen sich in ihren Vorurteilen von polnischer Unberechenbarkeit bestätigt. Ebenso wie die meisten Jugendlichen verstanden sie weder die politische Brisanz noch die zwischen Deutschen und Polen zu klärenden Fragen. In den Lehrplänen fand sich darüber kein Wort und in den Familien wurde darüber nicht gesprochen. Der Blick auf den Nachbarn blieb oberflächlich, antipolnische Vorurteile verfestigten sich wieder oder wurden wegen der Solidarność-Bewegung von der SED-Führung latent geschürt. Der jahrzehntelang offiziell bekämpfte abschätzige Begriff der „polnischen Wirtschaft" wurde wieder geduldet. Es gab jedoch auch eine Minderheit in der DDR, die Bewunderung für den politischen Mut und die freiere kulturelle Szene abseits des staatlich Geduldeten in Polen empfand.

Polens wiedergewonnene Gebiete

In den Gebieten, die durch die Westverschiebung 1945 polnisch wurden, war zu Beginn des Jahres etwa die Hälfte der deutschen Bevölkerung vor der Roten Armee geflohen, die übrigen Deutschen wurden von polnischer Armee und Verwaltung evakuiert, zwangsvertrieben oder ausgewiesen. Diese „wilde Vertreibungen" begannen ohne das Einverständnis der Westmächte. Bleiben durften nur die sogenannten Autochthonen, die meist in Ostpreußen und Niederschlesien lebten. Lange bevor die Oder-Neiße-Grenze endgültig festgelegt war, warb die polnische Regierung mit einer Propagandakampagne für die neuen Gebiete. In den „wiedergewonnenen Gebieten" kamen 48,9 Prozent der Neusiedler aus Groß- und Zentralpolen, 27,7 Prozent waren Vertriebene aus Ostpolen oder Territorien, die von der UdSSR annektiert wurden, 3,8 Prozent waren Rückkehrer aus Deutschland und Westeuropa. 19,7 Prozent der Bevölkerung machten die sogenannten Autochthonen aus.

In der Übergangszeit lebten Polen und Deutsche für Wochen und Monate neben- und miteinander. Das tägliche Überleben zwang sie, mit sehr ähnlichen Problemen umzugehen. Häufig spielten sich in der Phase des Bevölkerungsaustauschs in der Oderregion dramatische Szenen ab, bei der rechtmäßige Eigentümer gedemütigt, enteignet und einige Monate später vertrieben wurden. Je nach Herkunft der polnischen Neuankömmlinge, unterschied sich die Haltung gegenüber den Deutschen. So hatten Menschen aus dem östlichen Polen mehr unter der sowjetischen als unter der deutschen Besetzung gelitten und waren selbst Vertriebene. Polen aus dem Generalgouvernement und den von den Deutschen besetzten Gebieten wiederum hatten im Krieg die ganze Grausamkeit der deutschen Besatzer erlebt. Viele hatten selbst im Widerstand gekämpft, hatten als Zwangsarbeiter geschuftet oder waren in Konzentrationslagern inhaftiert gewesen. Sie betrachteten die Deutschen bis weit in die 1960er-Jahre als kollektiv schuldig.

So wurde die Oder-Neiße-Line nicht nur zum Symbol der europäischen Nachkriegsordnung, sondern auch ein Ort asynchroner Erinnerungskultur für Deutsche und Polen. Sowohl in Polens „Wildem Westen" als auch in den benachbarten Regionen der DDR wurden diese Erinnerungen über die Jahre politisch manipuliert und beeinflussten das kollektive Gedächtnis. Die Erinnerungen der Deutschen kreisen, trotz der Periode des kurzen Zusammenlebens unter sowjetischer und polnischer Verwaltung, zumeist um die Umstände von Flucht und Vertreibung. Vor allem in der westdeutschen Gesellschaft dominierten viele Jahre die Vertriebenen und ihre Heimatverbände die Nachkriegsdebatten, während in der DDR das Thema bis in die Privatsphäre hinein tabuisiert war. In diesen historischen Narrativen war lange kein Platz für die Perspektive anderer Nationalitäten.

Polnische Erinnerungen wiederum beziehen sich auf die gesamte Kriegszeit, deutsche

Europa nach dem Zweiten Weltkrieg: Die Ostgrenze des Deutschen Reiches 1937 und die Ostgrenze Polens 1939 machen die Westverschiebung Polens 1945 deutlich.

Europa nach dem Krieg

- - - - Grenze zwischen Bundesrepublik Deutschland und Deutscher Demokratischer Republik bis zum 3.10.1990

Westgrenze Polens nach Verträgen mit DDR (1950) und Bundesrepublik Deutschland (1970)

· · · · · Ostgrenze des Deutschen Reiches und Grenze des Freistaates Danzig vom 31.12.1937

Ostgrenze Polens 1939

und sowjetische Okkupation, den Holocaust, Zwangsarbeit und Widerstand. Sie erzählen von einem verlorenen Polen, dessen verschiedene Ethnien sich am Ende des Krieges in neuerworbenen Gebieten als polnische Bürger eines homogenen Nationalstaates wiederfanden. Sie sprechen vom langen Weg der erzwungenen Migration während und nach dem Krieg und der Ankunft im Westen in einer neuen, unfertigen Gesellschaft. Diese neue Gesellschaft musste wie im ganzen Land von den Politingenieuren und Fachleuten in einem langwierigen Prozess in einer zerstörten Infrastruktur, in schwierigem politischen Umfeld mit einer Volkswirtschaft unter sozialistischen Vorzeichen und mit einer unverbrauchten Kultur aufgebaut werden. Neben der Versorgung mit Nahrung und Wohnraum galt es, neue Bildungs- und Kultureinrichtungen oder auch in ehemals evangelischen Kirchen ein katholisches Gemeindeleben aufzubauen. Über 11.000 Ortschaften, Berge und Flüsse erhielten neue polnische Namen. Die Geschichte Schlesiens, Pommerns und Ostpreußens wurde von polnischen Historikern neu geschrieben.

Mit dem Ministerium für die Wiedergewonnenen Gebiete (MZO) wurde im Oktober 1945 eine Art „Superministerium" geschaffen, dem all diejenigen Aufgaben übertragen wurden, die im Rest des Landes zu den Ressorts der öffentlichen Verwaltung gehörten. Dabei ging es um mehr als nur eine Koordinierung der Integrationspolitik. Durch das MZO wurden die Westgebiete und somit fast ein Drittel des polnischen Territoriums der Kompetenz einer einzigen Person unterstellt, keinem Geringeren als dem Vorsitzenden der kommunistischen Partei Władysław Gomułka, der faktisch die Rolle eines zweiten Premiers übernahm. Er hatte schon früh erkannt, dass die Integration und Besiedelung der Westgebiete einen der wenigen Faktoren darstellte, die der Übergangsregierung die Akzeptanz der Gesellschaft sichern konnten.

Als Bezugsrahmen entwickelte sich das übergeordnete Narrativ von den „wiedergewonnenen Gebieten" an Polens „richtigem geografischen Ort". Die neue territoriale Gestalt wurde zur Schicksalsfrage der Nationalgeschichte Polens. Dabei konnte man sich auf die umfangreiche Arbeit einer in der Tradition der polnischen Nationaldemokratie stehenden Gruppe um Zygmunt Wojciechowski in Poznań stützen, der in der Okkupations- und Nachkriegszeit sowohl konzeptionell als auch als Wissenschaftsmanager die führende Gestalt der polnischen Westforschung war. Deren Ziel in der frühen Zweiten Republik und bis 1945 war es gewesen, die Veränderung der polnischen Westgrenze zu Gunsten Polens wissenschaftlich zu begründen, deutsche Einflüsse im Westen des Landes zurückzudrängen und die tatsächlichen Westgebiete mit Aktivitäten in Bildung, Kultur und Wirtschaft an Polen zu binden. In einem 1943 erstellten Memorandum wurde bereits die vollständige Aussiedelung der deutschen Bevölkerung noch vor einer Friedenskonferenz als unabdingbare Voraussetzung einer erfolgreichen Westverschiebung angesehen. Darüber hinaus wurden konkrete Pläne zur administrativen Integration sowie Untersuchungen der demografischen Aspekte einer möglichen Westverschiebung, sogar weiter westlich der Oder, in Angriff genommen. Nach den Erfahrungen der Okkupation, der Niederlage der Heimatarmee und des Warschauer Aufstands von 1944 sah diese Gruppe die einzige Chance, ihre Vorstellungen umzusetzen, in einer Kooperation mit den neuen Machthabern. So wurde am 27. Februar 1945 das Westinstitut in Poznań schließlich per Dekret des Premiers offiziell bestätigt.

Von diesen Ideen der Nationaldemokratie und des Westgedankens geprägt war der erste polnische Stadtpräsident von Stettin, Piotr Zaremba; ein weltgewandter Mann, der neben

Ankunft des Stellvertretenden Ministerpräsidenten und Ministers für die Wiedergewonnenen Gebiete, Władysław Gomułka, zur Woche der Westlichen Gebiete, Stettin 14.–20. April 1947.

Polnisch auch Deutsch, Russisch und Englisch sprach, in Heidelberg geboren war und an der Universität Lemberg eine Ausbildung zum Ingenieur für Brücken- und Straßenbau abgeschlossen hatte. Zwischen 1934 und 1939 war er in der Stadtverwaltung Posen (Poznań) für den Aufbau der Zivilverteidigung zuständig und während des Krieges als Bauzeichner tätig. Bis zum 4. Oktober 1945 dauerte in Stettin die Zeit des Übergangs, des deutsch-polnischen „Wettlaufs um Stettin", dreimal hatte die polnische Verwaltung die Amtsgeschäfte übernommen und wegen der zeitweiligen Rückkehr der Deutschen und alliierter Interventionen wieder abgegeben. Zarembas Verwaltung begann Stettin für Polen in Besitz zu nehmen und wiederaufzubauen. Nach der Wiederbesiedlung durch eine heterogene Bevölkerung wurde ein „neuer Typ des Stettiners" postuliert. Neben „Entdeutschung" und „Repolonisierung" mussten auch die städtischen Dienstleistungen reorganisiert werden. Die Stadt hatte sowohl ihr ländliches Einzugsgebiet als auch ihre traditionellen Wirtschaftsbeziehungen, vor allem nach Berlin, verloren. Die nicht endgültig geklärte Frage der nahen Grenze sorgte für die Erscheinung einer „Psychose der Vorläufigkeit", über die vor 1989 nicht öffentlich gesprochen werden durfte.

Europa

In der zweiten Jahreshälfte 1990 wurde Deutschland wiedervereinigt und der letzte Präsident der polnischen Exilregierung übergab die Insignien des Präsidentenamtes der zweiten polnischen Republik an den neuen, demokratisch gewählten Staatspräsidenten Polens, Lech Wałęsa. Der am 12. September 1990 von den Außenministern der vier Siegermächte und der beiden deutschen Staaten unterzeichnete und später vom gesamtdeutschen Parlament ratifizierte Zwei-plus-Vier-Vertrag, der die äußeren Bedingungen der staatlichen Einheit Deutschlands regelte, hält die Bestätigung der bestehenden Außengrenze von Bundesrepublik und DDR (und damit auch der Oder-Neiße-Linie) für einen „wesentlichen Bestandteil der Friedensordnung in Europa". Demgemäß wurde am 14. November 1990 der „Vertrag zwischen der Bundesrepublik Deutschland und der Republik Polen über die Bestäti-

gung der zwischen ihnen bestehenden Grenze" unterzeichnet.

Der Grenzbestätigungsvertrag nimmt Bezug auf den Warschauer Vertrag vom 7. Dezember 1970 und die zwischen Polen und der DDR geschlossenen Verträge. Ohne dass dadurch die Verbindlichkeit der getroffenen Grenzregelung für die Zukunft in Frage gestellt wird, ist zwischen Deutschland und Polen weiterhin offen, durch welchen konstitutiven Akt die territoriale Souveränität (im Gegensatz zu der in Potsdam geregelten Verwaltungshoheit) bezüglich der deutschen Ostgebiete auf Polen übergegangen ist.

Staatsangehörigkeits- und Vermögensfragen wurden ebenfalls nicht geregelt. Der Grenzbestätigungsvertrag ist am 16. Januar 1992 zusammen mit dem am 17. Juni 1991 unterzeichneten deutsch-polnischen Nachbarschaftsvertrag in Kraft getreten. Die deutsche Seite wollte damit zum Ausdruck bringen, dass die deutsch-polnische Grenze nicht nur trennt, sondern durch die nachbarschaftliche und freundschaftliche Zusammenarbeit beider Völker im Vorfeld der Osterweiterung von NATO und EU überbrückt wird. Seit 1999 ist Polen Mitglied der NATO und seit 2004 Mitglied der Europäischen Union. Es scheint, dass Europas östlicher und westlicher Teil endlich eine friedliche gemeinsame Zukunft gefunden haben.

Das Ende der deutsch-polnischen „Psychose der Vorläufigkeit": Die Außenminister Hans-Dietrich Genscher und Krzysztof Skubiszewski (in der Mitte: Ministerpräsident Tadeusz Mazowiecki) unterzeichnen in Warschau den Grenzvertrag, in dem die Oder-Neiße-Linie endgültig anerkannt wird, 14. November 1990.

Die deutsch-deutsche Zonengrenze

Sven Felix Kellerhoff

Fehler zu machen ist menschlich, aber sie zu wiederholen ist dumm. Für den britischen Premierminister Winston Churchill war einer der entscheidenden Fehler der Siegermächte nach dem Ersten Weltkrieg, dass sie das geschlagene Deutschland gleichzeitig zu hart und zu lasch behandelt hatten. Rückblickend schrieb er über den Frieden von Versailles: „Die wirtschaftlichen Bestimmungen des Vertrages waren so bösartig und töricht, dass sie offensichtlich jede Wirkung verloren. Deutschland wurde dazu verurteilt, unsinnig hohe Reparationen zu leisten." Gleichzeitig blieb das geschlagene, zutiefst verunsicherte Land aber sich selbst überlassen, musste

ohne Hilfe von außen demokratische Strukturen aufbauen, die dann – wenig erstaunlich – schwach gerieten und im Volk kaum geschätzt wurden. Diese folgenreichen Fehler durften nach dem Zweiten Weltkrieg auf keinen Fall wiederholt werden. Deshalb stand nie in Frage, dass die Mächte der Anti-Hitler-Koalition nach dem militärischen Sieg das ganze Land besetzen würden. Aber wie genau?

Großbritannien hatte zunächst durchsetzen wollen, dass die Besetzung des geschlagenen Feindes gemeinsam durchgeführt werden sollte: Überall in Deutschland hätten dann Vertreter der

Von der European Advisory Commission 1944 entworfen, in Jalta 1945 beschlossen: Die Aufteilung des besiegten Deutschland in Besatzungszonen. Aus der Demarkationslinie zwischen West und Ost wurden Mauer und Todesstreifen. Das Brandenburger Tor nach der Errichtung der Betonmauer im November 1961.

Siegermächte in der Verwaltung zusammengearbeitet. Churchill hoffte, auf diese Weise die Machtambitionen der Sowjetunion einschränken zu können. Doch das lehnte Josef Stalin vehement ab – und hatte dabei Franklin D. Roosevelt auf seiner Seite. Denn der US-Präsident wollte den Moskauer Diktator keinesfalls verstimmen, brauchte er ihn doch kurzfristig als Verbündeten im Kampf gegen Japan im Pazifik und mittelfristig als Partner für sein Lieblingsprojekt, einen erneuerten Völkerbund unter dem Namen „Vereinte Nationen". Das Vereinigte Königreich, ökonomisch und militärisch vollkommen abhängig von der Vormacht USA, musste sich fügen: Bereits Mitte September 1944, die Armeen der Anti-Hitler-Koalition standen im Westen wie im Osten Europas teilweise nur noch wenige Dutzend Kilometer vor den deutschen Grenzen, verabschiedete eine Kommission der drei Mächte nach längeren Vorberatungen das erste Zonenprotokoll. Formal handelte es sich nur um eine Empfehlung für die folgenden Konferenzen der Außenminister und der Staatschefs, doch in Wirklichkeit war dieses Dokument mehr: Die Aufteilung Deutschlands in zunächst drei Zonen, die von Großbritannien, den USA und der Sowjetunion besetzt werden sollten, stand nunmehr fest.

Mit der Einigung auf drei von jeweils einer Siegermacht zu besetzenden Zonen entstand ein neues Problem: Wo sollten die Demarkationslinien zwischen den einzelnen Besatzungsgebieten verlaufen? Und wie sollten diese Zonengrenzen überhaupt aussehen? Würde es sich um reine Verwaltungslinien handeln? Oder doch eher um Staatsgrenzen? Die erste Frage wurde pragmatisch beantwortet, entsprechend britischen Erfahrungen aus außereuropäischen Kolonien: Die Aufteilung sollte sich im Wesentlichen an historisch gewachsenen Strukturen orientieren. Auf die zweite Frage verwandten die westlichen Mitglieder der Kommission keinen weiteren Gedanken: Sie sahen auch das besetzte Deutschland als Ganzes, in dem selbstverständlich grundsätzlich Freizügigkeit herrschen würde, mit Einschränkungen, um die Sicherheit der alliierten Truppen zu gewährleisten und die neu aufzubauenden deutschen Institutionen zu schützen.

Die sowjetische Besatzungszone, Stalin zuliebe als erste genannt, sollte alle Gebiete Deutschlands in den Grenzen von 1937 umfassen, die östlich einer Linie lagen, die „ihren Anfang nimmt an dem Punkt in der Bucht von Lübeck, an dem die Grenzen von Schleswig-Holstein und Mecklenburg zusammentreffen, entlang der Westgrenze von Mecklenburg zur Grenze der Provinz Hannover verläuft und weiter entlang der Ostgrenze von Hannover zur Grenze von Braunschweig, entlang der Westgrenze der preußischen Provinz Sachsen zur Westgrenze Anhalts, entlang der Westgrenze Anhalts und der Westgrenze Thüringens, bis diese auf die Grenze Bayerns stößt und dann entlang der Nordgrenze Bayerns bis zur Grenze der Tschechoslowakei führt".

Von der so beschriebenen Zone ausgehend wurde der westliche Teil Deutschlands in zwei weitere Gebiete unterteilt, eines im Nordwesten und eines im Südwesten; die Demarkationslinie zwischen beiden sollte am „Treffpunkt der Grenze zwischen den preußischen Provinzen Hannover und Hessen-Nassau mit der Westgrenze der preußischen Provinz Sachsen beginnen und von dort aus entlang der südlichen Grenze von Hannover, der südöstlichen und südwestlichen Grenzen der preußischen Provinz Westfalen und entlang der südlichen Grenzen der preußischen Regierungsbezirke Köln und Aachen bis zu dem Punkt verlaufen, wo diese Grenze auf die deutsch-belgische Grenze trifft". Die Zone im Nordwesten fiel in die Zuständigkeit der britischen Armee – wenngleich in der ersten Fassung des Protokolls an dieser Stelle noch Platzhalter standen – die im Südwesten in jene der USA.

Anlässlich des Zusammentreffens amerikanischer und sowjetischer Armeen an der Elbe am 25. April 1945 tragen Soldaten der Roten Armee ein Lied vor. Darüber zwischen den Flaggen der alliierten Mächte die heute legendäre Runde der Staatsmänner, die in Teheran und Jalta über die Nachkriegsordnung entschieden haben.

Der Feind wird zerschmettert! Plakat von Nikolai Andrejewitsch Dolgorukow, 1945.

Zusätzlich sah die Einigung eine Aufteilung der Reichshauptstadt in drei Sektoren vor, die aus jeweils ganzen, historisch gewachsenen Bezirken bestehen sollten. Der nordöstliche Teil Groß-Berlins mit Pankow, Prenzlauer Berg, Mitte, Weißensee, Friedrichshain, Lichtenberg, Treptow und Köpenick sollte von der Roten Armee besetzt werden, der nordwestliche Teil mit Reinickendorf, Wedding, Tiergarten, Charlottenburg, Spandau und Wilmersdorf von britischen Soldaten, der südliche Teil mit Zehlendorf, Steglitz, Schöneberg, Kreuzberg, Tempelhof und Neukölln von der US Army. Erledigt war mit dieser Einigung auch der Vorschlag amerikanischer Diplomaten, die geraten hatten, „die Besatzungszonen wie die Stücke einer Torte konzentrisch in Berlin zusammenlaufen zu lassen, sodass jede Zone ihren eigenen Zugang haben würde". Roosevelt hatte diesen Vorschlag rundweg abgelehnt, weil er Stalins Ärger vorhersah und einen zusätzlichen Konfliktpunkt vermeiden wollte. Schon im Herbst 1944 stand damit fest, dass Teile Berlins von westlichen Truppen besetzt werden sollten, die damit mindestens 160 Kilometer von ihren eigenen Besatzungszonen entfernt stationiert sein würden. Der US-Präsident und seine Vertrauten sahen darin kein Problem, da sie den guten Willen Stalins voraussetzten. Über die

Zonengrenze selbst machte sich die Kommission keine weitergehenden Gedanken. Das sollte der Regelung durch die künftige gemeinsame Konferenz der Militärgouverneure überlassen bleiben, den Alliierten Kontrollrat. Festgelegt wurden nur noch Zugangsrechte für die beiden westlichen Mächte zu ihren Sektoren in Berlin, und zwar zu Lande, zu Wasser und durch die Luft.

Mit diesem Stand der Nachkriegsplanung begann Anfang 1945 der Vormarsch der alliierten Truppen nach Deutschland hinein. Zwar lagen die künftigen Demarkationslinien fest, doch das band die Befehlshaber nur mittelbar. Je nach Fortschritt der militärischen Operationen konnten sie selbst entscheiden, welche Richtung sie einschlugen. Zuerst griff die Rote Armee an. Vom 12. Januar 1945 an eroberten riesige Panzerarmeen in nur vier Wochen die deutsch besetzten polnischen Gebiete westlich der Weichsel, die Ostprovinzen des „Dritten Reiches" einschließlich Ostpreußen und Schlesien bis auf das verzweifelt in Straßenkämpfen verteidigte Breslau. Dann stießen sie bis an die Oder vor, wo sie anhielten. Nun trennten nur 80 Kilometer die Sowjets von der Reichshauptstadt.

Die westlichen Planungen waren durch die überraschende Ardennenoffensive in Verzug geraten. Der Verzweiflungsangriff von rund 200.000 deutschen Soldaten über Weihnachten 1944 hatte zwar keine Aussichten auf Erfolg, aber störte die geordneten Vorbereitungen der Briten und Amerikaner; sie konnten erst im Februar wieder vorrücken. Am Niederrhein trat der britische Feldmarschall Bernard Montgomery zum Sturm auf Norddeutschland an; seine vorrangigen Ziele waren die beiden großen Hafenstädte Bremen und Hamburg. Südlich davon sollte die größte jemals von einem US-General kommandierte Truppenansammlung, die 12. US-Armeegruppe unter Omar Bradley, das Ruhrgebiet einschließen, damit das Rüstungszentrum des „Dritten Reiches" ausschalten und dann Richtung Osten vorstoßen.

Obwohl es im Zuge dieser Angriffe teilweise heftige Gefechte gab, war doch spätestens Mitte März 1945 klar, dass der Vormarsch der Alliierten von Westen her eine unaufhaltsame Dynamik gewann. Die Hauptmacht der Roten Armee lag derweil in Stellung auf dem Ostufer der Oder und bereitete sich auf den abschließenden Sturm Richtung Berlin vor. Zwei Wochen später vollzog jedoch Dwight D. Eisenhower, der höchste Kommandeur aller westlichen Truppen in Europa, ein überraschendes Manöver. Am 28. März 1945 schickte er eine „Persönliche Botschaft an Marschall Stalin". Es war der erste direkte Kontakt zwischen den beiden und widersprach allen

Regeln für die Kommunikation zwischen den so unterschiedlichen Partnern der Anti-Hitler-Koalition. Das war Eisenhower auch bewusst; seine Rechtfertigung, Stalin sei als Oberbefehlshaber der Roten Armee so etwas wie sein Pendant, war rein formalistisch. Brisanter noch als dieser Formfehler war der Inhalt des Telegramms: „Meine vorrangigsten Operationen zielen darauf, die feindlichen Kräfte an der Ruhr einzukesseln und zu

Ein Teil der amerikanischen Armeen wandte sich nach Süden, um den Rückzug der deutschen Truppen in die „Alpenfestung" zu verhindern.

vernichten. Meine nächste Aufgabe wird es dann sein, einen Keil zwischen die verbliebenen feindlichen Kräfte zu treiben, indem wir die Verbindung zu Ihren Truppen herstellen." Ein gleichzeitiger Vorstoß solle Richtung Süden führen, um die „Konsolidierung des deutschen Widerstandes in der Alpenfestung zu verhindern". Berlin wurde in diesem Telegramm nicht einmal erwähnt, weder als Ziel der Westalliierten noch als möglicher Begegnungspunkt mit den Sowjets.

Die Botschaft löste schwere politische Turbulenzen zwischen Großbritannien und den USA aus, vor allem Montgomery und Churchill schäumten. Der Premier schickte umgehend wütende Botschaften an Roosevelt und den Stabschef der USA, General George C. Marshall, doch er erreichte nichts. Noch einmal insistierte Churchill am 2. April 1945: „Es scheint mir höchst wichtig, den Russen so weit östlich wie möglich die Hand zu schütteln." Auch diese Forderung blieb wirkungslos.

Dagegen fiel Stalins umgehende Antwort an Eisenhower überaus freundlich aus. Dessen Vorschläge entsprächen genau den Vorstellungen des Moskauer Generalstabes: „Berlin hat seine frühere strategische Bedeutung verloren. Das sowjetische Oberkommando plant, in Rich-

tung der Reichshauptstadt nur Truppen zweiter Kategorie in Marsch zu setzen." Eine Lüge, denn in Wirklichkeit ließ er längst seine Armeen an der Oder so gruppieren, dass die Rote Armee wenig später mit der bis dahin größten Zusammenballung bestens ausgerüsteter Elitetruppen der Weltgeschichte die Schlacht um Berlin eröffnen konnte. Die Verbündeten führte er derweil an der Nase herum. Mit dem britischen und dem US-Botschafter in Moskau besprach der sowjetische Diktator am 31. März 1945 die Lage; ein Diplomat hielt Stalins Äußerungen fest: „Nach seiner Meinung werden sich die Deutschen am Ende in die Berge der westlichen Tschechoslowakei und Bayerns zurückziehen." Stalin wusste genau, welch großen politischen Vorteil ihm Eisenhowers Verzicht auf Berlin einbringen würde.

Der wichtigste Grund für die Entscheidung, nach Süden statt nach Osten zu marschieren, war ein Gerücht, das der US-Geheimdienst OSS seit Herbst 1944 verbreitet hatte: Die Führung des „Dritten Reiches" bereite ein Rückzugsgebiet in den bayerischen und Tiroler Alpen vor. Tatsächlich wären die vielen kleinen Täler mit wenig Aufwand zu praktisch uneinnehmbaren Festungen zu machen gewesen – doch konkrete Pläne, gar ernsthafte Vorbereitungen gab es nie. Das hatte Anfang 1945 auch der OSS-Verantwortliche Alan Dulles erkannt, doch im US-Oberkommando nahm ihm niemand das Dementi seiner kurz zuvor noch verkündeten Warnungen ab. Ein weiterer Grund für Eisenhower war, dass er um jeden Preis versehentliche Schusswechsel zwischen westlichen und sowjetischen Einheiten vermeiden wollte; das Bündnis war politisch zu fragil, um solche bei einem gleichzeitigen Sturm auf Berlin denkbaren Konfrontationen zu überstehen.

So orientierten sich die Neugruppierungen der US-Streitkräfte für die Schlussoperationen in Deutschland am Ziel, die vermeintliche „Alpenfestung" einzunehmen. Anfang April 1945 setzte die 1. US-Armee zum Stoß in Richtung Mitteldeutschland an, um Thüringen zu nehmen und damit die Landverbindung zwischen Berlin und den Alpen zu unterbrechen, während die 3. und die 9. US-Armee nach Süden schwenkten. Ihre Ziele waren Oberbayern und das Donaugebiet sowie der Vorstoß nach Berchtesgaden und Salzburg. Innerhalb einer Woche erreich-

Das Ziel von zwei amerikanischen Armeen: die „Alpenfestung" der NS-Führung. US-Truppen auf dem Parkplatz des Kehlsteinhauses auf dem Obersalzberg bei Berchtesgaden. Foto Tony Vaccaro, Mai 1945.

ten die ersten US-Truppen bei Magdeburg die Elbe und setzten auf das östliche Ufer über. Nun trennten die Westfront noch hundert Kilometer von der Reichshauptstadt. Am 15. April standen die 83. US-Infanterie- und die 2. US-Panzerdivision zum Marsch auf Berlin bereit; binnen 48 Stunden konnten sie die westlichen Vororte der Stadt erreichen. Gleichzeitig war die 3. US-Armee unter dem gefürchteten Haudegen General George S. Patton schnell nach Südosten vorgestoßen; Thüringen war bereits erobert, die Einnahme von Leipzig stand unmittelbar bevor. Am 15. April lagen zwischen Pattons Vorhut und den westlichsten Einheiten der Roten Armee westlich von Cottbus nur noch 125 Kilometer; Richtung Nordosten war es nach Berlin kaum weiter.

Nun hätten die kampfstärksten, bestens ausgerüsteten US-Einheiten in Europa die Reichshauptstadt aus zwei Richtungen in die Zange nehmen können. Doch statt dem Befehl loszumarschieren, erließ Eisenhower eine unerwartete, dafür unmissverständliche Anweisung: Stopp an der Elbe. Der Oberbefehlshaber wusste, dass die Rote Armee am folgenden Morgen, dem 16. April 1945, ihre Großoffensive gegen Berlin starten würde, während die US-Truppen schon weit östlich der von der Kommission festgelegten künftigen Zonengrenze standen. Patton ließ daraufhin seine gesamte Armee gen Süden schwenken, Richtung Bayern, während die 1. US-Armee

von Magdeburg aus auf dem linken Ufer der Elbe nach Südosten vorstieß. Gleichzeitig brach der gewaltigste Angriff der Kriegsgeschichte los. Anderthalb Millionen Rotarmisten marschierten nördlich und südlich Berlins nach Westen; eine weitere Million Männer griffen die Reichshauptstadt direkt und auf kürzestem Weg an. Unter enormen Verlusten bahnten sich die sowjetischen Truppen ihren Weg ins Regierungsviertel. Als die Außenbezirke der Hauptstadt schon gefallen waren, trafen am 25. April 1945 mittags erstmals US-Soldaten auf dem Ostufer der Elbe auf sowjetische Truppen. Die Begegnung auf den Elbwiesen des Dorfes Lorenzkirch fand inmitten Hunderter toter deutscher Flüchtlinge statt, die zwei Tage zuvor von sowjetischer Artillerie zusammengeschossen worden waren. Weil das kein geeigneter Ort für die symbolische Vereinigung von West- und Ostfront auf deutschem Boden war, wurde das Zusammentreffen eine Stunde später auf der gesprengten und nur noch bekletterbaren Elbbrücke von Torgau wiederholt; am 26. April 1945 inszenierten Kriegsfotografen beider Seiten das bereits nachgestellte Treffen noch einmal.

Für die US-Truppen in Mitteldeutschland war damit der Zweite Weltkrieg vorüber; auch im Norden bei Hamburg und im Süden in Bayern wurde nur noch vereinzelt gekämpft. In Berlin hingegen gingen die harten Gefechte weiter; allein der militärisch sinnlose Sturmangriff auf das Reichs-

Am 16. April 1945 begann die Großoffensive der Roten Armee gegen Berlin, am frühen Nachmittag des 2. Mai erreichen die ersten Soldaten die Reichskanzlei.

tagsgebäude kostete mehrere Tausend Soldaten das Leben. Dennoch gelang es nicht, am 1. Mai 1945 das „Banner des Sieges" über der eroberten Reichshauptstadt zu hissen, die erst am Morgen des folgenden Tages kapitulierte. Bis auf letzte versprengte Einheiten kämpften deutsche Soldaten nicht mehr; am 6. Mai hielten sie noch die westlichen Niederlande, Norwegen, Gebiete in Norditalien südlich der Grenze zur Schweiz und außerdem große Teile des bisherigen „Protektorats Böhmen und Mähren" und Österreichs. Ebenfalls noch in deutscher Hand

„Dritten Reiches" für sechs Wochen ein unerwartetes Privileg: Selbstverwaltung inmitten eines total besetzten Landes. Sechs Wochen lang regelten ein weiter amtierender Landrat, ein paar vom NS-Regime verschont gebliebene Kommunisten und Sozialdemokraten sowie mehrere aus den KZs heimgekehrte Aktivisten relativ selbstständig das Weiterleben einiger Zehntausend Einwohner. Warum Schwarzenberg nicht wie alle anderen deutschen Gemeinden umgehend einen alliierten Ortskommandanten erhielt, der das öffentliche Leben kontrollierte, ist unbekannt;

Links: Nach der Begegnung der 1. US-Armee und der 5. Sowjet-Gardearmee am 25. April 1945 inszenieren Rotarmisten und US-Soldaten am folgenden Tag das Treffen noch einmal und reichen sich auf der zerstörten Brücke die Hände.

Rechts: Anlässlich der feierlichen Begegnung am Ufer der Elbe veranstaltet die 3. Garde-Kavallerie der Roten Armee eine Parade vor sowjetischen und amerikanischen Offizieren, darüber die wehenden Flaggen der Alliierten. Foto von Michail Bernstein, 26. April 1945.

waren ein Teil der deutschen Nordseeküste und Schleswig-Holstein; in Flensburg hatte sich unter dem von Hitler testamentarisch zum Reichspräsidenten ernannten Großadmiral Karl Dönitz eine deutsche Regierung gebildet, die allerdings keinen praktischen Einfluss mehr hatte. Uneingeschränkte Herren in Deutschland waren die alliierten Militärbefehlshaber. Mit der formalen Kapitulation der Wehrmacht in der Nacht vom 8. auf den 9. Mai 1945 in Berlin-Karlshorst wurde das auch offiziell anerkannt.

Ganz Deutschland war jetzt besetzt. Genauer: fast das ganze Land. Denn für genau 42 Tage, vom 8. Mai bis zum 20. Juni 1945, blieben der Kreis Schwarzenberg, die kreisfreie Stadt Aue und einige angrenzende Ortschaften in Sachsen unbesetzt. Genau hier, südlich von Chemnitz, genoss ein einziger Bezirk des implodierten

wahrscheinlich hielten sich der US-Befehlshaber in Auerbach und sein sowjetischer Kollege in Annaberg gegenseitig für zuständig. Erst am 20. Juni 1945 machten Offiziere der Roten Armee dem Zwischenspiel ein Ende und übernahmen die Regierungsgewalt in dem Landkreis.

Schon vorher jedoch hatten keineswegs „basisdemokratische" Verhältnisse in Schwarzenberg geherrscht. Vielmehr stürmten die verbliebenen Schwarzenberger Kommunisten am 12. Mai 1945 das Rathaus, bildeten einen „Aktionsausschuss" und setzten Bürgermeister Ernst Rietzsch ab – um „ein Exempel zu statuieren". Rietzsch hatte von 1921 bis 1941 sowie erneut seit April 1945 amtiert und war zwar Mitglied der NSDAP, zugleich aber den örtlichen Nazi-Funktionären jahrelang ein Dorn im Auge gewesen. An seiner Stelle übernahmen nun frühere

KPD-Mitglieder die wichtigsten Posten. Jedoch zerschlugen die vier Mitglieder des „antifaschistischen Ausschusses" keineswegs den „faschistischen Machtapparat", sondern übernahmen sieben der neun städtischen Polizisten, alles ehemalige NSDAP-Mitglieder. Statt die Verwaltung „basisdemokratisch" umzugestalten, entschied der Altkommunist Willy Irmisch in den folgenden Wochen als neuer Bürgermeister allein. Umgehend wurden politisch missliebige Personen, keineswegs nur Anhänger der NSDAP, im Schwarzenberger Amtsgericht eingesperrt. Bald saßen mehrere Hundert Personen ein, davon 68 Jugendliche, die meist im Anschluss mindestens drei Jahre in sowjetischen Internierungslagern oder in Sibirien verbringen mussten. Der harte Kurs des selbsternannten Bürgermeisters hatte Folgen: Da er Übergriffe aus der Bevölkerung befürchtete, stellte Irmisch sich selbst die Erlaubnis zum Tragen einer Schusswaffe aus. Die vorhandenen Lebensmittellager wurden geplündert und an Sympathisanten der kommunistischen Aktivisten verteilt; Eigentum wurde ganz nach Bedarf beschlagnahmt.

Übrigens war Schwarzenberg in den 42 Tagen auch gar nicht so „frei", wie später oft behauptet wurde. Zwar hatten die rund 20 Kleinstädte und Dörfer des Landkreises tatsächlich keine alliierten Kommandanturen und keine Besatzungstruppen, aber US-Soldaten fuhren fast täglich Streife und kontrollierten genau die Grenzen des unbesetzten Gebiets. Aus den Beständen der 3. US-Armee in Weimar bekam Schwarzenberg mindestens bis Anfang Juni 1945 großzügige Unterstützung mit Lebensmitteln. Nach dem Einmarsch der Roten Armee setzten die Alt-Kommunisten ihre Machteroberung mit voller Unterstützung der Sowjets fort. Nun war wirklich ganz Deutschland besetzt.

Der militärische Vormarsch der Anti-Hitler-Koalition hatte, wie von der Kommission erwartet, zu einer geografisch anderen Besetzung Deutschlands geführt als im Zonenprotokoll vorgesehen: Die Truppen von Montgomery waren in Mecklenburg bis an eine Linie Wismar-Schwerin-Ludwigslust vorgestoßen; die 1., 3. und 9. US-Armee hatten ganz Thüringen, große Teile Anhalts und gut ein Drittel Sachsens besetzt. Andererseits hielt die Rote Armee nach Eisenho-

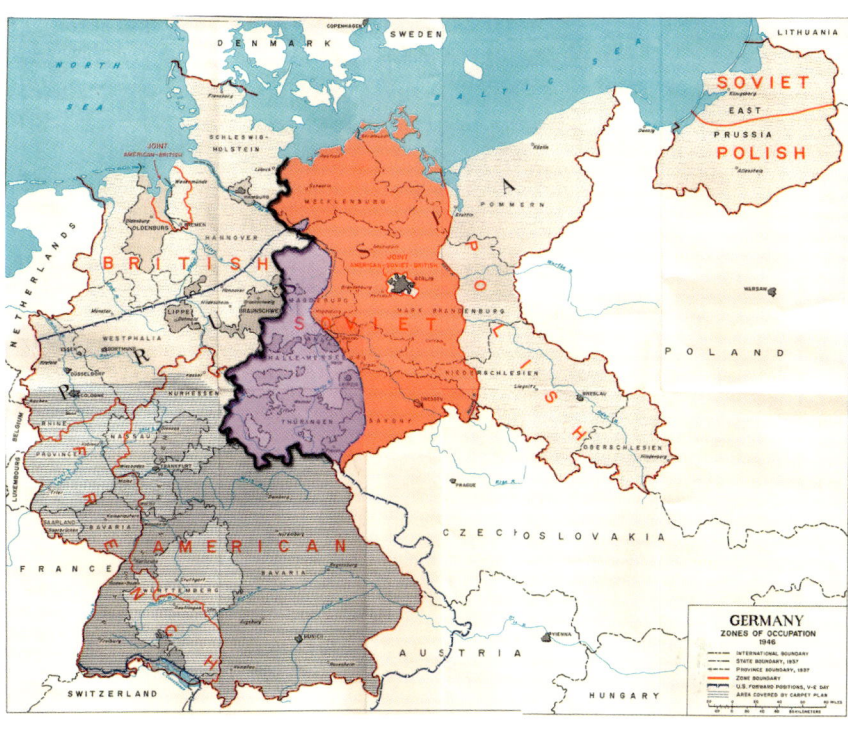

wers Befehl zum Stopp an der Elbe die gesamte Reichshauptstadt. Dem vereinbarten Zonenprotokoll zufolge mussten die westlichen Truppen sich bis an die verabredete Demarkationslinie zurückziehen, um im Gegenzug ihre Sektoren in Berlin in Besitz nehmen zu können. Doch so einfach wollte sich Winston Churchill nicht geschlagen geben. Am 12. April 1945 war der schwerkranke Roosevelt gestorben; nun bekniete der britische Premier dessen Nachfolger Harry S. Truman, die verhandelte Zonenaufteilung noch einmal in Frage zu stellen. Es gab dafür durchaus einen Anlass, denn inzwischen hatten sich die drei Hauptmächte der Anti-Hitler-Koalition geeinigt, auch Frankreich als Siegermacht anzuerkennen – und deshalb eine französische Besatzungszone sowie einen französischen Sektor in Berlin einzurichten. Churchill forderte den außenpolitisch unerfahrenen neuen US-Präsidenten auf, Thüringen, die linkselbischen Gebiete und Westsachsen als Faustpfand einzusetzen, um Stalin zu Zugeständnissen zu zwingen. Doch der sowjetische Diktator bestand auf der Erfüllung der Vereinbarungen und setzte sich durch. Mitte Juni 1945 erging der Befehl an alle alliierten Truppen auf dem Gebiet der künftigen Sowjetischen Besatzungszone, den Rückzug hinter die vereinbarte Demarkationslinie vorzubereiten. Im Gegenzug sollten britische und US-Soldaten

Die Karte zeigt die Landesgrenzen im Deutschen Reich und die Besetzung der Gebiete, die zur sowjetischen Besatzungszone gehörten und von den amerikanischen Truppen ab Ende Juni 1945 geräumt wurden. – Die Kartenlegende nennt die folgenden Beschreibungen (von oben): Reichsgrenze – Landesgrenzen 1937 – Provinzgrenzen 1937 – Zonengrenze 1945 – Amerikanische Positionen am V-E Day (8. Mai 1945) – Carpet Plan Area (US-Zone und Teile der britischen Zone, die nach der militärischen Eroberung zuerst durch eine Militäradministration der westlichen Alliierten verwaltet werden sollten).

nach Berlin einrücken dürfen; das war die zwingende Voraussetzung für die in der zweiten Juli-Hälfte geplante Konferenz der Großen Drei im Großraum Berlin.

Doch während die westlichen Truppen sich ab dem 30. Juni 1945 reibungslos zurückzogen, machte die Rote Armee Schwierigkeiten. Als nämlich am folgenden Tag das Vorauskommando der künftigen US-Besatzungstruppe von Halle kommend Berlins Südwestgrenze erreichte, wurden die Männer prompt an der Stadtgrenze von Rotarmisten zurückgewiesen. „Oberst Frank L. Howley schäumte vor Wut", erinnerte sich Feldwebel Samuel R. Sciullo: „Die Sowjets blieben jedoch hart und behaupteten, dass die Stadt nicht für unsere Besatzung vorbereitet sei." Sie sollten umkehren, doch auf derlei Spielchen hatte Howley zwei Wochen vor Beginn der Potsdamer Konferenz keine Lust. Deshalb ließ er seine knapp 200 Mann im Grunewald Zelte aufschlagen. So begab es sich, dass die ersten US-Truppen in Berlin ihre Dienstzeit als Camper begannen.

Oft kam es in Städten und Dörfern, in denen Rotarmisten westliche Einheiten ersetzten, zu Reibereien. Die Briten und Amerikaner nahmen versteckte Raubkunst, Gold und Akten einschließlich Konstruktionszeichnungen für neue Waffen mit; außerdem wurden unzählige gefangene Wehrmachtssoldaten in langen Kolonnen in Sammellager der US Army verlegt. Gleichzeitig machten sich Zehntausende Deutsche auf den Weg gen Westen, um nicht unter sowjetische Besatzung zu fallen, obwohl das eigentlich verboten war und jeder an seinem angestammten Wohnort bleiben sollte. Doch angesichts von Millionen *displaced persons*, darunter befreite KZ-Insassen und Kriegsgefangene, ehemalige Fremd- und Zwangsarbeiter, sowie Flüchtlinge aus den deutschen Ostgebieten, die in Bewegung waren, konnte das kaum verhindert werden.

Die Aufteilung der Zonen lag zwar grundsätzlich fest, war aber dennoch durchaus anpassbar. Gelegentlich kam es zu Gebietsaustauschen; der größte fand zwischen Hessen und Thüringen statt. Der Grund war die Zonengrenze. Die Bahnlinie zwischen Bebra und Göttingen verlief auf einer Länge von etwa fünf Kilometern auf thüringischem Gebiet. Seit die Strecke, die für die US Army eine wichtige Verbindung nach Bremerhaven darstellte, im August 1945 wieder befahrbar war, hatten sowjetische Soldaten die Gleise, die zweifach die Demarkationslinie zwischen ihrer und der amerikanischen Zone kreuzten, mehrfach tageweise blockiert. Offiziell begründete das der örtliche Kommandeur der Roten Armee mit notwendigen „Kontrollen". Nach amerikanischen Angaben häuften sich auch abseits der zeitweiligen Sperrungen Zwischenfälle. So wurden Reisende in den Zügen beraubt, transportierte Güter wurden gestohlen,

Wenig spektakulär, aber nicht weniger schmerzlich: die Zonengrenze an der Werra mit Philippsthal (Thüringen) jenseits von Stacheldraht und Mauer. Die Zonengrenze verlief mitten durch die Marktgemeinde und durch das Gebäude der Druckerei Hoßfeld. Willy Brandt besuchte den Ort am 20. Oktober 1960.

es kam zu Vergewaltigungen und Menschen verschwanden spurlos. Die sowjetische Seite bestritt die Vorfälle; unklar blieb, ob wirklich Rotarmisten für alle Übergriffe verantwortlich waren oder ob auch einheimische oder zugezogene Deutsche sich die Situation zu Nutze machten. Vor Ort mitverantwortlich gemacht wurde auch eine Bande von bewaffneten *displaced persons*, doch Belege fanden sich dafür nicht.

Die USA zeigten sich angesichts der Ereignisse gesprächsbereit. Nach einer erneuten Unterbrechung der Linie zwischen dem 13. und dem 15. September 1945 stimmte der zuständige US-General einem Gebietsaustausch zu, durch den zwei thüringische Gemeinden an der Bahnstrecke in die amerikanische Zone kamen, während fünf hessische Dörfer fortan unter sowjetische Besatzung fielen. Nach dem Ort der Verhandlungen bekam der Vertrag den Namen Wanfrieder Abkommen; aus formalen Gründen galt es als interalliiertes Abkommen und war damit theoretisch dem Potsdamer Abkommen gleichgestellt. Die Sowjetunion erhielt 761 Hektar Land und 429 Einwohner, die US-Zone bekam im Gegenzug 560 Menschen und 845 Hektar, allerdings weniger wertvollen Grund. Zwar wurde im Abkommen eigens festgehalten, dass die Einwohner mitwechseln sollten, doch mehrere Dutzend „ausgetauschte" Menschen entschieden sich, ihr Eigentum zurückzulassen und lieber in der US-Zone einen neuen Start zu wagen. Schon im September 1945 war aus der Demarkationslinie zwischen den Zonen eine echte Grenze wie zwischen konkurrierenden Staaten geworden.

Die örtlichen Kommandanten der Besatzungstruppen veröffentlichten in ihrem Zuständigkeitsbereich die Regeln, nach denen das Leben in Deutschland weitergehen sollte. Die Vorlagen stammten von ihren jeweiligen Vorgesetzten, orientierten sich aber an den gemeinsamen Prinzipien, die die Staatschefs der Siegermächte in Potsdam vereinbart hatten. Die Umsetzung allerdings unterschied sich schon bald. In der Sowjetischen Besatzungszone übernahmen kommunistische Aktivisten, geleitet von heimgekehrten Exilanten, schrittweise die Kontrolle; in den westlichen Zonen wurden pluralistische Strukturen aufgebaut. Um eventuellen Widerstand verstockter Nazis und einen theoretisch denkbaren Guerilla-

krieg zu unterbinden, galt zunächst eine Einschränkung der Freizügigkeit: Alle Deutschen brauchten einen Passierschein der jeweiligen Kommandantur, um ihren Wohnort und dessen nähere Umgebung verlassen zu dürfen. Allerdings waren außer den unzähligen *displaced persons* und Flüchtlingen nur wenige unterwegs. Wer ein festes Dach über dem Kopf hatte, konnte glücklich sein.

Schon im Herbst 1945 änderte sich das: Da die Kommunisten in der Sowjetischen Besatzungszone (SBZ) mit offizieller Unterstützung ihren Einfluss ausbauten und mit dem Beginn der Bodenreform und der Verstaatlichung von Industriebetrieben vollendete Tatsachen schufen, nahm der Druck auf die Bevölkerung zu. Zwar verkehrten erste Busse und Bahnen schon bald wieder, aber der individuelle Straßenverkehr fand noch nicht statt. Für Autos und Lastwagen gab es kaum Treibstoff; wer doch unterwegs war, brauchte Papiere, die einer Kontrolle standhielten. Doch mit der langsamen Linderung der gröbsten Kriegsschäden nahm auch die Mobilität zu.

Parallel dazu gewannen die Demarkationslinien zwischen den Zonen an Bedeutung. Um die wuchernde Freizügigkeit einzuschränken, führte die Sowjetische Militäradministration Ende März 1946 eigenmächtig neue Regeln ein. Die bisherigen Passierscheine verloren ihre Gültigkeit; nun mussten für Reisen in die drei westlichen Besat-

Ein Interzonenbus von Berlin nach Hannover am sowjetischen Kontrollpunkt Babelsberg der Interzonenautobahn nach der Beendigung der Berlin-Blockade, 12. Mai 1949.

Das zwischen West
(Bayern) und Ost
(Thüringen) geteilte
Dorf Mödlareuth,
31. Mai 1988.

zungszonen spezielle Interzonenpässe bean-
tragt werden, „deren Erteilung auf dringende
Geschäfts- und Dienstreisen beschränkt" wurde:
„Der Antrag auf einen Interzonenpass muss mit
verschiedenen Unterlagen über den Antragstel-
ler, Ziel, Dauer und Dringlichkeit der Reise dem
zuständigen Bezirksamt eingereicht werden, das
ihn über den Magistrat an die sowjetische Zen-
tralkommandantur zur Genehmigung weiterlei-
tet", fasste die Berliner Ausgabe der SMAD-Zei-
tung Tägliche Rundschau zusammen.

Auf diese einseitige Veränderung reagierte die
britische Militärregierung, indem sie den beiden
Vorsitzenden der SED, Wilhelm Pieck und Otto
Grotewohl, die Einreise verweigerte. Zuvor hatten die Sowjets Einreisen von Bewohnern der
britischen Zone verweigert, weil sie keine gülti-
gen Papiere hätten. Zum 30. Juni 1946 führte
der Alliierte Kontrollrat auf Forderung der SMAD
Interzonenpässe für alle grenzüberschreitenden
Reisen ein, doch diese Regelung wurde gleich
drei Wochen später für die britische und die amerikanische Zone wieder aufgehoben, die ohnehin
bald zur Bizone vereinigt werden sollten.

Wie fast jede trennende Grenze förderte auch
die Zonengrenze spezifische Kriminalität, vor

allem Schmuggel von Waren und Menschen. Da
die alliierten Besatzungstruppen nicht ausreichten, die Demarkationslinien zwischen den Zonen
zu überwachen, vor allem zwischen der sowjetischen einerseits und der britischen und amerikanischen andererseits, waren schon Ende 1945
deutsche Grenzpolizei-Einheiten aufgestellt worden. Sie bestanden zunächst aus Mitgliedern der
ebenfalls gerade erst wieder aufgebauten Bereit-
schaftspolizeien der Länder. Für Bayern war eine
Stärke von 4000 Mann vorgesehen, die aber
wegen aufwändiger Überprüfungen der Bewerber erst Ende 1946 erreicht wurde. Auf ostdeutscher Seite wurde nach anfänglichen Abord-
nungen von Landespolizisten zum 1. Dezember
1946 eine zentral gesteuerte, militärisch organisierte Grenzpolizei gebildet. Während auf westlicher Seite vor allem Posten unterwegs waren,
manchmal nicht einmal bewaffnet, schuf die ostdeutsche Seite Tatsachen. Die Demarkationslinie
wurde durch Grenzpfähle markiert und schon
bald streckenweise mit einem geharkten Spuren-
sicherungsstreifen verstärkt. In Orten, durch die
hindurch die Demarkationslinie verlief, wie Mödlareuth in Thüringen und Bayern, wurden bald
schon erste Sperren aufgestellt; vorerst waren
es noch Gartenzäune oder ähnliches.

Entlang der Zonengrenze nahmen die Zwischenfälle zu; es handelte sich teilweise um
Schmuggel und Fluchtversuche, zum Teil aber
auch um ernsthafte Übergriffe. Zu Ostern 1946
etwa entwendeten sowjetische Soldaten mit
Waffengewalt einen US-Jeep, woraufhin es
zu Schießereien kam; schließlich standen sich
gepanzerte Fahrzeuge beider Seiten gegenüber. Eine andere Konfrontation fand 1947 zwischen der thüringischen Gemeinde Untersuhl
und dem hessischen Obersuhl statt. Mitten in
der Nacht wurden die Bewohner durch die Salve
einer Maschinenpistole aus dem Schlaf gerissen.
Zwei offenbar betrunkene sowjetische Soldaten
waren auf eine Streife der hessischen Grenzpolizei getroffen; einer der Russen schoss ohne
Vorwarnung und verletzte einen hessischen
Polizisten am Knie. Danach entfernten sich die
Rotarmisten in Richtung Untersuhl. Die Hessen
wehrten sich nicht, da Schüsse auf einen Besatzungssoldaten unweigerlich die Auslieferung an
die jeweilige Siegermacht zur Folge gehabt hätten, verbunden mit einer sicher langjährigen Haft-

strafe. Immer wieder wurden auch Bürger der westlichen Zonen in die SBZ entführt und hier oft zu Gefängnis verurteilt. Allein im zweiten Halbjahr 1948 meldete die ostdeutsche Grenzpolizei die Festnahme von 228.947 „Grenzverletzern", in den anschließenden sechs Monaten sollen es sogar 256.272 Menschen gewesen sein. Was genau ihre Motive waren, ob Schmuggel, Flucht oder schlichte Missverständnisse, wiesen die offiziellen Statistiken nicht aus.

In der Vier-Mächte-Stadt Berlin war die Situation anders. Kontrollen gab es an den Stadtgrenzen zum Umland schon seit 1946, doch Anfang 1948 wurde ein regelrechter „Ring um Berlin" gelegt – und zwar um ganz Berlin. Fast 20 Garnisonen wurden rund um die Stadt postiert, um die westlichen Sektoren herum überwiegend mit sowjetischem, um Ost-Berlin herum meist mit ostdeutschem Personal besetzt. Außerdem wurde an allen Straßen, Bahnhöfen und Wasserstraßen kontrolliert, oft auch in Zügen, die über die Demarkationslinien fuhren. Insgesamt richtete die SMAD entlang des fast 300 Kilometer langen Rings 88 rund um die Uhr besetzte Kontrollpunkte ein; auf West-Berliner Seite gab es dazu keine Entsprechung. Nach Beginn der Blockade West-Berlins im Juni 1948 wurden die Überprüfungen verschärft und zu Schikanen ausgebaut. Völlig abgeriegelt aber wurden die Wege vor allem von West- nach Ost-Berlin noch nicht.

An einigen für den Schwarzmarkt besonders brisanten Stellen entlang der innerstädtischen Sektorengrenze, etwa am Potsdamer Bahnhof zwischen den Bezirken Tiergarten und Mitte, war schon 1946 die Demarkationslinie mit weißer Farbe auf die Straße gemalt worden. Das diente offiziell dazu, der faktisch bereits geteilten Berliner Polizei Einsätze in den für sie unzugänglichen Sektoren zu erschweren. In Wirklichkeit erwiesen sich die Markierung als Geschenk für Schwarzhändler und andere Kriminelle, die bei Razzien stets auf die jeweils andere Seite der Sektorengrenze wechseln konnten. Die größten illegalen Handelsplätze entwickelten sich nicht zufällig direkt an der Grenzlinie zwischen den westlichen Bezirken und dem sowjetisch besetzten Teil, zum Beispiel an der Bernauer Straße (auf Ost-Gebiet), hinter dem Reichstag (auf West-Berliner Seite) und an der Ruine des Potsdamer Bahnhofs, wo

die Bezirksgrenze und jetzige Demarkationslinie besonders verwinkelt war.

Das Einlenken Stalins im Frühjahr 1949 und das Ende der Blockade West-Berlins führte kurzzeitig zu einer Entspannung an der innerstädtischen Sektoren- und der innerdeutschen Zonengrenze. Doch schon mit der stufenweisen Entstehung der Bundesrepublik zwischen Mai und September 1949 verschärfte die ostdeutsche Seite die Kontrollen wieder; Stacheldraht und Wachtürme gab es allerdings noch nicht. Sie kamen erst Ende Mai 1952, als die innerdeutsche Grenze und der westliche Teil des Rings um Berlin schlagartig geschlossen und zu durchgängigen Sperranlagen ausgebaut wurden. Fortan bildeten die 43,1 Kilometer innerstädtische Demarkationslinie zwischen West- und Ost-Berlin den letzten, bis 1961 noch halbwegs offenen Teil der Zonengrenze.

Aus der gemeinsam vereinbarten Demarkationslinie der Verbündeten von 1945 wurde die Konfrontationslinie der Großmächte. Sowjetische (hinten) und amerikanische (vorn) Panzer bedrohen sich an der Sektorengrenze in der Berliner Friedrichstraße, Ende Oktober 1961.

Sven Felix Kellerhoff

Die Berliner Luftbrücke

Ankunft einer viermotorigen Douglas C-54 Skymaster auf dem Flughafen Tempelhof, 1948.

Kann man eine ganze Stadt als Geisel nehmen? Natürlich – das beweisen unzählige Belagerungen aus mehr als viertausend Jahren Kriegsgeschichte. Aber geht das auch mit drei Vierteln einer Stadt? Vor allem, wenn sie nicht durch Mauern vom restlichen Viertel und vom Umland getrennt sind, sondern höchstens durch Straßen und Gewässer, oft nicht einmal das – unvorstellbar. Allerdings nur bis zum 24. Juni 1948. Denn an diesem Donnerstag begann die Blockade der drei westlichen Sektoren der früheren Reichshauptstadt Berlin. Elf Monate lang mussten alliierte Transportmaschinen in meh-

reren Hunderttausend Flügen die Menschen in West-Berlin versorgen. Als Berliner Luftbrücke ging die erste Schlacht des Kalten Krieges ins kollektive Gedächtnis ein, als weitestgehend unblutiger Triumph von Einsatzbereitschaft, Kreativität und schierem Willen über eine brutale Erpressung.

Am Abend des 23. Juni 1948 hatte der „Allgemeine Deutsche Nachrichtendienst", die amtliche Agentur der Sowjetischen Besatzungszone (SBZ), wie nebenbei gemeldet: „Die Transportabteilung der sowjetischen Militärverwaltung sah

sich gezwungen, aufgrund technischer Schwierigkeiten den Verkehr aller Güter- und Personen-
züge von und nach Berlin ab morgen früh, sechs
Uhr, einzustellen." Nur wenige Berliner nahmen
die Nachricht wahr, denn andere Fragen hatten
Vorrang. In den westlichen Besatzungszonen lief
eine Währungsreform an, an die Stelle der massiv abgewerteten Reichsmark trat die Deutsche
Mark. Doch die Sowjets lehnten diese Maßnahme, die eine entscheidende Voraussetzung
für eine Verbesserung der ökonomischen Lage
war, kategorisch ab; als Druckmittel hatten sie
seit Tagen wie schon mehrfach zuvor den Per-
sonenverkehr von und nach West-Berlin unterbunden. Auf den Vorschlag der Westmächte,
den Konflikt durch die Einführung einer speziellen Währung für ganz Berlin zu entschärfen, ging
Moskau nicht ein.

Bei den Offizieren der amerikanischen, britischen und französischen Truppen in der besetzten Stadt allerdings schlug die knappe Agentur-
mitteilung ein wie eine Bombe. Denn ihnen war
bewusst, dass sie vollständig abhingen von der
Versorgung aus ihren Stützpunkten in Westdeutschland. West-Berlin selbst, im Bombenkrieg gründlich zerstört, konnte nicht einmal die
eigene Bevölkerung ernähren, geschweige denn
zusätzlich die – wenn auch kleinen, militärisch
eher symbolischen – Kontingente der drei Westmächte. Wie jede Großstadt zu allen Zeiten war
die Metropole auf Lieferungen aus dem Umland
angewiesen, um zu überleben. Was bedeutete
die Ankündigung der ostdeutschen Nachrichten-
agentur also genau?

An jenem Mittwochabend konnte niemand
beurteilen, wie konsequent die UdSSR die angekündigte Transportsperre durchsetzen würde:
War es wieder nur eine Provokation, wie so oft
in den vorangegangenen knapp drei Jahren, seit
zunächst britische und US-Truppen, später auch
Franzosen, in die von der Roten Armee eroberte
Stadt eingerückt waren? Immer wieder hatte die
Sowjetunion versucht, den unwillkommenen Alliierten das Leben schwer zu machen. Ihre Mili-
tärzüge wurden manchmal stundenlang aufgehalten, Lastwagenkolonnen auf kilometerweite
Umleitungen geschickt, obwohl der direkte Weg
natürlich passierbar war.

Auch in Berlin selbst hatten die Sowjets eine
Politik der Nadelstiche begonnen, gerade innerhalb der eigentlich für alle vier Sektoren gemeinsam zuständigen deutschen Kommunalver-
waltung. SED-hörige Amtsträger führten einen
Kleinkrieg gegen Beamte, die das Vertrauen
westalliierter Offiziere hatten. Die Berliner Polizei,
für die öffentliche Sicherheit zuständig und daher
wichtigstes ziviles Machtmittel in der Stadt, war
faktisch schon seit Oktober 1946 gespalten. Im
März 1948 hatten die Sowjets den für Deutschland als Ganzes zuständigen Alliierten Kontrollrat platzen lassen, dann wenige Wochen später,
Anfang April, zum ersten Mal unter fadenscheini-
gem Vorwand die Verkehrswege nach West-Berlin zu Land und zu Wasser blockiert. Elf Tage lang
flogen daraufhin US-Transportmaschinen Ver-
sorgungsgüter ein. Schließlich ermöglichten die
Sowjets die Versorgung der alliierten Kontingente
per Zug, Lastwagen und Binnenschifffahrt wieder.

Ankunft im Fünfminu-
tentakt: Amerikanische
Flugzeuge auf dem
Flughafen Tempelhof
warten auf das Löschen
der Ladungen. Foto
Tony Vaccaro, Dezem-
ber 1948.

Nach der Blockade des Bahnverkehrs nur noch ein öder Spielplatz: von sowjetischen Soldaten zerstörte Gleise auf der Bahnstrecke Neukölln-Mittenwalde an der Stadtgrenze Berlins zwischen Rudow und Schönefeld, Oktober 1948.

Wie weit aber würde Stalin dieses Mal die Situation verschärfen? Auf eine offene, große Konfrontation mit den Westmächten hatte es die Sowjetunion in Berlin bisher nicht ankommen lassen. In ihren Besatzungszonen aber hatten beide Seiten längst begonnen, politische Tatsachen zu schaffen: Die Vorbereitungen für die Gründung eines demokratischen Rechtsstaates im Westen liefen auf Hochtouren, während die Sowjetverwaltung zunächst die wiedergegründete Kommunistische Partei mit den gleichfalls im „Dritten Reich" verfolgten Sozialdemokraten zur Sozialistischen Einheitspartei (SED) zwangsvereinigt hatte und nun mit sogenannten Volkskongressen Stimmung für ein sozialistisches Gesamtdeutschland zu machen versuchte.

Am Morgen des 24. Juni 1948 kam die Antwort auf die Frage, wie ernst es Stalin und seinen deutschen Statthaltern um Walter Ulbricht, Wilhelm Pieck und Otto Grotewohl war – und sie fiel sehr deutlich aus: Pioniere ostdeutscher uniformierter Einheiten, die es eigentlich gar nicht hätte geben dürfen, blockierten schlagartig die meisten größeren Routen, die von Westen, Norden und Süden her in die westlichen Sektoren der Stadt führten. Am Autobahnkontrollpunkt

zwischen Potsdam-Babelsberg und Berlin-Dreilinden senkten sich Schlagbäume, ebenso am wichtigsten Bahnübergang zwischen Falkensee und Spandau. Andere Gleisverbindungen wurden teilweise mit Prellböcken unterbrochen, teilweise sogar zerstört; an Straßensperren in die drei Sektoren hinein wurden Posten verstärkt und oft noch schikanösere Überprüfungen als bisher schon eingeführt. Dabei waren solche Maßnahmen eigentlich gar nicht nötig, denn gleichzeitig ließen die Wachposten des ostdeutschen Zolls an der innerdeutschen Grenze, zwischen den von Briten und Amerikanern besetzten Ländern (die französische Besatzungszone lag weit im Südwesten, in Baden und Württemberg) einerseits und dem sowjetisch kontrollierten Gebiet andererseits, überhaupt keine Transporte für West-Berlin mehr passieren. Stets lautete der angegebene Grund gleich nichtssagend: Es gebe „Probleme mit den Transportwegen", wahlweise mit Straßen- oder Eisenbahnbrücken, zufälligerweise gleichzeitig auch mit Schleusen und Kanälen. Selbstverständlich lief der Verkehr innerhalb der SBZ problemlos weiter, aber das überraschte niemanden. Fast noch schlimmer: Auch die Stromversorgung West-Berlins wurde an diesem frühen Donnerstagmorgen unterbrochen. Offensichtlich handelte es sich nicht um einen weiteren Nadelstich: Stalin wollte die Entscheidungsschlacht um Berlin schlagen, und die drei westlichen Sektoren sollten sein Faustpfand sein.

Mit der Blockade verfolgte Moskau eine doppelte Strategie: In erster Linie sollten die Westmächte gezwungen werden, ihre kleinen Garnisonen wegen Versorgungsengpässen aus Berlin abzuziehen, also die in mehreren Abkommen der Anti-Hitler-Koalition vereinbarten Rechte auf die gemeinsame Verwaltung aufgeben. Damit wäre der Weg frei gewesen für die SED, die frühere deutsche Hauptstadt vollständig unter Kontrolle zu bekommen. Die vereinbarte Nachkriegsordnung wäre fundamental verändert worden, ohne dass ein Schuss abgefeuert werden musste. Josef Stalin kalkulierte, so einen famosen Sieg im Kalten Krieg erringen zu können: Der demokratische Westen gedemütigt, der diktatorische Osten offenbar erfolgreich – das hätte in den Auseinandersetzungen in anderen europäischen Staaten wie Griechenland, Italien, vielleicht sogar Frankreich Eindruck gemacht und die politischen Gewichte überall zugunsten der Kommunisten verschoben.

Doch es war zumindest theoretisch nicht ausgeschlossen, dass Amerikaner und Briten genügend Güter für ihre wenigen Tausend Soldaten nach West-Berlin einfliegen lassen würden – die Franzosen hatten praktisch keine einsatzfähigen Lufttransportkapazitäten. Das hatte ja schon beim elftägigen Probelauf im April 1948 einigermaßen funktioniert. Deshalb zielte die Blockade zugleich auf die Einwohner West-Berlins: Abgeschnitten von der Versorgung aus dem Umland und den westlichen Besatzungszonen Deutschlands sollten sie dazu gebracht werden, ihren täglichen Bedarf offiziell und mit Anmeldung im sowjetischen Sektor von Berlin zu decken. So hofften die Sowjets zu beweisen, dass die Westmächte am Wohlergehen der Menschen in den westlichen Sektoren Berlins kein Interesse hätten. Dann würde, so Stalins Kalkül, die Bevölkerung mehrheitlich auf die Seite der SED wechseln. Spätestens dann hätten die West-Alliierten aus Berlin abziehen müssen. Ein guter Plan, jedenfalls von Moskau aus betrachtet.

Allerdings hatte der sowjetische Diktator drei entscheidende Punkte nicht einkalkuliert: erstens

die Abneigung fast aller West-Berliner gegen die sowjethörigen Marionetten der SED, zweitens den Charakter des US-Oberbefehlshabers in Deutschland, Lucius D. Clay, drittens die Leistungsfähigkeit und -bereitschaft der alliierten Luftwaffen, speziell die Kreativität des britischen Group Captain Reginald „Rex" Waite.

Dabei hätten Stalin eigentlich alle drei Faktoren bekannt sein müssen: Bei der ersten gesamtberliner Wahl nach Kriegsende war die SED am 20. Oktober 1946 gnadenlos abgestraft worden. Obwohl in allen vier Sektoren angetreten, erreichte sie insgesamt nur 19,8 Pro-

zent der Stimmen. Die SPD war zwar im sowjetischen Sektor seit der Zwangsvereinigung mit den Kommunisten nur noch ein Schatten ihrer selbst, überzeugte aber trotzdem insgesamt 48,7 Prozent der Wähler, gewann in mehreren Bezirken im Westen sogar klare absolute Mehrheiten. Die neu gegründete bürgerlich-christliche CDU erhielt immerhin 22,2 Prozent, die Liberalen kamen auf weitere 9,3 Prozent. Die Lehre aus diesem Ergebnis war klar: Mehr als vier Fünftel der Berliner wollten keine offen oder verdeckt kommunistisch dominierte Regierung.

Auch über Clays Nervenstärke und seinen unbeugsamen Charakter war Moskau informiert. Mehrfach hatten die sowjetischen Statthalter in Deutschland, zuerst Georgi Schukow und dann

Die Kinder lassen sich von Stalin nicht einschüchtern, sie finden sogar Spaß am Spiel: Die halbrund angeordneten Steine stellen den Flughafen Tempelhof nach, auf dem sie gerade eine amerikanische Maschine landen lassen, 1948.

Wassili Sokolowski, gegen die eiserne Standhaftigkeit des US-Generals den Kürzeren gezogen. Jede Herausforderung im Kontrollrat und auf unterer Ebene parierte der Militärgouverneur stoisch, meist unter Berufung auf Abkommen der Anti-Hitler-Koalition. Als zum Beispiel einmal bewaffnete Rotarmisten Eisenbahnschienen im amerikanischen Sektor abbauen wollten, schickte Clay kurzerhand Panzerwagen, denn Demontagen durften die Siegermächte nur in ihren eigenen Gebieten vornehmen. Zwar konnte Clay nichts ausrichten, wenn die Sowjets ihren eigenen Sektor ausplünderten und dabei gegen die gemeinsam festgelegten Regeln verstießen. Im US-Sektor jedoch sorgte er für Ordnung.

Schließlich hatte der Moskauer Machthaber mehrfach während des Zweiten Weltkriegs die Royal Air Force (RAF) für ihren Kampf gegen Hitler-Deutschland gelobt. Tatsächlich hatte sich rund ein Jahr lang, nach Frankreichs Kapitulation Mitte Juni 1940, Großbritannien allein gegen den vermeintlich unaufhaltsamen Siegeszug der deutschen Kriegsmaschine gestemmt, vor allem in der Luft, denn auf dem europäischen Kontinent hielten britische Soldaten mit Ausnahme von Griechenland keine Position mehr – und auch hier mussten sie schließlich aufgeben. Selbst nach dem deutschen Überfall auf die Sowjetunion am 22. Juni 1941 blieben die Bomber der RAF für mehr als drei Jahre die wichtigste Waffe, mit denen Hitlers Krieg zurück nach Deutschland getragen werden konnte, denn die sowjetische Luftwaffe verfügte nicht über nennenswerte strategische Kräfte. Offenbar aber hatte der Tyrann im Kreml die begründete Bewunderung für diese

enorme militärische Leistung vergessen, als seine Berater im Frühjahr 1948 die Blockade West-Berlins vorbereiteten.

Am unkonventionellen Denken, das „Rex" Waite wie auch andere hohe Offiziere der RAF auszeichnete, hatte sich aber nichts geändert. Schon nach der kurzen „Probe-Blockade" im Frühjahr 1948 hatte Waite berechnet, wie groß der tägliche Mindestbedarf für die vollständige Versorgung West-Berlins sein würde, also für mehr als zwei Millionen Zivilisten sowie einige Tausend alliierte Soldaten. Das Ergebnis der Berechnung zeigte: Es würde zwar schwierig sein, aber nicht unmöglich, diesen Nachschub durch Lufttransporte zu gewährleisten. Gestützt auf seine Tabellen schlug Waite gleich am 24. Juni 1948 vor, West-Berlin während der sowjetischen Blockade vollständig durch Flugzeuge zu versorgen. Clay, der bei seinen Vorgesetzten in Washington D.C. zunächst erfolglos angeregt hatte, mit einem bewaffneten Konvoi durchzubrechen, also maximales Risiko zu gehen, griff den Vorschlag des Briten gern auf. Immerhin brauchte ja ein mit ausreichenden Mitteln vorgetragener Vorstoß zu Lande neben dem politischen Einverständnis der US-Regierung auf jeden Fall einige Vorbereitung – man konnte also die Zeit bis dahin auch mit Waites utopisch klingendem Plan überbrücken.

Binnen weniger Stunden organisierten alliierte Offiziere in Europa mehr als 100 ältere Transportflugzeuge, bald kamen 50 der modernsten US-Maschinen vom viermotorigen Typ „Skymaster" hinzu. Die Berliner Luftbrücke kam, anfangs

Links: Reginald „Rex" Waite (links) bei der Einsatzplanung für die Sunderland-Flugboote, 1948.

Rechts: Die Royal Air Force versorgte Berlin über den Flugplatz Gatow und durch Flugboote auf der Havel und dem Wannsee: Landung einer Short Sunderland, September 1948.

freilich stockend, in Gang: Bis Ende Juni erreichten lediglich 1400 Tonnen Fracht West-Berlin, viel weniger als der von Waite vorgesehene absolute Minimalwert von 750 Tonnen pro Tag. Doch schon im Juli 1948 brachten 13.500 Flüge etwa 69.000 Tonnen Güter in die blockierte Stadt.

Um die Reibungsverluste zu verringern, forderte Clay einen bestimmten Mann an, den Air-Force-General und Lufttransport-Experten William Tunner. Er gehörte zu den gefürchteten, aber gleichzeitig bewunderten Kommandeuren, denn obwohl er von seinen Untergebenen stets alles und mehr verlangte, liebten sie ihn, überbot er doch seine eigenen Erwartungen noch. Berühmt-berüchtigt war sein Satz: „Wenn ich 20 Stunden am Tag arbeite, dann könnt ihr wohl 16 Stunden arbeiten." Aber Tunner lebte genau diese Einstellung vor. Als er Anfang 1940 nach Washington D. C. auf einen wichtigen, aber eben einen Bürojob versetzt worden war, hatte er seine ganz eigene Version von „Wochenende" entwickelt: Freitagabends setzte er sich in eine Zivilmaschine, flog an die Westküste der USA, übernahm mit einem für sich selbst ausgestellten Marschbefehl ein neues Flugzeug, überführte es mit mehreren Tankstopps bis Sonntagabend an seinen Bestimmungsort, meist Luftwaffenstützpunkte in Texas, und flog in der Nacht zu Montag zurück nach Washington. Am folgenden Morgen saß er dann, frisch wie nach zwei freien Tagen, wieder in seinem Büro und brachte seine Verwaltung auf Trab.

Im Zweiten Weltkrieg war Tunner für zwei unspektakuläre, aber sehr wichtige Aufgaben der US-Luftstreitkräfte verantwortlich gewesen: Aus dem Nichts baute er ab Anfang 1941 die Ferrying Division auf, die für den reibungslosen Transport fabrikfrischer Flugzeuge vor allem nach Europa, also nach Großbritannien und ab Herbst 1943 nach Süditalien sorgte. Nach vier Jahren umfasste die Einheit mehr als 50.000 Männer und Frauen, davon 8000 Piloten. Sein Organisations- und Motivationstalent hatte Tunner auch bei der „The Hump" genannten Versorgung alliierter Verbündeter in Südostasien aus der Luft bewiesen. Die Flugrouten führten über den Himalaya hinweg – für Piloten und Maschinen eine eigentlich kaum zu bezwingende Hürde. Unter seiner Leitung war es dennoch gelungen. Wenn jemand die Versorgung West-Berlins aus der Luft koordinieren konnte, dann Tunner. Denn der Brigadegeneral lebte für seine Überzeugung: „Wir können alles jederzeit überallhin transportieren."

Zu den ersten Innovationen gehörte, dass die Piloten strengen Flugregeln unterworfen wurden: Die drei den Westalliierten von den Sowjets schon 1945 zugestandenen Flugkorridore wurden nach dem Einbahnstraßenprinzip organisiert: Der nördliche Korridor, von Hamburg nach Berlin, und der südliche, von Frankfurt her, dienten fortan ausschließlich dem Hinflug, der mittlere, nach Celle in Niedersachsen, dem Rückflug, dafür aber gestaffelt in fünf definierten Höhen. Jeder Pilot hatte in Berlin lediglich einen Lande-

Links: Zum 10. Jahrestag der Beendigung der Blockade empfängt der Regierende Bürgermeister Willy Brandt den Generalleutnant William H. Tunner (rechts neben Brandt), inzwischen Commander des Military Air Transport Service der USA, zusammen mit sechs seiner Luftbrücken-Piloten, 11. Mai 1959.

Rechts: Unspektakulär, aber der eigentliche Zweck der Operation Airlift: das schnelle und reibungslose Entladen der Hilfsgüter am Boden, 1948.

versuch; misslang er, musste die Maschine mit der gesamten Fracht zurückfliegen. Die Entladezeiten pro Flugzeug wurden durch effiziente Organisation von anfänglich 90 auf 30 Minuten gedrückt, die technische Kontrolle im Wesentlichen auf Stützpunkte in Großbritannien verlegt.

Der Flugplatz der Royal Air Force Fassberg in Niedersachsen war einer der wichtigsten Startplätze zur Versorgung Berlins: Deutsche Arbeiter bringen Kohlesäcke zu den Transportflugzeugen, 20. Juli 1948.

Genauso wichtig wie die alliierten Piloten und Mannschaften, wie Clay und Tunner war für das Gelingen der Luftbrücke allerdings die Unterstützung durch die Bevölkerung in den USA, denn sie musste letztlich alles bezahlen, was in Europa und noch dazu zugunsten der Hauptstadt des erst drei Jahre zuvor unter Aufbietung aller Kräfte besiegten nationalsozialistischen Deutschland unternommen wurde. Die *New York Times* brachte Problem und Lösung am 4. Juli 1948 auf den Punkt: „Eine Luftbrücke ist ein kostspieliger Weg zur Versorgung Berlins. Aber in einem Notstand fragt man in unserem Land, dessen Bürger man ‚Geldjäger‘ oder ‚dollargierig‘ schimpft, nicht nach den Kosten. Wir fragen nur: ‚Was wird gebraucht?‘ Und wenn wir die Antwort haben, heißt es: ‚Okay, dann mal los.‘"

Manche Aufgaben freilich sind so groß, dass man sie eigentlich gar nicht und wenn, dann nur auf Umwegen bewältigen kann. Eigentlich, das sagte die Vernunft, ließen sich mehr als zwei Millionen Menschen unmöglich über längere Zeit

per Flugzeug mit Nahrung, aber auch mit Energieträgern, also Kohle und Öl versorgen. Noch dazu mussten möglichst viele von ihnen auch noch arbeiten, wofür man Rohstoffe und Halbfertigprodukte ein- und die verarbeiteten Teile wieder ausfliegen musste. Doch Tunner und sein Stab, zu dem auch „Rex" Waite zählte, hatten die entscheidende Idee: Sie organisierten die Luftbrücke als eine Art Wettbewerb – zwischen den britischen und amerikanischen Piloten, aber auch innerhalb der Verbände und bei den deutschen Lade- und Entlademannschaften. Allen gemeinsam war das Motto: Stalin werden wir es schon zeigen! Um die Stimmung seiner bis an den Rand der totalen Erschöpfung geforderten Männer zu heben, ließ Tunner sogar eine eigene Zeitung erscheinen, die *Task Force Times*, mit Nachrichten und Berichten rund um die „Operation Vittels", wie der militärische Name der Luftversorgung Berlins lautete, – und mit täglichen Karikaturen, die für gute Stimmung sorgten und aufkommender Unzufriedenheit ein Ventil boten.

Die West-Berliner betrachteten im Juli und August 1948 die Bemühungen der Alliierten überwiegend mit freundlicher Skepsis: Auch sie vermochten sich nicht vorzustellen, dass die Luftbrücke über längere Zeit Erfolg haben könnte. Weil rasch viele kräftige Hände nötig waren, beim Entladen auf den Flughäfen Gatow und Tempelhof, aber auch beim Neubau eines Befehlsflugplatzes auf dem früheren Schießplatz im Tegeler Forst, kamen aber immer mehr junge Männer in engeren Kontakt mit dem alliierten Luftbrücken-Personal. Obwohl viele der Amerikaner und Briten noch wenige Jahre zuvor Bomben auf Deutschland, oft auch auf Berlin abgeworfen hatten und dabei beschossen worden waren, nicht selten von den nun zupackenden Ladearbeitern als Flakhelfern, entstand ein gemeinsames Bewusstsein: Einer Erpressung wollten weder die alliierten Mannschaften noch die West-Berliner nachgeben.

Weltweit bekannt machte diesen neuen Geist der Kooperation am 9. September 1948 Ernst Reuter, der rechtmäßig gewählte, aber von den Sowjets wegen seiner antikommunistischen Überzeugung nicht akzeptierte SPD-Oberbürgermeister der Stadt. Während die Luftbrücke bereits lief und sogar schon die ersten tödlichen Unfälle vorgekommen waren, versuchten die Mitglieder der 1946 demokratisch bestimmten Stadtverordnetenversammlung immer noch furchtlos, im Neuen Stadthaus an der Klosterstraße im Bezirk Mitte zu tagen, also in Ost-Berlin – zum Ärger Walter Ulbrichts und der Sowjets. Am 26. August 1948 verhinderten SED- und FDJ-Aktivisten zum ersten Mal das Zusammentreten der Abgeordneten. Einen Tag später dauerte die verschobene Sitzung gerade einmal vier Minuten, bis der Versammlungsleiter, der Sozialdemokrat Otto Suhr, sie aus Sorge vor eindringenden Demonstranten abbrach. Der anstelle von Reuter amtierende Oberbürgermeister Ferdinand Friedensburg (CDU) fand vor Journalisten klare Worte: „Der Magistrat wird vor der Gewaltandrohung einer verschwindend kleinen Minderheit nicht kapitulieren!"

Suhr wandte sich an den sowjetischen Stadtkommandanten, um Polizeischutz für die nächste Sitzung zu erhalten, die für den 6. September angesetzt war. Doch natürlich wusste der Parlamentsvorsitzende, dass die SED-Demonstranten im Auftrag der Sowjets handelten. Trotzdem wollte es Suhr ein letztes Mal versuchen, allerdings mit dem absehbaren Ergebnis: SED-Mitglieder stürmten den Saal im Neuen Stadthaus und verprügelten mehrere Ordner des Magistrats; auch Reporter wurden geschlagen, ohne dass danebenstehende Ost-Berliner Polizisten einschritten. Erst nach dem Abzug der Demonstranten besetzten SED-treue Beamte das Stadthaus, durchsuchten Büros und verhafteten jene Mitarbeiter, die sich auf die Seite der demokratisch legitimen Stadtregierung gestellt hatten. Jetzt gab Otto Suhr auf und berief die Abgeordneten ins Studentenhaus am Steinplatz im West-Berliner Stadtteil Charlottenburg ein – fast alle außer den Mandatsträgern der SED kamen. Nun war Berlin auch politisch geteilt.

Gegen diese Sprengung des Berliner Parlaments durch die SED riefen alle demokratischen Parteien für den 9. September 1948 zu einer Großkundgebung auf. Ort sollte der im britischen Sektor und daher sichere, wenngleich direkt an der Sektorengrenze gelegene, Platz der Republik vor dem Reichstagsgebäude sein. Zu der Kundgebung kamen 300.000 Menschen. Im Mittelpunkt stand nicht Ernst Reuter. Zunächst gedachte der Berliner SPD-Chef Franz Neumann

der Opfer des politischen Widerstandes – und zwar ausdrücklich der Jahre 1933 bis 1948. Die Zuhörer fanden das völlig schlüssig, waren doch seit dem Ende des Zweiten Weltkriegs Tausende echte oder vermeintliche Antikommunisten von den Sowjets und ihren ostdeutschen Helfershelfern verschleppt worden; von den meisten gab es im September 1948 noch kein Lebenszeichen. Nach Neumann sprach der Stadtverordnetenvorsteher Otto Suhr. Er schilderte die Ereignisse im Neuen Stadthaus und die Konsequenzen, die in den drei westlichen Sektoren der Stadt daraus gezogen werden mussten: Eine eigene, demokratische Regierung war zu bilden, denn im sowjetischen Sektor seien nunmehr endgültig die verfassungsmäßig garantierte Selbstverwaltung und damit die Freiheit aufgehoben.

Erst als dritter Redner kam Ernst Reuter zu Wort. Entgegen seiner Gewohnheit hatte er kein ausgearbeitetes Manuskript, sondern nur ein paar Notizen vor sich. Dafür redete er sich selbst in Rage: „Uns kann man nicht eintauschen, uns kann man nicht verhandeln, und uns kann man auch nicht verkaufen. Es ist unmöglich, auf dem Rücken eines solchen tapferen, standhaften Volkes einen faulen Kompromiss zu schließen!" Als zeitweiliger KPD-Funktionär, der 1918 bis 1922 die Methoden der Kommunisten aus nächster Nähe erlebt hatte, wusste Reuter, wie er Ulbricht und Genos-

Demonstration des Durchhaltewillens vor dem Reichstag mit Ernst Reuter, Otto Suhr und Franz Neumann, 9. September 1948.

Links: eine abgestürzte Douglas DC-3 Dakota, 1948.

Rechts: Ernst Reuter bei seinem Appell an die Völker der Welt, hier nach Osten weisend und versichernd, dass die Belagerer nicht durchkommen werden, 9. September 1948.

sen besonders wehtun konnte: „Wir möchten der SED nur einen Rat geben: Wenn sie ein neues Symbol braucht, bitte, nicht den Druck der Hände, sondern die Handschellen, die sie den Berlinern anlegten!" Das Publikum reagierte begeistert.

Und trieb Reuter damit an. Offenbar aus dem Bauch heraus formulierte er nun jene Sätze, die zum Symbol der Standhaftigkeit West-Berlins während der Blockade wurden: „Ihr Völker der Welt, ihr Völker in Amerika, in England, in Frankreich, in Italien! Schaut auf diese Stadt und erkennt, dass ihr diese Stadt und dieses Volk nicht preisgeben dürft und nicht preisgeben könnt!" Unendlicher Jubel raste über den Platz der Republik. Reuter hatte genau die richtigen Worte gefunden. Nun war klar, dass um West-Berlin die Schlacht zwischen Demokratie und Diktatur geschlagen wurde. Es ging nicht mehr allein um die Menschen in der geteilten Stadt, sondern es ging um die Abwehr einer Tyrannei, die Völker im Namen der Arbeiterschaft unterdrückte, quälte, teilweise ermordet hatte.

Wie zur Bestätigung kam es direkt nach der Kundgebung am Brandenburger Tor zu schweren Auseinandersetzungen. Zuerst waren es nur Rangeleien zwischen Ost-Berliner Teilnehmern, die zurückkehren wollten, und SED-Aktivisten, die sie daran zu hindern versuchten. Dann griff die Ost-Berliner Polizei ein, und plötzlich fielen Schüsse. Sie verletzten etwa ein Dutzend Men-

schen und töteten den erst 15-jährigen Wolfgang Scheunemann. Zahlreiche Demonstranten wurden festgenommen, darunter auch einige, die aus Protest die rote Flagge vom Brandenburger Tor geholt und öffentlich zerrissen hatten. Deutlicher hätten die Machthaber um Ulbricht ihre Menschenverachtung nicht demonstrieren können. Auch wegen dieser Reaktion fand Reuters Botschaft weltweit Resonanz. Seine Worte wurden in britischen und amerikanischen Zeitungen mit Respekt aufgegriffen und führten dazu, dass die enormen Anstrengungen für die Luftbrücke nun auch dort die nötige öffentliche Unterstützung bekamen.

In West-Berlin passten sich derweil die Menschen den neuen Lebensbedingungen unter dem Druck der Blockade schnell an. Da es nur stundenweise Strom gab, je nach Lage manchmal spätnachts oder frühmorgens, wurden von Elektrizität abhängige Arbeiten eben auf diese Zeiten verlegt. Eher selten kam wohl ein aus einem Fahrrad und zwei Dynamos selbst gebastelter Generator zum Einsatz – dafür hob der Einfallsreichtum seines Erfinders die Stimmung.

Vor allem aber verweigerten sich die West-Berliner dem unmoralischen Angebot, das Stalin und die SED ihnen immer wieder machten. Die innerstädtische Sektorengrenze stand prinzipiell offen; an größeren Straßen wurde zwar kontrolliert, auch hatten ostdeutsche Polizisten viele Sperren aus Gittern, Baumstämmen oder Schutt-

haufen angelegt. Doch ohne durchgehende Mauern oder Zäune aus Stacheldraht waren die westlichen drei Viertel der Stadt nicht vom östlichen Viertel zu trennen. Ohnehin verkehrten die meisten U- und S-Bahnen, als gäbe es keine Blockade.

Da die West-Berliner also leicht in den sowjetischen Sektor wechseln konnten, ließ die SED möglichst viele Waren, an denen es in den blockierten Sektoren mangelte, nach Ost-Berlin schaffen und verkündete das auch propagandistisch – etwa im Parteiblatt *Neues Deutschland*: „Ost-Berliner seid froh, dass Ihr nicht in den drei freien Sektoren der früheren Reichshauptstadt lebt! Dort würde es Euch viel schlechter gehen!" Damit sollten Menschen aus dem Westteil in den sowjetischen Sektor gelockt werden, wo man, zu oft subventionierten Preisen, einkaufen konnte – aber nur nach offizieller Anmeldung. Mit einer entsprechenden Laufkarte durften die erworbenen Waren auch nach West-Berlin hineingebracht werden; die ostdeutschen Zöllner hatten Weisung, scharf zu suchen, aber entsprechende Papiere zu akzeptieren. Natürlich provozierte dies einen lebhaften Schmuggel.

Manchmal begann es ganz unverdächtig, wie bei der 13-jährigen Gisela Bilski. Das Mädchen wohnte im sowjetischen Teil von Berlin, ihre Verwandten aber im Westen, eine Tante zum Beispiel in der Nähe des Bahnhofs Zoo. Schon solange Gisela denken konnte, hatte diese Tante

im Sommer Äpfel aus dem Familiengarten im Osten bekommen. Warum sollte es jetzt anders sein, nur weil die Sowjets beschlossen hatten, die drei Westsektoren zu blockieren? Also brach sie zu ihrer Tante auf, mit einem kleinen Korb Äpfel, fünf Pfund vielleicht. Sie dachte sich dabei nichts: „Das war doch kein Verbrechen." Die ostdeutschen Zöllner am Bahnhof Friedrichstraße sahen es anders und winkten sie heraus. Im letzten Moment warf Gisela das Obst weg, doch war sie einem der Uniformierten offenbar aufgefallen; er verwarnte das Mädchen.

Kurz darauf wollte sie ihre Cousine in Reinickendorf im französischen Sektor Berlins besuchen. Und was brachte man in schweren Zeiten der Blockade mit? Gisela packte als Gastgeschenk etwas Butter ein. Dieses Mal wollte sie an der S-Bahn-Station Bornholmer Straße vom Osten in die Westsektoren wechseln. Doch dann schoss „wie von der Tarantel gestochen" der Posten auf sie zu, dem sie schon an der Friedrichstraße aufgefallen war. Nun gab es keine Verwarnung mehr: Sie wurde verhaftet, wegen „Wirtschaftsverbrechen", und saß zwei ganze Tage in einer Gemeinschaftszelle mit vier älteren Frauen. Schließlich kam sie frei; die Vorwürfe wogen nicht schwer genug. Nach dieser Erfahrung begann Gisela Bilski richtig mit dem Schmuggeln zugunsten ihrer Verwandten in West-Berlin, denen sie zum Beispiel Bockwürste brachte: „Das war der Kick", erinnerte sie sich Jahrzehnte später.

Links: Pilot Gail S. Halvorsen wirft auf dem Flughafen Berlin-Tempelhof Süßigkeiten aus seinem C-54-Transportflugzeug, Weihnachten 1948.

Rechts: Nach dem Rekordergebnis der Luftbrückenflüge am Karsamstag, 16. April 1949: Mit 1383 Flügen wurden 12.849 Tonnen nach Berlin eingeflogen.

Ähnliche selbstlose, aber gefährliche Unterstützung von Ost nach West gab es während der Blockade zehntausendfach – und zugleich kriminelle Schiebereien im großen Maßstab. Denn so strikt konnte man, auch mit unzähligen Uniformierten, eine Dreiviertelstadt eben nicht vom Rest und ihrem Umland trennen. Über die Havel paddelten nachts Schmuggler, Lastwagen fuhren an bestochenen Zöllnern vorbei in den Westen, durch Betriebstunnel der U-Bahn oder über Bahndämme halfen Mitarbeiter der Ost-Berliner Verkehrsbetriebe ihren Kollegen, oft Freunden, im Westen.

Zudem gab es, der großen Politik zum Trotz, während der Blockade auch offizielle Wirtschaftskontakte zwischen West-Berlin und dem Umland. Manche Firmen in den westlichen Bezirken schlossen sogar neue Handelsverträge mit Lieferanten in der SBZ. Die West-Alliierten sahen es nicht gern, unternahmen aber in der Regel auch nichts dagegen. Natürlich wusste jeder, dass die Sowjets und die SED diese Kooperationen nur genehmigten, um die Solidarität zwischen Alliierten und West-Berlinern aufzubrechen. Doch die Unterstützung der Bevölkerung mit den West-Alliierten hielt – nur nutzte man das taktische Entgegenkommen der ostdeutschen Machthaber nach Möglichkeit aus.

Für die zunehmend gute Stimmung in West-Berlin trug der US-Pilot Gail Halvorsen eine wesentliche Mitverantwortung. Der Mormone, der wegen seines Glaubens im Zweiten Weltkrieg abseits der Fronten Transportmaschinen geflogen hatte, warf beim Landeanflug auf Tempelhof gern Süßigkeiten aus dem Cockpitfenster seiner „Skymaster". Das sprach sich herum, und bald warteten Dutzende, ja Hunderte Kinder an den Einflugschneisen. Auf sie konnte Halvorsen seine Mitbringsel nicht einfach hinabwerfen, also ließ er auf seinem Heimatflughafen Rhein-Main kleine Fallschirme basteln. Binnen kurzem wurden die so ausgestatteten Süßigkeiten nicht mehr nur von Halvorsen aus dem Cockpitfenster geworfen, sondern kistenweise aus den Türen verschiedener Transporter. Zwar spielte die Menge kaum eine Rolle bei knapp 2000 Tonnen eingeflogener Lebensmittel täglich – aber für die Psychologie war der Einfall des Frachtpiloten enorm wichtig: Die Luftbrückenflugzeuge hießen bald nur noch „Rosinenbomber".

Auch Tunners Stab ließ sich einiges einfallen, um die Stimmung aufzubessern. Kinder wurden zu Urlauben in die westlichen Zonen aus- und wieder eingeflogen. Die Briten luden Tausende Berliner zu speziellen Weihnachtsessen ein. Der

Eine halbe Million Berliner versammeln sich vor dem Rathaus Schöneberg, als das Ende der Blockade bekannt gemacht wird, 12. Mai 1949.

Höhepunkt aber war am 20. Dezember 1948 die „Operation Weihnachtsmann": Vom wichtigen Stützpunkt Faßberg bei Celle aus wurden Geschenke für gleich 10.000 West-Berliner Kinder eingeflogen, die „Santa Claus" aus einem Flugzeug heraus verteilte. Allen West-Berlinern zugute kamen die Care-Pakete, zusammengestellt von einer großen Hilfsorganisation in den USA und in der blockierten Teilstadt stets heiß begehrt.

Als sich der Winter 1948/49 seinem Ende zuneigte, war klar: Stalin hatte verloren. Inzwischen kam auf den drei West-Berliner Flughäfen ungefähr alle drei Minuten eine Frachtmaschine an, die Transportleistung von täglich durchschnittlich 5000 Tonnen wurde sogar, natürlich im Rahmen eines Wettbewerbs, am Osterwochenende bis auf die unglaubliche Zahl von 12.849 Tonnen binnen 24 Stunden gesteigert. Die Blockade West-Berlins hatte keines ihrer beiden Ziele erreicht. Weder zogen die Westmächte freiwillig ab noch kündigten die Einwohner der westlichen Sektoren den alliierten Soldaten die Solidarität auf. Im Gegenteil: Durch den äußeren Druck waren aus Besatzern Schutzmächte geworden. Moskau lenkte ein und erklärte sich zu Geheimverhandlungen in New York bereit. Doch viel anzubieten hatten die Sowjets nicht. Tunners Organisation lief so gut, dass sie den hohen Kosten zum Trotz auch noch jahrelang weiter hätte betrieben werden können.

Stalin musste klein beigeben: Am 12. Mai 1949, genau um eine Minute nach Mitternacht, hoben sich die Schlagbäume am Kontrollpunkt Dreilinden. Eine Kolonne Lastwagen rollte los, voran zwei Jeeps mit US-Soldaten. Das Ziel des Konvois: Helmstedt in Niedersachsen, in der gerade erst durch die Annahme des Grundgesetzes durch den Parlamentarischen Rat entstandenen Bundesrepublik Deutschland. Mit ausgesuchter Höflichkeit ließen die sowjetischen und ostdeutschen Posten die Fahrzeuge passieren. Bald normalisierte sich der Transport zu Lande und zu Wasser von und nach West-Berlin. Nach genau 322 Tagen wurde die Blockade aufgehoben.

In der Luft allerdings blieb es noch einige Wochen beim seit Juni 1948 gewohnten Bild. Weiterhin landeten fast tausend Mal pro Tag Transportmaschinen in West-Berlin und entluden

ihre Fracht. Auf keinen Fall nämlich wollte William Tunner von den Sowjets vorgeführt und gezwungen werden, seine zu früh demobilisierte Organisation wieder reaktivieren zu müssen. Erst als sich sechs Monate später die Lage weiter entspannt hatte, wurde die Berliner Luftbrücke beendet.

Zwischen dem 24. Juni 1948 und dem 12. September 1949 brachten britische und amerikanische Maschinen bei etwa 277.000 Flügen rund 2,3 Millionen Tonnen Fracht nach West-Berlin, davon knapp drei Viertel Kohlen zur Stromerzeugung und für die Heizung im Winter. 92.300 Tonnen Benzin und Diesel gelangten mit britischen Tankflugzeugen in die westlichen Sektoren. Rund 228.000 Deutsche wurden ein- oder ausgeflogen. Insgesamt verschlang die „Operation Vittles" weit über eine Milliarde Dollar – nach damaligem Wert eine ungeheure Summe. Schlimmer als diese enormen Ausgaben aber war: Während der extrem eng gestaffelten An- und Abflüge starben mehr als 80 Menschen, bei Abstürzen oder anderen Flugunfällen. Doch trotz dieses Preises war die Berliner Luftbrücke ein voller Erfolg: Sie sicherte nicht nur den Menschen in den westlichen Sektoren Berlins die Freiheit, indem sie Stalins Geiselnahme ins Leere laufen ließ. Letztlich verhinderte die Standhaftigkeit der Amerikaner, der Briten und der West-Berliner womöglich sogar einen weiteren, den Dritten Weltkrieg.

Zum Ende der Blockade noch einmal ein Ruf an die Völker der Welt: Berlin lässt sich nicht unterkriegen! Fahrt eines Busses zum Kontrollpunkt Dreilinden, 12. Mai 1949.

Wolfgang Benz

Die Gründung der Bundesrepublik Deutschland

Viele Gründungsdaten bildeten die Stationen des Wegs zur Bundesrepublik Deutschland, die mit dem Zusammentreten des Parlaments am 7. und der Kanzlerwahl am 15. September 1949 ins Leben trat. Am Anfang stand die Potsdamer Konferenz, die mit dem Kompromiss der Großmächte in der Reparationsfrage die ökonomische Teilung Deutschlands vollzog. Staatsrechtlich existierte Deutschland seit dem 8. Mai 1945 nicht mehr. Als Regierung fungierte der Alliierte Kontrollrat in Berlin, verkörpert durch die Militärgouverneure der vier Besatzungsmächte. Sie waren im Kontrollrat gemeinsam für die Geschicke der Deutschen verantwortlich, in ihrer jeweiligen Besatzungszone waren sie die höchste Instanz. Die drei Besatzungszonen der Westmächte entwickelten gegenüber der sowjetischen Zone in der Folge ein Eigenleben während sich die Ostzone ihrerseits gegen den Westen abgrenzte.

Am 6. September 1946 hielt der amerikanische Außenminister James F. Byrnes eine Programmrede, die auch ausdrücklich für deutsche Ohren bestimmt war. Der größere Teil des Publikums im Großen Haus des Württembergischen Staatstheaters in Stuttgart bestand freilich aus Offizieren und Funktionären der Militärregierung und Diplomaten. Byrnes sagte unter anderem, das amerikanische Volk wünsche, den Deutschen die Regierung zurückzugeben, und es wolle dem deutschen Volk helfen, „seinen Weg zurückzufinden zu einem ehrenvollen Platz unter den freien und friedliebenden Nationen der Welt". Das klang sensationell und weckte große Hoffnungen. Die Rede wurde als Abkehr von der bisherigen Besatzungspolitik verstanden, als Zeichen eines Neubeginns, aber auch als Abrechnung mit der französischen Obstruktionspolitik und als Zurückweisung sowjetischer

Ein Platz für die Deutschen unter den freien und friedliebenden Nationen: Außenminister James F. Byrnes bei seiner Rede im Stuttgarter Staatstheater, 6. September 1946. Auf den Stühlen von links: politischer Berater der US-Militärregierung in Deutschland Robert Murphy, Senator Arthur Vandenberg, Senator Tom Connally.

Beratungen ohne Einigung aller Besatzungsmächte, aber mit dem Ergebnis, dass Amerikaner und Briten die Bizone bilden. Die Teilnehmer der Außenminister-konferenz (von links): Ernest Bevin (Großbritannien), Félix Gouin (Ministerpräsident Frankreichs), James F. Byrnes (USA), Wjatscheslaw Molotow (Sowjetunion) und Georges Bidault (Frankreich), 15. Juni 1946.

Vergebliche Suche nach einer Einigung über Deutschlands Zukunft: Die Außenministerkon-ferenz der vier Sieger-mächte tagt 1946 im Palais du Luxembourg in Paris, 25. April–12. Juli 1946.

Ansprüche gegenüber Deutschland. Dass man zwischen Besatzungspolitik (der unmittelbaren Antwort auf das NS-Regime und den verlore-nen Krieg) und Deutschlandpolitik (der Gestal-tung der Verhältnisse in Deutschland und seiner internationalen Beziehungen in ferner Zukunft) unterscheiden musste, war freilich vielen nicht recht klar, die über die Konsequenzen der Byr-nes-Rede nachdachten. An der Besatzungspo-litik, wie sie von den Alliierten schon vor Kriegs-ende vereinbart war, änderte sich im Grundsatz nichts. Die Stuttgarter Rede war keine Zäsur, sie markierte jedoch vor der Weltöffentlichkeit eine Trendwende in der Deutschlandpolitik, die sich schon Monate zuvor angebahnt hatte. In die-sem Sinn betonte Byrnes mehrmals die Absicht der Amerikaner, an den Potsdamer Vereinbarun-gen, vor allem an der Wiederherstellung der wirt-schaftlichen Einheit Deutschlands, festzuhalten, notfalls allerdings im kleineren Rahmen von drei oder nur zwei Besatzungszonen.

Bis zum Frühsommer 1948 kostete es die amerikanischen und britischen Politiker einige Mühe, die Franzosen von ihrer Deutschland-politik ohne Kompromissbereitschaft abzubrin-gen. Washington wandte schließlich auch wirt-schaftliche Druckmittel an, um Frankreich auf die anglo-amerikanische Linie zu bringen. Die französischen Sonderwünsche und die hinter Reparationsforderungen verschanzte sowjeti-sche Politik hatten sich im ersten Besatzungs-jahr als die stärksten Hindernisse einer Verwirkli-chung der Potsdamer Vereinbarungen erwiesen. Zu diesen gehörte auch das Projekt eines Frie-densvertrags, den der Rat der Außenminister der vier Mächte vorbereiten sollte. Auf der Pari-ser Außenministerkonferenz, dem zweiten Treffen dieses Gremiums, hatte Byrnes Ende April 1946 entschieden auf die Realisierung der Potsdamer

Im Einsatz für die Bizone: Frankfurts Oberbürgermeister Walter Kolb (SPD) überreicht in der Gutleutkaserne Arbeitskleidung aus Beständen der US-Armee an Arbeiter, die bei den Baumaßnahmen für die Verwaltung des Wirtschaftsrats des Vereinigten Wirtschaftsgebiets eingesetzt werden, 26. Juli 1947.

Bizone entwickelte sich im Laufe von zweieinhalb Jahren zum Modell des künftigen Weststaats.

Das war nicht geplant, sondern eher das Ergebnis der Unfähigkeit der Großmächte, die „deutsche Frage" zu lösen. Auch die vierte Außenministerkonferenz endete im April 1947 im Zwist. Die Sowjets beharrten auf ihren Reparationsforderungen und verlangten unter anderem die Auflösung der Bizone, die Franzosen wünschten weiterhin die Abtrennung des Ruhr- und des Saargebiets von Deutschland. Am Ende der gescheiterten Konferenz verständigten sich Amerikaner und Briten in der Reaktion auf das Stagnieren der alliierten Deutschlandpolitik dahin, die Bizone schon jetzt zu einem lebensfähigen Gebilde, das sich selbst versorgen konnte, auszubauen.

Im Juni 1947 wurde der Beschluss in die Tat umgesetzt. Die bizonalen Organe wurden in Frankfurt zusammengefasst; als Lenkungsgremium der gemeinsamen Ressort-Verwaltungen mit jeweils einem Direktor an der Spitze wurde ein Exekutivrat errichtet, in dem Vertreter der acht Länder der Bizone saßen. Ferner trat ein Parlament zusammen, der „Wirtschaftsrat", dessen 52 Abgeordnete – ab Anfang 1948 waren es 104 – von den acht Landtagen gewählt wurden. Nach einer weiteren Reform war Anfang 1948 die Vorform der Bundesrepublik perfekt. Lediglich die Bezeichnungen vermieden noch den politischen Anstrich. Das Gebilde hieß „Vereinigtes Wirtschaftsgebiet", die Ressortchefs hießen Direktoren, nicht Minister, der „Oberdirektor" durfte sich nicht „Kanzler" nennen, und die Gesetzgebung des Parlaments unterstand der Genehmigung der amerikanischen und britischen Militärregierung. Solche äußeren Beschränkungen änderten aber nichts daran, dass in Frankfurt konstitutive Entscheidungen und Weichenstellungen erfolgten, die – wie der Übergang zur Marktwirtschaft im Sommer 1948 – auch die spätere Bundesrepublik prägten. Der Behördenapparat der Bizone in Frankfurt am Main bildete ab Sommer 1949 den Grundstock der Bürokratie der Bundesrepublik.

Vereinbarungen gedrängt und sogar einen Termin für den Beginn der Friedensverhandlungen mit Deutschland vorgeschlagen, den 12. November 1946. Die Außenministerkonferenz schleppte sich jedoch von April bis Juli 1946 ohne Fortschritte dahin. Sie erschöpfte sich in ergebnislosen Debatten mit dem sowjetischen Vertreter Molotow über die Reparationsfrage. Am vorletzten Tag, dem 11. Juli 1946, lud Byrnes dann die drei anderen Besatzungsmächte ein, ihre Zonen mit der amerikanischen wirtschaftlich zu verschmelzen. In Paris und Moskau wurde das amerikanische Angebot abgelehnt; London stimmte erwartungsgemäß zu. Als Minimallösung ergab sich daraus die Fusion des amerikanischen und britischen Besatzungsgebiets zur „Bizone" mit Wirkung ab dem 1. Januar 1947.

Die beiden Besatzungsmächte waren sehr darauf bedacht, das Provisorische des Zonenzusammenschlusses und die wirtschaftlichen und administrativen Zwecke, die offiziell damit ausschließlich verfolgt wurden, zu betonen. Das Ziel war, die wirtschaftlichen Möglichkeiten und Ressourcen beider Zonen zusammenzufassen und bis Ende 1949 die ökonomische Unabhängigkeit der Doppelzone herzustellen. Tatsächlich war der Zusammenschluss der amerikanischen und der britischen Zone aber der erste Schritt zur Gründung der Bundesrepublik Deutschland und die

Wie weit sich die Deutschen politisch unter dem Einfluss der Besatzungsmächte auseinander gelebt hatten, zeigte sich im Juni 1947, als eine Konferenz der Ministerpräsidenten aller vier

Zonen in München dramatisch scheiterte. Zur gleichen Zeit verkündete der US-Außenminister George Marshall vor Studenten der Harvard University die Grundzüge des amerikanischen Hilfsprogramms, das unter dem Namen Marshall-Plan allen demokratischen Staaten wirtschaftliche Hilfe versprach. Zu den Empfängern sollten auch die drei Westzonen Deutschlands gehören. Dazu war die Konsolidierung des deutschen Finanzsystems notwendig, die am 20. Juni 1948 in den drei Westzonen in Gestalt einer Währungsreform vollzogen wurde. Das legendäre Ereignis, ohne deutschen Einfluss auf Betreiben der USA von den Westmächten vorbereitet und durchgeführt, legte den Grundstein zum Wirtschaftswunder, spaltete aber die sowjetische Besatzungszone endgültig von den Westzonen ab. Die Sowjetunion reagierte mit einer eigenen Währungsreform und blockierte Westberlin, das monatelang nur über die Luftbrücke versorgt werden konnte.

Auf dem Höhepunkt der Auseinandersetzungen wurden die Weichen für die Gründung eines Weststaats gestellt. Im Dezember 1947, als die fünfte Außenministerkonferenz der Siegermächte des Zweiten Weltkriegs abgebrochen wurde, war offenbar, dass die Großmächte sich nicht über die Ordnung der deutschen Angelegenheiten einigen konnten. Als Ersatz für die große Lösung eines aus den vier Besatzungszonen bestehenden deutschen Nachkriegsstaats, wie er in der Potsdamer Konferenz vom Sommer 1945 erstrebt und verheißen war, forcierten im Frühjahr 1948 Amerikaner und Briten die Errichtung eines Staats auf dem Gebiet der drei westlichen Besatzungszonen. In langwierigen Verhandlungen einer dazu einberufenen Sechsmächtekonferenz in London wurden die Franzosen und die drei westlichen Nachbarstaaten, Belgien, die Niederlande und Luxemburg, vom anglo-amerikanischen Konzept überzeugt. Washington und London ging es darum, die drei Westzonen in ein europäisch-atlantisches Staatensystem einzubinden. Gegen dieses Vorhaben bestanden in Paris freilich noch erhebliche Bedenken. Um den französischen Sicherheitsinteressen zu genügen, mussten daher Zugeständnisse, etwa in der Frage der internationalen Kontrolle des Ruhrgebiets, gemacht werden. Als Gegenleistung nahmen die Franzosen Abstriche an ihren extremen Föderalisierungskonzepten vor.

Am 7. Juni 1948, zwei Wochen vor der Währungsreform in den drei Westzonen, wurden die „Londoner Empfehlungen" als Komuniqué der Konferenz veröffentlicht. Sie enthielten die Umrisse des deutschen Weststaats. Am 1. Juli erfuhren die deutschen Länderchefs im Einzelnen, was geplant war und was sie tun sollten. Die damaligen obersten Repräsentanten der westdeutschen Politik, neun Ministerpräsidenten und die Bürgermeister der beiden Stadtstaaten Hamburg und Bremen, waren zu diesem Zweck von den drei Militärgouverneuren nach Frankfurt beordert worden. Die äußeren Umstände der Veranstaltung waren wenig ermutigend. Die Länderchefs waren ohne

Angabe des Raums und der Stunde ins ehemalige Verwaltungsgebäude des IG-Farben-Konzerns bestellt worden. Einzelheiten hatten sie erst nach dreitägigem Herumtelefonieren erfahren. Die Stimmung war, als man am 1. Juli 1948 um 11.30 Uhr versammelt war, alles andere als euphorisch. Aber das Ereignis gehörte, wie man später erkannte, zu den wichtigen Daten der Gründung der Bundesrepublik Deutschland. Die Frankfurter Konferenz bildete den Wendepunkt vom alliierten Kriegsrecht hin zur deutschen Verantwortlichkeit. Die drei Dokumente, die den deutschen Politikern am 1. Juli 1948 überreicht wurden, enthielten den Gründungsauftrag für einen deutschen Nachkriegsstaat.

Die „Frankfurter Dokumente" der westlichen Militärgouverneure formulierten die Bedingungen für eine Staatsgründung in den drei Westzonen. Vor der Überreichung an die Ministerpräsidenten der Länder beraten sich General Marie-Pierre Kœnig, Robert D. Murphy und General Lucius D. Clay, 1. Juli 1948.

Das erste der Frankfurter Dokumente umriss den eigentlichen Auftrag: Die Ministerpräsidenten wurden darin ermächtigt, eine Versammlung einzuberufen, die eine demokratische Verfassung ausarbeiten sollte, „die für die beteiligten Länder eine Regierungsform des föderalistischen Typs schafft, die am besten geeignet ist, die gegenwärtig zerrissene deutsche Einheit schließlich wieder herzustellen, und die Rechte der beteiligten Länder schützt, eine angemessene Zentralinstanz schafft und die Garantien der individu-

Im Hotel Rittersturz in Koblenz kommen die Ministerpräsidenten der Westzonen und die Oberbürgermeisterin von Berlin zusammen und beraten die Vorschläge der Besatzungsmächte zur Staatsgründung. Von links: Louise Schroeder (Oberbürgermeisterin von Berlin), Jakob Steffan (Innenminister von Rheinland-Pfalz), Peter Altmeier (Ministerpräsident von Rheinland-Pfalz), Adolf Süsterhenn (Justiz- und Kultusminister von Rheinland-Pfalz), Leo Wohleb (Staatspräsident von Baden) und Wilhelm Kaisen (Senatspräsident von Bremen), 8. Juli 1948.

ellen Rechte und Freiheiten enthält." Die Freiheit der verfassunggebenden Versammlung, des Parlamentarischen Rats, wie man das Gremium nannte, war also nicht grenzenlos. An den alliierten Vorgaben war nicht vorbeizukommen.

Im zweiten Frankfurter Dokument wurde eine Neugliederung der deutschen Länder empfohlen. Das dritte Frankfurter Dokument skizzierte die Grundzüge des zukünftigen Besatzungsstatuts. Darin wurde deutlich, wie eng der deutsche Spielraum für die Verfassung und für die künftige staatliche Existenz bemessen war. Die Militärgouverneure stellten zwar einige Befugnisse in Gesetzgebung, Verwaltung und Rechtsprechung in Aussicht, ausdrücklich ausgenommen blieben aber die Außenbeziehungen des zu gründenden Weststaats, die Überwachung des Außenhandels und einiges mehr. Die Besatzungsherr-

schaft sollte also mit der Verabschiedung der Verfassung und der Staatsgründung noch nicht enden, sondern lediglich gelockert und juristisch definiert werden.

Die Reaktion der deutschen Politiker war zwiespältig. Zwar wollten sie die Offerte der Alliierten gerne annehmen, aber sie scheuten sich davor, für die Spaltung der Nation in einen West- und einen Oststaat verantwortlich gemacht zu werden. Vom 8. bis 10. Juli 1948 berieten die Ministerpräsidenten aller Länder der drei Westzonen über die Antwort auf die Offerte der drei Militärgouverneure. Der Tagungsort, das Hotel Rittersturz bei Koblenz, lag in der Französischen Zone – eine Premiere, denn bis zum Sommer 1948 hatte das französische Besatzungsgebiet ein abgesondertes Eigenleben geführt, da die dortige Militärregierung Verbindungen über die Grenzen ihres Einflussgebietes hinaus ungern sah. Die Öffentlichkeit freilich nahm, noch mit den ökonomischen und politischen Nachwirkungen der Währungsreform beschäftigt, wenig Notiz von den Konferenzen, die die Staatsgründung einleiteten. Die Schlagzeilen blieben der jungen D-Mark und der Luftbrücke ins blockierte Berlin vorbehalten.

Vor und während der Rittersturz-Konferenz hatten sich auch die Parteispitzen mit den Frankfurter Dokumenten beschäftigt. Die CDU/CSU äußerte sich bei aller Skepsis, die intern herrschte, einstimmig positiv zu den alliierten Vorschlägen, wogegen sich die SPD reservierter gab. Bei den Sozialdemokraten standen sich zwei Richtungen gegenüber. Die Bürgermeister von Hamburg und Bremen und der hessische Regierungschef begrüßten die Entwicklung, die übrigen SPD-Ministerpräsidenten zeigten sich ebenso wie der Parteivorsitzende Kurt Schumacher abwartend bis ablehnend. Tatsächlich unterschied sich die Stimmung in beiden Parteien aber wenig. Die CDU/CSU mit Konrad Adenauer an der Spitze argumentierte lediglich geschmeidiger, während die Haltung der SPD wegen ihrer betonten Prinzipientreue weniger kompromissbereit erschien als sie in Wirklichkeit war. Führende Verfassungsexperten beider Parteien waren sich einig, dass man das Provisorische der ins Auge gefassten Staatsgründung betonen und dass das angekündigte Besatzungsstatut als Ausdruck alliierter Vorherrschaft im Vordergrund stehen müsse.

Die Antwort der westdeutschen Ministerpräsidenten bestand nach dreitägigem Ringen auf der Konferenz aus Ja und Nein zugleich. Die Vollmachten zur Staatsgründung wollten sie zwar annehmen, aber nicht in der von den Besatzungsmächten vorgesehenen Form. Der Primat der westlichen Alliierten sollte deutlich zum Ausdruck kommen, um den zu erwartenden Vorwurf der Preisgabe der nationalen Einheit durch die westdeutschen Politiker zu verhindern. Aus demselben Grund wünschten die Deutschen, dass das Besatzungsstatut vor allen deutschen Schritten erlassen werden sollte. Die Ministerpräsidenten lehnten auch eine „Nationalversammlung" zur Beratung und Verabschiedung einer Verfassung ab. Gleiches galt für die Idee, das Staatsgrundgesetz durch eine Volksabstimmung in Kraft zu setzen. Stattdessen sollten die Landtage ein Gremium zur Ausarbeitung eines provisorischen „Grundgesetzes" wählen. Man hoffte, dadurch die „Deutsche Frage" offenhalten zu können und das Odium der Spaltung der Nation zu vermeiden.

Reinhold Maier, Landeschef von Württemberg-Baden und der einzige Ministerpräsident,

Unten: Die „Deutsche Frage" nach der Einheit der Nation war 1948 ein Schlagwort in der sozialen und politischen Auseinandersetzung. Streiks von 75.000 Menschen und Demonstration auf dem Nürnberger Hauptmarkt gegen Hunger, für die Einheit Deutschlands und gegen die Regierung Bayerns, 21. Januar 1948.

Oben: Die Hundertprozentige Zustimmung der Leuna-Belegschaft ist schon vor der Abstimmung festgelegt: Volksbegehren für die Einheit Deutschlands und einen gerechten Frieden entsprechend den Vorschlägen Stalins, Leuna 5. Juni 1948.

der der FDP angehörte, überliefert in seinen Erinnerungen ein Stimmungsbild von der Konferenz: „Das Dokument I hatte eine verfassungsgebende Versammlung vorgeschlagen, eine Verfassung gehört aber zu den Requisiten eines regelrechten Vollstaates. Einen solchen wollten wir aber gerade nicht. Da kam irgendjemand mit dem Wort ‚Grundgesetz‘ anstelle von Verfassung (…) Wie vom Himmel gefallen stand das Wort vor uns und bemächtigte sich unserer Köpfe und Sinne, gewiss nicht der Herzen. Machten wir doch ein ‚Grundgesetz‘, das keinen Vollstaat voraussetzt! Das neue jungfräuliche Wort vermochte so schon trügerisch von der Realität jener Tage wegzuführen.“

Die Militärgouverneure hatten mit einer solchen Antwort und mit deutschen Gegenvorschlägen nicht gerechnet. General Clay, der sich nicht nur als Beauftragter Washingtons fühlte, sondern sich auch persönlich sehr engagierte, war zornig;

sein britischer Kollege Robertson nahm es gelassener und der Franzose, General Kœnig, war sogar ganz zufrieden, dass es nicht so schnell voranging. Die Motive waren unterschiedlich, doch die Zurückweisung der deutschen Antwort auf die Frankfurter Dokumente durch die drei Militärgouverneure war einmütig, und die deutschen Ministerpräsidenten mussten sich jetzt, im vollen Bewusstsein ihres begrenzten Handlungsspielraums, abermals entscheiden. Die Alliierten gaben ihnen zu verstehen, dass die „Londoner Empfehlungen“, die die Grundlage der Frankfurter Dokumente bildeten, als verpflichtende Handlungsanweisung zu betrachten waren. Die Deutschen konnten sie annehmen oder ablehnen, aber nicht verändern oder deutschen Wünschen anpassen.

Mitte Juli trafen sich die Ministerpräsidenten wieder. Im Jagdschloss Niederwald bei Rüdesheim suchten sie nach einer Lösung, die so nah wie möglich bei ihrer auf der Rittersturz-Konferenz definierten Position liegen, aber doch auch die alliierten Vorgaben erfüllen sollte. Scheitern lassen wollten die Vertreter der Länder die staatsrechtliche Neuregelung aber auf keinen Fall. Das zeigte sich auch daran, dass sie beschlossen, ein Experten-Kollegium als Verfassungsausschuss tagen zu lassen, das sich aus Vertretern aller elf Länder der Westzonen zusammensetzte. Der bayerische Ministerpräsident offerierte als Verhandlungsort einen ebenso idyllischen wie abgeschiedenen Ort, nämlich die Herreninsel im Chiemsee. Dies war die Geburtsstunde des Herrenchiemseer Verfassungskonvents, der im August 1948 einen Grundgesetz-Entwurf erarbeitete.

Mit den Militärgouverneuren war bei einer Zwischenrunde verabredet worden, dass am 26. Juli die endgültige deutsche Antwort unterbreitet und dann entschieden werden sollte. Zwei weitere Tage konferierten die Ministerpräsidenten im Jagdschloss Niederwald. Es ging jetzt vor allem darum, Formulierungen zu finden, mit denen man den Alliierten so weit entgegenkam, wie es notwendig war, ohne den grundsätzlichen Vorbehalt gegen die Gründung eines deutschen Teilstaats aufzugeben. Es ging darum, den Begriff „Grundgesetz“ durchzusetzen. Weiter erschien es unverzichtbar, dieses Grundgesetz nicht durch Volksentscheid, sondern durch

Eine Erinnerung an die Reichsgründung 1871: Das Niederwald-Denkmal (eingeweiht 1883) liegt in Sichtweite des Jagdschlosses Niederwald, in dem 1948 über ein provisorisches Grundgesetz und den erneuten Versuch einer Staatsgründung beraten wurde. Heute ist das Denkmal Teil des UNESCO-Welterbes Oberes Mittelrheintal.

die Landtage ratifizieren zu lassen. Nur so konnte das „Provisoriumskonzept" gestützt werden, das auf der Vorstellung beruhte, dass der auf westdeutschem Gebiet zu errichtende „Kernstaat" solange stellvertretend für die gesamte deutsche Nation agierte, bis sich ihm eines Tages die Ostzone anschlösse.

Gegen die Rüdesheimer Kompromisse hatte Carlo Schmid, prominenter Sozialdemokrat und Vertreter des Landes Württemberg-Hohenzollern, ziemlich als einziger Bedenken. Er vertrat die Meinung, man begrabe jetzt endgültig die geringe Chance, die es für eine Viermächte-Einigung über ein vereinigtes Deutschland noch gebe. Zur Option für den Weststaat trug dagegen ein anderer Sozialdemokrat, der als Gast anwesende Vertreter Berlins, Ernst Reuter, wesentlich bei. Er war anstelle der amtierenden Oberbürgermeisterin Louise Schroeder, die in der Rittersturz-Konferenz gegen den Weststaat plädiert hatte, an den Rhein gefahren. Reuters Eintreten für eine westdeutsche Lösung im Sinne der Kernstaatsidee war durch eine Mehrheit von Politikern aller demokratischen Parteien Berlins gedeckt.

Am 26. Juli trafen sich die Ministerpräsidenten der Länder wieder mit den Militärgouverneuren im amerikanischen Hauptquartier in Frankfurt. Obwohl die Atmosphäre keineswegs so steif und frostig war wie am Anfang dieses ereignisreichen Monats, verlief die Veranstaltung in dramatischen Formen. Mehrfach unterbrachen die

Militärgouverneure die Sitzung, um sich untereinander zu beraten, und nicht nur einmal sah es so aus, als seien die deutschen Wünsche abgelehnt und die Verhandlungen gescheitert. Dem Hamburger Bürgermeister Max Brauer (SPD), Bayerns Ministerpräsident Hans Ehard (CSU) und Wilhelm Kaisen, dem sozialdemokratischen Bürgermeister von Bremen, kommt das Verdienst zu, durch geschicktes Taktieren ein alle Beteiligten befriedigendes glückliches Ende der Konferenz gefördert zu haben. Im Namen der drei westlichen Besatzungsmächte gab General Kœnig schließlich grünes Licht: „Wenn Sie akzeptieren, die volle Verantwortung zu übernehmen, können wir Ihnen sagen: ‚En avant!'" Der Weg zum Grundgesetz und zur Errichtung der Bundesrepublik war frei.

Mit eiligen Schritten wurde er zurückgelegt. Die wichtigsten Stationen bildeten der Herrenchiemseer Verfassungskonvent im August 1948 und im September der Zusammentritt des Parlamentarischen Rats in Bonn. Auf der Chiemseeinsel legten Experten einen detaillierten Entwurf zur Verfassung vor, der bei aller Anlehnung an das Weimarer Vorbild dessen Fehler zu vermeiden suchte. Den 65 Abgeordneten des Parlamentarischen Rats in Bonn diente der Entwurf als Richtschnur. Unter dem Präsidium Konrad Adenauers (CDU) agierte Carlo Schmid (SPD) als Vorsitzender des Hauptausschusses der Versammlung. Damit schienen die Gewichte zwischen den beiden größten Fraktionen ausbalanciert. Wie in Herrenchiemsee waren die Beratungen

Links: Bei Gas- und Kerzenlicht im ehemaligen Gästeschlafzimmer König Ludwigs II. von Bayern: Im Alten Schloss Herrenchiemsee tagt der Verfassungsausschuss, der den Entwurf für das Grundgesetz der Bundesrepublik Deutschland berät. Eröffnung durch den bayerischen Staatsminister Dr. Anton Pfeiffer, 10. August 1948.

Rechts: Die Bescheidenheit des Neubeginns – Abfahrt zum Tagungsort des Parlamentarischen Rats und zu den Volksparteien, 1948.

von Sachverstand, Eloquenz und politischer Leidenschaft getragen. Die Traditionen von Weimar waren verkörpert und wirksam durch Politiker wie Theodor Heuss, Thomas Dehler, Hermann Höpker-Aschoff bei der FDP, Adolph Schönfelder, Walter Menzel, Rudolf Katz, Ernst Reuter bei der SPD oder Anton Pfeiffer, Wilhelm Laforet, Robert Lehr, Adolf Süsterhenn, Jakob Kaiser bei CSU und CDU. Sie hatten ihre politischen Erfahrungen in der Weimarer Republik gesammelt und hofften jetzt, das Beste daraus zu machen. Dass nur vier Frauen im Parlamentarischen Rat an der Gründung der Bundesrepublik mitwirkten, war auch ein Zeichen der Zeit.

Im September traten in Bonn am Rhein im Gebäude der eilig hergerichteten Pädagogischen Akademie, die später als Parlamentsgebäude der jungen Bundesrepublik diente, die 65 Abgeordneten des Parlamentarischen Rates zusammen. Die Mitglieder der Konstituante waren von den Landtagen delegiert. Zu ihrem Präsidenten wurde der ehemalige Oberbürgermeister von Köln Konrad Adenauer gewählt. Damit sollte nach den Vorstellungen nicht nur seiner Parteifreunde ein politisches Lebenswerk, das sich in der Weimarer Republik vollzogen hatte, gekrönt und abgeschlossen werden. Um Formen und Inhalte des Grundgesetzes wurde vor allem in den Ausschüssen gerungen, und mehrmals gab es großen Streit, wie kurz vor Weihnachten 1948 und im Frühjahr 1949. Auslöser waren stets diplomatische Einsprüche der Alliierten, wie zuletzt im April 1949, als die Militärgouverneure das fertige Grundgesetz vor allem wegen der Regelung der Finanzhoheit zwischen Bund und Ländern nicht genehmigen wollten. Aber die Zeit drängte, und die Alliierten gaben nach, was sich vor allem die SPD zugute hielt, die Änderungen in diesem Stadium abgelehnt hatte.

Mit der feierlichen Verabschiedung und Verkündung des Grundgesetzes im Mai 1949 war die letzte Etappe vor der Staatsgründung erreicht. Es gab jetzt eine Verfassung, aber noch keinen Staat. Für die Übergangszeit nach der Verabschiedung des Grundgesetzes, als der Parlamentarische Rat keine Kompetenzen mehr hatte, war die Konferenz der Ministerpräsidenten das oberste verfassungsmäßige Organ der drei Westzonen, das im Auftrag der Alliierten die Vorbereitungen für den Weststaat zu treffen hatte. Der Parlamentarische

Oben: Die drei Militärgouverneure (von links) Marie-Pierre Kœnig, Sir Brian Robertson und Lucius D. Clay in Frankfurt am Main vor der Rückgabe des von ihnen genehmigten Grundgesetzes an eine Delegation des Parlamentarischen Rats, 12. Mai 1949.

Rechts: Eröffnung der Tagung des Parlamentarischen Rats im Museum Alexander König in Bonn mit einer Ansprache des nordrhein-westfälischen Ministerpräsidenten Karl Arnold, 1. September 1948.

Rat und vor allem dessen Präsident Adenauer gedachten aber nicht in Untätigkeit zu verharren und die Ministerpräsidenten allein schalten und walten zu lassen. Adenauer wollte auch gerne die dienstbaren Geister des verfassunggebenden Parlaments bis zum Zusammentreten des Bundestags bei der Stange halten. (Es gelang mit Hilfe von Vorschüssen des Landes Nordrhein-Westfalen.) Von den Ministerpräsidenten eingesetzte Ausschüsse bereiteten in den folgenden Monaten den Arbeitsbeginn der Bundesbehörden in Bonn, der künftigen Bundeshauptstadt, vor.

Die Entscheidung für die stille Universitätsstadt am linken Rheinufer und gegen Frankfurt, den quasi natürlichen Mittelpunkt des Weststaates, war ebenfalls im Mai 1949 mit knapper Mehrheit und unter dramatischen Umständen im Parlamentarischen Rat gefallen. In Erwartung einer handlungsfähigen Bundesregierung wurden auch die alliierten Militärregierungen und ihre Verwaltungsapparate ab- und umgebaut. Anstelle der Militärgouverneure sollten künftig Hohe Kommissare die ersten Schritte des jungen Staates beaufsichtigen. In der Öffentlichkeit wurden diese vielfältigen Aktivitäten zur Gründung der Bundesrepublik, die sich zumeist ja auch hinter den Kulissen entfalteten, kaum wahrgenommen. Die Aufmerksamkeit war durch den ersten Wahlkampf vollkommen in Anspruch genommen.

Um die 402 Mandate des Bundestags bewarben sich sechzehn Parteien und 70 parteilose Kandidaten. Die Vielfalt der Bewerber, unter ihnen auch ausgesprochen obskure Gruppierungen, nährte die Befürchtung, dass trotz der Vorkehrungen im Wahlgesetz Weimarer Zustände ohne regierungsfähige Mehrheiten im Bundestag wiederkehren könnten. Tatsächlich teilte sich die Wählergunst ziemlich genau in Drittel. Je eines erhielten CDU/CSU, die SPD und die kleineren Parteien. Unter diesen gab es mehrere, die erfolgreich Regionalinteressen vertraten und Programmparteien, bei denen Gruppeninteressen mit Weltanschauung verbunden waren. Zur ersten Kategorie gehörte die Bayernpartei, die gegen das Grundgesetz und für bayerische Interessen kämpfte und siebzehn Abgeordnete in den Bundestag schicken konnte. Mit ihr und der CSU konkurrierte in Bayern die „Wirtschaftliche Aufbau-Vereinigung" des Demagogen Alfred

Loritz, der im Verein mit dem „Neubürgerbund" immerhin 700.000 Wähler mobilisierte und zwölf Mandate errang. Die Deutsche Partei (DP), deren Schwerpunkt in Niedersachsen lag, stritt erfolgreich (siebzehn Mandate) für nationale Werte und gegen jede Form von Sozialisierung, ihr Hauptgegner war die SPD. Der FDP warf die erzkonservative DP vor, dass sie in Kultur- und Kirchenfragen genauso materialistisch eingestellt sei wie die Sozialdemokratie. Vor allem im Rheinland, aber auch in Niedersachsen und Schleswig-Holstein konkurrierte die katholisch und christlich-sozialistisch orientierte Deutsche Zentrumspartei mit der CDU und der SPD; sie zog mit zehn Abgeordneten nach Bonn. Am äußersten rechten Ende des Parteienspektrums war mit Schwerpunkt in Niedersachsen die Deutsche Konservative Partei/Deutsche Rechtspartei angesiedelt, in der verschiedene rechtsradikale Gruppierungen vereinigt waren. Ihre Wählerschaft, die ihr zu fünf Mandaten verhalf, bestand aus Unzufriedenen und Deklassierten, ehemaligen Berufssoldaten und entlassenen Beamten. Am linken Ende kämpften die Kommunisten um Stimmen. Sie hatten, nicht zuletzt wegen der Behinderungen durch die Militärregierungen, einen schweren Stand. Ereignisse wie die Berlin-Blockade hatten die traditionellen antikommunistischen Ressentiments bei den meisten Menschen noch verstärkt, trotzdem errang die KPD mit 1,3 Millionen Stimmen fünfzehn Mandate. Es waren freilich zum größeren Teil Protestwähler, vor allem auch Arbeitslose, und weniger Anhänger der kommunistischen Ideologie, die im Sommer 1949 die KPD wählten.

Trotz Teilstaatsbildung in den Westzonen soll es das ganze Deutschland sein: Wahlkampf in Düsseldorf, 5. August 1949.

Nach der Wahl mit 202 von 402 Stimmen wird Konrad Adenauer von Bundestagspräsident Erich Köhler vereidigt, 15. September 1949.

Die Hauptschlacht in diesem Wahlkampf, dem bisher härtesten in der gerade beginnenden Geschichte der Bundesrepublik, wurde zwischen Christdemokraten und Sozialdemokraten geschlagen, und das wichtigste Thema war die Wirtschaftsordnung. Daneben überboten sich die Parteien darin, dem Gegner Servilität gegenüber den Besatzungsmächten vorzuwerfen und den jeweils eigenen Standpunkt als besonders national darzutun. Gute Beziehungen zu einer Besatzungsmacht galten jetzt als schmählich. Wenn Adenauer in Heidelberg auf eher abgefeimte Weise die SPD als Helfershelfer der Briten abqualifizierte, so schmähte Kurt Schumacher die CDU/CSU ebenso grundlos als Hörige der Franzosen und beschuldigte sie des „klerikalen Partikularismus im Interesse Frankreichs". Allgemein hielt man die Chancen der SPD für etwas größer als die der Unionsparteien. Aber Kurt Schumachers Heftigkeit, seine maßlosen Angriffe, seine rhetorischen Rundumschläge minderten ihren Vorsprung. Für die Sozialdemokraten ging der Wahlkampf im Rheinland und Ruhrgebiet verloren, wo Schumachers Ausfälle gegen die katholische Kirche – in Gelsenkirchen hatte er in diesem Zusammenhang von einer fünften Besatzungsmacht gesprochen – vom christlich-demokratischen Gegner mit Genuss kolportiert wurden. Dass sich die CDU kräftiger Unterstützung durch die katholische Kirche erfreute, steigerte Schumachers Wut zu neuen Attacken, die aber ohne Werbewirkung für die SPD blieben. Umgekehrt wurde Adenauer nicht müde, die nationale Unzuverlässigkeit der Sozialdemokratie darzulegen, und dabei hatte der 74-jährige CDU-Spitzenmann auch vor schä-

bigen Tricks keinerlei Scheu. In der zentralen Auseinandersetzung um die Wirtschaftspolitik kämpften CDU/CSU und FDP Schulter an Schulter.

Ludwig Erhard trat als Exponent der Wirtschaftspolitik der Bizone mit großer Überzeugungskraft und grenzenlosem Optimismus in zahlreichen Versammlungen auf. Er kandidierte bei der CDU, wofür er bei den maßgeblichen Politikern der FDP, die ihn eigentlich als den ihren betrachteten, um Verständnis gebeten hatte. Die CDU hatte sich in den Düsseldorfer Leitsätzen, die am 15. Juli 1949 der Öffentlichkeit vorgestellt wurden, zur „Sozialen Marktwirtschaft" bekannt und den christlichen Sozialismus ihres Ahlener Programms von 1947 zu den Akten gelegt. Der damals noch parteilose Ludwig Erhard propagierte die Idee der Sozialen Marktwirtschaft unbeirrt von den Argumenten der Sozialdemokraten, die auf die wachsende Arbeitslosigkeit und die steigenden Preise verwiesen und die Notwendigkeit einer geplanten Wirtschaft betonten. Die sozialdemokratischen Vorstellungen, die Erhards Gegenspieler, der nordrhein-westfälische Wirtschaftsminister Erik Nölting, unermüdlich vortrug, wurden als Propaganda für die Fortsetzung der Zwangswirtschaft des „Dritten Reiches" simplifiziert und verworfen. Ludwig Erhard erklärte die wirtschaftlichen Schwierigkeiten als Übergangserscheinungen, als Symptome einer Reinigungskrise und verhieß baldigen Aufschwung durch die Soziale Marktwirtschaft.

Die Unionsparteien gingen am 14. August 1949 mit einem Vorsprung von 424.109 Stimmen (31,0 Prozent) vor den Sozialdemokraten (29,12 Prozent) durchs Ziel. Den 139 Abgeordneten der CDU/CSU standen 131 Mandate der SPD gegenüber. Mit den 52 Abgeordneten der FDP und den 17 Parlamentariern der Deutschen Partei war eine regierungsfähige bürgerliche Koalition also möglich.

Am 21. August 1949, wurde die Entscheidung im größeren Kreis in Adenauers Haus in Rhöndorf festgezurrt. Bei diesem berühmten Sonntagskaffee tat Adenauer seine Neigung und Befähigung kund, das Amt des ersten Bundeskanzlers auszuüben, und es wurde beschlossen, den FDP-Kandidaten für die Position des Bundespräsidenten, Theodor Heuss, zu unterstützen, um die FDP als Koalitionspartner zu gewinnen und auch die siebzehn Abgeordneten der DP – ungeachtet des Rechtsdralls der Partei – in die Koalition aufzunehmen. Am 7. September 1949 konstituierte sich der Bundestag, am 12. September wählte die Bundesversammlung (bestehend aus den 402 Bundestagsabgeordneten und ebensovielen Vertretern der Landtage) Theodor Heuss im zweiten Wahlgang zum Bundespräsidenten. Drei Tage später, am 15. September, erkor der Bundestag Konrad Adenauer mit 202 gegen 142 Stimmen, bei 44 Enthaltungen und einem ungültigen Votum, also mit einer Mehrheit von einer Stimme, zum Bundeskanzler. Am 20. September stellte er dem Parlament sein Kabinett vor, und am folgenden Tag machte der Kanzler, begleitet von einigen Bundesministern, seinen Antrittsbesuch bei der Hohen Kommission auf dem Petersberg bei Bonn. Damit waren Bundesregierung und Bundesrepublik konstituiert, und an diesem Tag trat das Besatzungsstatut in Kraft. Als Reaktion auf die Gründung des Weststaats wurde am 7. Oktober 1949 in Ostberlin die Deutsche Demokratische Republik proklamiert.

Die Bundesrepublik war noch kein souveräner Staat. Statt der Militärgouverneure kontrollierten jetzt drei Hohe Kommissare vom Petersberg aus die demokratische Entwicklung des jungen Staates. Den ersten Erfolg auf dem Weg zur Souveränität bedeutete das Petersberger Abkommen vom 22. November 1949, das der BRD u. a. den Beitritt zum Europarat und zur Internationalen Ruhrbehörde sowie die Aufnahme konsularischer Beziehungen gestattete. Die erste Revision des Besatzungsstatuts erweiterte die Befugnisse in auswärtigen Angelegenheiten, erlaubte die Wiedererrichtung des Auswärtigen Amtes (15. März 1951) und die Aufnahme diplomatischer Beziehungen. Das Ruhrstatut wurde am 18. April 1951 durch den Vertrag über die Gründung der „Europäischen Gemeinschaft für Kohle und Stahl" gegenstandslos, neben Frankreich, Italien und den Benelux-Staaten war die BRD gleichberechtigtes Mitglied der Montanunion.

Unter dem Eindruck des Koreakrieges begann im Sommer 1950 die Debatte über die Wiederbewaffnung im Zeichen der Westintegration der Bundesrepublik. Im September 1950 vereinbarten die Außenminister der drei Westmächte, den Kriegszustand mit Deutschland als beendet zu

erklären, die Sicherheit der Bundesrepublik zu garantieren und deren Beteiligung an der Verteidigung des westlichen Europa zu prüfen. Gleichzeitig wurde die Ablösung des Besatzungsstatuts durch einen Generalvertrag beschlossen und die Anerkennung des Alleinvertretungsanspruchs Bonns als einzig legitimierter deutscher Regierung bekräftigt. Dieser Alleinvertretungsanspruch wurde ab Dezember 1955 durch die Hallstein-Doktrin (nach dem Staatssekretär im Auswärtigen Amt Walter Hallstein) festgeschrieben und bis Ende der 1960er-Jahre praktiziert: Gleichzeitige diplomatische Beziehungen dritter Staaten mit der DDR und der BRD waren nicht

möglich (mit Ausnahme der Sowjetunion ab Herbst 1955) und wurden durch Sanktionen seitens der Bundesrepublik unterbunden.

Das Projekt einer Europäischen Verteidigungsgemeinschaft (EVG) von 1952, das die Wiederbewaffnung und Westintegration der Bundesrepublik im Rahmen einer europäischen Armee vorsah, war schließlich, wenngleich nicht vollzogen, die letzte Station des langen Staatsgründungsprozesses vor den Pariser Verträgen, mit denen die Westalliierten die Bundesrepublik im Mai 1955 aus der Besatzungsherrschaft entließen. Am 5. Mai 1955 unterzeichneten die Hohen Kommissare als letzte Amtshandlung die Proklamation der Aufhebung des Besatzungsstatuts. Der Deutschlandvertrag trat in Kraft, die Bundesrepublik wurde Mitglied der Westeuropäischen Union und am folgenden Tag auch der NATO.

Beschränkte Souveränität: Bundeskanzler Adenauer wird von den Hohen Kommissaren auf dem Petersberg empfangen und über das Inkrafttreten des neuen Besatzungsstatuts informiert, 21. September 1949. Die Hohen Kommissare (von links): John J. McCloy (USA), André François-Poncet (Frankreich), Sir Brian Robertson (Großbritannien).

135

Lars-Broder Keil

„Es muss demokratisch aussehen ..."

Von der Sowjetischen Besatzungszone zur DDR

Krieg beeinflusst die Lebensläufe von Menschen fundamental. Er nimmt ihren Alltag und ihr Dasein in Besitz. Je länger er andauert, umso stärker reduziert sich das Denken und Handeln der Menschen auf den Wunsch, dass alles bald ein Ende haben möge. Gern verschließt man dabei Augen und Ohren vor dem Lauf der Dinge und ist damit raus „aus der Welt der fünf Sinne", wie Käthe Kollwitz in ihrem Tagebuch aus einem Goethe-Brief zitiert. Es war ihr letzter Eintrag. Als die Bildhauerin, berühmt für ihre Plastik der um ihren toten Sohn trauernden Eltern, am 22. April 1945 starb, hatte die Rote Armee gerade den Stadtrand von Berlin erreicht und den Kampf um die deutsche Reichshauptstadt aufgenommen.

Während in Berlin noch die Waffen das Sagen hatten, richteten sich die Bewohner der umliegenden Orte – in Hörweite der Geschütze, aber bereits im Frieden – auf die neue Zeit ein. In Woltersdorf, östlich der Hauptstadt, hatte der Jugendstilmaler und Illustrator Hugo Höppener, Künstlername Fidus, Stunden vor dem Einmarsch der Sowjetarmee in Eile das Hitlerbildnis eines bei ihm Zuflucht suchenden Malerfreundes übertüncht, der das kompromittierende Werk anschließend mit einer Pastell-Landschaft tarnte. Schnell kursierten Gerüchte über das ruppige, ja enthemmte Verhalten der Sowjetsoldaten gegenüber der deutschen Zivilbevölkerung, die sich ebenso schnell bestätigten, auch im Hause Höppener. Der Verlust von Taschenuhr und Tabak-Utensilien war zwar noch zu verkraften, aber das Erlebnis mit einem angetrunkenen Soldaten löste anhaltende Angst aus. Der hatte zunächst freundlich mit den Kindern gespielt, urplötzlich

Berlin Alexanderplatz mit Ruinen und den Ikonen von Stalin und seinen Generälen: Fortsetzung des Personenkults mit neuer Besetzung, Herbst 1945.

nach deren Mutter gefragt, war ins Schlafzimmer gestürzt, hatte das Bett zerwühlt und mit seiner Pistole wahllos hinein geschossen – glücklicherweise ohne die darunter versteckte Frau zu treffen. Höppener schreibt in seinem Tagebuch aber auch über Vergewaltigungen in der Nachbarschaft, von einem Bekannten, der erschossen worden sei, als er seiner Frau zu Hilfe kommen wollte und von dem Wunsch, einen sowjetischen Offizier einquartiert zu bekommen, da der die deutsche Familie sicherlich vor Übergriffen schützen würde. Und er notiert mit einem unscheinbaren Detail, wie die Zukunft aussehen sollte: Nur vier Tage nach dem Machtwechsel war der Goebbelsplatz vom kommissarischen Bürgermeister, einem Kommunisten, in Thälmannplatz umgetauft worden.

Diese Schilderungen beschreiben, was viele Menschen in Städten und Gemeinden unter der sowjetischen Besatzung erlebten, wobei die negativen die wenigen positiven Episoden überlagern. Neben dem persönlichen Umgang mit den Siegern geht es immer wieder um Probleme bei der Organisation des Alltags in einem Landstrich ohne staatliche Ordnung und mit zusammengebrochener Infrastruktur.

Entsetzt schilderte der aus Moskau zurückgekehrte kommunistische Funktionär Karl Maron Anfang Mai seine ersten Eindrücke von Berlin, in dem 48 Prozent aller Häuser zerstört waren und 75 Millionen Kubikmeter Schutt die Wege versperrte: „Die noch übriggebliebenen Bewohner dieses rauchenden und teilweise noch lichterloh brennenden Trümmerhaufens, die sich jetzt langsam nach manchmal wochenlangem Vegetieren in Kellern und Unterständen wieder auf die Straßen wagten, glichen mehr hungrigen Gespenstern als lebendigen Menschen. Nein, hier schien keine Rettung mehr möglich." Da allerdings irrte Maron. Überall in Berlin bildeten sich nach der Kapitulation der Stadt am 2. Mai kleine Initiativen zur Selbsthilfe. Innerhalb von zwei Wochen war zumindest an einigen Stellen wieder Bus- und U-Bahn-Verkehr möglich, am 18. Mai 1945 gab das Orchester der städtischen Oper das erste Nachkriegskonzert.

So wichtig diese ersten Momente wiedergewonnener Normalität sein mochten, entscheidender für die Entwicklung in Mitteldeutschland war, was die Besatzungsmacht mit ihrer Zone vorhatte. Stalins Haltung wird dabei in der Rückschau immer wieder als schwankend bezeichnet und tatsächlich dürfte er – wie die Westalliierten – keinen Masterplan für die Gestaltung Deutschlands bis hinunter zu den Kommunen gehabt haben.

Zunächst einmal ging es Stalin um wirtschaftliche Interessen, nämlich die Schwächung des ehemaligen Feindes und eine Kompensation für Kriegsschäden im eigenen Land durch umfangreiche Demontage von Fabrikanlagen und hohe Reparationszahlungen. Der Kremlchef machte auch immer wieder seinen Anspruch auf Teile

Berlin im Mai 1945: „Ein lichterloh brennender Trümmerhaufen".

Berlins Stadtkommandant Nikolai E. Bersarin bei der Übergabe der Fahne des 5. Stoßregiments, das den Reichstag gestürmt hatte. Die Fahne wurde anschließend nach Moskau gebracht und im Militärmuseum ausgestellt, 20. Mai 1945.

der Industriekapazitäten im Westen Deutschlands geltend. Die Schwächung der Wirtschaftskraft des einstigen Feindesstaates war Teil seines Konzepts, politisch mehr Einfluss auf Gesamtdeutschland zu bekommen. Längerfristig richtete sich Stalin auf ein stabiles Kräfteverhältnis in Europa ohne Dauerpräsenz der Amerikaner ein. Seine geopolitischen Interessen reichten damit weit über das deutsche Besatzungsgebiet hinaus. Was als schwankende Haltung gedeutet wurde, ging vor allem auf die Überlegung zurück, auf jede Initiative der Westmächte flexibel reagieren zu wollen, um sich keine Option zu verbauen.

Wie klar allerdings von Beginn an die Ausrichtung in der Sowjetischen Besatzungszone (SBZ) war, verriet Stalin bereits vor Kriegsende im April 1945: „Wer immer ein Gebiet besetzt, erlegt ihm auch sein eigenes gesellschaftliches System auf. (…) Es kann gar nicht anders sein." Wobei Stalin dabei immer das gesamte Deutschland im Blick hatte. Zur Umsetzung seiner These hatte er bereits praktische Vorbereitungen getroffen. Monate zuvor waren deutsche Exil-Kommunisten in Moskau zusammengesucht, intensiv geschult und in Gruppen eingeteilt worden, die die Aufgabe bekamen, die sowjetische Politik in der SBZ umsetzen zu helfen. Weil die Sowjets den Deutschen zutiefst misstrauten und mit einer verfestigten Abneigung rechneten – und um die Westmächte nicht gleich zu verprellen –, sollte die Einführung des Sozialismus auf der Basis des sowjetischen Gesell-

schaftsmodells zunächst nicht auf der Tagesordnung stehen. Wie Wolfgang Leonhard, Mitglied der ersten Rückkehrer-Gruppe unter Leitung von Walter Ulbricht, in seiner Schulung erfuhr, sei ihre offizielle Aufgabe zunächst gewesen, demokratische Reformen der Besatzungsmächte in ganz Deutschland zu unterstützen. Damit sollten sie sich als konsequente Verfechter einer neuen Gesellschaft präsentieren. Ein reines Ablenkungsmanöver, das Ulbricht der Erinnerung Leonhards nach bei einer der ersten Zusammenkünfte in Berlin Anfang Mai treffend formulierte: „Es muss demokratisch aussehen, aber wir müssen alles in der Hand haben." Wohlgemerkt: demokratisch aussehen, nicht sein!

Bereits vier Tage nach seiner Ankunft in Berlin überreichte Ulbricht dem sowjetischen Stadtkommandanten Nikolai Bersarin eine Namensliste mit aus seiner Sicht zuverlässigen Leuten für die neuen Bezirksverwaltungen. Nach dem Grundsatz, der in den kommenden Monaten flächendeckend in der gesamten SBZ angewandt werden sollte, waren in den Rathäusern zwar Antifaschisten an der Spitze vorgesehen, aber in der Regel Sozialdemokraten oder Bürgerliche. Kommunisten dagegen war der Posten des Stellvertreters vorbehalten, dazu Zuständigkeiten für Schlüsselpositionen wie Personal und Bildung. Diese Besetzung war den Kommunisten zum Ausbau der Macht zunächst wichtiger als die Gründung einer Partei.

Ulbricht ging auch sofort daran, Strukturen beseitigen zu lassen, die verschiedene politische Kräfte unmittelbar nach Kriegsende zum Ankurbeln des öffentlichen Lebens gebildet hatten, was bis hin zu Verwaltungsaufgaben reichte. Ulbricht hasste nichts mehr als Gruppierungen, die sich schwer kontrollieren lassen. Am 17. Mai 1945 übermittelte er nach Moskau: „Wir haben alle diese Maßnahmen durch die Einrichtung legaler Bezirksverwaltungen liquidiert.“ Er und andere Kommunisten schreckten auch nicht davor zurück, für die Umsetzung ihrer Strategie andere zu diskreditieren, etwa den SPD-Bürgermeister Martin Ohm in Berlin-Neukölln, dem man eine Nazivergangenheit andichtete, oder den selbstbewussten SPD-Bezirksbürgermeister von Berlin-Lichtenberg Franz Stimmig, dem man unterstellte, er hätte „untragbare Elemente“ in die Verwaltung übernommen, eine Umschreibung für Fachleute ohne politische Bindung.

Zur Überraschung der deutschen Öffentlichkeit und der West-Alliierten erließ die am 9. Juni 1945 gebildete Sowjetische Militäradministration (SMAD) für die SBZ nur einen Tag später einen Befehl, wonach es möglich war, Parteien und Gewerkschaften zu gründen. Eigentlich sollte den Deutschen eine organisierte politische Betätigung erst später erlaubt werden. Am 11. Juni machte die KPD mit einem Gründungsaufruf den Anfang; bemerkenswert war folgende Passage: „Wir sind der Auffassung, daß der Weg, Deutschland das Sowjetsystem aufzuzwingen, falsch wäre, denn dieser Weg entspricht nicht den gegenwärtigen Entwicklungsbedingungen in Deutschland.“ Stattdessen sollte der Weg zur Errichtung „eines antifaschistischen, demokratischen Regimes, einer parlamentarisch-demokratischen Republik mit allen demokratischen Rechten und Freiheiten für das Volk“ beschritten werden. Auf den ersten Blick schien die Ausrichtung der KPD den Kurs der von Moskau installierten Kommunisten zu bestätigen. Doch allein die Formulierung, die Einführung des Sowjetsystems sei „gegenwärtig“ nicht geplant, musste aufhorchen lassen.

Und tatsächlich war nicht jeder von der Redlichkeit der Ankündigung überzeugt. „Es ist ein sehr geschickter allgemeiner Aufruf der allgemeinen KPD“, schrieb der Dresdner Romanist Victor Klemperer in sein Tagebuch. Er verspreche zwar Demokratie und Wahlen, aber: „Wie weit wird diese Freiheit reichen, und was wird der etwa gewählte Körper zu entscheiden haben?“ Solche Bedenken dürften die Sowjets bei ihrem Schritt einkalkuliert haben, aber ihr Kalkül bestand ganz einfach darin, politische Tatsachen zu schaffen und der KPD gute Ausgangsbedingungen zu ermöglichen. Der Kreml ging auch davon aus, dass Parteigründungen von der Reichshauptstadt aus, die noch immer als zentrale Schaltstelle gesehen wurde, die politischen Strukturen in den Westzonen prägen würden.

Die Sozialdemokraten wurden, anders als die vorbereiteten Kommunisten, vom Parteizulassung-Befehl überrumpelt. Noch am Tag des KPD-Aufrufs wurde ein provisorischer Zentralausschuss der SPD gebildet, der unter Führung Otto Grotewohls am 15. Juni einen Gründungsaufruf veröffentlichte. Er unterschied sich von dem der KPD vor allem in dem Gedanken an eine organisatorische Einheit der Arbeiterklasse und der Forderung nach „Sozialismus in Wirtschaft und Gesellschaft“. Am 26. Juni gründete sich als christliche Partei die CDU unter Vorsitz von Andreas Hermes und Walther Schreiber und am 5. Juli die liberale Partei LDP mit ihrem Vorsitzenden Waldemar Koch und dessen Stellvertreter Wilhelm Külz. Mehr wollte die SMAD zunächst nicht gestatten. Der Propagandabeauftragte Sergej Tjulpanow, der innerhalb der Militäradministration für eine

Unterwerfung unter den „Größten unter den Menschen“, „Führer und Lehrer der Menschheit im Kampf für Frieden, Demokratie und Sozialismus“: Walter Ulbricht steht zur Feier des 70. Geburtstags nahe bei Stalin, Moskau 18. Dezember 1949.

schnelle Sowjetisierung Deutschlands stand, wies im Herbst 1945 in einem Geheimbefehl die regionalen SMAD-Abteilungen an, die Gründungen bürgerlicher Parteien formell nicht zu verbieten, aber Vorwände zu finden, „deren Zahl begrenzt zu halten". Und dabei half die KPD mit. So leitete der stellvertretende Bürgermeister Karl Maron die Registrierstelle für Parteien beim Magistrat von Berlin, die eine Vorauswahl traf und zwölf Zulassungsanträge ablehnte.

Am 14. Juli 1945 bildeten die vier neugegründeten Parteien einen „Demokratischen Block", der als koordinierendes Spitzenorgan für den Wiederaufbau fungieren sollte – mit Ausschüssen bis hinunter auf Gemeindeebene. Nach den überaus heftigen Auseinandersetzungen zwischen den Parteien in der Weimarer Republik war das zunächst ein naheliegender Gedanke. Auch dass alle Entscheidungen nicht durch Abstimmung, sondern einstimmig erfolgen sollten, schien angesichts der großen Herausforderungen in der frühen Nachkriegszeit angebracht. Tatsächlich beraubten sich die Parteien damit einer wichtigen Funktion in einer Demokratie: dem politischen Meinungsstreit. Den wollte speziell die KPD nun gar nicht. Den Kommunisten, die in der Bevölkerung kaum mit Mehrheiten rechnen konnten, ging es darum, dass unabhängig von den Mehrheitsverhältnissen keine Entscheidung an ihnen vorbeigehen konnte. Das traf zwar auch auf die anderen Parteien im Block zu, aber die besaßen nicht die massive Rückendeckung durch die SMAD. Und die Militärverwaltung tat alles, um vor allem die bürgerlichen Parteien zu benachteiligen. Sie revidierte Personalentscheidungen, verzögerte die Zulassung von Ortsgruppen, behinderte Versammlungen und verhinderte das Erscheinen von Druck- und Presseerzeugnissen. Die Sowjets schreckten auch nicht davor zurück, Parteiführungen abzusetzen, wie sich bei der Bodenreform zeigen sollte.

Die Botschaft ist unmissverständlich, Widerrede zwecklos. Plakat zur Bodenreform, 1945.

Hinter dem Namen Bodenreform stand die Enteignung von Großgrundbesitz und die Vergabe der Flächen an Landlose und kleine Bauern. Die bisherigen Landbesitzer sollten ihren traditionellen Einfluss verlieren, Stalin sah die Bodenreform zudem als einen ersten wichtigen Schritt für einen Schulterschluss der Arbeiterklasse mit den Bauern. Das stieß nicht unbedingt auf Begeisterung bei KPD und SPD. Beide plädierten aus ökonomischen Erwägungen für eine kollektive Bewirtschaftung des Großgrundbesitzes. Selbst SMAD-Mitarbeiter vor Ort, die mit Lebensmittelengpässen zu kämpfen hatten, wollten die Enteignung erst nach Einbringen der Herbst-Ernte, um die ohnehin schwierige Lebensmittelversorgung nicht weiter zu gefährden. Doch Stalin wich von seinem Kurs nicht ab und ließ KPD-Chef Wilhelm Pieck, zuvor selbst ein Bedenkenträger, im September 1945 den Beginn der Enteignung verkünden. Motto: „Junkerland in Bauernhand". Willkürlich wurden 100 Hektar als Untergrenze festgelegt. Wer mehr Land besaß, wurde enteignet, seines Privatbesitzes beraubt und oft auch aus der angestammten Heimat vertrieben, unabhängig davon, wie wertvoll die Böden waren, oder wie sehr durch Zerstückelung die Leistungskraft der Güter beeinträchtigt wurde, selbst wenn die Besitzer im Widerstand gegen das NS-Regime gewesen waren. Insgesamt wurden rund 7000 Landbesitzer entschädigungslos enteignet und 2,5 Millionen Hektar neu verteilt. Das entsprach 35 Prozent der landwirtschaftlichen Nutzfläche in der SBZ.

In den Genuss der Flächen kamen Kleinbauern, aber auch Flüchtlinge und Vertriebene aus den Ostgebieten. Mit der Bodenreform sollten sie ein Auskommen erhalten, aber auch als loyale Klientel gewonnen werden. Die Enteignungen wurden zum Teil auch von den bürgerlichen Parteien begrüßt. Doch das radikale, undifferenzierte Vorgehen mit Unterstützung der Sowjets schreckte ab. So hatte die CDU bereits auf einer Sitzung des Demokratischen Blocks am 29. August 1945 die dort von der KPD beantragte entschädigungslose Enteignung abgelehnt, was der Blockausschuss aber ignoriert hatte. Eine erste Lektion über die wahren Machtverhältnisse in der SBZ. Anschließend wurden die beiden CDU-Vorsitzenden von der SMAD abgelöst und durch Jakob Kaiser und Ernst Lemmer ersetzt. Auch die LDP tauschte auf Druck der Sowjets ihre Parteiführung aus.

Die Enteignung der Großbauern reihte sich ein in die Reihe fundamentaler Entscheidungen zum Umbau der Gesellschaft nach sowjetischen Vorstellungen und der Verhinderung einer Neuordnung nach dem Modell des Westens. Im Juli wurden Banken und Sparkassen verstaatlicht, im Oktober im Rahmen einer Industriereform das Eigentum des deutschen Staates, der NSDAP und der Wehrmacht beschlagnahmt – die Vorbereitung für einen, im Juni 1946 von den Kommunisten in Sachsen initiierten Volksentscheid zur entschädigungslosen Enteignung von Großindustriellen, Kriegsverbrechern und aktiven Nationalsozialisten. Die erste direktdemokratische Abstimmung in Deutschland nach dem Zweiten Weltkrieg stand unter dem Motto „Friedenssicherung". Die Worte „Sozialismus" und „Verstaatlichung" tauchten in der Argumentation für den Volksentscheid nicht auf. Doch nichts anderes bereitete die Zerschlagung der Industrie- und Besitzstrukturen vor.

Die Sowjets hatten eine feste Meinung von den bisherigen Führungsschichten in Deutschland. Sie waren in ihren Augen Mitverantwortliche für das NS-System und damit für die Verbrechen nach dem Einmarsch der Wehrmacht in die Sowjetunion. Zugleich sahen sie in den alten Eliten generell Widersacher der neuen Ordnung, die man daher ausschalten müsse. Wenn die Sowjets mit der politischen Weichenstellung je die Erwartung verbunden haben sollten, dass die Bevölkerung in der SBZ dem aus freien Stücken folgen würde, sahen sie sich bald enttäuscht. Sicherlich dürfte sich ein Teil der Menschen Hoffnungen auf bessere Bedingungen gemacht haben, andere taten die neuen Lebensbedingungen als etwas ab, das man als Verlierer hinnehmen musste, wiederum andere rechneten damit, dass sich die Verhältnisse irgendwann wieder ändern würden. Doch gerade 1945 dominierte noch ein Alltag, der geprägt war von den dringenden Erfordernissen des täglichen Lebens, der Suche nach Obdach, Nahrung, Arbeit. Hamsterfahrten und Schwarzhandel waren für viele das Wirtschaftssystem der Stunde.

Auch wenn das zügige Einschlagen erster politischer Pflöcke den Eindruck planvollen oder zumindest taktisch überlegten Vorgehens machte, waren gerade die ersten Wochen und Monate

eher gekennzeichnet von einem sprunghaften und wenig durchdachten Agieren. Die Sowjets verfügten über keine Erfahrung mit der Verwaltung eines besetzten Gebiets in Westeuropa. Sie setzten daher auf die ihnen aus der Heimat gut vertrauten Kommando- und Befehlsstrukturen, zumal die nahezu 500 SMAD-Kommandanturen in der SBZ von Offizieren geleitet wurden. Die Bevölkerung war eingeschüchtert und verunsichert durch Übergriffe und Vergewaltigungen – nach Schätzungen waren allein in Berlin knapp zehn Prozent der rund 1,4 Millionen Frauen und Mädchen davon betroffen – wie auch durch die massenhaften Plünderungen, sogenannte Trophäenaktionen, in denen Roh- und Brennstoffe, Fahrzeuge, Lebensmittel, Vieh, Geld und Privatvermögen beschlagnahmt wurden. Nach sowjetischer Schätzung betrug deren Umfang bis zum Sommer 1945 rund 300 Millionen Dollar. Für weitere Einschüchterung sorgten Demontagen von Anlagen in Betrieben, die nicht nur willkürlich waren und auf kleinere Erzeuger und Handwerker ausgedehnt wurden, die etwa Möbel, zahnärztliche Instrumente oder Klaviere herstellten, sondern auch unüberlegt. Der Bezirksverband Berlin der Einheitsgewerkschaft FDGB klagte im Herbst 1945, in einem Betrieb seien empfindliche Geräte schon bei der Demontage beschädigt und in einer Weise verpackt worden, dass sie unmöglich betriebsfähig am Bestimmungsort ankommen konnten.

Ab sofort „auf freier Scholle": Aufteilung des ehemaligen Ritterguts Helfenberg bei Dresden, 11. September 1945.

Schließlich nahm die sowjetische Militärverwaltung das Land mit einer nie gekannten Form der Bürokratie und Gängelung – gepaart mit Bestrafungen – in den Würgegriff, der nahezu jede Eigeninitiative unterband und auch jene abschreckte, die ernsthaft mit anpacken wollten. So musste der Bürgermeister von Rudolstadt in Thüringen „sofort" eine Liste der Geschäfte, nach Branchen geordnet, abliefern. Diese rigide Terminsetzung sollte ein Merkmal sowjetischer Besatzungsmethoden werden. Außerdem wurde in der Kreisstadt die Schließung sämtlicher Ladentüren angeordnet, „die Bevölkerung hat sich zur Befriedigung ihrer Lebensbedürfnisse durch Hintertüren in die Geschäfte zu begeben". Angesichts dieser Vorgaben war die Freude der Einwohner über eine Absenkung der Wochenarbeitszeit für die Stadtverwaltung und die Aufhebung des Verdunklungsgebots erheblich gedämpft. Viele sehnten sich nach der Zeit vor dem 1. Juli 1945 zurück, als die Stadt, wie fast ein Drittel der späteren SBZ, aufgrund des Frontverlaufs von den Amerikanern besetzt gewesen war. Nun gingen die Uhren hier nach Moskauer Zeit – und das wörtlich. Wie schon zur Einrichtung der SMAD-Zentrale in Berlin-Karlshorst wurden auch in anderen Städten Häuser beschlagnahmt und den Bewohnern oft nur wenig Zeit gelassen sie zu räumen – so auch in Rudolstadt. Den Menschen wurden Notunterkünfte zugewiesen, die aber häufig schon mit Flüchtlingen aus den Ostgebieten belegt waren.

Das Leben im Landkreis war von nun an geprägt von Anweisungen, deren Einhaltung peinlich genau überprüft wurde, selbst der Holzeinschlag im Wald wurde reguliert – eine unglaubliche Belastung für die Verwaltungen, die durch Kriegsverluste und Entlassungen meistens ohnehin unterbesetzt waren. Allein im Bereich der Sowjetischen Militäradministration für Thüringen wurden bis Ende 1945 genau 1380 Befehle erlassen, Verfügungen, Anordnungen und Genehmigungen nicht mitgezählt. Genehmigt werden mussten alle öffentlichen Veranstaltungen, bei Auftritten von Parteien wurden Mitglieder mit ihren Namen und mit ihren Berufen registriert. Zur Kontrolle der Stadtverwaltung von Rudolstadt wurde eine monatliche Meldepflicht eingeführt, sogar für das Personal des Theaters. Äußerst scharf kontrollierte die SMAD die Einbringung der Ernte 1945, da ja davon auch die Versorgung der Roten Armee abhing. Den Bürgermeistern wurde auf die Finger geschaut, ob sie auch allen Bauern die Nachricht mit dem Ablieferungssoll übermittelt und die einzelnen Anbauflächen aufgelistet hatten.

Bei einer vom Kreiskommandanten der SMAD einberufenen Bürgerversammlung am 2. Oktober 1945 kritisierte dieser die schleppende Ablieferung des geforderten Solls. Er vermutete, dass das neue Landwirtschaftsgesetz nicht richtig verstanden worden sei – und geißelte die „alte faschistische Methode", nicht konsequent gegen Saboteure vorzugehen. Einen unvorhersehbaren Hagelschlag und eine defekte Dreschmaschine ließ der Offizier nicht gelten. Vielmehr habe die Leitung versagt: „Der Hitlerismus muss vernichtet werden. Es gibt noch Leute, die dem alten System treu sind." Daran mag etwas gewesen sein. Doch der Faschismusvorwurf, der häufig bei Mängeln und Problemen vorgebracht wurde, war nicht nur ein Totschlagargument, sondern eine ernste Gefahr für die Betroffenen, wenn der Kreiskommandant drohte: „Die Saboteure müssen herausgesucht und dem Publikum vor Augen geführt werden." Solche Anweisungen öffneten Willkür und Denunziantentum Tür und Tor. Wurden Vorwürfe gegen konkrete Personen erhoben, bedeutete das in der Regel deren Ablösung.

Begleitet wurden alle Maßnahmen der sowjetischen Besatzungsmacht von der Tätigkeit des Geheimdienstes, der seine Sondereinheiten in

Es dauerte im Jahr 1952 nur 48 Stunden, bis 1249 Hektar „freier Scholle" in Neuhardenberg (1949–1991 Marxwalde) für den Sieg des Sozialismus zwangskollektiviert waren.

den Städten als ständige Polizei stationierte, der willkürlich und ohne Haftbefehl festnahm, folterte, erschoss, Gefangene zur Zwangsarbeit in die Sowjetunion bringen ließ und schließlich Speziallager in der SBZ einrichtete. Dort starben Tausende an Hunger und Entkräftung, selbst ausgewiesene NS-Widerstandskämpfer wie die einstigen Mitarbeiter im Amt Ausland/Abwehr im Oberkommando der Wehrmacht Ulrich von Sell und Justus Delbrück. Wolfgang Abshagen starb nach seiner Verschleppung in die Sowjetunion. Seine Unterschrift stand auf dem Freigabeschein für den Sprengstoff, den der Hitler-Attentäter Graf von Stauffenberg 1944 verwendet hatte.

Die SMAD arbeitete früh und entschlossen an der Schaffung von politischen und wirtschaftlichen Strukturen nach sowjetischem Vorbild. Sie hatte ein Gesellschaftsbild, das allem widersprach, was bürgerliche Ordnung ausmachte. Nutznießer der Entwicklung waren die Kommunisten. Sie hatten allen Grund, im Oktober 1945 – sozusagen als vorgezogene Jahresbilanz – die günstigen Voraussetzungen zu loben, „die hier von der Roten Armee für die Entfaltung unserer Arbeit geschaffen worden sind.“

„Brüder, in eins nun die Hände“

Politische Umwälzungen kündigen sich zunächst durch kleine, scheinbar unbedeutende Schritte und Ereignisse an, werden dann aber durch Revolutionen, Kriege oder Wahlen vollzogen. In der SBZ kam eine weitere Variante dazu: der Zusammenschluss zweier Parteien. Mit der Gründung der Sozialistischen Einheitspartei Deutschlands (SED) im April 1946 stellte die Sowjetunion in ihrer Besatzungszone eine weitere entscheidende Weiche. Der politische Berater der US-Militärregierung, Robert Murphy, nannte sie in einem Spezialbericht für den amerikanischen Außenminister sogar das „bedeutsamste politische Ereignis seit dem Sturz des Nazi-Regimes“. Der Prozess des Zusammenschlusses von KPD und SPD, der sich am Ende als Zwangsvereinigung herausstellen sollte, hatte in beiden Parteien schon in der Zeit des Exils eingesetzt: aus der Überzeugung, dass die organisatorische Einheit der Arbeiterklasse praktisch sinnvoll und vor allem eine Konsequenz aus den politischen Grabenkämpfen der Weima-

rer Republik sein müsse. Während die Sozialdemokraten gleich nach der Wiederzulassung der Partei im Juni 1945 Kontakte zur KPD aufnahmen, machten die Kommunisten zunächst keine Anstalten, die Avancen zu erwidern.

Die Fahne ist schon fertig und wird von Walter Ulbricht präsentiert, nachdem der Beschluss zur Vereinigung von KPD und SPD gefasst ist, 22. April 1946.

Vorrangig sollten der eigene Apparat aufgebaut und die Mitglieder überprüft werden, denn die KPD wollte sichergehen, dass sie beim Zusammenschluss mit den traditionsbewussten Sozialdemokraten die dominierende Kraft sein würden. Deshalb galt intern die Devise: „Vorläufig keine Einheitspartei, erst ideologische Klärung“. Die Devise hatte aber kaum ein halbes Jahr Gültigkeit, denn die SPD entwickelte sich rasch zur stärksten Partei in der SBZ. Der Zuspruch in der Bevölkerung, die sie nicht haftbar machte für die unpopulären Maßnahmen der SMAD, war groß, und Zweifel an der demokratischen Gesinnung der Kommunisten wurden selbst von Einheitsbefürwortern in der SPD aufgrund der Erfahrungen in der Zusammenarbeit immer häufiger geäußert. Mit besonderem Nachdruck tat das der Vorsitzende des SPD-Zentralausschusses in der SBZ Otto Grotewohl am 14. September 1945 auf einer Funktionärskonferenz mit 2000 Teilnehmern aus allen Besatzungszonen: „Die gesellschaftliche Entwicklung läßt keinen Raum mehr für die gespaltene Arbeiterklasse“, stellte er fest, aber die Voraussetzungen für eine Vereinigung seien noch nicht erfüllt. Man sehe, dass die KPD-Spitze Schwierigkeiten habe, ihre eigenen Leute davon zu überzeugen, „daß die Erkenntnis von der Anwendung der Demokratie eine geschicht-

Wilhelm Pieck (links) und Otto Grotewohl, die Vorsitzenden der SED, besiegeln die Vereinigung mit dem Händedruck, der auch auf dem Emblem erscheint, 22. April 1946.

liche Notwendigkeit geworden ist". Daher sei es schwierig für die SPD-Spitze, „unsere Anhänger von dem Zweifel in die ehrliche Überzeugung der Kommunisten" zu befreien.

Grotewohl ging noch weiter und formulierte offensiv den Führungsanspruch seiner Partei. Wenn es darum gehe, in Deutschland einen neuen Staat aufzubauen, sei zuerst die deutsche Arbeiterklasse und mit ihr die SPD dazu berufen. Auf dem Weg zu neuer Anerkennung in der Welt „kann, will und wird die Sozialdemokratische Partei Deutschlands das deutsche Volk führen". Wie gering der politische Zuspruch der Kommunisten im Herrschaftsbereich der Sowjetunion war, zeigte im November 1945 deren schlechtes Abschneiden bei den Wahlen in Österreich (5,4 Prozent) und Ungarn (17 Prozent). Der Propagandabeauftragte der SMAD Tjulpanow schickte einen Bericht an den Militärrat, in dem er prognostizierte, dass ohne die Fusion von KPD und SPD auch in der SBZ eine Wahlniederlage der Kommunisten zu erwarten sei. Der Bericht wurde als so brisant eingestuft, dass ihn Stalin zu lesen bekam.

Früher als ursprünglich geplant schwenkte die KPD auf einen strikten Einheitskurs um. Ihr ging es dabei weniger darum, die Sozialdemokraten und die Bevölkerung von ihren politischen Zielen zu überzeugen, als vielmehr darum, die SPD als Konkurrenten loszuwerden und – das Schreckensbild schlechthin – eine „Sozialdemokrati-

sierung" der Gesellschaft zu unterbinden. Deutlich sprach das KPD-Funktionär Franz Dahlem aus, wenn auch nur in kleinem Kreis: „Wir müssen uns darüber klar sein, daß die konsequente schrittweise Annäherung von KPD und SPD ein ständiger Prozeß der Liquidierung aller Grundlagen des sozialdemokratischen Ideals ist."

Die Kommunisten setzten zusammen mit der SMAD auf eine Doppelstrategie. Sie förderten Kooperationen beider Arbeiterparteien in den Kommunen, um so die SPD-Spitze zum Handeln zu zwingen. Die hatte zwar am 20. Dezember 1945 auf der ersten sogenannten 60er-Konferenz aus je 30 Funktionären von KPD und SPD einem gemeinsamen Programm und einer gemeinsamen Kandidatenliste für Wahlen zugestimmt, war aber noch im Januar 1946 der Meinung, dass eine Vereinigung nur nach Schaffung einheitlicher Parteien in ganz Deutschland möglich sei und von der Zustimmung der Mitglieder beider Parteien getragen werden müsse. Das sah die SMAD anders. Um die zäh verlaufenden Fusionsvorbereitungen zu beschleunigen, erhöhte sie den Druck. Bei Skeptikern häuften sich Vorladungen zu Gesprächen mit der Besatzungsmacht. Rechtfertigen musste sich etwa der SPD-Kreisvorsitzende Kurt Müller aus Waren an der Müritz, Vater des späteren Dramatikers Heiner Müller. Als Müller zunächst bei seiner Ablehnung blieb, wurde ihm die schriftliche Aussage seiner Sekretärin vorgelegt, laut der er eine faschistische Widerstandsgruppe gebildet hätte. Der Offizier des sowjetischen Geheimdienstes sagte: „Du sprechen für Vereinigung, ich vergessen Papier." Kurt Müller antwortete: „Ich spreche für die Vereinigung." Darauf wieder der Offizier: „Nix sprechen für Vereinigung, Du feurig sprechen für Vereinigung." Selbst Grotewohl musste im Februar zweimal in der SMAD-Zentrale in Berlin-Karlshorst vorsprechen. Die Sowjets wiesen ihn auf die Bedeutung der Vereinigung hin und verlangten von ihm – mit Hinweis auf die Fortdauer der deutschen Teilung – eine klare Entscheidung. Sein Mitstreiter Gustav Dahrendorf sollte die Atmosphäre später mit dem passenden Satz beschreiben: „Wir wurden mit Bajonetten gekitzelt."

Was sollte die Ost-SPD tun? Sich widersetzen und den Unmut der SMAD riskieren, die keine Skrupel hatte, Parteiführungen abzusetzen? Die

Partei auflösen, was tatsächlich als Option diskutiert wurde? Hilfe von den West-Genossen um Kurt Schumacher konnte sie nicht erwarten, denn der hatte Grotewohl abblitzen lassen, weil dieser mit der mutigen Rede im September auch seinen Führungsanspruch in der Gesamtpartei demonstriert hatte. So ließ sich die SPD-Spitze in der SBZ schließlich einspannen und verhängte Redeverbote gegen parteiinterne Kritiker. Jede Gelegenheit wurde genutzt, auf die Vereinigung hinzuwirken. „Sogar in privaten Gesprächen drangen sie in uns, erinnerten daran, wie schädlich die Spaltung der Arbeiterklasse gewesen sei", erfuhr die 23-jährige Inge Deutschkron in ihrem Büro. Ohne Umschweife sei ihnen angedeutet worden, wer sich dem Ruf der Einheit entziehe, sei ein Feind der Arbeiterklasse, so die Sekretärin in der Zentralverwaltung für Volksbildung. Gegenargumente wurden unterdrückt. Deutschkron, die aus einer sozialdemokratisch geprägten jüdischen Familie stammte, war empört, dass man für die freie Meinungsäußerung schon wieder gemaßregelt wurde.

Ende Februar 1946 stimmte die SPD-Spitze auf der zweiten 60er-Konferenz der Parteiehe schließlich zu, als Feigenblatt diente unter anderem der Aufsatz des KPD-Funktionärs Anton Ackermann „Gibt es einen besonderen deutschen Weg zum Sozialismus?", in dem er eine von der Sowjetunion unabhängige Politik propagierte. Am 1. März sprach Grotewohl sich vor Funktionären zum ersten Mal klar und deutlich für die Vereinigung der beiden Parteien aus, immer wieder unterbrochen von lautstarken Protesten, denn viele Genossen hatten längst den Glauben verloren, das Profil der neuen Einheitspartei mitbestimmen zu können. Doch auch eine ertrotzte Urabstimmung, bei der 82 Prozent

der SPD-Mitglieder in West-Berlin eine Vereinigung mit der KPD ablehnten, konnte diese nicht mehr verhindern. So fand am 21. und 22. April 1946 der Parteitag zur Gründung der Sozialistischen Einheitspartei Deutschlands mit 1,3 Millionen Mitgliedern im Admiralspalast statt, einem Revue-Theater, in dem noch kurz vor dem Parteitag „Rigoletto" geschmettert hatte: „Ach wie so trügerisch ...". Alles an der politischen Aufführung war durchkomponiert. Kommunisten und Sozialdemokraten saßen nicht mehr getrennt. Zu Beginn erklang die Fidelio-Ouvertüre von Beethoven. Dann kamen Wilhelm Pieck (KPD) und Otto Grotewohl (SPD) von verschiedenen Seiten auf die Bühne, trafen sich in der Mitte und reichten einander die Hände.

Der Parteitag endete mit dem Lied *Brüder zur Sonne, zur Freiheit*, dessen dritte Strophe mit der Zeile beginnt: „Brüder, in eins nun die Hände" – auch das ein Verweis auf das künftige Parteiabzeichen, in dem sich die verschlungenen Hände wiederfanden. Auf diese Darstellung, die Gewerkschafts-Emblemen des 19. Jahrhunderts entlehnt war, hatte sich schon vor dem Parteitag ein kleiner Kreis geeinigt. An den Entwürfen der Grafiker wurden lediglich zwei Änderungen vorgenommen. Aus der vorgesehenen runden Form wurde eine ovale, um nicht Erinnerungen an das NSDAP-Abzeichen („Bonbon") zu wecken. Zudem hatte Hobbymaler Grotewohl als zusätzliches Element eine rote Fahne vorgeschlagen.

Der „historische Schritt" wurde in dem rund 20-minütigen Dokumentarfilm *Einheit SPD-KPD* verewigt. Ausgerechnet eine inszenierte Szene am Ende des Films wurde zur Ikone: Auf zwei Straßen am Berliner S-Bahnhof Warschauer Brücke,

Links: Inszeniert für den Dokumentarfilm *Einheit SPD-KPD – Die Vereinigung der SED*, Regie Kurt Maetzig: die angebliche Zustimmung der Sozialdemokratie zur Zwangsvereinigung mit der KPD, 1946.

Rechts: Am Tag nach der Vereinigung berichtet das *Neue Deutschland*, Zentralorgan der Sozialistischen Einheitspartei Deutschlands, dass sich gerade das „größte Ereignis für unser Volk nach der faschistischen Tragödie" zugetragen habe, 23. April 1946.

die um ein zerbombtes Haus herumführen und spitzwinklig ineinander münden, nähern sich zwei Menschenströme. Kurz bevor sie zusammentreffen, klappt jeder Zug ein Schild herunter – auf einem steht SPD, auf dem anderen KPD –, und an der Spitze der sich langsam vereinenden Ströme taucht plötzlich ein Transparent mit der Aufschrift „Sozialistische Einheitspartei" auf. Die komplett arrangierte Szene avancierte zum Symbol für den angeblich freiwilligen Zusammenschluss und den gemeinsamen Weg in die Zukunft.

Ein Trugschluss, wie sich schnell zeigen sollte. US-Berater Murphy wurden Äußerungen hoher KPD-Funktionäre im Privatkreis zugetragen, man würde die SPD-Führer innerhalb eines Jahres aus den Spitzenpositionen der neuen Partei entfernen. In Dessau beschwerten sich nur einen Monat nach der Fusion ehemalige SPD-Mitglieder, dass Kommunisten bei Stellenbesetzungen bevorzugt worden seien. Auf entsprechende Vorhaltungen hätten die Ex-KPD-Leute mit Unverständnis reagiert: Sie seien jetzt doch alle Mitglieder der gleichen Partei.

Die Landtagswahlen am 20. Oktober 1946 in der SBZ sowie die Wahl zur Stadtverordnetenversammlung in Berlin, wo auf Betreiben der Alliierten die SPD im Ostteil der Stadt als eigenständige Partei bestehen geblieben war, sollten zur ersten Bewährungsprobe der SED werden. Die SMAD

fürchtete, dass nicht einmal die Fusion vor einer Niederlage bei den ersten freien Wahlen nach zwölf Jahren NS-Diktatur retten würde, Propagandist Tjulpanow sah noch große Unzulänglichkeiten in der Arbeit der neuen Partei. So überlegte die Militärverwaltung, wie man der SED in bekannter stalinistischer Manier einen Vorteil verschaffen könnte. Die bürgerlichen Parteien CDU und LDP wurden daran gehindert, Ortsvereine zu gründen und konnten nur in etwa 20 Prozent der Gemeinden Kandidaten aufstellen, während die SED flächendeckend antrat. Auch wurde die Papierzuteilung für die bürgerlichen Parteien, etwa für Wahlwerbung, eingeschränkt. Zudem wurden bestimmte Zielgruppen mit Versprechungen gelockt, für die SED zu stimmen: Frauen, Bauern (die vielfach von der Bodenreform profitiert hatten), ehemalige NSDAP-Mitglieder (denen man Rehabilitation und Teilnahme am „demokratischen Aufbau" versprach), junge Menschen (denen man berufliche Chancen in Aussicht stellte).

Die Wahl war auf den ersten Blick ein Erfolg für die SED. Auf die gesamte SBZ bezogen erreichte sie 47,5 Prozent der Stimmen, zog als stärkste Partei in alle Landtage ein und stellte die Ministerpräsidenten, außer in Sachsen-Anhalt, dort wurde der Liberale Erhard Hübener Regierungschef. Aber es reichte insgesamt nicht für die absolute Mehrheit. Ein echter Reinfall für die SED wurde die Stadtverordnetenwahl in Berlin: Nahezu jeder Zweite stimmte für die SPD (48,7 Prozent), nur jeder Fünfte für die SED (19,8 Prozent), die sich hinter der CDU (22,1 Prozent) mit dem dritten Platz begnügen musste. Selbst in Ost-Berlin erhielten die Sozialdemokraten 43 Prozent der Stimmen, obwohl die dortige Rumpf-SPD zuvor als „politisches Leichtgewicht" verspottet worden war. Die SED analysierte zumindest auf der mittleren Ebene das Wahlergebnis durchaus selbstkritisch. Offenkundig sei es ein „Protest gegen unsere Methoden", die von der Bevölkerung als Vergewaltigung ihrer Meinung empfunden worden waren. Als bedenklich wurde auch das Verhältnis der SED zur Demokratie eingeschätzt. Man könne Kritiker nicht immer gleich als Reaktionäre bezeichnen. Schließlich führten die Funktionäre das schlechte Abschneiden auf den Ruf als „Russen-Partei" zurück. Die SED-Spitze zog aus der Situation einen radikalen Schluss: Nie wieder ließ sie sich auf freie und unabhängige Wahlen ein.

Nach der Berliner Stadtverordnetenwahl ist 1946 die SPD die stärkste Partei: Oberbürgermeister Otto Ostrowski spricht am Mikrofon, hinter ihm die Verbindungsoffiziere der vier Besatzungsmächte, Dezember 1946.

„Unser zweites Parteiprogramm"

Unter dem Eindruck der SED-Gründung kamen die politischen Analysten der US-Administration in ihrer Bilanz des Jahres 1946 zu dem Schluss, dass die Sowjets wohl fortfahren würden, „ihre Zone eher im Interesse der Sowjetunion als in dem ganz Deutschlands zu verwalten". Tatsächlich folgte nach der ersten politischen Weichenstellung nun der Umbau der Wirtschaft. Die litt noch immer unter den Reparationen. Moskau war dazu übergegangen, Betriebe in der SBZ in Sowjetische Aktiengesellschaften zu überführen und für den sowjetischen Bedarf produzieren zu lassen. Gleichwohl wurde fleißig weiter demontiert – bis Mitte 1948 knapp 12.000 Kilometer Schienen sowie rund 250.000 Maschinen. Dagegen konnte auch die neue Einheitspartei nichts tun, wie die Beschwerde des SED-Kreisvorstands Wernigerode im Dezember 1946 an den Zentralvorstand zeigte. In ihrem Brief monierten die Harzer Genossen, dass der sowjetische Demontage-Offizier sämtliche Maschinen des Betriebs Eckold abtransportieren ließ, obwohl laut Befehl der Kommandantur lediglich eine Teildemontage vorgesehen gewesen sei: „Das sind Widersprüche, die für uns den Wirtschaftstod bedeuten. Wir denken gar nicht daran, zum Totengräber der deutschen Wirtschaft zu werden, sondern wollen aufbauen."

Zu dieser „Entnahmepolitik" kam hinzu, dass durch die strikte Aufteilung in Besatzungszonen frühere Wirtschaftsverbindungen, etwa zum Ruhrgebiet, durchtrennt waren, wofür kein Ausgleich geschaffen werden konnte. In der Folge kündigte sich 1947 die erste große ökonomische Krise in der SBZ an. Die Industrieproduktion war in den ersten Monaten eingebrochen und erreichte am Ende des Jahres lediglich 52 Prozent des Standes von 1936. Dies ließ auch die Hoffnungen der Bevölkerung sinken, deren Lebensumstände, zusätzlich belastet durch harte Winter und Missernten, sehr schwierig blieben. Um die Lage nicht weiter eskalieren zu lassen, beließ die SMAD entgegen der offiziellen Entnazifizierungspolitik viele ehemalige NSDAP-Mitglieder in ihren Positionen als Direktoren und Werksleiter.

Die Sowjetische Militärverwaltung und die SED nutzten im folgenden Jahr die schwelende Krise für den nächsten Schritt Richtung Zentra-

lisierung. Per SMAD-Befehl 138 vom 11. Juni 1947 wurde in Ost-Berlin die Deutsche Wirtschaftskommission (DWK) gegründet. Die Institution, die aus mehreren Zentralverwaltungen für bestimmte Industriezweige bestand, sollte offiziell die Arbeit in den fünf ostdeutschen Ländern in diesen Zweigen koordinieren und mit den Planvorgaben der SMAD abstimmen. In Wirklichkeit ging es darum, den Einfluss der Länderregierungen, in denen auch CDU und LPD etwas zu sagen hatten, einzudämmen. Dieser Schritt war schon früher in der SED diskutiert worden, aber man vollzog ihn erst nach der Schaffung der amerikanisch-britischen Bizone, um den West-Alliierten die Schuld für die fortschreitende Teilung des Landes zuschieben zu können.

Die von der SED dominierte Wirtschaftskommission griff nach ihrer Gründung mehr und mehr in die Belange der Länder ein. Nach einem weiteren SMAD-Befehl vom 12. Februar 1948 war sie schließlich berechtigt, sämtlichen deutschen Behörden in der SBZ verbindliche Weisungen zu erteilen. Proteste anderer Parteien gegen diese Weichenstellung Richtung Planwirtschaft und Forderungen nach einer parlamentarischen Kon-

Parolen für den Kampftag der Arbeiterklasse in Ost-Berlin: Erfüllung des Zweijahresplans und Verteidigung des Friedens, Berlin 1. Mai 1950.

trolle wurden unterdrückt. Im Mai 1948 erarbeitete die mit Gesetzgebungskompetenzen ausgestattete Kommission einen Zweijahresplan für 1949/50, der der SED wirtschaftspolitisch eine dominierende Stellung verschaffte und von Walter Ulbricht sowie dem für Parteischulungen zuständigen Fred Oelßner nicht ohne Grund als „unser zweites Parteiprogramm" bezeichnet wurde. 1949 hatte die DWK rund 10.000 Mitarbeiter und war als Machtfaktor nicht mehr wegzudenken.

Demonstration anlässlich des „1. Volkskongresses für Einheit und gerechten Frieden", das heißt in diesem Fall: „die Friedensvorschläge der UdSSR", Schwarzenberg 1947.

Die westlichen Alliierten sahen die Entwicklung mit Unbehagen, doch sie konnten nichts dagegen tun, hatte man sich doch 1945 in Potsdam gegenseitig die alleinige Verantwortung für die jeweilige Besatzungszone zugestanden. Und die Sowjets taten alles, damit das auch so blieb. Inspektionen der West-Alliierten, eigentlich mit Moskau vereinbart, hatten Seltenheitswert. Besuche, etwa der Industrieanlagen in Bitterfeld und Leuna, oder eine Reise westlicher Journalisten erfolgten auf vorgegebenen Routen, die von den sowjetischen „Begleitern" peinlich genau eingehalten wurden. Selbst diplomatische Vorstöße, um die „hermetische Abgeschlossenheit und Heimlichtuerei" aufzubrechen, liefen ins Leere; so etwa die Bitte um die Errichtung amerikanischer Konsulate in Rostock, Dresden oder Leipzig. Eine solche Einrichtung komme zu früh, beschieden die Sowjets den Amerikanern 1947. Denen gelang es immerhin, zu einigen Politikern in der SBZ Kontakte zu pflegen. So lieferten die CDU-Vorsitzenden Jakob Kaiser und Ernst Lemmer Informationen über die SMAD und die Diskriminierung ihrer

Partei. Für eine fundierte Beurteilung reichte das aber nicht aus. So bescheinigten westliche Vertreter Otto Grotewohl, den sie nach der SED-Gründung sprechen konnten, wohl um zu ergründen, was den SPD-Funktionär zum Umschwenken bewogen hatte: „Grotewohl sei im Grunde seines Herzens immer noch ein Demokrat."

Die weitere Entwicklung in der SBZ wurde vom immer schlechter werdenden Verhältnis zwischen Moskau und den West-Alliierten bestimmt, das eine gemeinsame Deutschlandpolitik unmöglich machte und mit der Blockade West-Berlins durch die Sowjets 1948/49 seine gefährlichste Zuspitzung erfuhr. Stalin sah mit dem Ausbrechen des Kalten Krieges keinen Grund mehr, ernsthaft Chancen für einen Machteinfluss in ganz Deutschland zu pflegen. Ihm ging es vielmehr darum, die Machtpositionen der SED in der SBZ zu sichern. Lediglich als taktische Variante taugte die gesamtdeutsche Karte noch. So erklärte die SED gemäß der Anweisung Moskaus auf ihrem zweiten Parteitag im September 1947 den „Kampf um die Einheit Deutschlands" zur Hauptaufgabe. Intern warnte SMAD-Vertreter Tjulpanow den SED-Chef Pieck jedoch ausdrücklich davor, sich angesichts der weltpolitischen Lage, aber auch der unzufriedenen Bevölkerung in der SBZ, westlichen Demokratievorstellungen zu nähern. Für diese Sorge bestand jedoch überhaupt kein Anlass.

Widerspruchslos richtete die SED-Spitze die Partei 1948 nach sowjetischem Vorbild als Kaderpartei aus und verkaufte diese der Bevölkerung als „Partei neuen Typus". Auf sechs Parteivorstandskonferenzen zwischen Mai und Oktober wurde die SED radikal auf die Ideologie des Marxismus-Leninismus eingeschworen und die Ackermann-These vom besonderen deutschen Weg widerrufen. Verstärkt wurde eine Hierarchie mit dem Politbüro als neuem Machtzentrum eingeführt und die bislang praktizierte paritätische Besetzung von Führungsposten mit Kommunisten und Sozialdemokraten abgeschafft. Fraktionsbildungen innerhalb der Partei wurden verboten und interne Kontrollkommissionen eingerichtet, um die zum obersten Prinzip erhobene Parteidisziplin durchzusetzen. Die Kommissionen agierten im Stile von Inquisitoren, um die Partei von „schädlichen", „klassenfremden" und „karrieristischen Elementen" zu säubern, wie Ulbricht vorgab. Gemeint waren damit zum einen ehemalige Sozialdemokraten, die verdächtigt wurden, Kontakte zu den verhassten Ostbüros der West-SPD zu haben und die als „Schumacher-Agenten" beschimpft – oder schlimmer noch – der Spionage verdächtigt wurden. Auf unglaublich infame Weise bezeichnete es Otto Grotewohl als Fehler, diese „Gefahr" unterschätzt zu haben. „Wir haben gedacht, wenn die russische Besatzungsmacht

begrenzen, kam es im Jahr 1948 zur Bildung zweier formal bürgerlicher Parteien, der National-Demokratischen Partei Deutschlands (NDPD) als Sammelbecken für nichtbelastete ehemalige NSDAP-Mitglieder, Wehrmachtsoffiziere sowie Vertriebene, und der Demokratischen Bauernpartei Deutschlands (DBD) für Klein- und Neubauern. Beide Parteien wurden von ehemaligen KPD-Mitgliedern geführt. Verstärkt wurde zudem der Einfluss auf neu gegründete Massenorgani-

sich um diese illegale Betätigung kümmert und die Leute verhaftet, dann sind wir sie los."

Weitere potenziell „schädliche Elemente" waren in den Augen der SED-Führung Neumitglieder, die nicht aus alten KPD-Strukturen stammten sowie kommunistische Westmigranten, die als anfällig für westliche Ideologien und materielle Verlockungen galten. Tausende wurden auf diese Weise wieder entfernt, viele verhaftet und darüber hinaus Misstrauen und Furcht gesät. Forderungen von Genossen, man müsse aufhören, „Fälle zu konstruieren", verhallten. Man solle sich doch nicht beirren lassen, die Kontrollkommissionen könnten nicht immer warten, bis sie den Beweis hätten.

Parallel zur Stalinisierung der eigenen Partei setzten SED und SMAD alles daran, den Spielraum der anderen weiter einzuengen, vor allem der CDU, die ihre prowestliche Haltung nicht ablegte. Mit der Absetzung der Parteiführung schien es nicht getan. Um ihren Zulauf zu

sationen, etwa Frauen- und Jugendverbände, um auch die Kreise zu politisieren, die sich dem Einfluss der SED zu entziehen versuchten.

Den vorläufigen Abschluss des Stalinisierungskurses bildete die erste Parteikonferenz der SED vom 25. bis 28. Januar 1949, auf der die „große historische Aufgabe" der Partei, den „demokratischen Neuaufbau" in der Ostzone voranzutreiben, beschworen wurde. Die Entwicklung bis dahin hatte gezeigt, dass unter Demokratie nichts anderes verstanden wurde als die Ausrichtung der Gesellschaft auf die Herrschaft einer Staatspartei. Wie sehr sich die SED in der Position sah, dass ein künftiger Staat ihr zu dienen habe und nicht umgekehrt, belegt ein oft zitierter Ausspruch des Funktionärs Helmut Lehmann, eines ehemaligen Sozialdemokraten, auf der 12. Tagung des Parteivorstands Ende Juli 1948: „Dieser Staat muß unser sein. (…) Unser Staat hat die Aufgabe, alles niederzuhalten, was den Weg zum Sozialismus aufhalten will, und alles zu fördern, was ihm diesen Weg erleichtert."

Links: Eine „Partei neuen Typus" verlangte die 1. Parteikonferenz der SED im Haus der Deutschen Wirtschaftskommission (heute Sitz des Bundesrats, Leipziger Straße), 25.–28. Januar 1949.

Rechts: Auf der 2. Parteikonferenz präsentierte sich die SED bereits als die „Partei neuen Typus", mit Aufmärschen, Gleichschritt, Uniformen, Flaggen und Personenkult, Berlin 11. Juli 1952.

„Nach Hitler kommen wir"

Den Aufbau eines sozialistischen Arbeiter- und Bauernstaats in Deutschland gingen SMAD und SED in der sowjetischen Zone erneut taktisch an. Auf keinen Fall sollte ein eigenständiger ostdeutscher Staat wie ein Beitrag zur Spaltung Deutschlands wirken, sondern als unausweichliche Antwort auf die Aktivitäten des Westens. Am 6. Dezember veranstaltete die SED in Ost-Berlin einen „Deutschen Volkskongress für Einheit und gerechten Frieden". Er sollte einerseits die Position des sowjetischen Außenministers gegenüber den West-Alliierten stärken und zugleich die SED als einzige nationale Kraft erscheinen lassen. Rund 2000 Delegierte aus allen vier Besatzungszonen versammelten sich im Admiralspalast, die aber durch keine Wahl legitimiert waren. 80 Prozent der Teilnehmer stammten aus der SBZ und Ost-Berlin, die SED stellte allein etwas mehr als 600 Delegierte. Der Kongress forderte von den Alliierten die Vorbereitung eines Friedensvertrags und die Bildung einer gesamtdeutschen Regierung. Die politische Akzeptanz blieb begrenzt. Im Westen sowieso, doch auch die ostdeutsche CDU-Führung wollte das „Propagandamanöver" nicht mitmachen. Weil sich die Vorsitzenden Jakob Kaiser und Ernst Lemmer selbst vom Druck durch die SMAD nicht umstimmen ließen, wurden sie von der Militärverwaltung abgesetzt und durch den gefügigeren Otto Nuschke ersetzt.

Es folgte ein zweiter Volkskongress im März 1948, auf dem ein dort installierter Deutscher Volksrat mit 400 Mitgliedern den Anspruch erhob, ganz Deutschland zu repräsentieren. In Wirklichkeit entpuppte sich der Rat als Vorparlament des ostdeutschen Staates. Sein wichtigster Ausschuss arbeitete unter Leitung von Otto Grotewohl Richtlinien für eine Verfassung aus, wobei der SED-Chef darauf achtete, in dem Entwurf für eine „freie demokratische Deutsche Republik" die von der SED gesteuerten politischen und wirtschaftlichen Strukturen zu verankern. Der Entwurf wurde vom Volksrat bestätigt und im Oktober 1948 zur öffentlichen Diskussion gestellt. Doch Stalin bremste, zitierte die SED-Spitze im Dezember 1948 nach Moskau und hielt ihr in seiner bekannt ruppigen Art vor, die Genossen würden zu offen agieren, sie stünden bisher nicht vor der Macht, sollten opportunistischer vorgehen, mehr „im Zickzack". Gemeint war wieder einmal, dem Westen den Vortritt zu lassen. Die SED parierte, wobei Ulbricht durchblicken ließ, die ideologischen Ziele der Partei würden weiterhin durchgesetzt, man müsse nur eben „nicht alles bis zu Ende aussprechen".

Diesem Ziel kam die SED näher, als in den Westzonen im März 1949 die Vorbereitung zum Bonner Grundgesetz voranschritt. Ein dritter Volkskongress, bereits für Dezember 1948 terminiert, wurde in Ost-Berlin einberufen. Um ihm dieses Mal wenigstens formal einen demokratischen Anstrich zu geben, sollten die Delegierten gewählt werden, allerdings nach Einheitslisten des „Demokratischen Blocks". Alle Parteien – bis auf die CDU – stimmten unter der Maßgabe zu, dass bei den anstehenden Kommunal- und Landtagswahlen im Oktober 1949 wieder getrennte Wahlvorschläge mit eigenen Kandidaten möglich wären. Die Wahl zum Kongress fand am 15. und 16. Mai statt, die Verteilung der Listenplätze stand jedoch von vornherein fest: Ein Viertel der Delegiertenmandate war für die SED reserviert. Die Wahl wurde verknüpft mit einer Volksabstimmung über die Deutsche Einheit. Nach offiziellen Angaben stimmten 66,1 Prozent der Ostdeutschen für die Einheitsliste, jeder Dritte lehnte also ab, dazu kamen sechs Prozent ungültige Stimmen. Wie sehr am Ergebnis herummanipuliert wurde, belegt ein Fernschreiben der deutschen Verwaltung des Inneren in Ost-Berlin an die Landespolizeibehörden. Die „unverhältnismäßig hohe Anzahl von ungülti-

Die fast einstimmige Wahl Wilhelm Piecks zum ersten Präsidenten der DDR. Links neben Pieck Otto Grotewohl, 11. Oktober 1949.

gen Stimmen" sei nicht zu akzeptieren, heißt es da. Gegen diesen „Unfug" seien „entsprechende Maßnahmen zu ergreifen". So wurde aus mancher Nein- eine Ja-Stimme.

Auf dem dritten Volkskongress am 29. und 30. Mai 1949 – wenige Tage nach Verkündung des Bonner Grundgesetzes – wurde der Zweite Deutsche Volksrat gewählt, und als am 7. September in Bonn die Bundesrepublik nach freien Wahlen entstanden war, erlaubte der Kreml den Gründungsakt der DDR. Von Wahlen war keine Rede. Zwar sah die vorbereitete DDR-Verfassung in Artikel 51 allgemeine, gleiche, unmittelbare und geheime Wahlen nach Verhältniswahlrecht vor, aber um ein Fiasko zu vermeiden – die KPD im Westen hatte bei der Bundestagswahl am 14. August 1949 ein katastrophales Ergebnis erzielt – schlug der designierte Ministerprädient Grotewohl vor, auf eine Legitimierung der neuen Regierung in dieser Form zu verzichten und eigene Wahlen zu verschieben. Ein riskanter Schritt, denn die SED brauchte dazu die Mitwirkung der skeptischen Parteien CDU und LDP in den Länderparlamenten. Dies gelang mit einer ganzen Reihe von Zusicherungen: Das Verhältniswahlrecht stünde nicht zur Disposition, das neue Parlament sei nur provisorisch, Nichts sei auf Dauer entschieden, auch nicht die heiß umstrittene Anerkennung der Oder-Neiße-Linie als völkerrechtliche Grenze. Alles glatte Lügen. Intern sprach SED-Chef Wilhelm Pieck, der künftige Präsident der DDR, längst davon, auch weiterhin nach Einheitslisten abstimmen zu lassen. Und tatsächlich sollte die nächste Wahl im Oktober 1950 wieder nicht nach demokratischen Grundsätzen erfolgen.

Das Politbüro stellte zudem unmittelbar vor der Staatsgründung weitere Weichen für die „führende Rolle" der SED. Alle politisch und inhaltlich bedeutsamen Entscheidungen der künftigen Volkskammer, der DDR-Regierung oder einzelner Ministerien sollten zunächst bei der SED-Führung eingereicht werden, die über das weitere Vorgehen entscheiden würde. Wie selbstverständlich sie das undemokratische Handeln betrachteten, zeigten die Funktionäre auf einer Parteivorstandssitzung am 4. Oktober 1949. Gerhart Eisler, Leiter der DWK-Hauptverwaltung Information, bemerkte: „Als Marxisten müssen wir lernen: Wenn wir eine Regierung gründen,

geben wir sie niemals wieder auf, weder durch Wahlen noch durch andere Methoden."

Am 7. Oktober 1949 erklärte sich der Zweite Volksrat im Haus der Deutschen Wirtschaftskommission, in Sichtweite zur Sektorengrenze, zur Provisorischen Volkskammer der DDR und setzte die Verfassung in Kraft. Die 330 Abgeordneten waren nach politischem Proporz ausgesucht worden: Die SED erhielt 96 Sitze, LDP und CDU je 46, Nationaldemokraten und Deutsche Bauernpartei 17 beziehungsweise 15, die restlichen Mandate verteilten sich auf Massenorganisationen und die Einheitsgewerkschaft. Wilhelm Pieck lobte die Staatsgründung als gemeinsamen Willen aller im Volksrat, ein Hohn angesichts der Dominanz seiner Partei. SED-Chef Otto Grotewohl wurde als Ministerpräsident mit der Bildung einer Regierung beauftragt, der drei Tage später die Funktionen der Sowjetischen Militäradministration übertragen wurde und der 18 Minister angehörten: Acht waren Mitglieder der SED, vier der CDU, drei der LDP, je einer gehörte der NDPD und der DBD an und einer war parteilos.

Abgeschlossen wurde die Staatsgründung am 11. Oktober mit der Wahl von SED-Chef Wilhelm Pieck zum Präsidenten der DDR. Die Blumen überreichte die jüngste Volkskammer-Abgeordnete, Margot Feist, die 1953 Erich Honecker heiratete und zehn Jahre später eine überaus linientreue Volksbildungsministerin wurde. Honecker hatte am Abend des 11. Oktober 1949 ebenfalls seinen Auftritt. Hunderttausende Mitglieder der Jugendorganisation FDJ marschierten auf dem Boulevard Unter den Linden auf, um dem neuen Staat und der neuen Führung zu huldigen. Dass der Fackelumzug ungute Erinnerungen an die NS-Zeit weckte, störte den SED-Funktionär Honecker gar nicht, als er das Gelöbnis der Jugend auf die DDR sprach. „Nach Hitler kommen wir", so lautete schon lange die Devise der Kommunisten. Nun war es soweit.

Vorfahrt für die Staatslimousine Wilhelm Piecks, eine sowjetische ZIS 110 mit dem Kennzeichen „DDR 01", 1951.

Ernst Piper

Die Schuldfrage

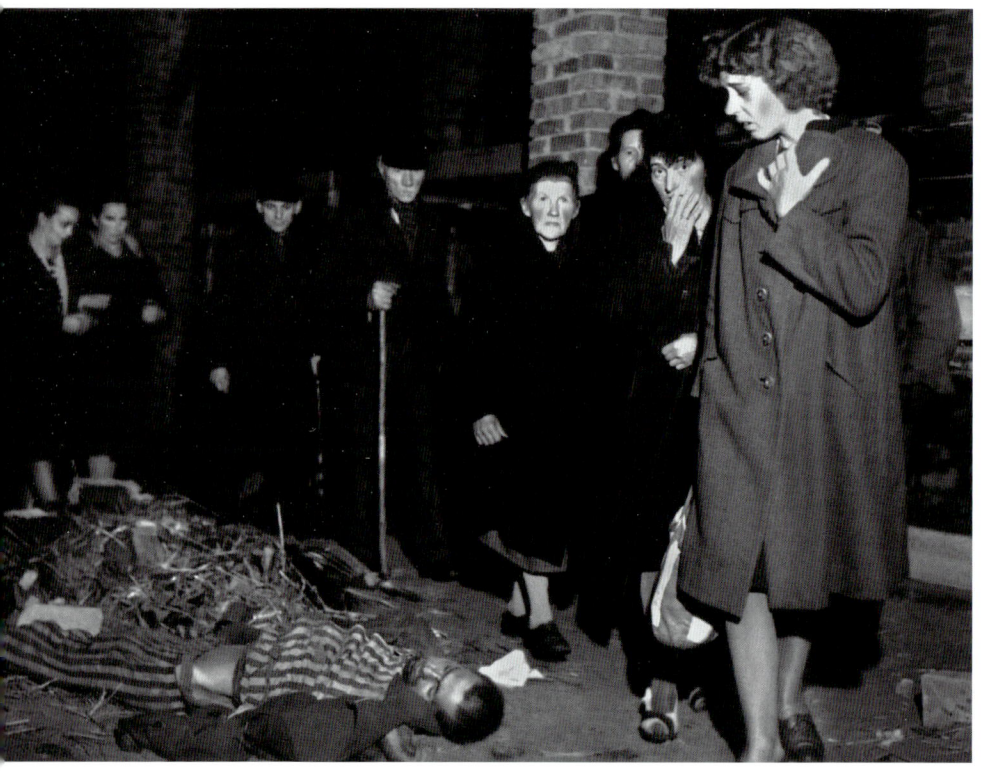

Auf Anweisung des Kommandeurs der 82. US-Luftlandedivision werden Bürger von Ludwigslust im Mai 1945 im KZ-Außenlager Wöbbelin mit den Verbrechen des NS-Regimes konfrontiert.

Keine andere Bestimmung des Versailler Friedensvertrages von 1919 hat so leidenschaftliche Emotionen hervorgerufen wie der Artikel 231, der lautete: „Die alliierten und assoziierten Regierungen erklären, und Deutschland erkennt an, daß Deutschland und seine Verbündeten als Urheber für alle Verluste und Schäden verantwortlich sind, die die alliierten und assoziierten Regierungen und ihre Staatsangehörigen infolge des ihnen durch den Angriff Deutschlands und seiner Verbündeten aufgezwungenen Krieges erlitten haben." Diese Bestimmung diente vor allem dem Zweck, die für das Deutsche Reich sehr einschneidenden

Friedensbedingungen juristisch und moralisch zu legitimieren. Es wurde gewissermaßen offiziell festgestellt, dass das Deutsche Reich als Angreifer für den Ersten Weltkrieg Verantwortung trug.

In Deutschland wurde dieser Artikel deshalb nicht zu Unrecht als „Kriegsschuldparagraph" wahrgenommen, auch wenn das Wort Schuld in ihm nicht vorkam. Die Öffentlichkeit reagierte auf die implizite Kriegsschuldthese mit großer Empörung. Der Vorwurf, den Ersten Weltkrieg verbrecherisch verursacht zu haben, war für einen Deutschen im Jahr 1919 unerträglich. Der „Kriegsschuldparagraph" belastete mehr als alles andere auf viele Jahre hinaus die zwischenstaatlichen Beziehungen. Vor allem aber war er eine schwere Hypothek für die innere Befriedung der deutschen Nachkriegsgesellschaft. Politiker, die bei aller Ablehnung der Bestimmungen des Vertragswerks die einzig realistische Möglichkeit darin sahen, es zu unterschreiben, wurden als „Erfüllungspolitiker" diffamiert. Der Kampf gegen „Versailles" wurde zum Ausweis von Patriotismus, die Forderung nach Revision des Vertragswerks nahm einen zentralen Platz auf der Agenda aller nationalistischen Organisationen ein, aber auch die übrigen politischen Kräfte konnten sich dem kaum entziehen. Besonders die NSDAP zog unablässig gegen den „Schandfrieden" zu Felde. Ihre aggressive Propaganda vermochte es, die erheblichen Erfolge zu verdunkeln, die die demokratischen Regierungen der Weimarer Republik bei ihren Bemühungen um eine Revision der Bestimmungen des Friedensvertrages, insbesondere in der Frage der Reparationen, im Lauf der Jahre erzielen konnten.

1945 war die Situation ganz anders als 1919. Davon abgesehen, dass es keinen Friedensvertrag gab, über dessen Bestimmungen man hätte streiten können (es sollte auch nie einen geben), war es offensichtlich, dass der deutsche Diktator Adolf Hitler den Zweiten Weltkrieg absichtsvoll herbeigeführt und ihn auch in den Dimensionen, in denen er geführt worden war, gewollt hatte. Am 3. Februar 1933, nur wenige Tage nach seiner Ernennung zum Reichskanzler, hatte Hitler vor deutschen Generälen von der Notwendigkeit der Eroberung neuen Lebensraums im Osten gesprochen. Und an diesem Ziel hielt er bis zu seinem Ende fest. Aber Hitler wollte das Deutsche Reich nicht nur zur dominierenden Macht in Europa machen, nicht nur die slawischen „Untermenschen" hinter den Ural zurückdrängen. Er führte zugleich einen rassenideologischen Vernichtungskrieg.

Am 30. Januar 1939, dem sechsten Jahrestag seiner Ernennung zum Reichskanzler, gab Hitler vor dem „Großdeutschen Reichstag" eine Regierungserklärung ab, in der er noch einmal auf die Sudetenkrise zu sprechen kam, die Europa im Jahr zuvor hart an den Rand eines Krieges geführt hatte. Hitler betonte, dass er für den Fall, dass seine Forderungen nicht erfüllt würden, zum militärischen Einschreiten im Sudetenland entschlossen gewesen war. Er kam dann auf sein Kernthema zu sprechen, den „jüdischen Weltfeind". Deutschland sei friedliebend, aber die jüdische Frage müsse gelöst werden, denn diese „wurzellose internationale Rasse" stehe hinter den Kriegshetzern, die er z.B. in Großbritannien am Werk sah, da sie am Krieg verdiene. Der folgende Satz sollte der bekannteste dieser Rede werden: „Wenn es dem internationalen Finanzjudentum in- und außerhalb Europas gelingen sollte, die Völker Europas noch einmal in einen Weltkrieg zu stürzen, dann wird das Ergebnis nicht die Bolschewisierung der Erde und damit der Sieg des Judentums sein, sondern die Vernichtung der jüdischen Rasse in Europa."

Diese Drohung wiederholte Hitler in den folgenden Jahren immer wieder bei seinen öffentlichen Auftritten. Und er setzte alles daran, sie in die Tat umzusetzen. Die namenlosen Schrecken des Holocaust, die fabrikmäßige Ermordung von sechs Millionen Juden, standen nach dem Zweiten Weltkrieg im Zentrum der Diskussion über

Entfernung des Hauptschuldigen aus dem öffentlichen Raum: Auswechseln der Straßenschilder in Trier, 1945.

die Schuldfrage. Der aberwitzige Versuch, eine ganze ethnische Gruppe in Europa auszurotten, wog noch schwerer als die Schuld am Ausbruch des schrecklichsten Krieges der Menschheitsgeschichte. Das Vernichtungslager Auschwitz, dieser Vorhof der Hölle, war der Ort, der über die Jahre zum entscheidenden Erinnerungsort des Zweiten Weltkriegs wurde. Doch, bis es so weit war, sollten Jahrzehnte ins Land gehen.

Der Philosoph Karl Jaspers hatte während des Krieges in seinem Tagebuch notiert: „Wer es überlebt, dem muss eine Aufgabe bestimmt sein, für die er den Rest seines Lebens verzehren soll." Jaspers, seit 1922 Ordinarius für Philosophie an der Universität Heidelberg, hatte sich kategorisch geweigert, sich von seiner jüdischen Frau Gertrud zu trennen. Deswegen wurde er 1933 aus der Universitätsverwaltung ausgeschlossen, 1937 zwangsweise in den Ruhestand versetzt und später auch mit Publikationsverbot belegt. Bis zuletzt war Jaspers von Verfolgung bedroht. Noch für April 1945 hatten die Nationalsozialisten seine Verschleppung ins KZ geplant, aber am 30. März wurde Heidelberg durch die US-Armee befreit. Das Ehepaar Jaspers hatte sich für den Fall der Fälle mit Zyankali versorgt. Es einnehmen zu müssen, blieb ihm erspart.

Nach der Befreiung durch die US-Armee wurden circa tausend Weimarer Bürger in das KZ Buchenwald gebracht. Am Anfang schien es wie ein Sonntagsausflug, es ging aber in die Hölle, 16. April 1945.

nicht. Instanz ist hier das eigene Gewissen, das uns, wenn wir ihm Gehör schenken, zur Buße mahnt, welche Voraussetzung für eine moralische Erneuerung ist. Schließlich gibt es viertens die metaphysische Schuld, die aus der zwischenmenschlichen Solidarität erwächst und uns mitverantwortlich macht für alles auf der Welt begangene Unrecht, soweit wir ihm nicht mit den uns gegebenen Mitteln widerstehen, so bescheiden diese auch sein mögen.

In diese kollektive Verantwortung bezog der Autor auch sich selbst ein: „Wir Überlebenden haben nicht den Tod gesucht. Wir sind nicht, als unsere jüdischen Freunde abgeführt wurden, auf die Straße gegangen, haben nicht geschrien, bis man uns vernichtete. Wir haben es vorgezogen, am Leben zu bleiben mit dem schwachen, wenn auch richtigen Grund, unser Tod hätte nichts helfen können. Daß wir leben, ist unsere Schuld. Wir wissen vor Gott, was uns tief demütigt." Zugleich wandte sich Jaspers gegen die These einer Kollektivschuld des deutschen Volkes, die damals von manchen propagiert wurde: „Es ist aber sinnwidrig, ein Volk als Ganzes eines Verbrechens zu beschuldigen. Verbrecher ist immer nur der Einzelne." Auch die Kategorien der Moral seien immer auf das Handeln des Einzelnen, nicht des Kollektivs anzuwenden.

Nach Kriegsende erhielt Karl Jaspers den Auftrag, eine neue Satzung für die Universität auszuarbeiten. Sie sollte den Ideen von Wahrheit, Gerechtigkeit und Humanität verpflichtet sein. Im Wintersemester 1945/46 hielt Jaspers seine erste Vorlesung. Sie trug den Titel „Die Schuldfrage" und erschien anschließend auch als Buch. Der Autor entwickelte darin eine Differenzierung des Schuldbegriffs, die bis heute von Bedeutung ist.

Karl Jaspers unterscheidet erstens die kriminelle Schuld von Verbrechern, die gegen Gesetze verstoßen haben und vom Gericht ihrer Strafe zugeführt werden, zweitens die politische Schuld der Staatenlenker und der Gemeinschaft der Staatsbürger, infolge derer der Einzelne die Konsequenzen staatlichen Handelns tragen muss. Diese politische Haftung trifft alle Angehörigen eines Staates, unabhängig von ihrem Geburtsdatum. Urteilende Instanz nach einem verlorenen Krieg ist die Macht des Siegers, er entscheidet über Wiedergutmachung, Reparationen, Demontage, Macht- und Territorialverlust. Kriminelle Schuld und politische Haftung werden vor sozialen Instanzen verhandelt. Der dritte und der vierte Schuldbegriff führen in den persönlichen Bereich. Da ist drittens die moralische Verantwortung des Einzelnen für seine Handlungen, unabhängig davon, ob sie ihm befohlen waren oder

Ein solche Aufforderung, sich mit der eigenen Schuld auseinanderzusetzen, ist nicht populär. Sie war es auch damals nicht, in einer Zeit, in der die Menschen vor allem damit beschäftigt waren, sich in einer radikal veränderten Umgebung zurechtzufinden, ihre Biografien den neuen Umständen anzupassen, ängstlich darum bemüht, von all dem Schrecklichen, das geschehen war, möglichst wenig gewusst zu haben. Jaspers war, obwohl nun geachtet und geehrt, bald enttäuscht von der Entwicklung im Nachkriegsdeutschland. 1948 folgte er einem Ruf an die Universität Basel und blieb den Rest seines Lebens in der Schweiz. Als der ehemalige Nationalsozialist Kurt-Georg Kiesinger 1966 Bundeskanzler wurde, gaben Karl Jaspers und seine Frau aus Protest ihre deutsche Staatsangehörigkeit auf und wurden Schweizer Bürger.

Im ersten Moment hatte es ein großes Erschrecken gegeben, als die Waffen schwie-

gen und die Menschheit einen ersten Blick in den Abgrund der Nazigräuel tat. Es stellte sich heraus, dass der von den Deutschen geschaffene Horror noch viel schlimmer war als das, was man bis dahin gewusst oder geahnt hatte. Kamerateams und Fotografen dokumentierten nun die Zustände in den Lagern, mancherorts wurde die einheimische Bevölkerung von den Besatzern zur Besichtigung der Konzentrationslager gezwungen. An vielen Orten mussten die SS-Schergen die Leichen ihrer Opfer beerdigen. Sogar den Angeklagten im Nürnberger Hauptkriegsverbrecherprozess wurde ein Dokumentarfilm über den Holocaust vorgespielt, der Teil der Beweismittel war, doch die entthronten Potentaten erwiesen sich als erbärmliche Kreaturen. Erika Mann, die den Prozess für eine englische Zeitung beobachtete, schrieb: „Wie der Rest ihrer Landsleute haben sie nichts getan, nichts gesehen und nichts gewußt."

Das war eine Haltung, die sich in der deutschen Gesellschaft insgesamt rasch durchsetzte. „Davon haben wir nichts gewusst!" lautete der Schlachtruf, mit dem man sich von der eigenen Vergangenheit dissoziieren wollte. Die Einführung des Judensterns hatte sich vor aller Augen vollzogen und war von den meisten begrüßt worden.

Als die Deportationen begonnen hatten, waren viele Schaulustige zu den Sammelstellen gekommen. Zahllose Deutsche hatten sich anschließend an der Versteigerung der zurückgebliebenen Habseligkeiten beteiligt. Doch schon 1943 begann die Flucht in die Unwissenheit. Je deutlicher im Verlauf des Krieges wurde, dass sich der von Hitler versprochene „Endsieg" nicht einstellen würde, desto mehr flüchtete sich die Bevölkerung in Indifferenz und Passivität. Die Menschen begannen zu erahnen, dass eine Zeit kommen würde, in der es besser wäre, von nichts gewusst zu haben. In der Flucht in die Unwissenheit sahen sie die Voraussetzung für einen Neubeginn, den man mit dem Mythos von der „Stunde Null" zu legitimeren suchte.

Zudem erforderten die Umstände vielfach pragmatische Entscheidungen, die der frühzeitigen Ausbildung einer Erinnerungskultur nicht unbedingt förderlich waren. Es herrschte zunächst große Unsicherheit, wie man mit der Hinterlassenschaft des „Dritten Reiches" umgehen sollte. Heute existiert ein eindrucksvolles Netzwerk von Gedenkstätten, doch bis dorthin war es ein weiter Weg. Das gilt für Opfer- wie Täterorte gleichermaßen, über die es, von der Berliner Wannsee-Villa bis zur KZ-Gedenkstätte

Links: Die Bürger von Weimar wurden mit den Leichenbergen im KZ Buchenwald konfrontiert, 16. April 1945.

Rechts: Zivilisation trifft auf deutsches Verbrechen: Der amerikanische Senator Alben W. Barkley im KZ Buchenwald nach der Befreiung durch die US-Army, 24. April 1945.

Dachau, oft jahrzehntelange Auseinandersetzungen gab, bevor die heutige Gestaltung erreicht wurde. Vieles war im Krieg zerstört worden, z. B. die Neue Reichskanzlei in Berlin oder das Braune Haus in München. Anderes ließ man nach Kriegsende sprengen wie die „Ehrentempel" am Münchner Königsplatz, deren verbliebene Sockel 2001 unter Denkmalschutz gestellt wurden. Jahrzehntelang stand das Areal leer. Erst jetzt wurde dort ein Dokumentationszentrum zur NS-Geschichte errichtet. Auch das riesige Reichsparteitagsgelände in Nürnberg, wo es heute ein stark frequentiertes Dokumentationszentrum gibt, ließ man über Jahrzehnte ungenutzt. Ähnliches gilt für den Obersalzberg, wo allerdings im wieder instandgesetzten Platterhof das Hotel „General Walker" eingerichtet wurde, das den US-Streitkräften als Erholungszentrum diente. Das Lager Bergen-Belsen wurde niedergebrannt, um die akute Seuchengefahr zu bannen. Die überlebenden Häftlinge kamen in eine zum Lazarett umfunktionierte SS-Panzerschule.

Die Geschichte des KZ Flossenbürg ist symptomatisch für das den Umständen geschuldete pragmatische Vorgehen. Zunächst wurde das Lager als Unterkunft und Krankenstation für die überlebenden Häftlinge genutzt. Nach deren Repatriierung wurde es im Mai 1945 aufgelöst, doch schon zwei Monate später errichtete man auf dem Gelände ein Internierungslager für deutsche Kriegsgefangene, zumeist SS-Männer. 1946 übernahm die Flüchtlingsorganisation der UNO das Lager, um dort Displaced Persons unterzubringen. Danach diente es Vertriebenen als erste Wohnstätte in der neuen Heimat und ein Teil des Lagergeländes wurde für den Wohnungsbau genutzt. Zugleich gab es seit 1946 die Gedenkstätte „Tal des Todes", die den Kern der erst 1966 errichteten heutigen Gedenkstätte bildet.

Die Sowjets schufen in ihrer Besatzungszone zehn „Speziallager", die in einigen Fällen in den ehemaligen Konzentrationslagern eingerichtet wurden, die so ohne Unterbrechung weitere Verwendung fanden. Hitler und Stalin reichten sich hier gewissermaßen die Hand. Die Speziallager unterstanden der Hauptverwaltung Lager (GULag) des sowjetischen Innenministeriums. Inhaftiert wurden etwa 160.000–180.000 Menschen, vielleicht sogar noch mehr, unter ihnen Nationalsozialisten, aber auch viele andere, die man als Gegner des neuen Regimes ansah, Konservative, Liberale, Sozialdemokraten, die sich der Zwangsvereinigung mit der KPD widersetzt hatten, und Unternehmer und Großbauern, die sich der entschädigungslosen Enteignung widersetzt hatten.

Schon Jahre vor dem Kriegsende hatten die Alliierten sich Gedanken gemacht über die Ahndung der von den Deutschen verübten Verbrechen. In der Erklärung von St. James war sie im Januar 1942 erstmals zum Kriegsziel erhoben und am 30. Oktober 1943 auf der Folgekonferenz in Moskau konkretisiert worden: „Nachdem festgestellt wurde, dass zahlreiche Zeugenaussagen vorliegen über Grausamkeiten, Blutbäder und Massenhinrichtungen, die von den Hitlertruppen in vielen Ländern verübt wurden, erklären die drei alliierten Mächte im Namen der 32 Vereinten Nationen feierlich: Bei Abschluss eines Waffenstillstands, werden die deutschen Offiziere und Mannschaften, wie auch die Mitglieder der Nationalsozialistischen Partei, welche die Verantwortung für derartige Grausamkeiten tra-

Tafel vor dem ehemaligen Konzentrationslager Bergen-Belsen: „Dies ist das Gelände des berüchtigten Konzentrationslagers Belsen, befreit durch die Briten am 15. April 1945. 10.000 nicht bestattete Tote wurden hier gefunden. Weitere 13.000 starben seitdem. Sie alle Opfer der deutschen Neuen Ordnung in Europa und ein Beispiel für Nazi Kultur." Aufnahme ca. 1948.

gen oder ihnen zugestimmt haben, in die Länder zurückgebracht werden, in denen diese verabscheuungswürdigen Verbrechen begangen wurden, um nach Gesetzen der befreiten Länder und der dort errichteten Regierungen abgeurteilt und bestraft zu werden."

Die „Verbrecher, deren Verbrechen geographisch nicht begrenzt sind" sollten dagegen „nach gemeinsamem Beschluss der alliierten Regierungen bestraft werden". Deshalb trafen sich Vertreter der Siegermächte am 26. Juni 1945 in London. Leiter der amerikanischen Delegation war der Richter am obersten Bundesgericht Robert Jackson, dessen Dossier die Grundlage der Londoner Beratungen bildete. Nach 15 Sitzungen einigte man sich am 8. August auf das Londoner Abkommen und das Statut für den Internationalen Militärgerichtshof, der in Berlin seinen Sitz hatte, aber in Nürnberg tagte. Mit dem Nürnberger Hauptkriegsverbrecherprozess gelang es den vier Siegermächten, die prominentesten Vertreter des NS-Regimes, soweit sie noch am Leben waren, vor Gericht zu stellen. (Vgl. dazu den Beitrag von Gerd Hankel in diesem Band.) Damit endete die Gemeinsamkeit der so verschiedenen Sieger, die weiteren Gerichtsverfahren führte jede Siegermacht in eigener Verantwortung durch.

Insbesondere die Amerikaner hatten auf ein streng rechtsstaatliches Verfahren gedrungen. Die hinter diesem Bemühen stehende Idee war die einer neuen, dem Völkerfrieden verpflichteten Weltordnung. Die Deutschen nicht weniger als die übrige Welt hätten mit den Angeklagten eine Rechnung zu begleichen, hatte Jackson in seiner grundlegenden Anklagerede betont: „Wie eine Regierung ihr eigenes Volk behandelt, wird gewöhnlich nicht als Angelegenheit anderer Regierungen oder der internationalen Gemeinschaft der Staaten angesehen. Die Misshandlung Deutscher durch Deutsche aber überschreitet nach Zahl und Art der Fälle und Rohheit alles, was für die moderne Zivilisation tragbar ist." Hier liegt das wichtigste Vermächtnis dieses Gerichtsverfahrens, das Geschichte gemacht hat wie kein zweites. Es verlangte, soweit dies auf juristischem Wege möglich war, Sühne für die einzigartigen Verbrechen des Naziregimes – Verbrechen gegen fremde Völker, aber auch Verbre-

chen gegen das eigene Volk – und wollte zugleich den Frieden in der Welt sicherer machen.

In den westlichen Besatzungszonen verurteilten die Gerichte der Alliierten insgesamt rund 5000 Kriegsverbrecher, davon etwa 800 zum Tode, von denen knapp zwei Drittel tatsächlich hingerichtet und die anderen zu lebenslänglicher Haft begnadigt wurden. In der sowjetischen Besatzungszone wurden etwa 13.000 Menschen wegen „faschistischer Kriegs- und Menschlichkeitsverbrechen" verurteilt, wobei die rechtsstaatliche Qualität dieser Verfahren teilweise fragwürdig war. Die Sieger wollten aber nicht nur

„Wessen Schuld?" – Nachrichten über die Verbrechen im KZ Dachau, München 20. Mai 1945.

157

Kriegsverbrecher zur Rechenschaft ziehen, sondern auch die deutsche Gesellschaft von Grund auf umgestalten und „alle nazistischen und militärischen Einflüsse aus öffentlichen Einrichtungen und dem Kultur- und Wirtschaftsleben des deutschen Volkes entfernen". Die Amerikaner nannten diesen Prozess der Umerziehung „Reeducation" und entwickelten Richtlinien dafür, wobei sie recht schematisch vorgingen. Sie legten 99 verschiedene Kategorien fest, deren Angehörige ohne Ansehen der Person aus ihren beruflichen Positionen zu entlassen waren. Mehr als 400.000

Geschichtsunterricht in einem amerikanischen Lager mit kriegsgefangenen Jugendlichen (PW: prisoner of war), die ihren Einsatz im Volkssturm überlebt hatten, 1945.

Menschen wurden wegen ihrer Zugehörigkeit zu bestimmten Organisationen inhaftiert. Schon bald stellte sich heraus, dass dieses Vorgehen einen Neuaufbau von Verwaltung und Wirtschaft behinderte, weil zu viele erfahrene Kräfte fehlten. Ganz davon abgesehen, dass das rein formale Kriterium der Organisationszugehörigkeit fanatische Nationalsozialisten, Opportunisten, Mitläufer und Regimegegner in gleicher Weise traf.

Mit dem Gesetz zur Befreiung von Nationalsozialismus und Militarismus vom 5. März 1946 beschritt man einen anderen Weg. Die Amerikaner nahmen nun die Deutschen ausdrücklich in die Pflicht, da sie ihnen eine Einzelfallprüfung zutrauten. Jeder Deutsche über 18 Jahre musste einen Fragebogen mit nicht weniger als 131 Einzelfragen beantworten, bevor die jetzt für die Entnazifizierung zuständige Spruchkammer ihn in

eine der vier Täterkategorien, von „Hauptschuldiger" bis „Mitläufer", einstufte oder er gänzlich entlastet wurde. Insgesamt erwies sich das Entnazifizierungsverfahren als „Mitläuferfabrik". (Vgl. den Beitrag zur Entnazifizierung von Sven Felix Kellerhoff in diesem Band.)

Bezeichnend ist der Fall des Nazibarden Hanns Johst. Dieser Schriftsteller, mit Himmler eng befreundet und von ihm zum SS-Gruppenführer ernannt, hatte sein Schicksal so eng mit dem Regime verbunden wie keiner seiner Kollegen. Er hatte zahllose Ämter übernommen; nicht zuletzt das des Präsidenten der Reichsschrifttumskammer. Im Mai 1945 hatten ihn die Amerikaner gemäß ihren Richtlinien festgesetzt, sodass er immerhin drei Jahre Lagerhaft verbüßte. In dieser Zeit begann seine Entnazifizierung. Aus dem ersten Verfahren ging er als „Mitläufer" hervor. Nach der Aufhebung dieses grotesken Fehlurteils erklärte eine Berufungskammer Johst zum „Hauptschuldigen". In einem dritten Verfahren kam der Autor 1951 in die zweite Kategorie der „Belasteten". Noch einmal vier Jahre später erreichte er die Aufhebung auch dieser Entscheidung und die Einstellung des Verfahrens. So wurde er am Ende auf Kosten der Staatskasse faktisch rehabilitiert.

Der gut gemeinte, aber dilettantische Versuch, ein ganzes Volk einer Gesinnungsprüfung zu unterziehen, hatte sicher in einzelnen Fällen die erhoffte reinigende Wirkung, erwies sich aber im Großen und Ganzen als untauglich und mobilisierte zudem auf breiter Front Ressentiments. Typisch ist folgende Zeitungsmeldung vom 3. November 1951: „In Stadtoldendorf, Kreis Holzminden, wurden in Anwesenheit aller Ratsmitglieder die Entnazifizierungsakten im Ofen des städtischen Gaswerkes verbrannt. Der Bürgermeister verwies darauf, daß Stadtoldendorf als erste Stadt der Bundesrepublik einen Schlußstrich unter die gesamte Entnazifizierung ziehe. Er übergab dann eine dickleibige Akte mit den Fällen von etwa 400 Entnazifizierten den Flammen. Den Beschluß, die Akten zu verbrennen, hatte der Stadtrat auf einer Feier anläßlich des fünfzigjährigen Bestehens des städtischen Krankenhauses gefaßt, bei der des Stifters Max Lewy gedacht und auf dem jüdischen Friedhof ein Kranz niedergelegt wurde." Eine Meinungsumfrage ergab im selben Jahr, dass 40 Prozent der Bevölkerung der Meinung waren, das Reich Hitlers sei besser gewesen als die demokratische Neuordnung. Ausländische Besucher, die in den ersten Nachkriegsjahren nach Deutschland kamen, zeigten sich erschüttert über den wieder aufflammenden Hass gegen die Juden, die für Hunger und Not verantwortlich gemacht wurden.

Das Ende der unmittelbaren Nachkriegszeit brachte zwischen dem 14. Mai 1948 und dem 7. Oktober 1949 drei Staaten hervor, deren Entstehung ganz unmittelbar mit der Geschichte des Nationalsozialismus verknüpft ist. Am 29. November 1947 hatte die Vollversammlung der Vereinten Nationen mit 33 gegen 13 Stimmen bei 10 Enthaltungen für die Teilung Palästinas in einen jüdischen und einen arabischen Staat gestimmt, und am 14. Mai des folgenden Jahres proklamierte David Ben Gurion die Unabhängigkeit des jüdischen Landesteils. (Vgl. dazu den Beitrag des Autors in diesem Band.) Das war die Geburtsstunde des Staates Israel. Der 1886 in Warschau geborene Ben Gurion hatte von 1935 bis 1948 die Jewish Agency for Palestine geleitet und gegen den Widerstand der Araber wie auch der britischen Mandatsregierung die Einwanderung jüdischer Flüchtlinge aus Deutschland und den von den Deutschen besetzten Staaten organisiert. Jetzt wurde er Premierminister und zugleich Verteidigungsminister.

Der zweite Staat, der damals gegründet wurde, war die Bundesrepublik Deutschland. Zur dominierenden politischen Erscheinung in dem jungen Staat wurde Konrad Adenauer, der sich 1949 schon im Rentenalter befand. Die Nazis hatten ihn 1933 seines Amtes als Oberbürgermeister von Köln enthoben und später sogar für einige Zeit inhaftiert. Er gehörte zu den Politikern der Weimarer Republik, die sich nicht kompromittiert hatten und jetzt noch einmal ins Geschirr mussten. Adenauer war von 1949 bis 1963 Bundeskanzler, von 1951 bis 1955 außerdem Außenminister. Er bekannte sich von Anfang an klar zur Westbindung der Bundesrepublik, die ihm wichtiger war als die deutsche Einheit, und setzte gegen erhebliche Widerstände die Politik der „Wiedergutmachung" durch. Eine Mehrheit im Bundestag erreichte er in dieser Frage allerdings nur, weil die oppositionelle SPD ihn geschlossen unterstützte.

Natürlich konnten die entsetzlichen Verbrechen des Nationalsozialismus nicht im Wortsinne wieder gut gemacht werden, aber es gab den Weg der finanziellen Entschädigung. Am 11. September 1952 wurde ein Abkommen geschlossen, dem zufolge die Bundesrepublik an Israel drei Milliarden Mark „als Globalerstattung für Eingliederungskosten" für die Aufnahme von Flüchtlingen aus Europa zahlte. Weitere 450 Millionen gingen an die Jewish Claims Conference. Das waren für damalige Verhältnisse gewaltige Summen. Adenauer sprach in diesem Zusammenhang von der „ernsten und hei-

ligen Pflicht" des deutschen Volkes, sich an der Beseitigung der Folgen der nationalsozialistischen Verbrechen zu beteiligen, und wollte zugleich dem deutschen Namen in der Welt wieder Geltung verschaffen. Diese Hilfsleistungen waren damals nicht nur in der Bundesrepublik umstritten, sondern auch in Israel, wo es eine beachtliche Opposition gegen die Bereitschaft gab, vom „Volk der Richter und Henker" überhaupt Geld anzunehmen. Doch Ben Gurion und Adenauer überwanden die Widerstände in den eigenen Reihen und stehen so als die entscheidenden Gestalten am Beginn der deutsch-israelischen Beziehungen. Über das Abkommen von 1952 hinaus leistete die Bundesrepublik im Lauf von 40 Jahren Entschädigungszahlungen in Höhe von 100 Milliarden Mark direkt an Überlebende des Holocaust. Eine Wiedergutmachungsleistung von solchen Dimensionen hatte es nie zuvor gegeben.

Die schon pensionierten Staatsgründer David Ben Gurion und Konrad Adenauer im Kibbuz Sede Boker (Negev), 9. Mai 1966.

„Mit uns der Sieg":
Demonstration unter
Leitung der SED-Spitze
am 1. Mai 1946.

Ganz anders lagen die Verhältnisse in der DDR, dem dritten neuen Staat. Die DDR berief sich auf den antifaschistischen Widerstand, in ihrer Verfassung hieß es in markiger Sprache, sie habe „auf ihrem Gebiet den deutschen Militarismus und Nazismus ausgerottet". Zugleich sah der erste „Arbeiter-und-Bauern-Staat" auf deutschem Boden sich in der Traditionslinie der gescheiterten sozialistischen Revolution von 1918/20. Der antifaschistische Gründungsmythos hatte eine bedeutende Legitimierungsfunktion für den „real existierenden Sozialismus" der DDR, verkam aber mit den Jahren immer mehr zu einem Versatzstück feierlicher Zeremonien, im Alltag ergänzt durch eine entschlossene Verneinung der Schuldfrage, wofür das Millionenheer der Mitläufer der neuen Regierung dankbar war. Die Nazis, die „Hitlerfaschisten", das waren immer die anderen, vor allem im „revanchistischen" Westen, in der DDR waren sie nicht zu finden. Für die unauffällige Integration ehemaliger Nationalsozialisten gab es im System der Blockparteien sogar eine eigene Organisation, die Nationaldemokratische Partei Deutschlands (NDPD). Diese Partei war im Zuge der Integrationspolitik gegründet worden, die die SED seit Januar 1946 verfolgte. Während die CDU und die liberale LDP die Aufnahme ehemaliger NSDAP-Mitglieder ablehnten, sollte die NDPD „einfachen Parteigenossen" und unbelasteten Wehrmachtsoffizieren

eine Chance geben, sich im Sinne des neuen Staates politisch zu betätigen. Die größte Zahl ehemaliger Nazis nahm allerdings die ungleich größere SED auf. Anfang der 50er-Jahre waren es über 100.000 Personen, etwa 8,5 Prozent der Gesamtmitgliedschaft.

Die DDR war das „neue Deutschland", diese Phrase hatten schon 1933 die Nationalsozialisten benutzt. Die deutsch-sowjetische Freundschaft war ein wesentliches Fundament des neuen Staates, die DDR zählte so gewissermaßen zu den Siegermächten des Zweiten Weltkriegs. Der antifaschistische Impuls derer, die im „Dritten Reich" Widerstand geleistet hatten und verfolgt worden waren, wurde instrumentalisiert zur Legitimierung des neuen Staates und mit den Jahren stark ritualisiert. Auf dem Gelände der ehemaligen Konzentrationslager fanden Massenkundgebungen, NVA-Truppenvereidigungen, FDJ-Feiern und Fahnenappelle statt.

Paradigmatisch ist das im April 1945 von den Amerikanern befreite und im Sommer des Jahres an die Sowjetische Militäradministration übergebene Konzentrationslager Buchenwald. Auf Grund eines Beschlusses des Sekretariats des ZK der SED wurde 1950 das gesamte Barackenlager abgerissen. Nur eine Thälmann-Gedenkstätte sollte bleiben. 1958 wurde die Nationale

Mahn- und Gedenkstätte Buchenwald eröffnet, eine monumentale Denkmalanlage im Stil des Heroenkults des sozialistischen Realismus. Die Darstellung der Lagergeschichte wurde auf den kommunistischen Widerstand reduziert, die Gestaltung des Geländes stand unter dem Leitmotiv „Durch Sterben und Kämpfen zum Sieg". Das Thema Holocaust wurde in den Gedenkstätten, die in Buchenwald, Ravensbrück und Sachsenhausen entstanden, durch die Dokumentation der Verfolgung der Kommunisten und des heldenhaften Widerstands der Arbeiterbewegung in den Hintergrund gedrängt.

Als die Sowjetische Militäradministration die Entnazifizierung in der DDR im Februar 1948 offiziell für beendet erklärte, jubelte die *National-Zeitung*, das Parteiorgan der NDPD: „Während man in den anderen Teilen Deutschlands noch mit gewichtiger Miene Entnazifizierung spielt, können die Augen in der Ostzone wieder heller blicken, nun braucht der einfache ‚Pg.' nicht mehr scheu um sich zu sehen, als ob er ein Paria wäre." Reparationszahlungen an Israel lehnte die DDR grundsätzlich ab. Sie suchte vielmehr den Schulterschluss mit den arabischen Staaten, was auch dem außenpolitischen Kalkül ihres Hegemonen, der Sowjetunion, entsprach.

Die Bundesrepublik und die DDR waren wie siamesische Zwillinge durch ihre Herkunft unauflöslich miteinander verbunden, aber sie waren feindliche Brüder, die einander entgegengesetzten Wertegemeinschaften und sozialen Systemen angehörten. Die Bundesrepublik bekannte sich dazu, in der Tradition deutscher Staatlichkeit zu stehen und trat damit auch das kulturelle und geistige Erbe der Deutschen an. Auch in der DDR wurde das „kulturelle Erbe" gepflegt, aber nach strengen ideologischen Selektionskriterien. Die Herrscher in Ost-Berlin fühlten sich der Bonner Republik moralisch überlegen und versuchten, sie als Hort des Revanchismus, Militarismus und Nazismus zu diffamieren. Gezielt wurde immer wieder belastendes Material über hohe westdeutsche Beamte und Politiker veröffentlicht. Den Höhepunkt dieser Kampagnen markierte 1965 das „Braunbuch. Kriegs- und Naziverbrecher in der Bundesrepublik. Staat, Wirtschaft, Armee, Verwaltung, Justiz, Wissenschaft", das im Staatsverlag der DDR erschien.

Es entsprach der Taktik der DDR, authentisches Material mit gefälschten Dokumenten zu vermischen, um so eine maximale Belastungskulisse zu erzeugen. Viele Vorwürfe hatten Substanz und es gab eine Reihe von Politikern, die deswegen zurücktreten mussten, so z. B. Theodor Oberländer und Hans Krüger (beide CDU), die beide Bundesminister für Vertriebene, Flüchtlinge und Kriegsgeschädigte gewesen waren. Auch Bundespräsident Heinrich Lübke, der in einer Kampagne als „KZ-Baumeister" tituliert wurde, geriet unter Druck. Spätere Überprüfungen ergaben, dass die behaupteten Tatbestände im Kern vermutlich zutrafen, ein Teil der vorgelegten Belege war dagegen eindeutig gefälscht. Lübke hatte als Vermessungsingenieur und Bauleiter dem „Generalbauinspektor für die Reichshauptstadt" Albert Speer zugearbeitet, dabei aber nur eine unbedeutende Rolle gespielt.

Konrad Adenauer stand an der Spitze einer Partei, der CDU, die 1949 nur 31 Prozent der Stimmen erreicht hatte, 1,8 Prozent mehr als die SPD. Er war auf Koalitionspartner angewiesen. Seinen ersten beiden Regierungen gehörten Minister der FDP, der DP und des GB/BHE an, Parteien, die allesamt zum rechten Rand des politischen Spektrums tendierten und mit dem Anspruch auftraten, die Stimme der politisch Deklassierten und „Entrechteten", der Entwurzelten und der Vertriebenen zu sein. Im Gegensatz zur Sozialistischen Reichspartei, die sich direkt

Besuch bei den ungleichen Zwillingen: Thomas Mann vor seiner „Ansprache im Goethejahr" in Frankfurt am Main, neben ihm OB Dr. Walter Kolb, 25. Juli 1949. Anschließend fuhr Thomas Mann nach Weimar und erhielt dort den Goethe-Nationalpreis: „Ich kenne keine Zonen. Mein Besuch gilt Deutschland selbst, Deutschland als Ganzem, und keinem Besatzungsgebiet."

in die Nachfolge der NSDAP stellte und folgerichtig verboten wurde, rekurrierten die anderen Gruppierungen geschickter und differenzierter auf deutsche Traditionen. Die FDP knüpfte an die DDP und damit letztendlich an den Liberalismus des Bismarckreiches an, die DP ging auf die Deutsch-Hannoversche Partei zurück, eine antipreußische Gründung des Jahres 1866, sog aber auch andere Kleinparteien am rechten Rand des politischen Spektrums auf.

Alle diese Parteien hatten viele Leute in ihren Reihen, die geistig noch nicht in der Demokratie angekommen waren, und auch – das galt vor allem für einige Landesverbände der FDP – nicht wenige ehemalige Nationalsozialisten. Besonders virulent waren sie in Nordrhein-Westfalen, wo der stellvertretende FDP-Landesvorsitzende Friedrich Middelhauve zu einer „nationalen Sammlungsbewegung" der Kräfte rechts von der CDU aufrief. Der umtriebigste von diesen Freien Demokraten war der Landtagsabgeordnete Ernst Achenbach. 1937 war er der NSDAP beigetreten und Diplomat geworden. In Paris war er ein enger Mitarbeiter des Botschafters Otto Abetz, der nach dem Krieg wegen der von ihm verantworteten Judendeportationen zu 20 Jahren Haft verurteilt wurde. Achenbach wurde trotz seiner Mitwirkung an den Verbrechen nie angeklagt, sondern trat stattdes-

sen in mehreren Nürnberger Nachfolgeprozessen als Verteidiger auf. Gemeinsam mit Werner Best, dem ehemaligen Chefideologen des Reichssicherheitshauptamtes und Kronjuristen der SS, organisierte Achenbach in großem Stil die Verteidigung von Kriegsverbrechern und die Koordination von Zeugenaussagen. In der FDP übernahm er das Amt des außenpolitischen Sprechers. Daneben nutzte der ehemalige Geschäftsführer der „Adolf Hitler-Spende der deutschen Wirtschaft" alte Kontakte und warb auch für die FDP Industriespenden ein. 1952 initiierte Achenbach einen „Vorbereitenden Ausschuss zur Herbeiführung einer Generalamnestie", wobei die Sprache seine Gesinnung verriet. Achenbach forderte die „Liquidation" der Strafverfolgung sämtlicher NS-Verbrecher im In- und Ausland. Die Initiative war nicht direkt erfolgreich, aber Achenbach vermochte es immer wieder, die mehr als zögerliche Strafverfolgung von NS-Verbrechern noch weiter zu bremsen.

Die nationalistische Propaganda der Kriegsverbrecherlobbyisten beeinflusste das politische Klima auch da, wo sie keinen unmittelbaren Erfolg hatte. Am 10. April 1951 beschloss der Bundestag, dass nach Artikel 131 des Grundgesetzes alle Beamten, die im Zuge der Entnazifizierung nicht als „Hauptschuldige" oder „Belastete" eingestuft worden waren, wieder verbeamtet werden sollten. Von dieser Regelung profitierte die überwältigende Mehrheit, sodass in etlichen Landes- und Bundesministerien der Anteil der (inzwischen ehemaligen) Mitglieder der NSDAP sogar höher war als in der NS-Zeit. Ähnliches galt für viele Bundesbehörden wie etwa das Bundeskriminalamt (BKA), wo Ende der 50er-Jahre von den 47 Beamten der Führungsetage nicht weniger als 35 eine braune Weste hatten. Die meisten von ihnen kamen von der Gestapo. Die nach dem entsprechenden Grundgesetzartikel sogenannten 131er waren eine Gruppe von etlichen Hunderttausend Personen und stellten insofern nicht zuletzt ein beachtliches Wählerreservoir dar.

Schon bald nach dem Ende der alliierten Strafprozesse hatte eine Amnestierungs- und Begnadigungspraxis eingesetzt, deren Weiterführung von vielen Politikern und starken gesellschaftlichen Kräften, etwa den Kirchen, lautstark eingefordert wurde. Die „wirklichen" Kriegsverbrecher sollten ihre Strafen verbüßen, aber es wurde bald

Noch nicht in der Demokratie angekommen: Hilfsgemeinschaft auf Gegenseitigkeit der Angehörigen der ehemaligen Waffen-SS e.V. (HIAG) in Göttingen, 31. Oktober 1954.

deutlich, dass dies nach der Vorstellung der Protagonisten der Vergangenheitspolitik jener Jahre ein winziger, gegen null tendierender Personenkreis war. Alle Maßnahmen, die darüber hinausgingen, wurden empört als Konsequenz eines angeblichen Kollektivschuldglaubens zurückgewiesen.

Eingebettet in die Vergangenheitspolitik der frühen Adenauerzeit war ein Viktimisierungsdiskurs, der zu einer diametralen Veränderung der Perspektive führte. Opfer aus der Sicht der Alliierten waren die dem SS-Staat Verfallenen, die ermordeten Juden, Russen, Polen und all die anderen durch die deutschen Eroberungs- und Vernichtungsfeldzüge Umgekommenen. Doch in den 50er-Jahren waren nicht die Opfer der Deutschen, sondern vor allem die Deutschen als Opfer im kollektiven Gedächtnis präsent. Hatte es zunächst auf den Gedenktafeln, so es sie gab, zumeist geheißen „Den Opfern 1933–1945", wobei unklar blieb, ob hier die hingemordeten europäischen Juden gemeint waren oder ihre auf den Schlachtfeldern verbliebenen Henker, so setzten sich in der Konkurrenz der Opfergruppen sehr bald diejenigen durch, denen zur Legitimierung der politischen Führung große Bedeutung zukam. 1953, im Jahr seiner ersten Wiederwahl, stellte der Bundeskanzler die Kriegsgefangenen in den Vordergrund. Die Bundesregierung finanzierte die Wanderausstellung „Wir mahnen", die das Schicksal der deutschen Kriegsgefangenen in den sowjetischen Lagern dokumentierte. Das Ausstellungsplakat zeigte einen kahlgeschorenen Häftling hinter Stacheldraht, ein Motiv, das sich auch auf einer zum Muttertag erstmals ausgegebenen Sonderbriefmarke wiederfand und gut geeignet war, die Schreckensbilder aus den Konzentrationslagern in der Erinnerung zu überlagern. Adenauer parallelisierte das sowjetische Vorgehen gegen die deutschen Kriegsgefangenen ganz ausdrücklich mit den Verbrechen des „Dritten Reiches".

1955 trat der schon drei Jahre zuvor ausgehandelte Deutschlandvertrag in Kraft, der das Ende des Besatzungsstatuts regelte. Die Bundesrepublik war nun, mit gewissen Einschränkungen, die in den alliierten Vorbehaltsrechten kodifiziert waren, ein souveräner Staat. Sie wurde zugleich Mitglied der Westeuropäischen Union

(WEU) und der NATO. Im September desselben Jahres reiste Adenauer mit großer Entourage nach Moskau. Die Kremlführung wünschte die Aufnahme diplomatischer Beziehungen, Adenauer die Freilassung der noch lebenden deutschen Kriegsgefangenen. Nach vier Tagen langer, harter Verhandlungen gab es das eine im Tausch gegen das andere. Die Heimholung der Kriegsgefangenen gehörte zu den populärsten Taten in Adenauers langer Amtszeit und bei den folgenden Bundestagswahlen errang die Union das erste und einzige Mal die absolute Mehrheit der Stimmen.

Kurz danach kehrten etwa 15.000 Kriegsgefangene nach Deutschland zurück. Unter ihnen waren auch solche, die wegen NS-Verbrechen

Gedenken nur eines Teils der Opfer am Volkstrauertag: Zentrale Feierstunde des Volksbundes Deutsche Kriegsgräberfürsorge mit Ansprache des Bundespräsidenten Dr. Heinrich Lübke im Plenarsaal des Bundestags, 13. November 1960.

gesucht wurden und nun angeklagt werden konnten. So kam auch der Ulmer Einsatzgruppenprozess zustande. 1956 wurde der ehemalige Polizeichef von Memel, Bernhard Fischer-Schweder, verhaftet. Er musste sich zusammen mit neun weiteren Mitgliedern der Einsatzgruppe A wegen Massenerschießungen vor dem Schwurgericht Ulm verantworten. Der Mann hatte nach dem Krieg unter falschem Namen ein Flüchtlingslager geleitet. Nach Entdeckung seiner wahren Identität war er entlassen worden und dreist genug gewesen, auf Wiedereinstellung zu klagen. Im Lauf dieses Verfahrens wurde seine SS-Vergangenheit publik. Das Ulmer Gericht verurteilte Fischer-Schweder zu zehn Jahren Zuchthaus und sieben Jahren Verlust der bürgerlichen Rechte, und auch alle anderen Angeklagten erhielten hohe Haftstrafen.

Mitte der 60er-Jahre umfasste das Archiv bereits 60.000 Namen: die Zentralstelle der Länderjustizverwaltung für die Verfolgung bisher ungesühnter Kriegs- und KZ-Verbrechen aus der nationalsozialistischen Zeit, 1965.

Dieses Verfahren machte einer größeren Öffentlichkeit deutlich, dass noch keineswegs alle NS-Verbrecher verurteilt waren und es einer systematischen Ermittlungsarbeit bedurfte. Am 6. November 1958 vereinbarten deshalb die Justizminister der Länder die Einrichtung einer „Zentralen Stelle der Landesjustizverwaltungen zur Aufklärung nationalsozialistischer Verbrechen", die am 1. Dezember in Ludwigsburg ihre Arbeit aufnahm. Hier wurden personelle Kapazitäten aller Bundesländer zu einer schlagkräftigen Behörde zusammengefasst, die zeitweilig mehr als 100 Mitarbeiter hatte, unter ihnen zahlreiche junge und engagierte Staatsanwälte. Der erste Leiter der Zentralstelle, Erwin Schüle,

musste allerdings nach einigen Jahren zurücktreten, nachdem das DDR-„Braunbuch" aufgedeckt hatte, dass er einst Mitglied der NSDAP und der SA gewesen war.

Nachfolger von Schüle wurde 1966 Adalbert Rückerl, ein stiller, aber beharrlicher Arbeiter, unter dessen Leitung die Behörde sich einen untadeligen Ruf erwarb. Hauptschmuck seines Chefzimmers war eine zwei mal drei Meter große Landkarte Mitteleuropas, auf der 700 farbige Stecknadeln die nationalsozialistischen Konzentrations- und Vernichtungslager markierten – ein Kontinent des Todes. Insgesamt wurden in der Bundesrepublik gegen mehr als 106.000 Personen Vorermittlungs- und Ermittlungsverfahren eingeleitet, an fast der Hälfte dieser Verfahren war die Zentralstelle beteiligt. Rechtskräftig verurteilt wurden nur 6495 der Angeklagten, was aber nicht den Ermittlern anzulasten, sondern eine Konsequenz des juristischen Weges war, den man zur Bewältigung der NS-Verbrechen beschritten hatte.

Menschheitsverbrechen wie staatlich organisierter Völkermord können nur ex post bestraft werden, auf der Grundlage völkerrechtlicher Straftatbestände. Die Alliierten hatten das im Hauptkriegsverbrecherprozess und den nachfolgenden Verfahren vorexerziert. In Israel gab es nach dem Vorbild des Londoner Statuts von 1945 ein „Nazi and Nazi Collaborators Law", das z. B. bei dem Prozess gegen Adolf Eichmann zur Anwendung kam. In der Bundesrepublik entschied man sich für einen anderen Weg. Zwar wurde 1954 der Straftatbestand des Völkermordes in das Strafgesetzbuch aufgenommen, doch wandte man ihn wegen des Rückwirkungsverbots nicht auf NS-Verbrecher an. Für sie blieb nur die Verurteilung wegen Mord und Beihilfe zum Mord. Die übrigen Straftatbestände waren ohnehin bald verjährt oder fielen unter Amnestiebestimmungen. Bei vielen Verfahren reichten die Beweismittel nicht aus; so erschwerte etwa das schwindende Erinnerungsvermögen der Zeugen die individuelle Schuldzuweisung, also die Identifizierung des persönlichen Tatbeitrags, der Voraussetzung für eine Verurteilung war. Selbst dort, wo die Täter zweifelsfrei ermittelt werden konnten, sahen die Gerichte sehr oft die Tatbestandsmerkmale des Mordes nicht als erfüllt an und erkannten auf Beihilfe zum Mord, mit entsprechend milden Strafen. Vielfach fielen die Strafen so gering aus, dass, wenn man die Haftdauer auf die Gesamtzahl der Opfer umlegte, die Täter für eine Tötung nur mit Minuten im Gefängnis büßten.

Alfred Streim, der seit 1963 in Ludwigsburg tätig war und 1984 die Leitung der Zentralstelle von Rückerl übernahm, zog ein ernüchterndes Fazit: „Unser Strafgesetzbuch ist auf die persönliche Schuld des Täters abgestellt und daher kaum geeignet, Regierungskriminalität oder Massenverbrechen zu verfolgen." Wer sich, ohne „persönlichen Tatbeitrag", als KZ-Aufseher, als Giftgaslieferant, als Reichsbahnsekretär, der für Deportationen die Züge bereitstellte, als Verwaltungsbeamter, der für die „Entjudung" der deutschen Wirtschaft sorgte, oder als Mitglied eines Erschießungskommandos in das Räderwerk der Vernichtungsmaschinerie eingegliedert hatte, war als bloßer Pflichterfüller exkulpiert. Aus der Masse der Täter blieb nur eine kleine Gruppe blutrünstiger Exzesstäter, alle anderen tauchten unter im Meer der Ahnungslosen, der Mitläufer, der von Befehlen Bedrängten.

Manchmal lief die Trennlinie mitten durch die Beteiligten hindurch, wie im Fall des kaufmännischen Angestellten Wilhelm Friedrich Boger, der im Auschwitzprozess angeklagt war. Er hatte ein seither oft kopiertes Folterinstrument erfunden, die „Bogerschaukel", die im Urteil des Frankfurter Schwurgerichts so beschrieben wurde: „Sie bestand aus zwei aufrecht stehenden Holmen, in die eine Eisenstange quer hineingelegt wurde. Boger ließ die Opfer in die Kniebeuge gehen, zog die Eisenstange durch die Kniekehlen hindurch und fesselte dann die Hände der Opfer daran. Dann befestigte er die Eisenstange in den Holmen, so daß die Opfer mit dem Kopf nach unten und mit dem Gesäß nach oben zu hängen kamen." Boger schlug stundenlang auf die an der Schaukel Hängenden ein, bis der Tod eintrat. Das Gericht wertete dies als Mord, denn Boger habe „nur aus einer gefühllosen und unbarmherzigen Gesinnung heraus" so handeln können.

Derselbe Boger war auch an Selektionen beteiligt. Er sonderte mehr als 1000 nicht mehr arbeitsfähige Häftlinge aus, die dann vergast wurden. Hier erkannte das Gericht nicht auf

Mord. Da Boger sich bei den Selektionen nicht „besonders eifrig oder brutal und rücksichtslos gegen die jüdischen Menschen gezeigt hat", konnte das Gericht seinen Tötungswillen nicht mit letzter Sicherheit feststellen. Dieser Fall zeigt in extremer Weise, in welchen Notstand sich die Justiz durch ihre Rechtskonstruktion gebracht hatte. Der unerschrockene Fritz Bauer hatte das Problem schon früh erkannt und als einer der Ersten entschieden dagegen protestiert, dass dieses Vorgehen dazu führte, die Ermordung der europäischen Juden „zu privatisieren und damit zu entschärfen".

Einer größeren Öffentlichkeit wurde Bauer bekannt als Ankläger gegen Otto Ernst Remer. Remer hatte bei der Niederschlagung des Putschversuchs nach dem Attentat vom 20. Juli 1944 eine gewisse Rolle gespielt und war zum Dank von Hitler erst zum Oberst und im Januar 1945, mit gerade einmal 32 Jahren, zum Generalmajor befördert worden und war damit einer der jüngsten Wehrmachtsgeneräle überhaupt. Nun war er der wichtigste Agitator der am 2. Oktober 1949 gegründeten Sozialistischen Reichspartei (SRP). Remer brüstete sich damit, dass er sich 1944 den „Eidbrechern" mutig in den Weg gestellt habe. Gemeint waren die Attentäter, denen die Gewissenspflicht mehr galt als der Eid, den sie als Soldaten auf Adolf Hitler geleistet hatten.

Bundesbürger mit Vergangenheit: Anklagebank im Frankfurter Auschwitzprozess, hinten rechts Wilhelm Boger, 1964.

Ein Offizier mit Mut und Gewissen: Claus Schenk Graf von Stauffenberg vor der Wolfsschanze, neben ihm Hitler mit den Generälen Friedrich Fromm und Wilhelm Keitel, 15. Juli 1944.

Remer verleumdete die Verschwörer, die angeblich aus dem Ausland bezahlt worden waren, und verstärkte so das negative Bild des deutschen Widerstands, das damals viele Deutsche ohnehin hatten. In den frühen Jahren der Bundesrepublik beurteilten bei Meinungsumfragen nur etwa 40 Prozent der Befragten das Attentat auf Hitler positiv. 30 Prozent hatten keine Meinung und 30 Prozent lehnten den Versuch, den Diktator zu töten, eindeutig ab. Bei der Gruppe der ehemaligen Berufssoldaten betrug der Anteil der negativen Stimmen sogar 59 Prozent.

Die Vielen, die den Widerstand gegen das Hitler-Regime verurteilten, konnten sich nicht nur durch rechtsextreme Hetzer wie Remer ermutigt fühlen. Ihnen kam auch der Umstand entgegen, dass an den deutschen Gerichten noch zahlreiche NS-Juristen amtierten, die immer wieder höchst fragwürdige Urteile fällten. So sprach ein Gericht in Schleswig-Holstein im Februar 1950 einen Bundestagsabgeordneten der nationalkon-

servativen Deutschen Partei frei, obwohl er die Widerstandskämpfer als Vaterlandsverräter verleumdet hatte. Dieses Urteil wog umso schwerer, als die Deutsche Partei sogar der Regierung angehörte und im ersten Kabinett Adenauer zwei Minister stellte. Erst nach massiven Protesten wurde der Abgeordnete Hedler, der inzwischen zur SRP übergetreten war, vom Revisionsgericht zu neun Monaten Gefängnis verurteilt.

Dieses Beispiel zeigt schon, dass das Parteienspektrum in jenen Jahren nach Rechts sehr weit offen war. Aber mit ihrer unverblümten Verherrlichung des Nationalsozialismus isolierte sich die SRP selbst gegenüber den anderen weit rechts stehenden Parteien. Das Parteiprogramm der SRP beruhte in wesentlichen Teilen auf dem Programm der NSDAP. Die „Treue zum Reich" war das oberste Gesetz für alle Parteimitglieder. Die Bundesrepublik Deutschland wurde von der SRP als Rechtsnachfolgerin des Deutschen Reiches abgelehnt: Sie beanspruchte für sich ein Widerstandsrecht zum Schutz des Reiches. Mit dieser Pervertierung der Idee des Widerstandsrechts bewegte sich die SRP eindeutig außerhalb des von der Verfassung gesetzten Rahmens, was auch der Bundesregierung nicht verborgen bleiben konnte. Doch das Bundesverfassungsgericht war noch gar nicht konstituiert, sodass ein Verbotsverfahren zunächst kaum in Gang gesetzt werden konnte.

Am 6. Mai 1951 wurde der niedersächsische Landtag gewählt. Die SRP erreichte 11 Prozent der Stimmen und 16 Sitze, darunter vier Direktmandate. Das war ein beachtlicher Erfolg für die „Remer-Partei", wie sie im Volksmund genannt wurde. Angesichts dieses Wahlerfolgs war sie schlagartig ein Thema für die ausländische Presse geworden, die das Wiederaufflammen des Nationalsozialismus mit großer Sorge beobachtete. Die Alliierten Hochkommissare, allen voran der Amerikaner John McCloy, machten dem Bundeskanzler ernste Vorhaltungen. Das „alte Nazi-Abenteuer" dürfe sich nicht wiederholen. Der Wunsch, mit den Deutschen zusammenzuarbeiten, „entweder durch Konsultationen oder durch direkte Hilfe", klang weniger nach einem Hilfsangebot als nach einer Interventionsdrohung. Adenauer gab daraufhin die Parole aus, die SRP müsse so schnell wie möglich verboten werden. Doch diese Initiative fand in der Bundesregierung ein geteiltes Echo. Bedenken hatten vor allem die Minister der Deutschen Partei und der FDP. Um keine Zeit zu verlieren, griff Bundesinnenminister Robert Lehr (CDU) zu einer List. Als ehemaliger Angehöriger des Widerstands fühlte er sich durch Remers Tiraden persönlich beleidigt und verklagte ihn als Privatmann. Als der zuständige Staatsanwalt Erich Günther Topf, ein alter Nationalsozialist, versuchte, die Klage niederzuschlagen, zog der Generalstaatsanwalt Bauer das Verfahren an sich.

Fritz Bauer gehörte zu der Minderheit ehemals Verfolgter des NS-Regimes, denen es gelungen war, nach Kriegsende in den deutschen Staatsdienst zurückzukehren. 1903 in Stuttgart als einziger Sohn einer gutbürgerlichen jüdischen Familie geboren, war er 1930 in den württembergischen Justizdienst eingetreten. 1933 wurde Bauer entlassen, von der Gestapo verhaftet und in ein Konzentrationslager überführt. Doch es gelang ihm, zu entkommen und er ging nach Dänemark und von dort nach Schweden. 1949 kehrte Bauer nach Deutschland zurück. In den 20 Jahren, die er noch zu leben hatte, hat er sich kaum zu überschätzende Verdienste um die juristische Aufarbeitung der Hinterlassenschaft des NS-Unrechtsstaates erworben. Der Fall Remer war für ihn ein Anlass, „die Geschichte und Problematik des 20. Juli 1944 zu klären". Sein erklärtes Ziel war es, die Frauen und Männer, die für Freiheit und Gerechtigkeit und die Achtung der Menschenrechte in den Tod gegangen waren, zu rehabilitieren.

Fritz Bauer wollte vor allem das Widerstandsrecht neu legitimieren, das er in ein „Raritätenkabinett der Rechtsgeschichte" verbannt sah. In den frühen Jahren des Kalten Krieges berief die Bonner Politik sich gerne auf das Attentat vom 20. Juli 1944, wenn es galt, die These von der Kollektivschuld aller Deutschen abzuwehren. Dann wurden die Männer des 20. Juli zur nationalen Freiheitsbewegung hochstilisiert, die für den Anspruch der Bundesrepublik auf Souveränität instrumentalisiert wurde und auch in der aufkeimenden Debatte über die Wiederbewaffnung eine Rolle spielte. Gleichzeitig wurde der Delegitimierung des Widerstands im gesellschaftlichen Alltag nichts entgegengesetzt. Sogar Bundespräsident Theodor Heuss, selbst ein honoriger Mann, riet den Angehörigen der Hingerichteten davon ab, sich gegen die Verleumdungen mit Klagen zu wehren.

Am 15. März 1952 wurde Otto Ernst Remer wegen übler Nachrede in Tateinheit mit der Verunglimpfung des Andenkens Verstorbener zu drei Monaten Gefängnis verurteilt. Sieben Jahre, nachdem die Widerstandskämpfer des 20. Juli hingerichtet worden waren, wurde ihr Handeln erstmals von einem deutschen Gericht als rechtmäßiger Widerstand gegen das nationalsozialistische Unrechtsregime anerkannt. Der Prozess machte Fritz Bauer mit einem Schlage zu einem in ganz Deutschland und weit über seine Grenzen hinaus bekannten Mann. Der Remer-Prozess war der wichtigste Prozess zur Aufarbeitung des NS-Unrechts seit dem Hauptkriegsverbrecherprozess 1946 in Nürnberg, eine entscheidende

Etappe auf dem Weg zum Auschwitz-Prozess, der 1963 in Frankfurt am Main begann. Vielen galt er zugleich als ein Prozess gegen die SRP, die dann im Herbst 1952 von dem inzwischen konstituierten Bundesverfassungsgericht als verfassungswidrige Nachfolgeorganisation der NSDAP verboten wurde. Der rechtskräftig verurteilte Generalmajor Remer entzog sich der Haft durch die Flucht nach Ägypten, wo es ein gut funktionierendes Netzwerk von nach Kriegsende geflohenen Nazis gab.

Der Weg bis zu einer umfassenden und überzeugenden Aufarbeitung der NS-Vergangenheit war noch weit, aber ein Anfang war gemacht.

Generalstaatsanwalt Fritz Bauer auf einer Pressekonferenz in Frankfurt am Main, 13. Februar 1964.

Christopher Kopper

Zwischen Demontage und Marshall-Plan

Die wirtschaftliche Situation nach dem Ende des Zweiten Weltkriegs

Die amerikanischen Luftaufnahmen aus der Zeit nach dem Kriegsende zeigen deutsche Städte als Trümmerwüsten. Wenn man diesen Bildern Glauben schenkt, hatten die britischen und amerikanischen Bomberflotten die Zerstörung der deutschen Kriegswirtschaft vollständig erreicht. Eine nähere Untersuchung durch amerikanische Wirtschaftsexperten erbrachte im Sommer 1945 jedoch ein ganz anderes Ergebnis. Laut dem „US Strategic Bombing Survey" der US Air Force hatten die Bombenangriffe Wohnviertel vernichtet, Industrieanlagen aber oft unversehrt gelassen.

Die Luftkriegsführung der Royal Air Force hatte vor allem das Ziel verfolgt, den Widerstandswillen der deutschen Zivilbevölkerung zu brechen. Bis auf die Essener Krupp-Werke, das Symbol der deutschen Rüstungsindustrie, waren

Industrieanlagen nur Nebenziele bei den Bombenangriffen. Die US Air Force setzte im Sommer 1944 einen Strategiewechsel durch, der die deutsche Kriegswirtschaft lähmen sollte. Die Hauptziele der amerikanischen Bomberoffensive waren neben den Anlagen für die synthetische Treibstoffproduktion in Leuna und Gelsenkirchen die großen Rangierbahnhöfe und Eisenbahnlinien. Die Kohletransporte und Rüstungslieferungen wurden dadurch erfolgreich behindert und waren seit dem Winter 1944/45 fast lahmgelegt.

Das Expertenteam der US Air Force unter der Leitung des renommierten Ökonomen John K. Galbraith stellte überrascht fest, dass die Kapazitäten der Hochöfen und Stahlwerke an der Ruhr nach Kriegsende höher waren als vor dem Krieg. Die Zerstörungen durch Bombenangriffe wur-

Köln am Ende des Zweiten Weltkriegs – die Metropole am Rhein gleicht einer Trümmerlandschaft.

den durch die Kapazitätserweiterungen während des Krieges mehr als ausgeglichen. Das Gleiche galt für die verarbeitende Industrie, in der nicht mehr als 6,5 Prozent der Werkzeugmaschinen beschädigt waren. Die Bombenangriffe hatten die Gebäude der Industrieanlagen oft beschädigt, aber die Maschinenparks kaum getroffen. Das Brutto-Anlagevermögen der westdeutschen Industrie hatte sich von 1936 bis 1945 wegen der hohen Investitionen vor und während des Krieges um 38 Prozent erhöht. Obwohl die Kriegszerstörungen 17 Prozent des Anlagevermögens (nach dem Stand von 1936) vernichteten, war das Brutto-Anlagevermögen nach Kriegsende immer noch um 21 Prozent größer als im letzten wirtschaftlichen Normaljahr 1936.

Das entscheidende Problem bei der Wiederingangsetzung der Wirtschaft waren die unterbrochenen Zulieferbeziehungen. Durch die Aufteilung Deutschlands in vier Besatzungszonen waren die Austauschbeziehungen in der Industrie stark erschwert. Die Zulieferungen aus den Gebieten östlich der Oder-Neiße-Grenze fielen nach der Besetzung durch Polen vollständig aus. Die sowjetische Besatzungsmacht betrachtete die Wirtschaft ihrer Besatzungszone als Quelle für Reparationen, als Ausgleich für die gewaltigen Kriegszerstörungen auf ihrem eigenen Territorium. 1945 und 1946 demontierte die Sowjetunion mehr als 30 Prozent der industriellen Produktionskapazitäten auf dem Gebiet der sowjetischen Besatzungszone. Da die Industrie der späteren DDR von 1946 bis 1953 bis zu 40 Prozent ihrer Produktion als Reparationsgüter an die Sowjetunion liefern musste, blieben kaum Industriegüter für den eigenen Wiederaufbau und den Handel mit Westdeutschland übrig. Wirtschaftshistoriker sind sich darüber einig, dass die DDR den größten Teil der Reparationen an die alliierten Siegermächte tragen musste.

Vor dem Krieg waren jährlich Güter im Wert von vier bis fünf Milliarden Reichsmark zwischen dem Westen und dem Osten in Deutschland ausgetauscht worden. 1947 war dieser Handelsstrom zu einem Rinnsal von 0,5 Mrd. RM geschrumpft. Die Unterbrechung der engen Verflechtungsbeziehungen zwischen Westdeutschland und Ostdeutschland wirkten sich in beiden Teilen Deutschlands negativ aus, traf aber Ostdeutschland erheblich

schwerer. Die DDR war von den Eisen- und Stahllieferungen und der Steinkohle aus dem Ruhrgebiet abgeschnitten und musste ihre schwerindustrielle Basis unter großen Opfern und unter Vernachlässigung ihrer verarbeitenden Industrie aus eigener Kraft aufbauen. Die Wirtschaft in Westdeutschland war strukturell deutlich vielfältiger und ausgewogener und besaß alle Industriezweige, die für den Wiederaufbau erforderlich waren.

Innerhalb der amerikanischen Regierung bestanden 1945 erhebliche Differenzen über die wirtschaftliche Zukunft Deutschlands. Obwohl der amerikanische Finanzminister Henry Morgenthau seine Forderungen nach radikalen Demontagen und einem Wiederaufbauverbot für die deutschen Schlüsselindustrien nur teilweise gegen das State Department durchsetzen konnte, trug die amerikanische Industriepolitik der Jahre 1945 und 1946 Morgenthaus Handschrift. Die wirtschaftspolitische Richtlinie der Regierung vom Mai 1945 (JCS 1067) empfahl der amerikanischen Militärregie-

Unter alliierter Besatzung gab es wieder Meinungsfreiheit in Deutschland: Demonstration von 20.000 Bergleuten auf dem Burgplatz in Essen, 3. April 1947.

rung in Deutschland, keine Maßnahmen zum wirtschaftlichen Wiederaufbau zu treffen. Deutschland sollte keinen höheren Lebensstandard als 1932 erreichen können, als es von der Weltwirtschaftskrise geschüttelt worden war. Der Wirtschaftsberater des amerikanischen Militärgouverneurs Lucius D. Clay kommentierte diese Richtlinie mit den drastischen Worten: „Dieses Ding wurde von wirtschaftspolitischen Idioten zusammengestellt. Es hat keinen Sinn, den am besten ausgebildeten Arbeitern Europas zu verbieten, soviel sie können für einen Kontinent zu produzieren, dem es hoffnungslos an allem fehlt." Der erste Demontageplan der Amerikaner, Briten und Franzosen vom März 1946 sah nicht weniger als die Demontage von 1800 Industrieanlagen in den Westzonen vor, überwiegend Anlagen, die nicht der Rüstungsproduktion dienten. Die amerikanische Militärregie-

Nach der Währungsreform wurden die im Weltkrieg in viel zu großen Mengen gedruckten Reichsmarkscheine zu Altpapier: Reichsmarkbündel in der Hamburger Sparkasse, 29. Juni 1948.

rung und das State Department revidierten ihre Besatzungspolitik unter dem Eindruck der hohen Leistungen, die sie für die Ernährung der Deutschen aufbringen mussten. Da die deutschen Exporte der ersten Nachkriegsjahre weitgehend auf Steinkohle, Holz und Schrott beschränkt waren, mussten die amerikanische und die britische Regierung bis 1949 umgerechnet 9,1 Mrd. DM für Lebensmittellieferungen in die Westzonen aufbringen, damit die Deutschen nicht verhungerten.

In der westdeutschen Industrie waren ausreichende Produktionskapazitäten vorhanden. Viele

Anlagen mussten nur repariert, aber nicht vollständig wiederaufgebaut werden. Der Wiederaufbau stockte bis zum Sommer 1947 wegen der unterbrochenen wirtschaftlichen Arbeitsteilung zwischen den westlichen Besatzungszonen und der Lähmung des Verkehrswesens. Infolge des extrem kalten Winters 1946/47 waren der Eisenbahnverkehr und der Binnenschiffverkehr weitgehend lahmgelegt, sodass die Industrieproduktion auf einen Tiefststand fiel. Der Wiederaufbau geschah vor allem durch den hohen Einsatz menschlicher Arbeitskraft. Industrieanlagen wurden in Handarbeit wiederaufgebaut und Maschinen mit hohem Arbeitsaufwand instand gesetzt. Nach der Rückkehr der Kriegsgefangenen war die Zahl der Arbeitskräfte in den Westzonen sogar größer als vor dem Krieg. Trotz des Kriegstods von Millionen Menschen lag das Arbeitskräftepotential in der britisch-amerikanischen Bizone 1948 um drei Millionen Menschen höher (24,2 gegenüber 21,2 Millionen) als 1939. Der Grund waren die insgesamt sieben Millionen Flüchtlinge und Vertriebenen aus den ehemals deutschen Ostgebieten, die in den Westzonen aufgenommen wurden und eine zunächst provisorische Heimat fanden. Ohne die Zuwanderung dieser Vertriebenen sowie der Flüchtlinge aus der DDR wäre die bundesdeutsche Wirtschaft in den 50er-Jahren sehr viel schneller an eine Wachstumsgrenze gelangt. Durch den Zustrom der Flüchtlinge verschärfte sich das Wohnungs- und Versorgungsproblem, aber das Arbeitskräfteproblem löste sich. Als Folge des kriegsbedingten Geldüberhangs verfügten die deutschen Unternehmen über ausreichende Geldreserven, um genügend Arbeitskräfte zu beschäftigen. Da Arbeiter höhere Lebensmittelrationen als Angestellte und nicht arbeitende Erwachsene erhielten, bestand trotz der Geldentwertung und des geringen Lebensmittel- und Warenangebots ein wirksamer Arbeitsanreiz für Industriearbeiter, Bauarbeiter und Trümmerfrauen. Die schlechte Ernährung und die eiskalten unbeheizten Wohnungen steigerten jedoch die krankheitsbedingten Fehltage und erhöhten den Zwang, sich während der Arbeitszeit Lebensmittel durch Hamsterfahrten zu beschaffen.

Das Jahr 1947 markierte einen Tiefpunkt, aber auch einen Wendepunkt in der Wirtschaftsentwicklung der „Trümmerjahre". Durch ein großes Bau- und Instandhaltungsprogramm der damals noch Reichsbahn genannten Eisenbahn wurden genügend Lokomotiven und Lokschuppen instandgesetzt, um eine Transportkrise im Winter 1947/48 zu verhindern. Der amerikanische Außenminister George C. Marshall verkündete im Sommer 1947 das nach ihm benannte European Recovery Program (ERP) für den koordinierten Wiederaufbau Westeuropas mit einem Umfang von 12 Milliarden Dollar. Die westdeutschen Besatzungszonen sollten in das Aufbauprogramm einbezogen und durch ihre Militärgouverneure vertreten werden. Durch die Grundsatzentscheidung für den Wiederaufbau Deutschlands war die bisherige Wirtschaftsdirektive JCS 1067 überholt und wurde durch eine aufbaufreundliche Leitlinie ersetzt. Der neue Demontageplan vom August 1947 reduzierte die Demontageliste von 1800 auf 800 Betriebe. Obwohl zahlreiche Unternehmen für die Zivilproduktion verschont werden sollten, stand noch immer eine größere Zahl von Hochöfen und Stahlwerken auf der Demontageliste der Amerikaner und Briten. Die genehmigte Höhe der Stahlproduktion hätte für einen längerfristigen Wiederaufbau nicht ausgereicht. Nach der Gründung der Bundesrepublik kürzten die Alliierten Hohen Kommissare der Besatzungsmächte die Demontageliste nur geringfügig auf 680 Betriebe, obwohl sie sich bereits auf den Wiederaufbau verständigt hatten. Da sich die Demontagen weitgehend auf reine Rüstungsproduzenten beschränkten, blieb die Zahl der tatsächlich demontierten Betriebe im Endergebnis deutlich niedriger. Durch Demontagen verlor die Bundesrepublik lediglich 4,4 Prozent ihres industriellen Anlagevermögens, was den Wiederaufbau kaum verzögerte.

Neben dem physischen Wiederaufbau der Industrieanlagen und der Verkehrsinfrastruktur stand die Wiederherstellung einer funktionsfähigen Währung im Zentrum der Wiederaufbaupolitik. Durch die kriegsbedingt aufgeblähte Geldmenge stand das Geldangebot in einem großen Missverhältnis zum Warenangebot. Auch die teilweise Sperrung von Sparkonten änderte nichts am geldwirtschaftlichen Grundproblem, dass die Geldmenge im Verhältnis zur Wirtschaftsleistung um mehr als das Zehnfache überhöht war. Der große Geldüberhang führte in Verbindung mit dem Gütermangel der Nachkriegsjahre zu einer hohen Inflation, die sich in den Preisen auf den Schwarzmärkten widerspiegelte. Da knappe Güter oft nur im Tausch von Ware gegen Ware erhältlich waren und sich die

Zigarette auf dem Schwarzmarkt als Ersatzwährung eingebürgert hatte, hatte die Reichsmark ihre Funktion als Zahlungsmittel für Waren und auch für Arbeitsleistungen weitgehend verloren.

Der amerikanische Ökonom und Regierungsberater Joseph Dodge entwickelte schon 1946 mit dem Ökonomen Raymond Goldsmith und dem emigrierten deutschen Wirtschaftswissenschaftler Gerhard Colm den Plan für eine Währungsreform, die den großen Geldüberhang beseitigen sollte. Der Kern des Colm-Dodge-Goldsmith-Plans bestand in der drastischen Reduzierung der Geldmenge in Form von Bargeld, Sparkonten und Girokonten. Die gewaltigen finanziellen Forderungen der Deutschen gegenüber dem untergegangenen Deutschen Reich in Form von Reichsanleihen und Reichsschatzanweisungen sollten durch einen Federstrich eliminiert werden. Finanzielle Forderungen aus Lebensversicherungen und kapitalgedeckten Renten sollten im gleichen Maß wie Sparkonten abgewertet werden. Noch 1946 strebten die alliierten Siegermächte eine gemeinsame Währungsreform für alle Besatzungszonen an. Da sich die Spannungen mit der Sowjetunion 1947 verschärften und die sowjetische Besatzungsmacht die Geldausgabe in ihrer Zone der gemeinsamen alliierten Kontrolle entziehen wollte, entschieden sich die Westalliierten im Frühjahr 1948 für eine eigene Währungsreform. Die amerikanische Militärregierung versammelte deutsche Zentralbank- und Währungsexperten in einer streng abgeschirmten Kaserne bei Kassel, überließ aber den deutschen Beratern nur die Lösung der technischen Detailfragen bei der Währungsumstellung. Die neue Deutsche Mark (DM) war keine Schöpfung des Wirtschaftsrats und des Wirtschaftsdirektors Ludwig Erhard, sondern das Kind amerikanischer Wirtschaftsexperten.

Der erste Zwanzig-DM-Schein, in den USA im Design der Dollarscheine entworfen und gedruckt.

Links: Lebensmittelladen in Berlin-Kreuzberg nach der Währungsreform, 1948.

Rechts: Proteste nach der Währungsreform gegen hohe Preise, unzureichende Löhne und Arbeitslosigkeit: Demonstration in Stuttgart, 14. August 1948.

Die Bedeutung der Währungsreform für den wirtschaftlichen Wiederaufbau der späteren Bundesrepublik ist bis heute unter Historikern und Ökonomen umstritten. Während neoklassische Wirtschaftswissenschaftler in der Einführung einer stabilen Währung die entscheidende Initialzündung sehen, weisen keynesianische Ökonomen auf die Vorleistungen bei der Wiederherstellung der Industrieproduktion und der Infrastruktur hin. Im kulturellen und im kommunikativen Gedächtnis der (West-)Deutschen steht nicht die offizielle Gründung der Bundesrepublik Deutschland am 23. Mai 1949, sondern der Tag der Währungsreform am 20. Juni 1948 für den politischen und wirtschaftlichen Neubeginn. Die politisch informierten Zeitgenossen waren sich bewusst, dass die Währungsreform die beginnende Teilung Deutschlands wirtschaftlich und politisch weiter vertiefte. Die Bilder der schlagartig wieder gefüllten Geschäfte und Schaufenster am Tag nach der Währungsreform suggerieren bis heute einen großen wirtschaftlichen Erfolg, der ursächlich mit der Währungsreform verbunden wird. Sehr hohe Wachstumsraten der Industrieproduktion im 3. und 4. Quartal 1948 scheinen die These der Initialzündung auf den ersten Blick zu bestätigen.

Tatsächlich waren diese Waren bereits in den Monaten vor dem 20. Juni 1948 produziert worden. Wegen der weit verbreiteten Erwartung einer baldigen Währungsreform hielten die Hersteller und der Handel die Waren aber bis zur Einführung eines wertbeständigen Geldes zurück. Da die Hersteller ihre Produkte vor der statistischen Erfassung verbargen, waren die industriellen Produktionszahlen im 2. Quartal 1948 um einiges höher, als es die Statistiken auswiesen. Wenn man die industriellen Produktionsstatistiken um diesen Erfassungsfehler bereinigt, stellt man eine nicht ganz so eindrucksvolle Beschleunigung des Wachstums vom 2. zum 3. Quartal 1948 fest. Die Währungsreform wäre jedoch gescheitert, wenn das industrielle und das landwirtschaftliche Produktionsniveau Ende Juni 1948 nicht ausgereicht hätte, um die Grundbedürfnisse der Konsumenten und der Produzenten zu erfüllen.

Die amerikanische Militärregierung war damals noch skeptisch, ob ein freier Markt zu diesem Zeitpunkt bereits alle Konsumenten und Produzenten ausreichend versorgen konnte. Ludwig Erhard, der als Direktor für Wirtschaft im Wirtschaftsrat der Bizone gewissermaßen der westdeutsche Minister für dieses Ressort war, hob bereits eine Woche nach der Währungsreform zahlreiche Rationierungen und Bewirtschaftungsvorschriften auf, ohne den amerikanischen Militärgouverneur Clay zu konsultieren.

Für knappe Güter mit einer volkswirtschaftlichen Schlüsselfunktion wie Steinkohle, Strom, Gas, Eisen und Stahl und für Grundnahrungsmittel wie Brot bestanden bis in die Mitte der 1950er-Jahre Preiskontrollen, um einen übermäßigen Preisanstieg zum Vorteil der Produzenten und zu Lasten der Verbraucher zu verhindern. Da die Nachfrage nach Kohle, Strom und Stahl das Angebot zunächst noch deutlich überstieg, hätte eine Preisfreigabe zu unkontrollierten Preiserhöhungen geführt, bei denen die Produzenten ihre Anbietermacht zum Schaden der Volkswirtschaft ausgespielt hätten. Wegen der Knappheit an Wohnraum unterlagen die Mieten für Vorkriegswohnungen bis 1960 einer Mietpreisbindung durch den Staat.

Die Währungsreform spiegelte sich nicht allein in steigenden Produktionszahlen wider. Da die Unternehmen ihre hohen Geldrücklagen einbüßten, mussten sie ihre Arbeitskräfte effektiver und damit produktiver einsetzen. Der Anstieg der Arbeitsproduktivität überstieg den Anstieg der Produktion. Dies bedeutete aber auch, dass einige Hunderttausend Arbeitskräfte ihre Stelle verloren und die Arbeitslosenzahlen trotz hoher Wachstumsraten stiegen. Die verbesserte Ernährungslage und die bessere Versorgung der Haushalte mit Kohle senkte die hohe Zahl der Krankheits- und Fehlstunden erheblich und wirkte sich ebenfalls günstig auf die Arbeitsproduktivität aus. Die Entwertung ihrer hohen Geldreserven zwang die Unternehmen, das Horten von Vorprodukten und Fertigwaren aufzugeben und ihre gesamte Produktion auf dem Markt anzubieten. Ohne die Währungsreform hätte sich die Güterversorgung in kurzer Zeit nicht so stark verbessert.

Günstige steuerliche Abschreibungsregeln für Investitionsgüter und hohe Spitzensteuersätze bei der Einkommensteuer schufen einen starken Anreiz, die Gewinne in das Betriebsvermögen zu reinvestieren, anstatt sie auszuschütten. Obwohl das „Wirtschaftswunder" nach der Währungsreform in erster Linie von der Nachfrage nach Konsumgütern wie Kleidung und Hausrat getragen wurde, blieb die Entwicklung der Investitionsgüterindustrie auch Dank der Steuerpolitik nicht zurück.

Dennoch hing der Erfolg der Wirtschaftspolitik nach der Währungsreform im wahrsten Sinne an einem Faden. Da die regulären Importmöglichkeiten für Textilrohstoffe wie Baumwolle wegen der stark negativen Außenhandelsbilanz noch sehr beschränkt waren, blieb das Angebot an Textilien hinter der Nachfrage zurück. Deutlich steigende Textilpreise waren die Folge. Diese Lage entspannte sich erst, als im November 1948 die ersten Rohstofflieferungen aus dem amerikanischen Marshall-Plan in den Westzonen ankamen und umgehend zu Textilien weiterverarbeitet wurden. Die amerikanische Marshallplan-Hilfe im Umfang von 1,56 Milliarden Dollar (6,6 Mrd. DM) bestand überwiegend in Rohstofflieferungen aus Übersee, die die junge Bundesrepublik noch nicht mit ihren Exporterlösen bezahlen konnte. Während mit den Marshallplan-Mitteln nur ein geringer Teil der industriellen Investitionen in den Wiederaufbaujahren

Demonstration für einen gerechten Lastenausgleich in Bonn, 1951.

Die Mittel aus dem Marshall-Plan 1948–1953 (in Millionen $)

Land	1948/49	1949/50	1950/51	1951/52	1952/53	Insgesamt
Belgien und Luxemburg	261,4	210,9	74,3	8,9	–	555,5
Dänemark	126,2	86,1	45,1	14,0	4,5	275,9
Deutschland	613,5	284,7	399,1	91,7	23,8	1412,8
Frankreich	1313,4	698,3	433,1	261,5	100,0	2806,3
Griechenland	191,7	156,3	167,1	178,8	–	693,9
Großbritannien	1619,7	907,9	298,4	350,0	266,9	3442,8
Irland	86,3	44,9	15,0	–	146,2	
Island	8,3	7,0	8,4	5,5	0,6	29,8
Italien	668,0	403,7	244,0	159,3	40,0	1515
Triest	17,9	12,5	2,1	–	–	32,6
Jugoslawien	–	–	29,0	80,3	50,0	159,3
Niederlande (ohne Indonesien)	507,0	268,3	101,9	100,0	–	977,3
Indonesien	64,1	37,3	–	–	–	101,4
Norwegen	101,1	89,5	46,1	16,8	–	253,5
Österreich	280,0	166,5	114,3	116,0	35,0	711,8
Portugal	–	38,8	11,7	–	–	50,5
Schweden	45,4	51,9	21,2	–11,4	–	107,1
Türkei	49,0	58,5	45,0	70,0	20,0	242,5

Finanziert durch den Marshall-Plan: Bundesautobahn 7 bei Melgershausen, Hessen. Aufnahme für die Royal Commission on the Ancient and Historical Monuments of Scotland (RCAHMS), die in Deutschland die durch das Hilfsprogramm finanzierten Infrastrukturprojekte dokumentierte, 17. April 1952.

bis 1952 finanziert wurde, beseitigten die Rohstofflieferungen drohende Engpässe in der Versorgung der Wirtschaft.

Ohne die Rohstofflieferungen hätte sich das Wachstum der Industrieproduktion verlangsamt. Die Investitionshilfen des Marshall-Plans waren 1950 bis 1952 für den Steinkohlebergbau und die Stahlindustrie sehr wichtig. Wegen des hohen Kapitalbedarfs für den Bau neuer Hochöfen und die Abteufung neuer Schachtanlagen wäre die Finanzierung der Investitionen aus eigenen Erträgen oder aus den Krediten deutscher Banken nicht in diesem Umfang möglich gewesen.

Der Marshall-Plan leistete auch einen Beitrag für die beginnende Integration der europäischen Wirtschaft. Die von den USA aufgebaute OEEC (Organization for European Economic Cooperation) koordinierte nicht nur die Lieferungen des Marshall-Plans nach Europa, sondern förderte auch die Kooperation der Empfängerländer. So erhielt die Bundesrepublik aus den Mitteln des Hilfsprogramms Güterwaggons aus Belgien, mit denen die Wirtschaftsentwicklung eines wichtigen deutschen Handelspartners gefördert wurde.

Alle Westdeutschen erhielten am Tag der Währungsreform einen einmaligen Geldbetrag von 40 DM pro Kopf, der nach wenigen Wochen um 20 DM aufgestockt wurde. Trotz des „Kopfgeldes" von 60 DM und des Zusammenschmelzens der Geldvermögen waren die Westdeutschen durch die Währungsreform materiell nicht weniger ungleich gestellt als zuvor. Während die Besitzer von unzerstörten Häusern oder Grund und Boden keine Vermögenseinbußen erlitten, erhielten die gewöhnlichen Sparer für 100 Reichsmark lediglich 6,50 DM. Wer Aktien von westdeutschen Unternehmen besaß, behielt seinen Eigentumstitel und konnte sich Hoffnungen auf einen Kursanstieg machen. Demgegenüber hatten Flüchtlinge durch die Flucht ihr gesamtes Eigentum bis auf ein wenig Kleidung und ein paar Wertsachen verloren.

Die politischen Akteure waren sich darüber einig, dass die Reform eine funktionsfähige Währung geschaffen hatte, aber die materielle Not der Flüchtlinge und Ausgebombten nicht lindern konnte. Da die Währungsreform die unzerstörten Sachvermögen nicht schmälerte, hatte sich die materielle Ungleichheit noch verschärft und die höchst unterschiedlichen materiellen Kriegsfolgen für die Menschen nicht ausgeglichen. Über einen Vermögensausgleich zwischen den Kriegsgeschädigten und den verschont Gebliebenen waren sich die politischen Parteien einig. Wegen der sehr komplexen rechtlichen und finanziellen Materie sollte die Verabschiedung eines Lastenausgleichsgesetzes aber noch bis 1952 dauern. Der zeitliche Abstand zwischen Währungsreform und Lastenausgleich erleichterte die Neubildung von Vermögen, die für die Ausgleichsmaßnahmen zur Verfügung standen. Da sich die Lastenausgleichszahlungen auf einen Zeitraum von 26 Jahren bis zum Jahr 1978 verteilten, blieb die Substanz der privaten und der Unternehmensvermögen erhalten.

Die künftige Wirtschaftsordnung Deutschlands war in den Jahren von 1945 bis 1949 zwischen den Alliierten und den Deutschen außerordentlich umstritten. Mit dem Hinweis auf die Komplizenrolle der deutschen Schwerindustrie bei der Machtübernahme der Nationalsozialisten und bei der Umsetzung ihrer Aufrüstungspolitik forderte die SPD die Sozialisierung der Eisen- und Stahlindustrie und des Steinkohlebergbaus. Eine staatliche Rahmenplanung sollte dafür sorgen, dass die knappen Kapitalressourcen zweckmäßig für einen schnellen Wiederaufbau eingesetzt wurden. Der SPD-Parteivorsitzende Kurt Schumacher erklärte 1946 apodiktisch: „Das kommende Deutschland wird sozialistisch sein, oder es wird nicht sein." Im Unterschied zur SED lehnte die SPD die komplette Verstaatlichung der Industrie und eine zentralistische Produktionsplanung ab und befürwortete die Vergesellschaftung der Schlüsselindustrien und die Beteiligung der Arbeitnehmer an der Unternehmensleitung und an den Gewinnen.

Auch der zunächst noch dominierende Arbeitnehmerflügel der CDU sprach sich für eine Sozialisierung der Montanindustrie aus. Das erste Parteiprogramm der CDU, das Ahlener Programm von 1947, begann mit der Feststellung: „Das kapitalistische Wirtschaftssystem ist den Lebensinteressen des deutschen Volkes nicht gerecht geworden." Angesichts der traumatischen doppelten Krisen- und Katastrophenerfahrung aus Weltwirtschaftskrise und nationalsozialistischer Machtübernahme sprachen sich auch Teile der CDU für die Entflechtung monopolähnlicher Konzerne wie der IG Farben und der Vereinigten Stahlwerke aus. In diesem Punkt bestand eine Interessenidentität mit der amerikanischen Militärregierung, die neben der Demilitarisierung, der Denazifizierung und der Dezentralisierung (Föderalisierung) Deutschlands auch die Dekar-

tellisierung durch die Auflösung industrieller Verflechtungen verfolgte.

Vor allem auf Drängen der amerikanischen Militärregierung begann 1946 die Entflechtung der großen Stahlkonzerne, die die horizontale Integration von Zulieferbetrieben wie dem Steinkohlebergbau aufgeben mussten und in mittelgroße regionale Gesellschaften aufgegliedert wurden. Aus dem weltgrößten Chemiekonzern IG Farben entstanden drei größere (BASF, Bayer und Hoechst) und mehrere mittelgroße Nachfolgeunternehmen. Nach dem Vorbild der amerikanischen Bankengesetzgebung zerlegten die Militärregierungen die drei deutschen Großbanken (Deutsche Bank, Dresdner Bank und Commerzbank) in Regionalbanken, deren Geschäftsge-

biete auf ein Bundesland beschränkt waren. Das Motiv der Amerikaner war nicht etwa Kapitalismuskritik, sondern die generelle Ablehnung des wirtschaftlichen Machtmissbrauchs und der politischen Einflussnahme von Industriekonzernen und Großbanken. Eine Sozialisierung der Montanindustrie und der Großbanken lehnten das amerikanische State Department und die Militärregierung in Deutschland jedoch ab. Gegen den Willen der Amerikaner votierte die hessische Bevölkerung 1946 in einer Volksabstimmung für die Sozialisierung der Eisen- und Stahlindustrie und des Bergbaus in Hessen. Als der Landtag von Nordrhein-Westfalen 1948 ein Gesetz zur

Die Alliierten verordneten die Auflösung der IG Farben. In deren Hauptquartier in Frankfurt (hier die Rückseite des von Hans Poelzig entworfenen Baus) zog am 1. Juni 1945 Dwight D. Eisenhower, der Alliierte Oberbefehlshaber, hier mit den britischen Marschällen Arthur Tedder und Bernard L. Montgomery sowie dem sowjetischen Marschall Georgi K. Schukow, 10. Juni 1945.

Sozialisierung des Steinkohlebergbaus verabschiedete, legte die britische Militärregierung des Landes auf Drängen der Amerikaner ihr Veto ein. Der amerikanische Militärgouverneur Clay begründete seinen Einspruch mit dem Argument, dass der Steinkohlebergbau im Ruhrgebiet eine herausragende wirtschaftliche Bedeutung für

Alfred Müller-Armack erfunden hatte. Das Konzept der Sozialen Marktwirtschaft sah eine freie, nicht manipulierte und daher funktionsfähige Wettbewerbsordnung vor. Der Staat sollte bis auf Ausnahmen bei besonders knappen Gütern nicht in das Preisgefüge eingreifen und die Investitionsentscheidungen den Unternehmen über-

Links: Die Erfolgsgeschichte des VW-Käfers illustriert das Wirtschaftswunder. Belegschaft, Journalisten und geladene Gäste waren dabei, als am 3. Juli 1953 die halbe Million geschafft war.

Mitte: Der Nylonstrumpf gehörte zu den neuen Konsumgütern des Wirtschaftswunders. Vorstellung eines Strumpfs aus Polyamiden in einer westdeutschen Strumpffabrik, 1953.

Rechts: Auf dem Weg in den Weltmarkt: Die erste Internationale Automobilausstellung in Frankfurt, 19. April 1951.

ganz Deutschland habe und nur ein Bundesparlament legitimiert sei, eine solche Schüsselentscheidung zu treffen.

Anfang 1948 gewannen die Marktwirtschaftler in der Union an Boden, als der parteilose, aber CDU-nahe Wirtschaftswissenschaftler Ludwig Erhard zum Wirtschaftsdirektor der Bizone ernannt wurde. Gegen den lauten Widerspruch der Sozialdemokraten setzte Erhard nach der Währungsreform im „Leitsätzegesetz" die Aufhebung zahlreicher Bewirtschaftungsvorschriften durch und demonstrierte sein Vertrauen in die Überlegenheit der Marktwirtschaft. Die erheblichen Preissteigerungen in den folgenden sechs Monaten und die Gefahr einer neuen Güterknappheit ließen die Öffentlichkeit zunächst an Erhards Politik zweifeln. Dank des schnellen Produktionsanstiegs in der Konsumgüterindustrie und der Rohstofflieferungen des Marshall-Plans wurde die Angebotslücke jedoch bald geschlossen und der Preisauftrieb gestoppt.

1948 trug Erhard zum ersten Mal den Begriff der „Sozialen Marktwirtschaft" in die Öffentlichkeit, den der Münsteraner Volkswirt Prof. Dr.

lassen. Die Verantwortung der Unternehmer für ihre Unternehmen sollte unteilbar sein: Verluste sollten nicht zu Lasten der Gesellschaft sozialisiert und die Unternehmer nicht aus der Haftung für ihr Handeln entlassen werden. Der soziale Charakter der Marktwirtschaft sollte durch den Schutz der Verbraucher vor einem Machtmissbrauch der Produzenten garantiert werden. Preiskontrollen für knappe Grundbedarfsgüter wie Mietwohnungen und Grundnahrungsmittel waren mit dem Prinzip der Sozialen Marktwirtschaft ebenso vereinbar wie die staatliche Preisüberwachung von Monopolbetrieben im Verkehrs- und Energiesektor und Preiskontrollen für knappe industrielle Schlüsselgüter wie Kohle und Stahl.

In Erhards Politik der Sozialen Marktwirtschaft fanden sich Kernelemente der ordoliberalen „Freiburger Schule", zu denen eine Monopolkontrolle, ein striktes Kartellverbot und die Verantwortung des Staates für die Aufrechterhaltung des unternehmerischen Wettbewerbs zählten. Ludwig Erhard brach mit der unheilvollen Tradition der deutschen Wirtschaftspolitik, der Industrie die Ordnung der Märkte zu überlassen und die Ausschaltung des Wettbewerbs zu tolerieren. In seiner bildhaften Sprache verglich Erhard die Aufgabe des Staates in seinem Wirtschaftsmodell mit der Funktion eines Schiedsrichters. Der Staat sollte für die Einhaltung der Spielregeln in der Wirtschaft sorgen, aber nicht selbst mitspielen.

Obwohl Erhard nicht der CDU beitrat, setzte sich seine wirtschaftspolitische Linie in der Union durch. Vor der ersten Bundestagswahl im August 1949 nahm die CDU die „Düsseldorfer Leitsätze" für die Wirtschaftspolitik an, die Erhards Handschrift trugen. Darin sprach sich die CDU für freien Wettbewerb aus und erteilte der staatlichen Planung von Produktion, Arbeitseinsatz und Konsum eine Absage. Auch die Sozialisierung des Bergbaus verschwand aus dem Wahlprogramm der Union.

Obwohl die bundesdeutsche Wirtschaft im ersten Jahr nach der Währungsreform weiter wuchs, wäre es ein Fehler, die Geschichte des „Wirtschaftswunders" als eine lineare Erfolgsgeschichte zu beschreiben. Die Arbeitslosenquote erreichte im Winter 1949/50 mit zwölf Prozent einen historischen Höchststand in der Geschichte der BRD. Wegen der hohen Arbeitslosigkeit und des verlangsamten Wirtschaftswachstums beschloss die Bundesregierung im Sommer 1950 trotz Erhards Bedenken ein Arbeitsbeschaffungsprogramm des Bundes. Im Juni 1950 veränderte die Invasion der nordkoreanischen Armee in Südkorea und die militäri-

sche Intervention der USA und Großbritanniens die weltpolitische und die weltwirtschaftliche Lage schlagartig. Da Briten und Amerikaner größere Teile ihres industriellen Potentials für ihre Wiederaufrüstung mobilisierten, entstand in der westeuropäischen Wirtschaft eine Angebotslücke an zivilen Industriegütern. Die bundesdeutsche Industrie profitierte davon, dass ihr die alliierten Siegermächte jegliche Rüstungsproduktion verboten hatten. Sie konnte die europaweite Angebotslücke dank ihrer freien Kapazitäten füllen.

Für die hohe internationale Konkurrenzfähigkeit der deutschen Wirtschaft waren der niedrige Kurs der Mark (1 US\$ = 4,20 DM), das geringe Lohnniveau, die hohe Qualifikation der Beschäftigten und die modernen Produktionsanlagen verantwortlich. Das Ergebnis war ein jährliches Wirtschaftswachstum von mehr als zehn Prozent. Dennoch war der „Korea-Boom" nicht nur eine große Chance für den wirtschaftlichen Wiederaufbau, sondern brachte die Bundesrepublik zeitweilig auch an den Rand der Zahlungsunfähigkeit. Der hohe Preisanstieg für importierte Rohstoffe wie Eisenerz und Öl drohte im Winter 1950/51 eine Drosselung der Importe und Rationierungen bei Kohle und Stahl zu erzwingen. Ein eilig beschlossenes Investitionshilfegesetz für den Bergbau und die Stahlindustrie erwies sich jedoch als überflüssig. Dank der stark steigenden ausländischen Nachfrage nach deutschen Investitions- und Konsumgütern glich die Bundesrepublik ihr Zahlungsbilanzdefizit 1951 aus und erzielte ab 1952 einen Überschuss ihrer Handelsbilanz.

Die Integration der Bundesrepublik in den Weltmarkt geschah auch durch Initiativen für die politische Vereinigung Europas. Im Juni 1950 präsentierte der französische Außenminister Robert Schuman den Plan für eine Europäische Gemeinschaft für Kohle und Stahl (EGKS) unter Einschluss der Bundesrepublik. Durch die EGKS wurde eine gemeinsame europäische Kohle- und Stahlpolitik geschaffen, die Frankreich die Angst vor dem weiteren Wiederaufbau der deutschen Montanindustrie nahm. Der Korea-Krieg und der Schumann-Plan bereiteten 1951 den alliierten Beschränkungen für den Wiederaufbau der deutschen Stahlindustrie ein Ende.

Silke Kettelhake

Der Krieg ist aus

Trümmerfrauen

Als der Krieg zu Ende war, wurden sie gebraucht. Als Teil der heldenhaften Wiederaufbau-Generation sind die Trümmerfrauen zum Symbol für den Überlebenswillen der Deutschen nach der Katastrophe des Zweiten Weltkriegs geworden. Fünf Millionen deutsche Soldaten waren gefallen, mehr als doppelt so viele befanden sich in Kriegsgefangenschaft. Für die Jahrgänge 1910 bis 1925 lag der Anteil der Todesfälle zwischen 20 und 40 Prozent. Hinzu kamen eineinhalb Millionen vermisste Soldaten. Die zerstörten deutschen Städte waren bevölkert von Frauen und Kindern, von Witwen und Waisen. Sie waren den Lebensumständen in der „Zusammenbruchsgesellschaft" (Hans-Ulrich Wehler) vielfach schutz-

los ausgeliefert. Millionen von Frauen waren auf sich gestellt, sie mussten sich mit Wohnungsnot, Hunger, Kälte und Chaos herumschlagen, und gegen die Willkür der Besatzungssoldaten, die Frauen oft genug als Freiwild ansahen, schützte sie niemand. Darüber hinaus mussten sie versuchen, Arbeit zu finden, die zum Überleben bei Weitem nicht ausreichenden Lebensmittelrationen auf dem Schwarzmarkt aufzubessern und Informationen über vermisste Männer und Verwandte zu erhalten. Gleichzeitig war das wenige, das man noch besaß, stets von Diebstahl und Plünderung bedroht.

Dem militärischen Zusammenbruch folgte der moralische. Der Korrespondent des *Daily Express* Alan Moorehead berichtete 1943

Aufräumarbeit in Dresden nach dem totalen Krieg. Im Hintergrund das Neue Rathaus und der Turm der Kreuzkirche. Aufnahme von Richard Peter jun., 1945.

aus dem kurz zuvor von den Alliierten befreiten Neapel: „Der tierische Überlebenskampf beherrschte alles. Nahrung war das einzige, was zählte. Nahrung für die Kinder. Nahrung für dich selbst. Nahrung im Gegenzug für jede beliebige Erniedrigung und Verworfenheit." Was Moorehead im vom Faschismus befreiten Italien beobachtet hatte, wiederholte sich überall in den vom Krieg verheerten Ländern. Das befreite Europa wurde von einer beispiellosen Welle der Kriminalität überrollt. Ein in Stettin stationierter britischer Militärarzt berichtete: „Mord, Vergewaltigung und brutale Raubüberfälle waren so alltäglich, dass sich niemand darum kümmerte." Der Hunger war allgegenwärtig und viele konnten nur den eigenen Körper anbieten, um an etwas Essbares zu gelangen. In Krankenhäusern suchten zahlose Frauen mit Geschlechtskrankheiten um Aufnahme nach, manche von ihnen hatten kaum das zwölfte Lebensjahr erreicht. Der Diebstahl war in weiten Teilen Europas so alltäglich, dass er nicht mehr als Verbrechen eingestuft wurde. Der Kölner Bischof Josef Frings erklärte den Kohlenklau sogar offiziell zur lässlichen Sünde, was seine Popularität enorm steigerte und dem Kölner Jargon zu einem neuen Verbum verhalf: „fringsen gehen". Kinder spielten dabei eine wichtige Rolle. Die Väter waren oftmals nicht mehr am Leben, die Mütter mit elementaren Überlebensfragen beschäftigt. Auch kleine Kinder waren oft sich selbst überlassen, taten

sich zu Gruppen zusammen und organisierten Lebensmittel, Brennholz oder andere Dinge, die dringend gebraucht wurden. In Berlin war die Zahl der Diebstahlsdelikte 1948 mehr als zehnmal so hoch wie vor dem Krieg. Die örtlichen Polizeikräfte waren vollkommen überfordert. Die Berlinerin „Anonyma" schrieb in ihr Tagebuch: „Jeder bestiehlt jeden, weil jeder bestohlen wurde und jeder alles brauchen kann."

Es war ein Leben in Ruinen. In den deutschen Großstädten war mehr als die Hälfte des Wohnungsbestandes zerstört. Vielerorts blockierten die Trümmer die Verkehrswege. Um wieder ein Minimum an Ordnung und Infrastruktur möglich zu machen, musste der Kriegsschutt beseitigt werden. Es waren so gewaltige Mengen, dass es heute in vielen deutschen Städten aus Schutt aufgehäufte Berge gibt: Erhebungen von 50 bis 100 Metern Höhe, die damals entstanden sind. In Berlin, wo 15 Prozent des gesamten Kriegsschutts anfielen, gibt es allein neun Schuttberge, der größte ist der Teufelsberg, der 26 Millionen Kubikmeter Trümmer umfasst und die höchste Erhebung West-Berlins darstellt. Mehr als 20 Jahre lang luden dort bis zu 800 Lastwagen täglich bis zu 7000 Kubikmeter Schutt ab. Ein anderer sehr bekannter Schuttberg liegt auf dem Münchner Olympiagelände von 1972 und prägt direkt neben dem großen Sportstadion eine innerstädtische Parklandschaft.

Aus Trümmern wurden Trümmerberge, genutzt für die Naherholung (der Olympiaberg in München mit der „Schuttblume", dem Blütenmotiv von Rudolf Belling als Mahnmal für die Luftkriegsopfer, 1972) und für eine der wichtigsten militärischen Radar- und Funkabhöranlagen des Kalten Krieges (der Teufelsberg in Berlin-Grunewald, 1994).

Zuerst mussten die zerstörten Häuser abgebrochen und dann Trümmer und Schutt beseitigt werden. Hierzu waren nur die Fachbetriebe des Bauhandwerks in der Lage, die über die erforderlichen Gerätschaften verfügten. In den westdeutschen Besatzungszonen beauftragte man damit in der Regel Baufirmen, in Frankfurt/Main, das zu mehr als 70 Prozent zerstört war, schufen die Großunternehmen am Ort im Herbst 1945 sogar eine eigene Trümmerverwertungsgesellschaft, an der die Stadt die Mehrheit der Anteile hielt. Aber für die umfangreichen Handarbeiten war die Unterstützung der Bevölkerung notwendig. Die legendären Trümmerfrauen spielten dabei

fordert, in den westlichen Zonen auf freiwilliger Basis mit oftmals geringem Erfolg, in der Sowjetischen Besatzungszone hingegen wurden die Menschen zum Mitmachen verpflichtet.

Frauen stehen ihren Mann

„Hilfsarbeiterinnen im Baugewerbe", wie die Trümmerfrauen offiziell hießen, waren lediglich in Berlin und einigen Städten der Sowjetischen Besatzungszone ein Massenphänomen. Vor allem die Arbeiterinnen in der durch Luftangriffe und den Häuserkampf bei Kriegsende fast völlig zerstörten Reichshauptstadt haben unser Bild von den Trümmerfrauen geprägt. Aber selbst in Berlin machten die Trümmerfrauen nur einen kleinen Teil der Arbeiterinnen aus, obwohl man die Frauen, die als nicht berufstätige Hausfrauen nur Anspruch auf die niedrigste der fünf Kategorien bei den Lebensmittelzuteilungen hatten, dadurch zu gewinnen versuchte, dass man ihnen die zweithöchste Stufe versprach, wenn sie bei der Trümmerbeseitigung mithalfen. 60.000 Trümmerfrauen gab es in Berlin, aber insgesamt waren im September 1945 371.409 Frauen als erwerbstätig registriert. Viele von ihnen arbeiteten in Männerberufen, die attraktiv waren, weil sie bessere Bezahlung und auch mehr zu essen versprachen.

Ein freundliches Gespräch vor der Kamera des Kriegsfotografen: der sowjetische Stadtkommandant in Berlin, Nikolai E. Bersarin, mit Trümmerfrauen. Aufnahme von Jewgeni Chaldej, Mai/Juni 1945.

in den meisten Städten allerdings nur eine ganz untergeordnete Rolle. Lediglich in Berlin waren etwa 60.000 Trümmerfrauen im Einsatz. Unter schwerem körperlichem Einsatz klopften sie Steine, luden sie mit Schaufeln auf große Pferdewagen, die sie meist selber ziehen mussten oder schoben mit Schutt beladene Loren über die Schienen. Diese Arbeit hatten im Krieg oft KZ-Häftlinge, Kriegsgefangene oder Zwangsarbeiter tun müssen. Nach Kriegsende waren zunächst deutsche Kriegsgefangene oder ehemalige NSDAP-Mitglieder herangezogen worden, was das gesellschaftliche Ansehen dieser Hilfstätigkeiten nicht gerade gesteigert hatte. Weil die Zwangsverpflichteten nicht ausreichten, wurde auch die Bevölkerung zur Mithilfe aufge-

Schon während des Krieges hatten Frauen häufig die verwaisten Arbeitsplätze der Männer einnehmen müssen: als Koksfahrerinnen in Hochofenbetrieben, als Probenehmerinnen an den Hochöfen, in der Rüstungsindustrie, als Packerinnen in der Glasindustrie. Sie arbeiteten als Kran- oder Baggerfahrerinnen, als Rollgangmaschinistinnen und Löcherinnen in Walzwerken, als LKW-Fahrerinnen, als Bleigitterputzerinnen in Akkumulatorenfabriken, als Stoff- und Kauenwärterinnen in der Hüttenindustrie, als Sägerinnen, Abstecherinnen, Rohrrichterinnen und Gewindeschneiderinnen in Röhrenwerken, als Blockputzerinnen in Blockwalzwerken, als Stepperinnen bei der Verarbeitung von Schlackenwolle, bei Gleisbauarbeiten für die Reichsbahn, als Matrosin in der Binnenschifffahrt. Viele andere Frauen hatten die Geschäfte oder Handwerksbetriebe in eigener Regie weitergeführt, als ihre Männer in den Krieg mussten.

Das alles geriet nach dem Krieg bald wieder in Vergessenheit. Schon nach dem Ersten Weltkrieg hatten die Männer, die von der Front zurückkamen, mit großer Selbstverständlichkeit ihre Arbeitsplätze wieder eingenommen, während die durch die Kriegswirtschaft bedingte berufliche Emanzipation der Frauen nahezu folgenlos wieder zurückgenommen worden war. Auch nach dem Zweiten Weltkrieg waren Frauen in der Bundesrepublik so wenig gleichberechtigt wie zuvor. Das Letztentscheidungsrecht des Ehemannes, wonach der Mann das Vermögen seiner Ehefrau verwalten durfte und in allen Ehean-gelegenheiten das letzte Wort hatte, wurde erst mit dem Gleichberechtigungsgesetz von 1957 abgeschafft. Sogar bis 1977 durften Ehefrauen nur mit Zustimmung ihres Ehemannes berufstätig sein. Und noch im Jahr 1966 entschied der Bundesgerichtshof, dass Ehefrauen zum engagierten ehelichen Beischlaf verpflichtet seien, auch wenn sie selbst dabei keine Befriedigung empfänden: „Die Frau genügt ihren ehelichen Pflichten nicht schon damit, dass sie die Beiwohnung teilnahmslos geschehen lässt. (…) Deshalb muss der Partner, dem es nicht gelingt, Befriedigung im Verkehr zu finden, aber auch nicht, die Gewährung des Beischlafs als ein Opfer zu bejahen, das er den legitimen Wünschen des anderen um der Erhaltung der seelischen Gemeinschaft willen bringt, jedenfalls darauf verzichten, seine persönlichen Gefühle in verletzender Form auszusprechen." Ein Opfer für die seelische Gemeinschaft der Ehe zu bringen, das war es, was von der Frau erwartet wurde. Küche und Kinder begrenzten ihre Welt. Tatsächlich entsprach dieses Klischee schon bald nicht mehr der Realität, begannen sich weibliche Karrieremuster schon in den 1950er-Jahren in Richtung Berufstätigkeit mit Kindern zu verändern, aber es dauerte lange, bis die öffentliche Wahrnehmung und das gesellschaftliche Ideal dem Rechnung trugen.

Die aufopferungsvollen Trümmerfrauen, die mageren Gestalten in klobigen Schuhen, mit langen Schürzen, die Haare mit einem Kopftuch vor Staubwolken geschützt, die versucht hatten, aus der Trümmerwüste, die der Krieg zurückgelassen hatte, wieder Orte zu gewinnen, wo eine menschliche Existenz möglich war, sie nahmen einen wichtigen Platz ein in der restaurativen Ära Adenauer. Die Trümmerfrau wurde zur Ikone der westdeutschen Erinnerungskultur. Doch auch dieser Platz musste hart erarbeitet werden. Es bedurfte der Intervention der Sozialdemokratin und Feministin Louise Schroeder, die in Vertretung des von den Sowjets nicht bestätigten Ernst Reuter 1947/48 Berliner Bürgermeisterin gewesen war und 1949 in den Deutschen Bundestag gewählt wurde. Am 30. September 1949 hielt sie dort eine aufrüttelnde Rede zur Lage Berlins, in der sie gleich zu Beginn auf die Trümmerfrauen zu sprechen kam: „Unsere Frauen sind es gewesen, die mit ihren bloßen Händen die Straßen von der Lebensgefahr befreit und die Trümmer aufgeräumt haben." Schroeder ging es auch um

die sozialpolitische Dimension des Themas: „Die Berliner Bevölkerung hat eine Baunotabgabe auf sich genommen, damit die Menschen, die nicht mehr bei der Enttrümmerung beschäftigt werden können, wenigstens bei der Wiederherstellung von Wohnungen Beschäftigung erhalten. Und als Frau muß ich sagen: hier haben wir geradezu eine Ehrenpflicht (…) gegenüber den Frauen, die noch im weißen Haar zum Zwecke der Enttrümmerung auf der Straße gestanden haben, und die nun plötzlich arbeitslos werden, weil wir sie nicht mehr bezahlen können." Ihre Rede führte dazu, dass Bundespräsident Theodor Heuss 1952 32 Trümmerfrauen und 17 Enttrümmerungsarbeitern das Bundesverdienstkreuz verlieh.

Land der Frauen: Die Straßenbahnschaffnerin richtet den Stromabnehmer der Linie 40 (Grunewaldbahn) nach Berlin-Steglitz, 1948.

Links: Das Denkmal für die Trümmerfrau am Volkspark Hasenheide in Berlin, Skulptur von Katharina Szelinski-Singer, 1955.

Rechts: Dank und Anerkennung für die Aktivistin des ersten Fünfjahresplans: Plakat des Freien Deutschen Gewerkschaftsbundes der DDR, 13. Oktober 1951.

Ab 1952 wurden in vielen deutschen Städten Denkmäler zur Erinnerung an die Trümmerfrauen aufgestellt, eines davon im Berliner Volkspark Hasenheide. Die Figur der Bildhauerin Katharina Szelinski-Singer zeigt eine Frau mit Kopftuch, die auf einem Haufen Ziegelsteine sitzt und sich ausruht, den schweren Hammer hat sie in den Schoß gelegt. Am 30. April 1955 wurde die Skulptur in Anwesenheit von 88 ehemaligen Trümmerfrauen von Louise Schroeder enthüllt. Der Bürgermeister des Bezirks Neukölln, Kurt Exner, sagte bei der Einweihungsfeier: „Auf den Tag fast sind es zehn Jahre her, daß die Kanonen schwiegen und die Bomben aufhörten zu fallen. Die Berlinerinnen und Berliner, die diese Tage hier erlebt haben, denken jetzt wieder lebhaft an diese Zeit zurück. Die arbeitende Frau stand im Mittelpunkt dieser Jahre. (…) Schwer hat sich die Frau den Weg zur wirtschaftlichen Selbstständigkeit bahnen müssen und noch heute gilt eine Frau in ihrer Berufsarbeit – gleich welcher Art – erst, wenn sie die anderthalbfache Leistung eines Mannes vollbringt." Zum Abschluss der Einweihungsfeier erklang das alte Arbeiterlied „Brüder, zur Sonne, zur Freiheit". Von Schwestern war in dem Lied nicht die Rede, aber das fiel womöglich niemandem auf.

In der DDR war der gesellschaftspolitische Diskurs von Anfang an ein ganz anderer. In der Verfassung von 1949 war die Gleichberechtigung von Mann und Frau verankert, die Eingliederung der Frauen in den Erwerbssektor gehörte zu den offiziellen Zielen der Gesellschaftspolitik. 1950 bildeten Frauen bereits einen Anteil von 40 Prozent an der Gesamtzahl der Erwerbstätigen. Die Trümmerfrau, die in der Sowjetischen Besatzungszone auch eine viel größere Rolle gespielt hatte als im Westen, taugte als hart arbeitende, selbstbewusste und emanzipierte Frau zum Rollenvorbild. Im Rahmen der aus der Sowjetunion übernommenen Aktivistenbewegung wurden Trümmerfrauen als „Aktivisten der ersten Stunde" ausgezeichnet. 1950 übergab der Oberbürgermeister von Ost-Berlin Friedrich Ebert einer Trümmerfrau die erste neu erbaute Wohnung an der damaligen Stalinallee, im Jahr darauf übernahm das Nationale Aufbauwerk die Beseitigung der großen Ruinengebiete und die Gewinnung von Baumaterial aus den Trümmern. Das Nationale Aufbauwerk war 1951 als „nationales Aufbauprogramm Berlin" mit dem Schwerpunkt Stalinallee gegründet worden, wurde aber schon bald auf die ganze DDR ausgedehnt. Ausschüsse der Nationalen Front organisierten die Mitarbeit der Bürger beim Beseitigen der Trümmer und beim Neubau von Gebäuden, der man sich, obwohl sie nicht bezahlt wurde, nicht entziehen konnte.

In der Bundesrepublik waren die Trümmerfrauen erst in den 80er-Jahren wieder ein Thema. 1985 wurde das sogenannte Babyjahr eingeführt. Kindererziehungszeiten wurden jetzt bei der Berechnung des Rentenanspruchs mitberücksichtigt, allerdings erst für Mütter der Geburtsjahrgänge nach 1921. Der Aufschrei war groß, weil die Generation der Trümmerfrauen sich erneut um ihre Anerkennung betrogen sah. Trude Unruh, die 1975 den Senioren-Schutz-Bund gegründet hatte, demonstrierte mit Kopftuch und Kittelschürze am 18. Januar 1985 mit ihren Mitstreiterinnen vor dem Deutschen Bundestag. 1987 wurde dann auch für die Älteren eine besondere Leistung für Kindererziehung in Form eines Zuschlags auf die Rente eingeführt. Die rentenrechtliche Debatte förderte die Popularisierung des Begriffs „Trümmerfrau" ungemein – sie stand nicht nur für den Wiederaufbau, sondern für die weibliche Erfahrung des Krieges schlechthin: ob als Soldatenfrau, Flakhelferin, Bombengeschädigte, Kriegswitwe, Vergewaltigte, ob als Flüchtlingsfrau oder anders Geschädigte. Zwei Jahre später führte der Fall einer Rentnerin, die aufgrund von Altersarmut den Suizid gewählt hatte, zur Einrichtung eines „Tags der Trümmerfrauen". Seither veranstaltet der Senioren-Schutz-Bund in jedem Jahr am 9. Juli einen Gedenkmarsch zum Trümmerfrauen-Denkmal in der Berliner Hasenheide.

Sexuelle Gewalt

Am 12. Januar 1945 begann die sowjetische „Weichsel-Oder-Operation". Fünf Armeen mit mehr als zwei Millionen Soldaten marschierten nach Westen. Rasch wurden die deutschen Linien auf breiter Front durchbrochen. Es war einer der schnellsten Vormärsche des ganzen Krieges, der Roten Armee gelang es in einem kaum für möglich gehaltenen Tempo, die 500 Kilometer vom östlichen Ufer der Weichsel bis zum östlichen Ufer der Oder zurückzulegen. Am 31. Januar stand Marschall Schukow mit seiner Armee 65 Kilometer vor Berlin. Stalins Ziel, dass russische Soldaten als erste der Anti-Hitler-Koalition in der deutschen Reichshauptstadt sein sollten, war greifbar nahe. Im Sturm hatten die russischen Panzer, unterstützt durch ein massives Artilleriebombardement, Polen, Ostpreußen, Pommern und Schlesien überrollt und das deutsche Ostheer zerschlagen. Auf deutscher Seite kämpften 450.000 Soldaten, die dem sowjetischen Angriff kaum noch etwas entgegenzusetzen hatten.

Bereits am 21. Oktober 1944 war es in dem ostpreußischen Ort Nemmersdorf zu einem Massaker an der Zivilbevölkerung gekommen. Es war der erste derartige Vorfall auf deutschem Boden und die NS-Propaganda schlachtete ihn weidlich aus, um durch drastische Horrorgeschichten den Willen der Bevölkerung zum Widerstand bis zum Letzten anzustacheln. In der DDR wurde das Massaker später tabuisiert beziehungsweise als Erfindung der NS-Propaganda dargestellt. In der bundesdeutschen Erinnerungskultur dagegen wurde Nemmersdorf zum Synonym für die schrecklichen Erfahrungen der ostdeutschen Bevölkerung in der Schlussphase des Zweiten Weltkriegs. In Nemmersdorf kamen zwanzig bis dreißig Menschen ums Leben, unter anderem wurden 13 Zivilisten, die sich vor den Kampfhandlungen in einen Bunker geflüchtet hatten, von den Sowjets erschossen. Ob es auch zu Vergewaltigungen kam, ist umstritten. Auch widersprechen sich die Zeugen bei der Frage, wie und warum es überhaupt zu den Erschießungen kam.

Nemmersdorf ist ein gutes Beispiel für den Kampf um die Erinnerung. Völlig unbestreitbar ist allerdings, dass es während des Vormarschs der Roten Armee auf deutschem Boden zu massiven Verbrechen gegen die Zivilbevölkerung, zu Mord und Totschlag, Vergewaltigungen und Misshandlungen, zu Plünderungen und Zerstörungen in großem Ausmaß kam. Der Siegeszug der Roten Armee glich in manchem einem Rachefeldzug. Das entsprach auch dem, was die

Eine der harmloseren Begegnungen: Ein Rotarmist versucht einer Berlinerin das Fahrrad wegzunehmen, 1945.

183

sowjetische Propaganda den Soldaten jahrelang eingetrichtert hatte. In den vier Kriegsjahren hatte allein der Schriftsteller Ilja Ehrenburg in mehr als 1500 Artikeln, die weite Verbreitung fanden, den Hass auf den Feind gepredigt: „Der deutsche Soldat mit dem Gewehr in der Hand ist für uns kein Mensch, sondern ein Faschist." Umgekehrt hatte der Generalstabschef des Heeres, Franz Halder, zur Einstimmung auf den Krieg im Osten im März 1941 geschrieben: „Der Kommunist ist vorher kein Kamerad und nachher kein Kamerad. Es handelt sich um einen Vernichtungskampf." Von allen Kombattanten des Zweiten Weltkriegs hat keine Gruppe so sehr gelitten wie die Russen, die den Deutschen in die Hände fielen. Nun standen Sowjetsoldaten erstmals auf deutschen Boden und viele wollten Rache nehmen für das, was sie erlebt und erlitten hatten.

Ehrenburg ahnte, was kommen würde. Am 14. März 1945 erschien sein Artikel „Ritter der Gerechtigkeit", der auch als Flugblatt an die Soldaten verteilt wurde. Darin hieß es: „Der sowjetische Soldat wird keine Frauen belästigen. Der sowjetische Soldat wird keine deutsche Frau misshandeln, noch wird er irgendeine intime Beziehung mit ihr unterhalten. Er ist über sie erhaben. Er verachtet sie dafür, dass sie die Frau eines Schlächters ist. (…) Der sowjetische Sol-

dat wird an der deutschen Frau schweigend vorbeigehen." Dieser Artikel war der schwache Versuch, die Soldaten, die teilweise außer Rand und Band geraten waren, zu disziplinieren. Ganze Dörfer waren in Schutt und Asche gelegt worden, was keineswegs im Sinne der militärischen Führung war, weil es den Vormarsch aufhielt. Manchmal massakrierten die Rotarmisten die gesamte Dorfbevölkerung und schlugen sogar kleinen Kindern die Schädel ein, aber besonders zu leiden hatten die Frauen. Sie wurden nackt ausgezogen, an Panzer gebunden und zu Tode geschleift oder missbraucht und anschließend nackt an Scheunentore genagelt. Vor allem aber wurden Frauen jeden Alters immer wieder vergewaltigt. Manchmal versuchten ihre Männer sie zu schützen, woraufhin sie in der Regel sofort erschossen wurden. Ganz selten kam es vor, dass sowjetische Offiziere einschritten, die versuchten, die Disziplin wieder herzustellen.

Die Schätzungen zur Zahl der vergewaltigten Frauen gingen lange Zeit weit auseinander. Nach neuesten Untersuchungen (Miriam Gebhardt, 2015) ist davon auszugehen, dass bis zu einer Million Frauen davon betroffen waren, etliche von ihnen allerdings nicht nur ein- oder zweimal, sondern immer wieder und das manchmal über Wochen hinweg. In Berlin, wo im Frühjahr 1945 Vergewaltigungen besonders häufig vorkamen, sollen sich Frauen irgendwann nur noch zugerufen haben: „Wie viele du?" Nach dem Krieg standen Millionen von Besatzungssoldaten im Land und sexuelle Übergriffe waren noch lange Zeit an der Tagesordnung. In den drei westlichen Besatzungszonen waren etwa 300.000 Frauen davon betroffen, wobei mehr als die Hälfte der Vergewaltigungen auf das Konto der amerikanischen Soldaten gingen. Daneben gab es bald auch vielfältige Arrangements. Frauen gingen Verhältnisse mit Besatzern ein, weil sie sich davon Schutz vor anderen Männern versprachen oder um ihre Versorgung mit Lebensmitteln und anderen Annehmlichkeiten des täglichen Bedarfs aufzubessern. Bei anderen Frauen, deren Männer gefallen oder in Gefangenschaft geraten waren, spielte sicher auch das Bedürfnis nach einer neuen intimen Beziehung eine Rolle. In den westlichen Besatzungszonen wurden insgesamt 68.000 uneheliche Besatzungskinder geboren. 3200 dieser Kinder waren nach Angaben ihrer

„Mit den Deutschen haben wir vollständig abgerechnet. Nimm Deine Söhne in Empfang, Heimatland!" Soldaten der Roten Armee kehren in die Heimat zurück. Aufnahme Sommer 1945.

Mütter bei einer Vergewaltigung gezeugt worden, wobei diese Frauen mit ihrer Gewalterfahrung meistens völlig allein gelassen wurden, während den Vergewaltigungsopfern sowjetischer Soldaten die zweifelhafte Ehre zuteil wurde, im Kalten Krieg als Märtyrer bolschewistischer Brutalität instrumentalisiert zu werden.

Die Frauen waren die „falschen Opfer" (Miriam Gebhardt). Sie konnten sich nicht mit den vom Krieg gezeichneten Männern messen, den Gefallenen, den Versehrten, den Kriegsgefangenen. Sie gehörten auch nicht, wie die Verfolgten des Nationalsozialismus, zu den Opfern des untergegangenen Regimes. Die Frauen waren in ihrer großen Mehrheit ein stabilisierender Faktor dieses Regimes gewesen, hatten vielleicht sogar, z.B. als Aufseherinnen im KZ, selbst an den NS-Verbrechen mitgewirkt. Und auch jetzt war ihre Rolle nicht immer leicht zu definieren. Viele waren nicht bereit, sich für ein Päckchen Zigaretten oder eine Tafel Schokolade einem Besatzungssoldaten an den Hals zu werfen. Josef Vilsmaiers Film *Rama dama* (1991) zeigt den Rollenkonflikt sehr gut. Während die junge Mutter auf ihren in Gefangenschaft geratenen Mann wartet und als Straßenbahnschaffnerin täglich die in Trümmern liegende Münchner Innenstadt durchmisst, lässt ihre Freundin nichts unversucht, als „Ami-Flittchen" bei den Besatzungssoldaten eine gute Partie zu machen. Wer zu Kontakten mit den Soldaten überhaupt bereit war, der wollte womöglich auch mehr. In *Rama dama* nimmt ein amerikanischer Lkw-Fahrer die Hauptdarstellerin in seinem Wagen mit und erwartet ganz selbstverständlich, dass sie ihm dafür gefällig ist. Hier wird schon eine diskursive Disposition erkennbar, die das Thema Vergewaltigung noch jahrzehntelang belastet hat. Unzählige der Vergewaltigung angeklagte Männer versuchten sich später vor deutschen Gerichten mit dem Satz zu verteidigen „Ich dachte, sie wollte es auch".

Ein Leben zwischen Trauma und Hoffnung

Die jungen deutschen Frauen waren zweifellos ein Hauptgrund dafür, dass die drei Millionen amerikanischen Soldaten, die sich nach Kriegsende in Deutschland aufhielten, sich schon sehr bald

Eine Weißwurst für zwei Münchner Kinder: Kinderfest des Vereins „Das farbige Kind", München 1952.

über das Fraternisierungsverbot hinwegsetzten. „Fräulein" war eines der ersten deutschen Wörter, die 1945 in den amerikanischen Sprachgebrauch eingingen, und einige Jahre später sprach man in den USA sogar vom deutschen Fräuleinwunder. Der Auslöser dafür war das Berliner Mannequin Susanne Erichsen, die 1950 die erstmals durchgeführte Wahl der Miss-Germany gewonnen hatte und zwei Jahre später als „Botschafterin der deutschen Mode" in die USA ging. Erichsens Weg war alles andere als gradlinig verlaufen. Im Juni 1945 hatte die kaum 20-Jährige den Norweger Sven Erichsen geheiratet. Kurz darauf wurden beide in ein sowjetisches Straflager deportiert, ihren Mann sah die junge Berlinerin, die zwei Jahre später zurückkam, nie mehr wieder. Nach ihrer Wahl zur Miss Germany protestierten fünf der sieben Preisrichter gegen die Entscheidung, als sich herausstellte, dass die Gewinnerin schon einmal verheiratet gewesen war, denn das vertrug sich nicht mit den Moralvorstellungen der Ära Adenauer und verstieß

Eine Frau in Berlin: Nina Hoss in der Verfilmung der Aufzeichnungen von Marta Hillers, 2008.

gegen das Reglement der Wahl. Schließlich sollte „Miss Germany" gekürt werden und nicht „Mrs. Germany". Nach ihrer Rückkehr aus den USA gründete Erichsen die Susanne Erichsen Teenager Modelle GmbH und trug so zur Verbreitung des Begriffs „Teenager" in Deutschland bei.

Die amerikanische Regierung hatte sich schon während des Krieges Gedanken über die deutschen Frauen gemacht, denn sie ging davon aus, dass Deutschland nach dem Krieg vor allem ein Land der Frauen sein würde. Rein quantitativ gesehen war das auch richtig. Bedingt durch die gewaltigen Kriegsverluste kamen in den frühen Nachkriegsjahren auf 100 Männer etwa 135 Frauen. Robert Kempner, der 1935 den Nazis entkommen und über Italien in die USA geflüchtet war, arbeitete seit 1939 für die amerikanische Regierung. Zu seinem Zuständigkeitsbereich gehörten Feindbeobachtung und Gegenpropaganda. Gemeinsam mit seiner Frau, der Soziologin Benedicta Maria Kempner (geborene Ruth Lydia Hahn), legte Kempner im Rahmen dieser Tätigkeit eine umfangreiche Studie zum Thema „Women in Nazi Germany" vor, die 1944 auch publiziert wurde. Die Kempners zeichneten darin ein Bild der deutschen Frauen, das stark von der NS-Ideologie geprägt war. Sie gingen

davon aus, dass es dem nationalsozialistischen Staat gelungen war, den Emanzipationsprozess, der nach dem Ende des Ersten Weltkriegs eingesetzt hatte, zu blockieren, einem sehr traditionalistischen Rollenverständnis erneut zu Wirkungsmacht zu verhelfen und die Frauen in den völkisch-korporatistischen NS-Staat einzubinden: „Es gibt eine überkommene, geradezu masochistische Unterordnung gegenüber der Autorität, sei es der Autorität des Staates oder eines Individuums. Diese Frauen haben sich ihren Idealen mit einer Entschiedenheit und Radikalität verschrieben, die einer besseren Sache Wert wären. Ihrer engen Vorstellung von den Aufgaben einer Frau fehlt Phantasie und Einfallsreichtum. Sie klammern sich an den kleinen Bezirk ihres privaten Lebens, an Heim und Kinder. Sie haben eine ganz feststehende Vorstellung von Liebe, Familie, Freunden und ihrem Land, aber ihre Gefühle sind darin gefangen." In diesen Worten offenbarte sich die Angst der beiden Emigranten vor einem Deutschland, dessen Bevölkerung an die nationalsozialistische Ideologie verloren war. Der *Leitfaden für britische Soldaten in Deutschland*, den das britische Außenministerium ebenfalls 1944 herausbrachte, ließ ganz ähnliche Vorstellungen von der deutschen Bevölkerung erkennen.

Das bekannteste literarische Selbstzeugnis der Massenvergewaltigungen ist das Buch *Eine Frau in Berlin*, die Aufzeichnungen der Berliner Journalistin Marta Hillers, die sie unter dem Pseudonym Anonyma herausbrachte. Das Buch erschien zunächst 1954 auf Englisch, im Jahr darauf in den Niederlanden, außerdem in Schweden, Norwegen, Dänemark und Italien. Besonders erfolgreich war es in den USA, Großbritannien und den Niederlanden, wo es jeweils sechsstellige Verkaufszahlen erreichte. 1959 kam es dann mit Hilfe eines Schweizer Kleinverlags auch auf Deutsch heraus, stieß aber im Geburtsland der Autorin auf heftige Ablehnung. Die nüchterne Schilderung des „Schändungsbetriebs", die Pragmatik des „Essen anschlafens" entsprach weder der Opferrolle der Vergewaltigungsopfer der bolschewistischen Soldateska noch der prüden Sexualmoral der Adenauerzeit. Das Buch sei „eine Schande für die deutsche Frau", schrieb ein Kritiker. Überdies wurde der Autorin vorgeworfen, sie mache die nationale Katastrophe der Kriegsniederlage einschließlich der Massenvergewaltigungen „auf fragwürdige Art zu Geld". Die Autorin war einigermaßen schockiert über die harsche Ablehnung und untersagte zu Lebzeiten jede weitere deutsche Veröffentlichung. Als das Buch 2003, zwei Jahre nach ihrem Tod, von Hans Magnus Enzensberger neu herausgegeben wurde, war es ein großer Erfolg. Es stand nicht länger quer zu den Bedürfnissen der Zeit, 2008 wurde es mit Nina Hoss in der Hauptrolle von Max Färberböck verfilmt.

Trümmerfilme

„Leben. Einfach leben", sagt Hildegard Knef in einer der ersten Szenen in *Die Mörder sind unter uns*. Der erste deutsche Spielfilm nach dem Krieg, der zugleich das Genre des Trümmerfilms begründete. Im März 1946 begannen die Dreharbeiten unter der Regie von Wolfgang Staudte. Die junge Nachwuchsschauspielerin Knef spielte eine Frau, blond und ansehnlich, die ungewöhnlich chic angezogen aus einem KZ in die sowjetisch besetzte Zone Berlins zurückkehrt. Sie will in ihre Wohnung zurück, doch dort lebt inzwischen der fürchterlich demoralisierte Arzt Dr. Mertens. Die Männer in *Die Mörder sind unter uns* sind in sich Gefangene, rückwärtsgewandt, sie stehen

unter dem Bann der schrecklichen Erlebnisse der jüngsten Vergangenheit. Dr. Mertens begegnet seinem ehemaligen Hauptmann wieder, einem borniierten, vollgefressenen Wiederemporkömmling, der einst im Krieg im Osten Weihnachten mit einer Massenerschießung feiern ließ. Mertens dürstet nach Rache – das blonde Fräulein aber nach Zuneigung. Abwartend verhält sie sich, bis er endlich reif ist für ihre Liebe und für eine gemeinsame Zukunft. *Die Mörder sind unter uns* traf genau den Nerv der Zeit.

Deutschland im Jahre Null, 1947 in Berlin gedreht, ist der dritte Teil von Roberto Rossellinis neorealistischer Trilogie, die mit *Rom, offene Stadt* begonnen hatte. Im Vergleich zu *Die Mörder sind unter uns* ist der Film viel radikaler und unversöhnlicher angelegt: Ein Zwölfjähriger versorgt die Familie, die Schwester prostituiert sich, der Vater ist krank und allen eine Last. Ein ehemaliger Lehrer und überzeugter Nationalsozialist bestärkt den Jungen darin, „lebensunwertes Leben auszumerzen". Tatsächlich vergiftet der Sohn den erkrankten Vater und, erschüttert bis in die Grundfesten seiner zerstörten Seelenlandschaft, springt am Ende von den Mauern eines Ruinenhauses in den Freitod. Der Film zeichnet ein sehr düsteres Bild von Nachkriegsdeutsch-

Fabrikant Brückner (Arno Paulsen), der zu Weihnachten 1942 Frauen und Kinder erschießen ließ, ist sich keiner Schuld bewusst: Szene aus *Die Mörder sind unter uns*, Regie Wolfgang Staudte, 1946.

land, das im Land selbst kaum auf Zustimmung traf. Dabei hatte Rossellini mit seinem Film durchaus eine positive Intention verfolgt: „Sollte jedoch jemand glauben, nachdem er diese Geschichte von Edmund Köhler miterlebt hat, es müsste etwas geschehen, man müsste den deutschen Kindern beibringen, das Leben wieder lieben zu lernen, dann hätte sich die Mühe desjenigen, der diesen Film gemacht hat, mehr als gelohnt."

... und über uns der Himmel, 1947 gedreht von Josef Báky, verschaffte Hans Albers in der Rolle eines Kriegsheimkehrers eine erste Chance im deutschen Nachkriegsfilm, während Robert A. Stemmles *Berliner Ballade* im Jahr darauf einem noch schlanken, mit einem schier unverwüstlichen Humor ausgestatteten Gert Fröbe als „Otto Normalverbraucher" eine Bühne bot, eine Bühne für einen Mann, der im Leben ohne den Krieg nicht mehr zurechtkommt. Die Männer spielten wieder die Hauptrollen, auch im Kino geht es

um ihre Probleme, ihre Existenz, ihre Ängste. Die Frauen sind Staffage, ihre Themen – „Wie schaffe ich es nur allein? Wie bringe ich meine Kinder durch? Wasser? Brot? Schuhe? Kindermantel? Schule?" – finden keinen Platz, und wenn, nur am Rande. Als die Bundesrepublik 1949 gegründet wurde, neigte sich die große Zeit der Trümmerfilme schon fast dem Ende zu. Der Begriff war Ausdruck der abschätzigen Bewertung der Filme durch das Publikum, das im Kino lieber die heile Welt der Unterhaltungsfilme westlicher Besatzungsmächte sehen wollte als das Trümmerelend der Heimat.

Am 17. Mai 1946 wurde in Potsdam-Babelsberg die Deutsche Film-AG (DEFA) gegründet. Sie profilierte sich schnell mit gesellschaftskritischen Filmen, die sich mit der jüngsten deutschen Vergangenheit auseinandersetzten. Im Mittelpunkt von Kurt Maetzigs *Ehe im Schatten* (1947) steht ein Schauspieler, der wegen seiner jüdischen Frau nur noch den Weg in den gemeinsamen Freitod sieht. Das reale Vorbild war der Schauspieler Joachim Gottschalk, der sich mit Frau und Kind 1941 das Leben genommen hatte, und auch Maetzigs jüdische Mutter hatte 1944 ihrem Leben ein Ende gesetzt. Maetzig, der sich im gleichen Jahr der illegalen KPD angeschlossen hatte, war Mitbegründer der DEFA, *Ehe im Schatten* der erfolgreichste Film seiner Zeit. Wolfgang Staudte, der bei Kriegsende schon auf eine lange Karriere in der deutschen Filmindustrie zurückschauen konnte, produzierte 1949 *Rotation*, die Geschichte eines Arbeiters, der unversehens in die Mühlen des NS-Staats gerät und nur durch den Einmarsch der sowjetischen Soldaten der Erschießung durch die SS entgeht.

In München wurde 1947/48 *Lang ist der Weg* von Herbert Bruno Fredersdorf produziert. Es war der erste deutsche Spielfilm, der das Schicksal von Holocaust-Opfern und -Überlebenden thematisierte und zugleich auch der bis heute einzige in Deutschland produzierte Film in jiddischer Sprache. Der Ko-Regisseur Marek Goldstein war selbst ein Holocaust-Überlebender. Der Film spielt in einem DP-Camp in Landsberg am Lech. In Rückblenden wird die Geschichte einer polnisch-jüdischen Familie erzählt, deren überlebende Mitglieder auf die Ausreise nach Palästina hoffen. Der Film mischt die Spielfilm-

„Den deutschen Kindern beibringen, das Leben wieder lieben zu lernen": Edmund Menschke in *Deutschland im Jahre Null*, Regie Roberto Rossellini, 1947.

handlung mit dokumentarischen Szenen. Zu Beginn kommentiert ein Sprecher aus dem Off: „Zahlen sind Zahlen. Sie besagen viel, aber nicht alles. Sie erzählen nicht, was Menschen fühlen, die man in den Tod treibt. Tod durch Hunger, Tod durch Misshandlung, Tod durch Typhus. Sie erzählen nicht, was Menschen fühlen, die man in Viehwagen stößt und nach Auschwitz oder Mauthausen transportiert." Daran, dass die Nachbarn mit dem gelben Stern am Revers aus den Häusern, auf die Straßen und in Züge getrieben wurden, dass sie auf Nimmerwiedersehen verschwanden und ihr Hab und Gut für einen lächerlichen Preis zu haben war, wollte sich niemand freiwillig erinnern.

Das Kino als Eskapismusmaschine bescherte dem bundesdeutschen Film endlich seinen ersten großen Nachkriegserfolg an den Kassen. Hans Deppes *Schwarzwaldmädel* (1950) war bereits die vierte Verfilmung der gleichnamigen Operette, der erste bundesdeutsche Farbfilm, ein positives, leichtes Kino-Stück, das in keiner Sekunde mehr an die Schatten der Vergangenheit erinnerte, es lockte 16 Millionen Zuschauer in die Kinos. Gedreht wurde im Frühjahr im Schwarzwald, nicht Trümmerlandschaften, sondern blühende Obstbäume prägten das Bild. Ein Mädchen in Tracht (Sonja Ziemann) das erobert werden will, ein ungestümer Maler (Rudolf Prack) – fertig war das neue Traumpaar als Projektionsfläche. *Der Spiegel* schrieb 1952 über die Perfektionierung der Rolle des kleinen, naiven Mädchens und des erfahrenen Mannes: „Eine der boshaftesten Atelier-Erklärungen für die Spezialität des klassischen Paares, Liebesszenen hölzern aneinander vorbeizuspielen, ist die, daß die beiden sich gegenseitig kitschig finden."

Den Schlager *Wenn bei Capri die rote Sonne im Meer versinkt* hatte Ralph Maria Siegel schon 1943 geschrieben, im Rundfunk gespielt werden durfte er aber nicht, weil die Alliierten damals gerade auf Capri gelandet waren. In der Sowjetischen Besatzungszone begann das Lied seine Karriere 1947, in der Bundesrepublik mit Hilfe von Rudi Schuricke zwei Jahre später. Es stand exemplarisch für die Italiensehnsucht vieler Deutscher. In der Wirtschaftswunderzeit der 50er-Jahre konnten viele Westdeutsche erstmals ihren Urlaub am Mittelmeer verbringen.

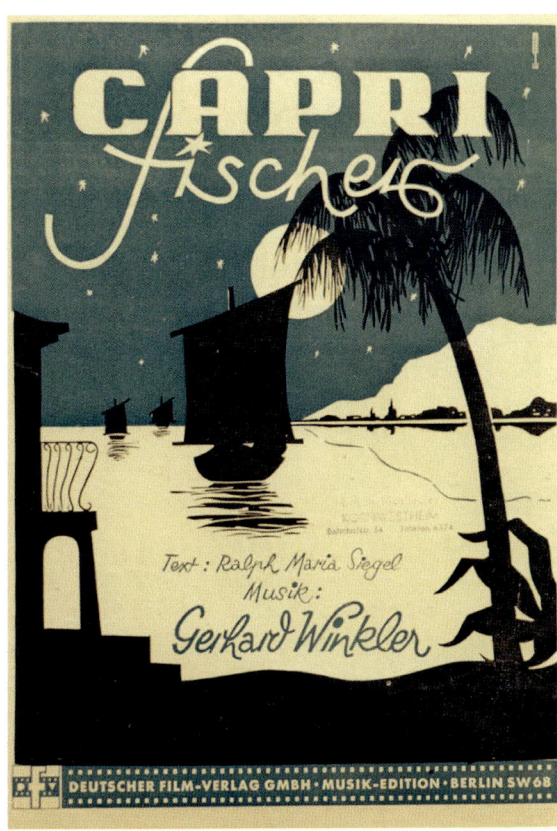

Sehnsuchtsland Italien: Titelblatt einer Nachkriegsausgabe des Notendrucks der „Capri-Fischer", Text Ralph Maria Siegel.

Viele deutsche Schlager griffen das Motiv der „Capri-Fischer" auf, die dadurch zum Prototyp eines eigenen Schlagergenres wurden. Heimatfilme und Schnulzenhits schufen in den 50er-Jahren eine Idylle, die als Abwehr gegen die Zumutungen des Lebens taugte. Die Auseinandersetzung mit der Zeit des Nationalsozialismus war abgedrängt ins „kommunikative Beschweigen" (Hermann Lübbe). Die Obrigkeit, auch die Hierarchie in der Familie, durfte nicht in Frage gestellt werden, Ehe und Familie galten als verlässliche, traditionelle Werte, Hausfrau und Muttersein war ein nicht totzukriegendes Ideal, auch wenn die Mehrzahl der Frauen ein langjähriges hartes Training des Alleinseins und Alleinhandelns hinter sich hatte. Die Familienpolitik der von dem Adenauerschen Motto „Keine Experimente" geprägten Unionsregierungen der 50er-Jahre stand unter dem Ziel, die erreichte Selbstständigkeit der Frauen wieder zurückzudrängen. Die Frauen wurden gebraucht, aber zu sagen hatten sie nichts mehr. Die Berufstätigkeit der Frau blieb ständiger Kritik ausgesetzt, denn Adenauers Familienminister Franz-Josef Wuermeling war davon überzeugt: „Für Mutterwirken gibt es nun einmal keinen vollwertigen Ersatz."

Ernst Piper

Zwischen Säuberung und Schlussstrich: Italien

Vom Sturz Mussolinis bis zum Ende der Monarchie

Nach dem japanischen Angriff auf Pearl Harbor traten die USA am 8. Dezember 1941 in den Zweiten Weltkrieg ein. Noch im Dezember begann in Washington die Arcadia-Konferenz, bei der Amerikaner und Briten sich über ein gemeinsames Vorgehen verständigten und die Combined Chiefs of Staff schufen, einen gemeinsamen Operations- und Planungsstab. Als Strategie wurde festgelegt, erstens die Luftangriffe auf Deutschland weiter zu verstärken, weil man einen Angriff auf dem Landweg auf absehbare Zeit für wenig erfolgversprechend hielt, zweitens die sowjetische Offensive

zu unterstützen, um den Druck auf das Deutsche Reich aus dem Osten zu verstärken und drittens Nordafrika zu erobern, um von dort aus den europäischen Kontinent anzugreifen. Im Laufe des Jahres 1942 verschlechterte sich die Lage für die Achsenmächte massiv. Vor allem die zweite Panzerschlacht bei El Alamein und die Schlacht bei Stalingrad waren entscheidende Wegmarken. Auf der Konferenz von Casablanca entschieden sich Amerikaner und Briten am 18. Januar 1943 für die „Operation Husky", den Angriff auf Sizilien. Im Februar begann der Tunesienfeldzug und

Der Beginn der Niederlage der Achsenmächte: Alliierte Landung auf Sizilien, hier britische Soldaten, 10. Juli 1943.

am 13. Mai kapitulierten die letzten noch an der tunesischen Küste stehenden italienischen und deutschen Verbände und der Weg nach dem nur wenig mehr als 100 Kilometer entfernten Sizilien war frei.

Am 10. Juli 1943 erreichten die 8. britische Armee und die 7. US-Armee unter dem Kommando von General Eisenhower, unterstützt von kanadischen Verbänden, die Insel. Die Briten landeten an der südöstlichen, die Amerikaner an der südwestlichen Küste. Insgesamt nahmen 470.000 Soldaten an der Operation teil, sie eroberten Sizilien innerhalb von fünf Wochen vollständig. Bereits am 22. Juli nahmen die Alliierten Palermo ein. Zwei Tage später tagte in Rom der Große Faschistische Rat, der sich nach einer langen und intensiven Diskussion mit 19 gegen 8 Stimmen für die Absetzung Mussolinis und die Rückgabe der Macht an den König entschied. Es war nach 20 Jahren das erste Mal, dass der Rat keinen einstimmigen Beschluss fasste, doch eine deutliche Mehrheit kündigte dem „Duce del Fascismo", dem Führer des Faschismus, die Gefolgschaft auf. Tags darauf ließ König Vittorio Emanuele III. Mussolini verhaften und ernannte Pietro Badoglio zum neuen Ministerpräsidenten.

Badoglio war Artillerieoffizier, hatte im Ersten Weltkrieg unter anderem an der Schlacht von Caporetto teilgenommen und war 1924 von Mussolini zum Generalstabschef der Streitkräfte ernannt worden. 1929 wurde er Generalgouverneur in dem seit dem italienisch-türkischen Krieg 1911/12 von Italien besetzten Libyen. Wichtiger noch als Libyen war das Kaiserreich Abessinien für Mussolinis Traum von der Renaissance des Imperium Romanum. Ausgehend von den bereits italienisch besetzten Küstenregionen Eritrea und Somaliland begannen die Italiener im Oktober 1935 einen mit großer Grausamkeit geführten Eroberungskrieg, dessen Kommando Badoglio nach kurzer Zeit übernahm. Unter anderem setzte er in erheblichem Umfang Giftgas gegen die Zivilbevölkerung ein. Das ostafrikanische Kaiserreich hatte der italienischen Armee noch Ende des 19. Jahrhunderts eine Niederlage bereiten können, jetzt unterlag es den modernen Waffen der Italiener, wobei die Gaswaffe eine erhebliche Rolle spielte. Es gibt keine verlässlichen Opferzahlen, aber sicher ist, dass durch Kriegshand-

Pietro Badoglio, der erste Ministerpräsident des besiegten Italien, hier noch als siegreicher Marschall an der Spitze seiner Truppen beim Einzug in Addis Abeba, 5. Mai 1936. Zeichnung von Achille Beltrame in *La Domenica del Corriere* (17. Mai 1936).

lungen, Bombenangriffe auf die Zivilbevölkerung, Massenhinrichtungen, durch die Zerstörung der Infrastruktur ausgelöste Hungersnöte und in Konzentrationslagern mindestens eine halbe Million Äthiopier umkamen, möglicherweise auch erheblich mehr.

Der erfolgreiche Feldzug markierte den Höhepunkt von Mussolinis Machtentfaltung. König Vittorio Emanuele III. wurde zum Kaiser von Äthiopien erhoben und Badoglio erhielt die erbliche Würde eines Herzogs von Addis Abeba. Der Völkerbund protestierte nur schwach gegen die italienischen Kriegsverbrechen, die nie gesühnt wurden. Die Westmächte wollten Mussolini nicht in die Arme Hitlers treiben. Diese Appeasement-Position war bequem und wenig erfolgreich. Am 6. November 1937 trat Italien dem Antikomintern-Pakt bei, den Deutschland und Japan im Jahr zuvor abgeschlossen hatten. Damit war die Achse Berlin-Rom-Tokio vollständig. Mussolini blieb aber vorsichtig und erklärte erst im Juni 1940 Frankreich den Krieg, als sich dessen Niederlage bereits abzeichnete. Pietro Badoglio war ein vehementer Gegner des italienischen Kriegseintritts gewesen, zog aus seiner Überzeugung aber erst Ende des Jahres Konsequenzen, als erkennbar war, dass der italienische Feldzug gegen Griechenland ein katastrophaler Fehlschlag werden würde.

Links: Die Kapitulation der italienischen Truppen in Cassibile (Syrakus): General Giuseppe Castellano unterzeichnet den Waffenstillstandsvertrag, daneben stehen (von links): Brigadegeneral Kenneth W. D. Strong (Großbritannien), Franco Montenari (offizieller Übersetzer), Walter B. Smith (USA), 3. September 1943.

Rechts: Wenige Tage nach dem Waffenstillstand landeten britische und amerikanische Truppen in Salerno, das noch von der deutschen Wehrmacht besetzt war. Eine Schreibstube richten die Amerikaner im Tempel des Neptun in Paestum (südlich Salerno) ein, Oktober 1943.

Der Kriegsheld Badoglio kam aus dem Machtzentrum des faschistischen Staates, war aber auf Distanz zum Diktator Mussolini gegangen und hatte gute Kontakte zum König und dessen Umfeld gepflegt. Insofern war seine Ernennung zum Ministerpräsidenten nicht überraschend, an politischer Erfahrung allerdings mangelte es ihm. Sein erstes Kabinett bildete er somit aus Generälen und Verwaltungsfachleuten, Männern des Systems wie er selbst. Noch am Abend seiner Ernennung gab Badoglio eine öffentliche Erklärung ab: „Der Krieg geht weiter und Italien steht zu seinem gegebenen Wort." Der neue Regierungschef übernahm sein Amt in einer sehr schwierigen Situation. Die alliierten Armeen eroberten innerhalb weniger Wochen Sizilien und es war klar, dass sie die Invasion anschließend auf dem Festland würden fortsetzen wollen, um auf die Hauptstadt Rom zu marschieren, während die deutsche Wehrmacht zusätzlich zu den bereits in Italien stationierten Einheiten Truppen an der Alpengrenze massierte, um gegebenenfalls rasch einmarschieren zu können, denn viel Zutrauen hatte man nicht in die Erklärung des neuen Regierungschefs. Badoglio versuchte in einem Drahtseilakt, beide Seiten zufriedenzustellen, was angesichts der völlig gegensätzlichen Interessenlage nicht funktionieren konnte. Als die Alliierten

sahen, dass Italien gewillt war, den Krieg an der Seite des Deutschen Reiches fortzusetzen, flogen sie massive Luftangriffe gegen das Festland. Da es keine Chance gab, sich mit dem deutschen Verbündeten über ein einvernehmliches Ausscheiden aus dem Krieg zu verständigen, sah Badoglio nur die Möglichkeit, Geheimverhandlungen mit dem Kriegsgegner aufzunehmen.

Die Verhandlungen verliefen zunächst schleppend, weil die Italiener nicht einsehen wollten, dass das auf der Konferenz von Casablanca von Roosevelt und Churchill beschlossene Kriegsziel – die bedingungslose Kapitulation – nicht nur für Deutschland und Japan, sondern genauso auch für Italien galt. Deshalb gab es keine Basis für Forderungen, die im Ausgleich für die Kapitulationsbereitschaft durchgesetzt werden konnten. Trotzdem war schnell klar, dass an der Kapitulation kein Weg vorbeiführte. Auf der Basis der am 28. August übergebenen Bedingungen wurde am 3. September 1943 in Cassibile, einem Vorort der sizilianischen Stadt Syrakus, wo die Alliierten ihr Feldquartier hatten, ein Waffenstillstandsabkommen unterzeichnet, der „kurze Waffenstillstand", dem dann am 23. September das wesentlich umfangreichere eigentliche Kapitulationsabkommen folgte. Am 3. September überquerten auch erste britische Verbände die Meerenge bei Messina und gingen in Reggio Calabria an Land. General Dwight Eisenhower, der Oberkommandierende der alliierten Landetruppen, gab den Abschluss des Abkommens am 8. September öffentlich bekannt, während gleichzeitig das Hauptlandemanöver (Operation Avalanche) im Golf von Salerno begann.

Badoglio, der nicht einmal gewusst hatte, wo die Alliierten landen würden, und bis zuletzt gehofft hatte, die Bekanntgabe des Waffenstillstands hinauszögern zu können, musste Rom daraufhin ziemlich überstürzt verlassen und fand sich mit zwei seiner Minister, ein paar Generälen und einigen Beamten in Brindisi ein, wo er zunächst über keinerlei Infrastruktur, ja nicht einmal Büroräume verfügte. Unter alliiertem Protektorat errichteten sie ein „Königreich des Südens", das zu Beginn gerade einmal vier Provinzen umfasste. König Vittorio Emanuele floh am 9. September aus der von den Deutschen schon fast vollständig eingeschlossenen Hauptstadt Rom nach Pescara an der Adriaküste.

Die Deutschen hatten mit einer solchen Entwicklung gerechnet und waren darauf vorbereitet. 17 Divisionen standen ohnehin schon in Italien, jetzt wurde mit hohem Tempo die „Operation Achse" in Gang gesetzt. Bis zu einer Linie, die etwa 100 Kilometer südlich von Rom verlief, besetzte die deutsche Wehrmacht Italien, wobei

sie nur vereinzelt auf Widerstand stieß. So kam es in Rom zu Gefechten, aber nach zwei Tagen kapitulierten die Italiener. Von den etwa 1,7 Millionen Italienern, die damals unter Waffen standen, versuchten viele, nach Süden in den Gewahrsam der Alliierten zu gelangen. Aber mehr als eine Million Soldaten wurden von den Deutschen entwaffnet und ein großer Teil von ihnen gefangen genommen, für viele Italiener war es der schwärzeste Tag der italienischen Militärgeschichte. Am 20. September erließ Hitler den Befehl, den gefangenen Italienern den Status von Kriegsgefangenen zu verweigern. Stattdessen wurden die italienischen Soldaten, soweit sie nicht bereit waren, für das Deutsche Reich zu kämpfen, zu Militärinternierten erklärt. Das war eigentlich ein privilegierter Status, doch in diesem Fall diente er dazu, sie dem Schutz der Haager Landkriegsordnung zu entziehen. Etwa 600.000 Italiener wurden in deutsche Konzentrationslager deportiert, wo sie unter äußerst brutalen Bedingungen Zwangsarbeit für die deutsche Kriegswirtschaft leisten mussten. Teilweise wurden sie, da viele durch ihre äußere Erscheinung dem antisemitischen Feindbild nahekamen und die zudem als Verräter galten, sogar schlechter behandelt als die russischen Gefangenen. Fast 50.000 Italiener überlebten ihren Einsatz als Zwangsarbeiter nicht.

Adolf Hitler war fest entschlossen, Benito Mussolini nicht aus der Waffenbrüderschaft der „Achse" zu entlassen. Bereits am 27. Juli 1943

Gefangenenbefreiung mit deutscher Hilfe: Abflug Mussolinis vom Hotel Campo Imperatore, 12. September 1943.

hatte er SS-Obersturmbannführer Otto Skorzeny zu sich bestellt und ihm den Auftrag erteilt, die Befreiung Mussolinis, der sich damals noch in Rom befand, vorzubereiten. Aus Sorge, die Deutschen würden versuchen, ihn zu befreien, verlegte die italienische Regierung ihren prominenten Gefangenen immer wieder, bis er zuletzt am 6. September im Hotel Campo Imperatore, auf dem Gipfel des Gran Sasso im Apennin, 150 Kilometer nordöstlich von Rom, landete. Dort wurde er am 12. September von Skorzeny und einem Fallschirmjäger-Bataillon befreit, nach Wien geflogen, am Tag darauf nach München gebracht und am 14. September zu Hitler in sein Führerhauptquartier Wolfsschanze in Ostpreußen. Dort bedrängte Hitler Mussolini massiv, sich wieder an die Spitze einer italienischen Regierung zu stellen. Nach mehreren intensiven Besprechungen flog Mussolini am 17. September von Rastenburg nach München und wandte sich am Tag darauf über den deutschen Rundfunk an das italienische Volk.

Schwiegersohn Graf Ciano, der bisher Außenminister gewesen war, hatte am 24. Juli im Großen Faschistischen Rat für die Absetzung Mussolinis gestimmt. Jetzt betrieb dieser seine Verhaftung und sollte ihn später sogar hinrichten lassen. Am 23. September 1943 war die Ministerliste für die neue Regierung fertig, die auch die Billigung Hitlers fand. Das Außenministerium übernahm Mussolini selbst. Noch am selben Tag flog er nach Rom, wo er unter Aufsicht des deutschen Botschafters und der örtlichen SS-Kommandeure die „Repubblica Sociale Italiana" (Italienische Sozialrepublik) proklamierte, die zunächst lediglich vom Deutschen Reich und von Japan diplomatisch anerkannt wurde. (Später folgten die mit den Achsenmächten verbündeten Staaten.) Da sie in Rom nicht mehr sicher war, wurde die neue Regierung einige Tage später an den Gardasee transferiert, weswegen der neue faschistische Rumpfstaat nach einem seiner Amtssitze häufig auch als „Repubblica di Salò" bezeichnet wird. Mussolini, der seine politische Heimat ursprünglich in der Sozialistischen Partei Italiens gehabt hatte, verzichtete bei der Konzeption der Italienischen Sozialrepublik bewusst auf den Namensbestandteil „faschistisch". Er versuchte, mehr an die deutschen Ideen eines nationalen Sozialismus anzuknüpfen und stellte sich mit der Bezeichnung „Republik" auch gegen den König in die republikanische Tradition Italiens. Mussolini gründete formal auch eine neue Partei, die Republikanische Faschistische Partei. Eine der ersten Handlungen der neuen Regierung bestand darin, der im Süden des Landes residierenden Regierung des Königreichs Italiens den Krieg zu erklären. Im Gegenzug erklärte Badoglio dem Deutschen Reich am 1. Oktober 1943 den Krieg.

Drastisch verschlechterte sich die Situation der in Italien lebenden Juden nach dem deutschen Einmarsch. Die jüdische Gemeinde Italiens zählte etwa 47.000 Mitglieder, hinzu waren nach 1933 über 100.000 Flüchtlinge, aus Deutschland, Österreich, der Tschechoslowakei und Polen gekommen, deren Sicherheit Mussolini mehrfach garantiert hatte. Der Antisemitismus spielte für ihn in den frühen Jahren keine große Rolle, sein Rassismus hatte andere Ziele. Mussolini träumte von einer Renaissance des Imperium Romanum und diesem Ziel wollte er vor allem durch Eroberungen in Afrika näherkommen und so

Mach Schluss mit ihnen: amerikanisches Plakat mit Uncle Sams Schuh über der Schlange mit den drei Köpfen Kaiser Hirohitos, Mussolinis und Hitlers, 1943/44.

Mussolini machte sich daran, die faschistische Partei zu reorganisieren, was nicht leicht war, weil sich viele seiner langjährigen Weggefährten von ihm abgewandt hatten. Selbst sein eigener

auch das Mittelmeer, das die Römer „mare nostrum" (unser Meer) genannt hatten, wieder italianisieren. Vor dem Angriff auf Äthiopien hatte der Duce den Soldaten im süditalienischen Eboli am 6. Juli 1935 zugerufen: „Wir pfeifen auf alle Neger der Gegenwart, Vergangenheit und Zukunft und deren eventuelle Verteidiger. Es wird nicht mehr lange dauern, und die fünf Erdteile werden das Haupt vor dem faschistischen Willen beugen müssen." In Äthiopien führten die Italiener einen brutalen Eroberungs- und Vernichtungskrieg und scheuten auch vor dem systematischen Einsatz von Giftgas und der Errichtung von Konzentrationslagern nicht zurück. Die von der Luftwaffe eingesetzten schweren Yperit-Bomben brachten Tausenden von Menschen einen qualvollen Tod. Im Rahmen ihrer Bevölkerungspolitik intensivierte die Regierung Mussolini außerdem die Ansiedlung von Italienern in Äthiopien. Zugleich setzte sie auf Segregation und errichtete Gettos für die afrikanische Bevölkerung in den Städten.

Die kleine jüdische Gemeinde Italiens lebte zu dieser Zeit fast unbehelligt. Sie war lange schon völlig assimiliert, 50 jüdische Generäle hatten im Ersten Weltkrieg für Italien gekämpft. Noch im Jahr 1931 war den israelitischen Kultusgemeinden der Schutz der Religionsausübung durch ein Gesetz ausdrücklich garantiert worden. Fast jeder dritte erwachsene Jude war Mitglied der faschistischen Partei, einige gehörten auch dem Großen Faschistischen Rat an und sogar im Kabinett gab es zwei Juden, darunter den Finanzminister Guido Jung, der von 1932 bis 1935 amtierte. Auch zwei von Mussolinis langjährigen Geliebten, Angelika Balabanow und Margherita Sarfatti, waren Jüdinnen gewesen. Die Welt des gesellschaftlich gut integrierten jüdischen Bürgertums hat der italienische Schriftsteller Giorgio Bassani in seinem Zyklus *Der Roman von Ferrara* eindrucksvoll geschildert, dessen Hauptwerk *Die Gärten der Finzi-Contini* 1970 von Vittorio De Sica verfilmt wurde. Und Bassani schildert auch das jähe Zerbrechen dieser Welt.

Im Jahr 1938 begann die erste Phase der Judenverfolgung in Italien, wobei schon zuvor erkennbar geworden war, dass sich Mussolinis Rassismus radikalisiert hatte. Im Frühjahr 1937 lancierte er eine erste Kampagne in der von ihm herausgegebenen Zeitung *Il Popolo d'Italia* (Das

italienische Volk), die das offizielle Organ der faschistischen Partei war, und schrieb einleitend: „Ihr wisst, dass ich Rassist bin." Bedeutsamer war eine Kampagne der Gewerkschaften im Jahr darauf, die sich gegen das Bürgertum richtete und viele Arbeitgeber denunziatorisch an den Pranger stellte. Das erinnerte an nationalsozialistische Kampagnen gegen das „raffende Kapital" jüdischer Unternehmer.

Pseudowissenschaftliche Polemik: die erste Ausgabe der *Verteidigung der Rasse*, 5. August 1938.

Ein wichtiger Schritt war die Diplomatische Information Nr. 14 vom 16. Februar 1938, die Mussolini selbst verfasst hatte. Darin wurde behauptet – ein typischer Akt der gezielten Desinformation –, dass keinerlei politische oder wirtschaftliche Maßnahmen gegen die Juden geplant seien. Aber die faschistische Regierung behalte sich das Recht vor, die Aktivitäten der Juden im Lande zu überwachen. Der entscheidende Schritt aber, mit dem die bisherige Linie völlig verlassen wurde, waren die Rassengesetze, die Mussolini selbst am 18. September 1938 in Triest öffentlich bekannt gab. Ihnen voraus ging ein „Rassenmanifest", das am 15. Juli veröffentlicht wurde und von 42 Wissenschaftlern, darunter auch diversen Naturwissenschaftlern, unterschrieben war. Dieses Manifest stellte sich ganz klar auf den Boden eines biologischen Rassismus. Am einschneidendsten war der neunte der zehn Punkte: „Die Juden gehören nicht zur italienischen Rasse." Am 5. August 1938 erschien die erste Nummer der neuen Zeitschrift *La difesa della razza* (Die Verteidigung der Rasse), die sich um pseudowissenschaftliche Begründungen für die Überlegenheit der arischen Rasse, der sich die Italiener zugehörig fühlten, bemühte.

Den Rassengesetzen vom September 1938 folgte eine Fülle von Ausführungsbestimmungen, die in ihrer Radikalität den Nürnberger Gesetzen, die 1935 auf dem Reichsparteitag der NSDAP erlassen worden waren, kaum nachstanden. „Mischehen" zwischen nichtjüdischen und jüdischen Italienern wurden verboten, Juden durften keine öffentlichen Ämter mehr bekleiden, auch keine leitenden Positionen in privaten Unternehmen. Sie durften nicht mehr als Rechtsanwälte oder Journalisten arbeiten, viele Hochschullehrer wurden entlassen, jüdischen Kindern wurde der Besuch öffentlicher Schulen verboten. Allen Zuwanderern, denen nach 1919 die italienische Staatsbürgerschaft verliehen worden war, wurde sie wieder aberkannt. Auf einen Schlag verloren die italienischen Juden ihre Rechte, Vermögen, ihre berufliche und soziale Stellung. Etwa 6000 Juden emigrierten daraufhin. Auch der Physiker Enrico Fermi, der 1938 den Nobelpreis erhielt, emigrierte im selben Jahr in die USA. Er war selbst nicht Jude, aber mit einer Jüdin verheiratet, die nun Repressalien ausgesetzt war. 4000 Juden konvertierten zum Christentum, 7000 Juden wurden später ermordet, sodass die kleine jüdische Gemeinde Italiens bis zum Ende des Krieges mehr als ein Drittel ihrer Mitglieder verlor.

Die Rassengesetze waren ein großer Schock für die italienischen Juden gewesen, sie hatten sie mit einem Schlag aus der nationalen Gemeinschaft verbannt und entrechtet, aber eine Gefahr für Leib und Leben waren sie in aller Regel nicht. Die kam erst mit den Deutschen, die 1943 den noch nicht von den Alliierten befreiten Teil Italiens besetzten. Konzentrationslager, über die bis heute im Lande weitestgehend Schweigen herrscht, gab es in Italien schon seit dem Kriegseintritt im Juni 1940. Das größte Lager war in Ferramonti di Tarsia, 35 Kilometer nördlich von Cosenza, wo vor allem ausländische, aber auch italienische Juden sowie nichtjüdische Ausländer und italienische Antifaschisten untergebracht wurden. Mordaktionen im engeren Sinne gab es hier nicht, aber angesichts der schlechten klimatischen und hygienischen Bedingungen war die Sterblichkeit erheblich. Aus Ferramonti di Tarsia wurde auch niemand nach Deutschland deportiert, denn das Lager lag so weit im Süden, dass es bereits am 14. September 1943 von den Briten befreit wurde. Es wurde dann unter britischer Aufsicht von den jüdischen Insassen in Eigenverwaltung als Camp für Displaced Persons weiter geführt. Viele der ehemaligen Häftlinge schlossen sich allerdings den alliierten Armeen an, um gegen die Deutschen zu kämpfen.

Mit der Italienischen Sozialrepublik trat die antijüdische Politik 1943 in ihre totalitäre Phase ein. In einer „bürokratischen Symbiose" (Carlo Moos) arbeiteten deutsche und italienische Instanzen bei der Erfassung der jüdischen Bevölkerung einander zu. Etwa 8000 Juden kamen durch Deportationen in deutsche Lager ums Leben. Dass der Blutzoll der jüdischen Gemeinde nicht noch höher war, hing damit zusammen, dass viele Italiener der Verfolgung ablehnend gegenüberstan-

Links: „Der Lebensstil des 20. Jahrhunderts in Mussolinis Italien" – Margherita Sarfatti lobt im Wiener Kulturbund noch den italienischen Faschismus samt Mussolini. In der ersten Reihe hören ihr zu: Alma Mahler und Franz Werfel (3. u. 4. v. l.), Gesandter Franz von Papen (7. v. l.), Wien 1935.

Rechts: Ein Laden wird zum rassenreinen Geschäft deklariert, 1939.

den und nicht selten sogar unter schwierigen Umständen Widerstand dagegen leisteten. Tausende von Juden wurden versteckt, auch etliche Vertreter der Kirche haben dabei geholfen. Aber viele wurden auch Opfer der deutschen Verfolgung. Im Oktober und November wurden in etlichen größeren Städten „Judenaktionen" durchgeführt, alleine im Getto von Rom fielen der Aktion mehr als 1200 Menschen zum Opfer.

Ein prominentes Opfer der Deportationen war der italienische Schriftsteller Primo Levi, der sich im Herbst 1943 einer Partisanengruppe der liberalen Bewegung „Giustizia e Libertà" (Gerechtigkeit und Freiheit) angeschlossen hatte. Als er von faschistischen Milizen gefasst wurde, kam er zunächst in das Konzentrationslager Fossoli bei Modena und wurde dann im Februar 1944 nach Auschwitz deportiert. Von den 650 Frauen, Männern und Kindern des Deportationszuges wurden 526 sofort nach ihrer Ankunft ermordet, Levi, der von Beruf Chemiker war, dagegen als Zwangsarbeiter in Auschwitz-Monowitz eingesetzt, wo ihn die Rote Armee am 27. Januar 1945 befreite. Über seine Zeit in Auschwitz, die er nach schwerer Krankheit nur knapp überlebte, hat er in den beiden Büchern *Ist das ein Mensch?* (1947) und *Die Atempause* (1963) berichtet. Sie gehören zu den bedeutendsten literarischen Zeugnissen über diesen Planeten des Todes.

Die adriatische Hafenstadt Triest war die Hauptstadt der „Operationszone Adriatisches Küstenland", die formal noch zu Italien gehörte, aber de facto ein deutsches Protektorat war. Es unterstand dem Gauleiter des angrenzenden Reichsgaus Kärnten, Friedrich Rainer, der wiederum direkt Adolf Hitler unterstellt war. Der SS-Gruppenführer Odilo Globocnik, ein gebürtiger Triestiner, wurde am 13. September 1943 zum Höheren SS- und Polizeiführer der Operationszone ernannt. Bisher war der fanatische Nationalsozialist für die Vernichtungslager Bełzec, Sobibór und Treblinka im Generalgouvernement zuständig gewesen. An seinem neuen Dienstsitz Triest bestand seine Hauptaufgabe in der Bekämpfung der Resistenza, gegen die er mit gewohnter Brutalität vorging. Zu Globocniks Aufgabenbereich gehörte aber auch weiterhin die Judenverfolgung. Das Polizeihaftlager Risiera di San Sabba in Triest wurde als Durchgangslager eingerichtet. Hier wurden insgesamt etwa 25.000 Häftlinge aufgenommen, die Juden unter ihnen wurden meist nach Auschwitz-Birkenau deportiert. Das Lager diente aber vor allem auch als Gefängnis und Hinrichtungsstätte für Partisanen, zudem wurden jüdische Häftlinge und Antifaschisten, die keine Partisanen waren, ermordet. Insgesamt kamen zwischen 3000 und 5000 Menschen hier um. Um die Vielzahl der Toten zu bewältigen,

Links: Nach den Kämpfen um Monte Cassino: Ehrung jüdischer Gefallener der alliierten Truppen, denen sich auch befreite italienische Juden angeschlossen hatten, Mai 1944.

Rechts: Primo Levi überlebte den Völkermord an den europäischen Juden im Konzentrationslager Auschwitz. Aufnahme in seinem Arbeitszimmer in Turin, 1981.

hatte Risiera di San Sabba als einziges italienisches Konzentrationslager ein eigenes Krematorium.

Am 1. Oktober 1943 hatte Ministerpräsident Badoglio dem Deutschen Reich den Krieg erklärt. Italien war nun ein dreigeteiltes Land. Im Süden saß die Regierung Badoglio, die mit Unterstützung der Alliierten in einem allmählich nach Norden wachsenden Territorium versuchte,

ben hatten. Auch in Jugoslawien, Albanien und Griechenland, wo zuvor die Italiener die Besatzer gewesen waren, kam es zu Massakern. Mehr als 13.000 italienische Kriegsgefangene ertranken, als sie in hoffnungslos überladenen Schiffen von den griechischen Inseln zum Festland gebracht werden sollten. Nach dem „Kugel-Erlass" vom 4. März 1944, der eindeutig gegen Kriegsvölkerrecht verstieß, wurde eine unbekannte Zahl italienischer Offiziere in das österreichische Kon-

Links: Zu den Opfern der deutschen Mordaktion am 12. August 1944 gehörten auch diese Kinder. Aufnahme aus dem Historischen Museum der Resistenza, Sant'Anna di Stazzema.

Rechts: Die Massengräber in Marzabotto wurden 1945 geöffnet und die Leichname würdig bestattet. Hier halten zwei Partisanen eine Ehrenwache, 1945.

neue Verwaltungsstrukturen für ein demokratisches Nachkriegsitalien aufzubauen. In Mittelitalien kam es zu heftigen Kämpfen, wobei die Deutschen sich immer weiter Richtung Alpen zurückziehen mussten und schließlich noch eine Linie halten konnten, die sich etwa von Pisa nach San Marino erstreckte. Der Norden des Landes war bis zuletzt deutsches Besatzungsgebiet. Neben der Operationszone Adriatisches Küstenland gab es die Operationszone Alpenvorland, die offiziell von der Wehrmacht besetzt war, aber auch das übrige Gebiet der Italienischen Sozialrepublik stand de facto unter deutschem Kommando.

Das deutsche Besatzungsregime zeichnete sich durch große Brutalität aus. Zwischen 50- und 100.000 Militärangehörige, Partisanen und Zivilisten kamen dabei ums Leben. Soldaten wurden erschossen, wenn sie sich ihrer Entwaffnung widersetzten, aber auch, wenn sie sich längst erge-

zentrationslager Mauthausen verbracht und dort erschossen oder vergast.

Auch viele Zivilisten wurden Opfer deutscher Kriegsverbrechen. Am 24. März 1944 wurden 335 Italiener in den Ardeatinischen Höhlen südlich von Rom als Vergeltung für ein Attentat der Resistenza von SS-Männern erschossen. Bei dem Massaker von Sant'Anna di Stazzema, einem Dorf in der Toskana, ermordeten Angehörige der SS-Panzergrenadier-Division „Reichsführer SS" am 12. August 1944 grausam mehr als 400 Dorfbewohner, vorwiegend Frauen, Kinder und alte Leute. Diese Panzergrenadier-Division war auch an dem schlimmsten Kriegsverbrechen beteiligt, als in Marzabotto, einem Ort in der Nähe von Bologna, zwischen dem 29. September und dem 1. Oktober 1944 mehr als 770 der Bewohner, möglicherweise sogar doppelt so viele, ermordet wurden. Ein großer Teil von ihnen waren Kinder. Zum Vorwand für diese furchtbare

Aktion, die das deutsch-italienische Verhältnis nach dem Krieg noch lange belastete, diente die Bekämpfung von Bandenkriminalität.

Die Alliierten kooperierten mit Badoglio, planten aber gleichzeitig schon für die weitere Zukunft. Auf der Moskauer Außenministerkonferenz verabschiedeten sie im Oktober 1943 eine Deklaration über Italien, in der als Ziel definiert wurde, „den Faschismus und alle seine verhängnisvollen Einflüsse und Folgen vollständig auszumerzen und dem italienischen Volk die uneingeschränkte Möglichkeit zu gewähren, Regierungs- und andere Institutionen zu bilden, die auf den Prinzipien der Demokratie beruhen." Das war ein Angebot. Durch Dissoziation vom deutschen Verbündeten eröffnete sich Italien die Chance, nach Kriegsende einen anderen Weg einzuschlagen, als er Deutschland beschieden sein würde. Aber die Chance musste auch ergriffen werden, wobei die drei Alliierten die Lage unterschiedlich einschätzten. Churchill setzte ähnlich wie in Griechenland stark auf den Erhalt der Monarchie, während der amerikanische Außenminister Cordell Hull der festen Überzeugung war, „dass in Italien unter dem jetzigen König jeder politische Wiederaufbau unmöglich ist", eine Auffassung, der sich auch Roosevelt anschloss. Währenddessen verhandelte Badoglio hinter dem Rücken der beiden Westmächte mit dem sowjetischen Geschäftsträger über die Aufnahme diplomatischer Beziehungen. Als diese Verhandlungen im März 1944 in der Öffentlichkeit bekannt wurden, sprachen manche von einem „Badoglio-Stalin-Pakt", was zweifellos übertrieben war. Aber Badoglio hatte doch einen spektakulären außenpolitischen Erfolg erzielt, für den er allerdings einen hohen innenpolitischen Preis bezahlen musste.

Mit dem ausdrücklichen Einverständnis Stalins kehrte jetzt Palmiro Togliatti, der Generalsekretär der Kommunistischen Partei Italiens (PCI), aus seinem Moskauer Exil nach Italien zurück und verkündete nach seiner Ankunft in der süditalienischen Hafenstadt Salerno am 28. März 1944, seine Partei sei bereit in die nationale Regierung einzutreten, auch ohne dass König Vittorio Emanuele zuvor abgedankt hätte. Dieser Schritt verschob die politischen Gewichte gewaltig, denn die PCI war die größte und schlagkräftigste unter den nichtfaschistischen Parteien Italiens. Schon bald

kam es unter dem Druck der Alliierten zu einer gesichtswahrenden Lösung. Der König erklärte am 12. April 1944, er werde sich nach der bald zu erwartenden Befreiung Roms zurückziehen und seinem Sohn die Statthalterschaft überlassen. De facto war das eine „verdeckte Abdankung", zehn Tage später nahm Badoglio kommunistische

Während im Norden Italiens gekämpft und gemordet wird, zeigt ein Kino in Rom schon Charlie Chaplins *Großen Diktator*, Herbst 1944.

Minister in seine Regierung auf, die ihre Struktur auch darüber hinaus veränderte. An die Stelle der unpolitischen Verwaltungsfachleute traten neben den Kommunisten profilierte Liberale, Christdemokraten und Sozialisten. Es war eine breite antifaschistische Einheitsfront, die Badoglio schon bald die politische Initiative entwand.

Am 1. Juni 1944 trat ein Gesetz über die „Ahndung von faschistischen Verbrechen und Vergehen" in Kraft, es war der Beginn des langwierigen, schwierigen, von Erfolgen, Exzessen und Rückschlägen gekennzeichneten Prozesses der „Epurazione" (Säuberung). In den Jahren bis 1946 kamen dabei etwa 10- bis 12.000 Menschen ums Leben, zum Teil wurden sie nach regulären Gerichtsprozessen hingerichtet, zum Teil ohne ordentliches Verfahren getötet – etwa durch Partisanen –, nicht wenige kamen auch durch spontane Racheakte ums Leben, die manches Mal auch Unschuldige trafen.

Ansicht des Stadtviertels südlich des Ponte Vecchio mit Borgo S. Jacopo in Florenz nach den Zerstörungen durch die Wehrmacht im August 1944, Florenz, Fresko in der Galleria degli Uffizi.

In den ersten Monaten des Jahres 1944 fand auch eine der längsten und verlustreichsten Schlachten des Zweiten Weltkriegs auf italienischem Boden statt. Am 17. Januar begannen die Alliierten einen Großangriff auf die stark befestigte deutsche „Gustav-Linie", die von Gaeta bis Ortona, etwas mehr als 100 Kilometer südlich von Rom, quer durch Italien verlief. Die Schlacht um den Monte Cassino, der für die Gustav-Linie eine entscheidende strategische Bedeutung hatte, wurde vier Monate lang mit großer Erbitterung geführt. Auf beiden Seiten waren etwa 100.000 Soldaten im Einsatz, von den deutschen kamen 20.000 um, auf der Seite der Angreifer fast dreimal so viele, darunter auch mehrere Tausend polnische Freiwillige. In Polen wird noch heute an vielen Orten an die Kämpfe um den Monte Cassino erinnert. Die Abtei Montecassino, das 1300 Jahre alte Mutterkloster der Benediktiner, wurde während der Schlacht durch

alliierte Bombenangriffe vollkommen zerstört. Der deutsche Oberbefehlshaber Generalfeldmarschall Kesselring hatte angeordnet, das Kloster nicht in die deutschen Stellungen einzubeziehen, doch der Befehlshaber der Angriffstruppen hielt diese Nachricht für eine Kriegsfinte und befahl die Bombardierung, was zu einer erheblichen Verstimmung zwischen dem Vatikan und den Alliierten führte. Die Deutschen rückten nach der Bombardierung in die Klosterruinen ein, die sie noch Monate lang verteidigen konnten.

Am 18. Mai 1944 mussten die Deutschen kapitulieren, die Gustav-Linie aufgeben und sich nach Norden zurückziehen. Dabei bekamen sie die zunehmende Stärke der Partisanen der italienischen Resistenza zu spüren, die versuchten, durch die Zerstörung von Nachrichtenverbindungen, Verkehrswegen und Transportmitteln sowie durch Überfälle auf Nachschubtransporte die deutschen Besatzer zu bekämpfen. Feldmarschall Kesselring gab daraufhin am 17. Juni 1944 eine „Neuregelung in der Bandenbekämpfung" heraus, die dem gewünschten Vergeltungsterror Tür und Tor öffnete und von dem Grundsatz geprägt war, dass auch verbrecherisches Fehlverhalten keine strafrechtliche Konsequenzen für die Täter haben sollte. Bestraft werden sollten die deutschen Soldaten nur für Unterlassen bei der Bekämpfung der Partisanen. Die Deutschen verfolgten bei ihrem Rückzug teilweise auch eine Politik der verbrannten Erde und zerstörten die Infrastruktur im Lande, um den Vormarsch der Alliierten aufzuhalten. So wurden z. B. in Florenz sämtliche Brücken über den Arno vollständig zer-

Nach alliierten Luftangriffen liegt auch der Bahnhof von Florenz in Trümmern, August 1944. Der Fotograf Walter Hollnagel machte die Aufnahme mit einem Agfacolor-Kleinbild-Farbfilm.

stört. Nur die Ponte Vecchio, die es Hitler besonders angetan hatte, wurde ausgenommen. Um die Brücke dennoch unbenutzbar zu machen, legte die Wehrmacht vor ihrem Abzug auf beiden Seiten die angrenzenden Häuserkomplexe in Schutt und Asche.

Eine prominente Ausnahme von der Politik der verbrannten Erde betraf Rom, die „Ewige Stadt", Zentrum der Christenheit seit bald zwei Jahrtausenden, die die Deutschen zur „offenen Stadt" erklärten und kampflos räumten, woraufhin sie am 4. Juni 1944 von den Alliierten eingenommen wurde. In dieser Situation begann der Filmregisseur Roberto Rossellini sofort mit den Arbeiten an seinem Film *Rom, offene Stadt*. Rossellini war mit Mussolinis Sohn Vittorio befreundet gewesen, der im faschistischen Italien für die Filmindustrie zuständig gewesen war. Bisher bestand sein Filmschaffen aus einer „faschistischen Trilogie". Mit *Rom, offene Stadt* beschritt er jetzt einen ganz neuen Weg. Federico Fellini, der heute als einer wichtigsten Autorenfilmer des 20. Jahrhunderts gilt, schrieb das Drehbuch zu dem Film, der bereits am 24. September 1945 uraufgeführt wurde. Im Mittelpunkt steht eine italienische Widerstandsgruppe, die von den Deutschen grausam verfolgt wird. Der Film mit Anna Magnani in der weiblichen Hauptrolle begründete den Weltruhm des italienischen Neorealismus. In Deutschland wurde er von der Freiwilligen Filmselbstkontrolle 1950 wegen seiner „völkerverhetzenden Wirkung" verboten. Bis zur Revision dieser grotesken Entscheidung sollte es neun Jahre dauern.

Die Befreiung Roms versetzte die Bevölkerung in eine enthusiastische Stimmung. Der christdemokratische Gewerkschaftsführer Ernesto Vercesi schrieb damals: „Rom streifte das bleierne Kettenhemd ab, das die Besatzungsmacht über die Stadt gelegt hatte, und feierte in drückender Hitze Karneval." Dabei wurde nicht nur gefeiert, auch lange aufgestaute Aggressionen fanden nun ein Ventil, faschistische Parteibüros gingen in Flammen auf, Embleme des einstmals gefeierten Duce wurden von den Wänden gerissen und in einzelnen Fällen kam es zu Lynchjustiz.

Einen Tag nach der Befreiung Roms zog sich Vittorio Emanuele III. nach 46 Regierungsjahren am 5. Juni auch offiziell zu Gunsten seines Sohnes Umberto ins Privatleben zurück. Er behielt den Königstitel, überließ dem Sohn aber alle Amtsgeschäfte. In dieser Situation konnte sich auch Badoglio nicht länger im Amt halten. Am 8. Juni musste er zurücktreten und es wurde eine antifaschistische Regierung unter dem neuen Ministerpräsidenten Ivanoe Bonomi gebildet, die von sechs verschiedenen Parteien – drei bürgerlichen und drei linken – getragen war. Es war ein Zeichen der Zeit, dass

Links: An der Befreiung Italiens haben die Partisaninnen und Partisanen einen großen Anteil. Feier der Befreiung in Mailand, Mai 1945.

Rechts: Die Alliierten haben Rom besetzt – Jubel auf der Piazza Venezia. Im Hintergrund das italienische Nationaldenkmal für König Vittorio Emanuele II., 11. Juni 1944.

die neuen Minister nicht mehr auf das königliche Haus Savoyen vereidigt wurden, sondern sich verpflichteten, den „höchsten Interessen der italienischen Nation" zu dienen. Herausragende Persönlichkeiten, die an der Bildung der neuen Regierung wesentlichen Anteil hatten, waren der Kommunist Palmiro Togliatti, der Sozialist Pietro Nenni und der Christdemokrat Alcide De Gasperi. Togliatti wurde stellvertretender Ministerpräsident und übernahm 1945 nach der Befreiung Italiens das Ressort des Justizministers, womit er wesentlich für die antifaschistischen „Säuberungen" verantwortlich war. Nenni wurde 1944 Generalsekretär der Sozialistischen Partei, 1945 stellvertretender Ministerpräsident und im Jahr darauf Außenminister. In den 60er-Jahren, als es in Italien christdemokratisch-sozialistische Mitte-Links-Regierungen gab, trat er in beiden Funktionen noch einmal in die erste Reihe der Politik. Etwas älter als die beiden anderen war der 1881 geborene Alcide De Gasperi, der als Trientiner schon vor dem Ersten Weltkrieg die Christlichsoziale Partei im österreichischen Reichsrat vertreten hatte. In der Zwischenkriegszeit hatte er sich der Italienischen Volkspartei angeschlossen und zunächst auch die Zusammenarbeit mit den Faschisten gesucht, sich aber nach der Ermordung des Sozialisten Giacomo Matteotti 1924 in die innere Emigration zurückgezogen.

Alcide De Gasperi wurde bald zur wichtigsten Persönlichkeit für die Erneuerung Italiens. Nach dem Rücktritt Bonomis und einer kurzen Amtszeit seines Nachfolgers Ferruccio Parris wurde De Gasperi am 10. Dezember 1945 selbst Ministerpräsident. Bei einem Referendum, das er initiiert hatte und bei dem zum ersten Mal auch Frauen mitabstimmen durften, entschied sich am 2. Juni 1946 eine Mehrheit von 54,3 Prozent gegen 45,7 Prozent für das Ende der Monarchie in Italien. Der industrialisierte Norden des Landes stimmte mit einer Zweidrittelmehrheit für die Republik, der agrarische Süden mehrheitlich für die Monarchie. Hier zeichnete sich bereits eine Zweiteilung in einen modernen, dynamischen Norden und einen rückständigen, von organisierter Kriminalität geplagten Süden ab, wie sie bis heute für das Land charakteristisch ist. Außenpolitisch setzte De Gasperi ganz auf einen Kurs der Westintegration Italiens und gehörte gemeinsam mit Robert Schuman und Konrad Adenauer zu den Gründungsvätern der Montanunion.

Vom 29. Juli bis zum 15. Oktober 1946 fand die Pariser Friedenskonferenz statt, bei der die vier Siegermächte mit den Kriegsverlierern Italien, Rumänien, Ungarn, Bulgarien und Finnland verhandelten. Italien musste bescheidene Reparationszahlungen u. a. an Jugoslawien, Griechenland und die Sowjetunion leisten, Istrien musste an Jugoslawien abgetreten werden und Triest wurde vorübergehend ein „Freies Territorium", gehörte aber schon nach weniger als zehn Jahren wieder fest zum italienischen Staatsverband. Insgesamt fielen die Friedensbedingungen für Italien sehr milde aus. Nicht nur hatte die Regierung Badoglio sich auf die Seite der Alliierten gestellt, auch die aktive Beteiligung von Teilen der Bevölkerung, die als Partisanen gegen die deutschen Besatzer gekämpft hatten, spielte dabei eine wichtige Rolle. Die politische Souveränität des Landes wurde uneingeschränkt wieder hergestellt. Auch die „Säuberung" vom Faschismus überließ man den Italienern, es gab kein der Entnazifizierung in Deutschland vergleichbares Verfahren. Die italienische Regierung verpflichtete sich lediglich zu Maßnahmen gegen ein Wiederaufleben faschistischer und anderer „politischer, militärischer oder paramilitärischer Organisationen, deren Zweck die Aberkennung der politischen Rechte für das Volk ist". Dennoch wurde bereits am 26. Dezember 1946 von Anhängern der Italienischen Sozialrepublik die eindeutig neofaschistische Partei Movimento Sociale Italiano (Italienische Sozialbewegung) gegründet, die bei den Wahlen 1948 allerdings nur geringen Erfolg erzielte, in späteren Jahren dagegen eine gewisse Bedeutung gewann.

Am 9. September 1943, dem Tag des Waffenstillstands, hatten sich die sechs antifaschistischen Parteien zum Comitato di Liberazione Nazionale (Nationales Befreiungskomitee) zusammengefunden. Das waren die Kräfte, die sich im Juni 1944 der Regierung Badoglio anschlossen. Das Hauptkomitee hatte seinen Sitz in Rom, doch eine wichtige Rolle spielte die Resistenza in der letzten Phase des Zweiten Weltkriegs vor allem im Norden des Landes. Ihre militärischen Aktivitäten erreichten einen erheblichen Umfang und es gelang ihr, viele Gebiete zu befreien. Am 25. April 1945 verbreitete das Komitee über das Radio einen Appell, in dem die Italiener aufgerufen wurden, sich gegen die Besatzer zu erheben. Der 25. April 1945 gilt deshalb heute in Italien als Tag der Befreiung des

Landes und ist ein staatlicher Feiertag, auch wenn der Krieg offiziell erst am 1. Mai zu Ende war. Das Komitee nahm für sich in Anspruch, im Namen des Volkes zu sprechen. Es proklamierte zugleich, dass Mussolini und andere führende Vertreter des faschistischen Regimes zum Tod verurteilt seien. Mussolini, der damals nur noch über wenige Tausend Milizionäre gebot, die aber schon bald ihr Heil in der Flucht suchten, wollte unter deutschem militärischem Schutz nach Norden fliehen. Aber er kam nicht weit und wurde am 27. April von Partisanen in der Nähe des Comer Sees gefangengenommen und am Tag darauf zusammen mit 15 seiner Begleiter hingerichtet. Anschließend wurden die Leichen nach Mailand gebracht und dort auf einem Platz öffentlich ausgestellt, auf dem im Jahr zuvor auf deutschen Befehl eine Geiselerschießung stattgefunden hatte. Das Befreiungskomitee erklärte am 29. April: „Die Tötung des Duce ist der angemessene Abschluss eines historischen Zeitabschnitts, der unser Land mit materiellen und moralischen Trümmern übersät hat."

Drei Tage nach seiner Ernennung zum Ministerpräsidenten, am 13. Dezember 1945, erklärte Alcide De Gasperi, seine Regierung sei fest entschlossen, den Faschismus mit Stumpf und Stiel auszurotten. Tatsächlich folgte aber schon kurz nach dieser – vor allem in Hinblick auf ihre Wirkung im Ausland gemachten – Ankündigung im Februar 1946 die Auflösung der im November 1943 geschaffenen Säuberungskommissionen. In vielen Fällen wurden im Zuge der Normalisierung der politischen Situation verhängte Sanktionen wieder zurückgenommen und zahlreiche belastete Faschisten rehabilitiert. Mit einem Amnestiegesetz endete am 7. Februar 1948 auch offiziell die Reinigung vom Faschismus. Sie muss, was ihre Breitenwirkung betraf, im Nachhinein als „fast kompletter Fehlschlag" (Hans Woller) angesehen werden, dennoch sollte die Bedeutung der „Epurazione" nicht unterschätzt werden. Die Resistenza hatte in der letzten Phase des Krieges eine beachtliche Stärke entwickelt und so Italien einen erheblichen Vorteil für den Neustart des Landes verschafft. Aber hier mischten sich der Kampf gegen die Besatzer, die Befreiung vom Faschismus und soziale Auseinandersetzungen sozialistischer Arbeiter mit Unternehmern, die zum Teil mit dem Faschismus kollaboriert hatten. Nach Kriegsende trat der antifaschistische Erneuerungsimpuls bald in den Hintergrund.

Das antifaschistische Aktionsbündnis der bürgerlichen und der linken Parteien erarbeitete noch gemeinsam eine neue Verfassung. Aber als diese am 1. Januar 1948 in Kraft trat, war das Bündnis bereits zerbrochen. Im Zuge des sich auch in Italien zuspitzenden Kalten Krieges waren die Kommunisten und die Sozialisten im Frühjahr 1947 von De Gasperi aus der Regierung gedrängt worden, der sich nun auf Gruppen am rechten politischen Rand stützen musste, um eine Mehrheit im Parlament zu erreichen. Eine wichtige Rolle als Koordinator spielte dabei ein junger Staatssekretär namens Giulio Andreotti, der später an nicht weniger als 33 italienischen Regierungen selbst beteiligt war und dem immer wieder enge Verbindungen zur Mafia nachgesagt worden sind.

Der Wahlkampf für die Wahlen zur Nationalversammlung am 18. April 1948 hatte in vielem den Charakter eines antikommunistischen Kreuzzuges. Die katholische Massenorganisation Azione Cattolica und auch Papst Pius XII. selbst unterstützten nachdrücklich die Partei der Christdemokraten, die 48,5 Prozent der Stimmen und eine deutliche Mehrheit der Parlamentssitze erreichte. Es war das beste Ergebnis, das je eine Partei bei Wahlen in Italien erzielt hat. Die linken Parteien, die versucht hatten, an den Geist der Resistenza anzuknüpfen, hatten dagegen keine Chance. Die Christdemokraten, die in bemerkenswerter Weise eine Synthese zwischen traditioneller Honoratioren- und moderner Massenpartei realisieren konnten, blieben auf Jahrzehnte hinaus die maßgebliche Kraft in der italienischen Politik.

Persönlichkeiten, die den Neubeginn nach dem Krieg prägten: Die Christdemokraten Alcide De Gasperi, Konrad Adenauer und – stellvertretend für die katholische Kirche – Abt Basilius Ebel von Maria Laach anlässlich des Staatsbesuchs des italienischen Ministerpräsidenten in Deutschland, 22. September 1952.

Heinz A. Richter

Der griechische Bürgerkrieg

Der König und sein Soldat: König Georg II. beim Manöver, hinter ihm (mit dunkler Brille) sein Bruder, der spätere König Paul I., 1940.

Deutschen zu sehr mit dem eigenen Überleben beschäftigt. Entsprechend ist dieser Bürgerkrieg bis heute hierzulande nahezu unbekannt. Auch für die deutsche Geschichtswissenschaft war er bis vor kurzem kaum ein Thema. Aber auch in Griechenland selbst ist der Bürgerkrieg, der 1946 begann, immer noch mit einem Tabu belegt.

Um den großen Bürgerkrieg zwischen 1946 und 1949 und seine tieferen Ursachen wirklich zu verstehen, muss man die beiden vorangegangenen Bürgerkriege in die Analyse mit einbeziehen. Der erste Bürgerkrieg – die sogenannte erste Runde, wie er in der griechischen Literatur genannt wird – fand bereits während der Besetzung durch die Achsenmächte im Winter 1943 statt. Die zweite Runde waren die sogenannten Dekemvriana, die Dezemberereignisse des Jahres 1944, und die dritte Runde war der große Bürgerkrieg von 1946 bis 1949. Die drei Konflikte gehen auf dieselben Ursachen zurück. Eine zentrale Rolle spielt dabei König Georg II., der 1923 nach London ins Exil gegangen war. Zwischen Georg II., einem Onkel von Prinz Philip, dem Prinzgemahl der heutigen britischen Königin Elisabeth II., und dem späteren Premierminister Winston Churchill entwickelte sich in jener Zeit eine enge Beziehung.

Die Jahre von 1924 bis 1936 waren von großer politischer Instabilität gekennzeichnet. Nach den Parlamentswahlen vom März 1933 wurde unter Führung von Panagis Tsaldaris eine royalistische Regierung gebildet, die durch ein manipuliertes Plebiszit dafür sorgte, dass König Georg nach Griechenland zurückkehren konnte. Bei erneuten

Als der Zweite Weltkrieg in Europa im Mai 1945 zu Ende war, machte man sich daran, seine Folgen aufzuarbeiten, die Schäden zu beseitigen und die zerstörten Städte und Dörfer wieder aufzubauen. Doch in Griechenland tobte zwischen 1946 und 1949 ein Bürgerkrieg, der zugleich der erste heiße Stellvertreterkrieg in dem auf den Zweiten Weltkrieg folgenden Kalten Krieg war. Im Gegensatz zu den beiden anderen großen Bürgerkriegen des 20. Jahrhunderts, dem russischen von 1918 bis 1922 und dem spanischen von 1936 bis 1939, die im kollektiven Gedächtnis der Deutschen einen festen Platz haben, wurde der griechische Bürgerkrieg in Deutschland kaum wahrgenommen. Damals waren die

Parlamentswahlen im Januar 1936 ergab sich ein Patt zwischen Royalisten und Republikanern, die aber beide keine Mehrheit erreichten, da auch die Volksfront im Parlament vertreten war. Als sich eine Koalition der Republikaner mit der Volksfront abzeichnete, führte General Ioannis Metaxas mit Billigung des Königs am 4. August 1936 einen Staatsstreich durch. Dieser Verfassungsbruch diskreditierte die Monarchie so sehr, dass sie sich davon auch später nicht mehr erholte.

Der Diktator Metaxas herrschte durch Folter, Zensur, Verbannungen und Gesinnungsterror. Er bewunderte den Faschismus, verfolgte aber außenpolitisch ähnlich wie Franco in Spanien eine Politik der Äquidistanz gegenüber den liberalen Demokratien und den faschistischen Staaten, weil ihm klar war, dass Griechenland im britischen Einflussbereich lag. Angesichts der engen Zusammenarbeit zwischen Georg II. und Metaxas sprechen manche vom Monarchofaschismus, während andere den faschistischen Charakter des Regimes mit dem Argument in Frage stellen, dass es keine faschistische Massenpartei gab. Dabei wird übersehen, dass in einem klientelistischen System wie dem griechischen eine solche Partei systemfremd gewesen wäre. Metaxas zerschlug das alte Klientelsystem der beiden bisherigen herrschenden Parteien und richtete die Überreste dieses Systems auf seine eigene Herrschaft aus. Für Metaxas war – typisch für den Klientelismus – das ganze Volk Partei. Man kann deshalb auch von Klientelfaschismus reden.

Die Zerschlagung des alten Klientelsystems schuf ungewollt das Fundament für den Volkswiderstand unter der deutschen Okkupation. Denn als Griechenland besetzt wurde und das Regime zerbrach, zerfiel das auf Metaxas ausgerichtete Netzwerk in seine Bestandteile. Diese orientierungslosen Fragmente und die Anhänger jener kleinen Parteien, die nie an der Macht gewesen waren, konnten nun zu großen Teilen von der beginnenden Résistance in neue Organisationen integriert werden. Da diese jedoch keine Gefälligkeiten auf der Basis von zweckentfremdeten staatlichen Mitteln verteilen konnten, entstanden neue politische Strukturen, die jenen der entwickelten Länder Westeuropas ähnelten. Der traditionelle Klientelismus war am Verschwinden.

Mit dem italienischen Überfall begann am 28. Oktober 1940 für Griechenland der Zweite Weltkrieg. Der italienische Feldzug verlief wenig erfolgreich und die Deutschen, die eigentlich mit der Planung des Angriffs auf die Sowjetunion beschäftigt waren, mussten intervenieren, was ihnen sehr ungelegen kam. Im April 1941 marschierte die deutsche Wehrmacht in Griechenland ein und besetzte das Land in wenigen Wochen. Die Exilregierung unter König Georg II., die von den Westmächten, nicht aber von der Sowjetunion anerkannt wurde, ging zunächst nach Kairo, später nach London. Griechenland wurde in drei Besatzungszonen aufgeteilt. Die deutsche Wehrmacht besetzte den größten Teil Kretas, einen Teil Athens und einen Teil Zentralmakedoniens mit

Aufmarsch deutscher Truppen gegen Griechenland, April 1941.

Links: Juden aus Ioannina im Nordwesten Griechenlands vor ihrer Deportation, 25. März 1944. Ihr Zug kam am 11. April 1944 im Vernichtungslager Auschwitz-Birkenau an.

Rechts: Erinnerung an fast 50.000 griechische Juden, die von März bis August 1943 aus dem Sammellager in Thessaloniki nach Auschwitz-Birkenau und in andere Todeslager deportiert wurden. Nur 1950 von ihnen überlebten. Ministerpräsident Antonis Samaras hält die Gedenkrede in der Monastiriotes Synagoge in Thessaloniki, 17. März 2013.

Thessaloniki, der zweitgrößten Stadt Griechenlands, die eine sehr große und traditionsreiche jüdische Gemeinde beherbergte. Der vom Deutschen Reich abhängige Satellitenstaat Bulgarien erhielt Ostmakedonien und Westthrakien als Besatzungsgebiet in Nordostgriechenland.

Der größte Teil des griechischen Festlands war dagegen italienisches Besatzungsgebiet. Erst nach dem Sturz Mussolinis 1943 übernahmen die Deutschen auch hier die Kontrolle. In diese Zeit fallen die großen Kriegsverbrechen. Die Deutschen ermordeten gegen alle Regeln des Kriegsvölkerrechts Tausende von italienischen Soldaten, die sich ihnen bereits ergeben hatten, deportierten mehr als 80 Prozent der etwa 77.000 in Griechenland lebenden Juden und verübten Massaker an der griechischen Zivilbevölkerung. Das bekannteste ist das Massaker von Distomo, bei dem am 10. Juni 1944 Angehörige eines Regiments der 4. SS-Polizei-Panzergrenadier-Division 218 der ca. 1800 Einwohner der Ortschaft umbrachten. Es sollte eine „Vergeltungsaktion" für die Ermordung von drei Wehrmachtssoldaten sein. Eine andere Mordaktion, am 13. Dezember 1943 in Kalavryta auf der Peloponnes, geht hingegen auf das Konto der Wehrmacht. Mit derartigen Terroraktionen wollte die deutsche Wehrmacht den militärisch zunehmend erfolgreichen griechischen Widerstand bekämpfen, erreichte aber genau das Gegenteil.

Schon bald entwickelte sich eine breite Widerstandsbewegung. Ihre Entstehung wurde durch den sehr harten Winter 1941/42 begünstigt. Wegen der britischen Blockade kam kein Getreide ins Land. Die Italiener versorgten ihr Besatzungsgebiet nicht und so verhungerten oder erfroren etwa 95.000 Menschen, was die Unzufriedenheit unter der Bevölkerung erheblich steigerte. Die verschiedenen Widerstandsgruppen waren republikanisch ausgerichtet; einen royalistischen Widerstand gab es ursprünglich nicht. Die beiden wichtigsten Organisationen waren die linksgerichtete EAM (Volksbefreiungsfront) und die EDES (Nationale Republikanische Liga), die sich allerdings später unter britischem Einfluss auch den Royalisten öffnete. Ähnlich wie im spanischen Bürgerkrieg gab es auch hier eine Rivalität innerhalb des Widerstands und die EAM versuchte, andere Gruppen auszuschalten. So wurde z. B. Dimitrios Psarros, der Führer der Nationalen und Sozialen Befreiungsfront (EKKA), der drittgrößten Widerstandsorganisation, im April 1944 von Männern der EAM ermordet. Dieses Attentat brach der eher konservativen EKKA das Genick.

In London interessierte man sich nicht so sehr für die politischen Ansichten der griechischen Résistance, für Churchill war es vor allem wichtig, dass sie die Besatzungsmächte angriff und dadurch Truppenkapazitäten der Achsenmächte band. Das Jahr 1942 sah die langsame Erstar-

Im 54. ELAS-Regiment bei Volos (Thessalien) kämpfte eine Gruppe deutscher Soldaten, die zum „Antifaschistischen Komitee deutscher Soldaten – Freies Deutschland (AKFD)" gehörten, Herbst 1944.

kung der Kräfte der Résistance auf dem Festland. Am Ende des Jahres hatte die Widerstandsbewegung, vor allem die ELAS (Nationale Befreiungsarmee), der bewaffnete Arm der EAM, die Italiener weitgehend in die Städte zurückgedrängt.

Im April 1943 machte Brigadier Edmund Myers, der Kommandeur der britischen Militärmission im besetzten Griechenland, Churchill erstmals auf die Gefahr eines Bürgerkriegs aufmerksam, falls König Georg II. nach Griechenland zurückkehren sollte, ohne dass dem ein Plebiszit über den Fortbestand der Monarchie vorausging. Churchill war aber fest entschlossen, Georg II. wieder zu inthronisieren, notfalls sogar gegen dessen eigenen Willen, weil er im griechischen König den wichtigsten Garanten für einen Erhalt des alten politischen Systems sah. Der ehemalige Premierminister Panagiotis Kanellopoulos, der 1936 ins Exil gegangen war und 1944 mit der Exilregierung nach Griechenland zurückkehrte, notierte damals in seinem Tagebuch: „Es ist britische Politik, dass der König auf jeden Fall zurückkehrt, dass kein Plebiszit stattfindet und dass in Griechenland eine starke Regierung etabliert wird."

Nach dem Sturz Mussolinis intervenierte die deutsche Wehrmacht auch in Italien und besetzte im September 1943 Nord- und Mittelitalien. Das ließ eine Landung der Alliierten in Griechenland zunächst unwahrscheinlicher werden, führte aber andererseits zu einer Zunahme der militärischen Stärke der Résistance, da sich die ELAS eines großen Teils der italienischen Waffen bemächtigen konnte. Churchill erkannte, dass die Restauration der Monarchie auf friedlichem Wege bis auf Weiteres nicht zu bewerkstelligen sein würde. Ende September 1943 erteilte er den britischen Streitkräften klare Befehle: „Sollten die Deutschen Griechenland räumen, müssen wir auf jeden Fall bereit sein, 5000 Soldaten mit gepanzerten Fahrzeugen nach Athen zu schicken. (...) Die Truppen brauchen auf nichts als die Niederschlagung von Krawallen vorbereitet zu sein." Das war die Entscheidung für die bewaffnete Intervention. Churchill begründete seine harte Linie damit, dass nach dem Abzug der Wehrmacht aus Griechenland die Machtübernahme durch die Kommunisten drohe. Griechenland spielte für die Briten, nicht zuletzt für die Sicherung des Seewegs nach Indien, eine wichtige Rolle, weshalb das Land auf jeden Fall im britischen Einflussbereich verbleiben sollte.

Die EAM war die bei Weitem größte Widerstandsorganisation. Die Kommunisten spielten eine wichtige Rolle, es gab dort aber auch Sozialisten, Liberale, Republikaner und Gewerkschafter. Im März 1944 organisierte die EAM in den von ihr kontrollierten Gebieten freie Wahlen, aus denen das Komitee der Nationalen Befreiung (PEEA) hervorging. Ministerpräsident der Exilregierung wurde am 26. April 1944 der Liberale Georgios Papandreou, der probritisch eingestellt und der Wunschkandidat der Regierung in London war. (Auch sein Sohn Andreas Papandreou und dessen Sohn Giorgos Papandreou wurden später Ministerpräsidenten.) Er war ein Politiker des Übergangs und amtierte bis zum 3. Januar 1945.

Zur Wahrung ihrer Interessen hatte die britische Regierung Offiziere des britischen Geheimdienstes SOE nach Griechenland geschickt, die offiziell den Widerstand koordinieren, ihn in Wahrheit aber vor allem auch kontrollieren sollten. Unter ihrem Einfluss war Napoleon Zervas, der militärische Leiter der EDES, auf die royalistische Seite gewechselt. Dies wurde einerseits von der Linken registriert und war andererseits der von der schwachen deutschen Besatzungsmacht ersehnte Ansatzpunkt für Manöver nach dem Prinzip *divide et impera*. Man verhandelte im Oktober 1943 mit Zervas über ein Stillhalteabkommen und Zervas stimmte – mit Billigung der SOE – tatsächlich einer zeitlich begrenzten Waffenruhe zu. Die Deutschen informierten die ELAS darüber und erreichten genau das, was sie angestrebt hatten: Diese Information und Zervas' politischer Seitenwechsel zu den Royalisten führten am 10. Oktober zum Ausbruch des Bürgerkrieges zwischen der EDES und der ELAS, der bis in den Dezember dauerte. Als die ELAS im Januar 1944 dabei war, die EDES zu zerschlagen, unterstützte die Wehrmacht die

EDES durch einen Angriff auf die ELAS. Zervas wusste, dass das Überleben der EDES von der Unterstützung durch die Deutschen abhing und schloss daher mit ihnen einen inoffiziellen Waffenstillstand, der bis zum Sommer 1944 von beiden Seiten eingehalten wurde.

Eine wichtige Rolle spielten die Sicherheitsbataillone (Tagmata Asfaleias), die die griechische Kollaborationsregierung im April 1943 gebildet hatte und die unter dem Oberkommando der SS standen. Sie wurden vor allem gegen die ELAS eingesetzt. Nach dem Abzug der Deutschen sollten die Sicherheitsbataillone entwaffnet und aufgelöst werden, doch angesichts der bald eskalierenden Unruhen gelang das nur sehr unvollständig, und trotz ihrer Rolle als Kollaborateure wurden viele Angehörige der Bataillone in die Armee und die Polizei übernommen. Bei den Dezemberunruhen kämpften sie gemeinsam mit der Regierung und den Briten gegen die ELAS, deren Entwaffnung daran scheiterte, dass die EAM nur zustimmen wollte, wenn alle bewaffneten Einheiten gleichzeitig entwaffnet würden.

Die Briten hatten nach dem Abzug der Wehrmacht die militärische Kontrolle über Athen übernommen. Churchill schlug im September 1944 ein Treffen der Großen Drei in Moskau vor. Roosevelt stimmte zu, konnte dann aber den Termin wegen des Wahlkampfes für seine vierte Amtsperiode nicht wahrnehmen. Der amerikanische Botschafter in Moskau, Averell Harriman, sollte ihn vertreten. Churchill erklärte sich damit einverstanden, fügte aber hinzu, dass Roosevelt bestimmt nichts gegen ein „privates tête-à-tête zwischen mir und Uncle Joe [Stalin] oder Anthony [Eden] und Molotow" habe. Schon am 9. Oktober 1944, dem ersten Abend in Moskau, kam es zu diesem Dinner zu viert. Dort trafen Briten und Sowjets eine informelle Verabredung über künftige Einflusszonen, das sogenannte Prozent-Abkommen, das vorsah, dass Griechenland zu 90 Prozent der britischen und zu 10 Prozent der sowjetischen Einflusszone zugeordnet sein sollte, während Rumänien und Bulgarien der sowjetischen Einflusssphäre zugeschrieben wurden. Für Jugoslawien war eine Teilung des Einflusses zwischen den West-Alliierten und der Sowjetunion vorgesehen, was nach dem Auseinanderbrechen der Anti-Hitler-Koalition nach Kriegsende schon bald keine realistische Option

Britischer Sherman Panzer und Truppen des 5th (Scots) Parachute Batalion beim Einsatz gegen die ELAS in Athen, 18. Dezember 1944.

mehr war. Hatten die jugoslawischen Kommunisten auf Druck der West-Alliierten im März 1945 noch der Bildung einer Übergangsregierung, in der auch Nichtkommunisten saßen, zustimmen müssen, so gingen sie nach Kriegsende zügig daran, ähnlich wie in den anderen Staaten des späteren Ostblocks, das Monopol der kommunistischen Partei mit ihrem charismatischen Führer, dem ehemaligen Partisanenführer Josip Broz Tito, zu zementieren. Am 15. Januar 1946 wurde die neue sozialistische Verfassung Jugoslawiens verabschiedet. Doch Tito überwarf sich schon bald mit Stalin und Jugoslawien blieb de facto neutral.

Auf Veranlassung der Sowjets war die EAM Anfang September 1944 in die griechische Exilregierung von Georgios Papandreou eingetreten, der damals noch in Kairo residierte. Die PEEA wurde aufgelöst. In einem Abkommen, das am 26. September in Caserta zwischen der Exilregierung, EAM, EDES und dem Alliierten Oberkommando für den Mittelmeerraum geschlossen wurde, unterstellten die Partisanen sich der Regierung, die das Oberkommando Generalleutnant Ronald Scobie übertrug, der seit Dezember 1943 die britischen Truppen in Athen befehligte. In den nächsten Wochen sah es zunächst so aus, als ob der Weg in die Nachkriegszeit friedlich verlaufen könnte. Doch bei einer von der EAM organisierten Massenkundgebung am 3. Dezember 1944 schoss die griechische Polizei auf die unbewaffnete Menge. Auslöser der Kämpfe war die Demobilisierung der Partisanenverbände, die Scobie tags zuvor angeordnet hatte. Er hatte dabei die uneingeschränkte Rückendeckung von Churchill: „Zögern Sie nicht, so zu handeln, als wenn Sie in einer eroberten Stadt wären, in der eine örtliche Rebellion in Gang ist. (...) Wir müssen Athen halten und beherrschen. Es wäre großartig, wenn Sie das – falls möglich – ohne Blutvergießen hinbekämen, aber auch mit Blutvergießen falls notwendig." Scobie verhängte am 5. Dezember das Kriegsrecht und ließ Luftangriffe gegen den Athener Vorort Pankrati fliegen. Der bewaffnete Konflikt endete erst am 11. Januar 1945. Der massive Aufmarsch der britischen Schutzmacht bewog die kommunistische Führung schließlich zum Nachgeben.

Am 12. Februar 1945 gelang es dem Republikaner Nikolaos Plastiras, der am 3. Januar

Die Briten verhängten das Kriegsrecht und flogen Luftangriffe gegen die Arbeitervorstädte in Athen: Lieutenant General Ronald M. Scobie, Kommandeur der Alliierten Landstreitkräfte in Griechenland, an seinem Schreibtisch in Athen, mit seinem Brigadegeneral H. S. K. Mainwaring, Dezember 1944.

als Nachfolger Papandreous Ministerpräsident geworden war, einen Friedensvertrag auszuhandeln. Im Athener Küstenvorort Varkiza wurde das Abkommen zwischen der EAM und der griechischen Regierung unterzeichnet. Die ELAS sollte entwaffnet werden und noch im gleichen Jahr sollten Wahlen stattfinden. Die Bilanz der Dekemvriana waren mehrere Tausend Tote. Etwa 12.000 Menschen wurden verhaftet und in britische Lager im Nahen Osten verbracht. Obwohl Plastiras eine Befriedung der Situation gelungen war, förderte seine moderate Politik und seine republikanische Gesinnung das Misstrauen der britischen Kontrollmacht und bereits am 9. April 1945 verlor er sein Amt wieder. (Nach dem Ende des Bürgerkriegs wurde er 1950 erneut Ministerpräsident.)

Das Abkommen von Varkiza hätte durchaus den inneren Frieden Griechenlands und eine Aussöhnung herbeiführen können, wenn die Vertragspartner es ernstgenommen hätten. Stattdessen begann eine konterrevolutionäre Welle des „weißen Terrors". Die Royalisten, die starke Machtpositionen in der Polizei und beim Militär hatten, machten Jagd auf Linke, Liberale, Republikaner und ehemalige Widerstandskämpfer, während Kollaborateure straffrei ausgingen. Die Armee und die Sicherheitskräfte verfolgten die Linke, und wo dies nicht auf legalem Weg ging, übernahm das inzwischen entstandene „Parakratos", der „Staat im Staat", diese Aufgabe. Was die

Résistance an demokratischen Strukturen entwickelt hatte, wurde zerschlagen, und die alten klientelistischen Strukturen wurden wiederbelebt. Das Parakratos wurde zwar vom Militär, der Polizei und von der Geheimpolizei kontrolliert, agierte aber jenseits der Gesetze. Immer dann, wenn die legalen Kräfte des Staates keine Möglichkeit mehr sahen und keine Handhabe mehr hatten, gegen einen unbequemen Politiker oder andere Persönlichkeiten vorzugehen, wurde das Parakratos mit Gewaltaktionen aktiv. Es wurde in jener Zeit von dem späteren Führer der zypriotischen Freiheitsbewegung EOKA, Georgios Grivas, aufgebaut. Zu seinen bekanntesten Opfern in der Zeit des

Frische Truppen für den Bürgerkrieg: König Paul I. nimmt vor dem Tempel des Zeus die Parade eines neu aufgestellten Bataillons ab, 20. Juni 1948.

Bürgerkriegs gehört der amerikanische Journalist George Polk. Er drohte mit Enthüllungen über veruntreute Gelder durch den Premierminister und wurde in Thessaloniki am 16. Mai 1948 vom Parakratos im Auftrag der Gendarmerie ermordet. Dieselbe Gruppe tötete 1963 den ehemaligen Widerstandskämpfer und Friedensaktivisten Grigoris Lambrakis. Seine Ermordung liegt dem Roman Z von Vassilis Vassilikos zugrunde, der von Kostas Gavras verfilmt wurde. Das letzte prominente Opfer des Parakratos war Alekos Panagoulis, der wie Lambrakis am 1. Mai 1976 durch einen absichtlich herbeigeführten Verkehrsunfall starb, unmittelbar vor der geplanten Veröffentlichung geheimer Akten der Militärpolizei, die dann nicht mehr zustande kam.

Die konterrevolutionäre Bewegung nach dem Abkommen von Varkiza agierte mit Billigung britischer Stellen. Reginald Leeper, der viele Jahre lang für den Geheimdienst des Foreign Office gearbeitet hatte und seit 1943 britischer Botschafter in Athen war, fungierte ganz offiziell als Hochkommissar im britischen „Protektorat" Griechenland. Leeper nahm auch unmittelbaren Einfluss auf die Regierungsgeschäfte, was dazu führte, dass es im Jahr 1945 nicht weniger als sechs verschiedene Ministerpräsidenten gab. Bei den britischen Unterhauswahlen am 25. Juli 1945 erlitt Winston Churchill trotz seiner Erfolge als Kriegspremier eine empfindliche Niederlage, weil die Bevölkerung die Lösung der sozialen Probleme in dem am Ende des Krieges verarmten Großbritannien eher der oppositionellen Labour Party zutraute. Aber auch nach dem Regierungswechsel änderte sich die britische Außenpolitk nicht. Die Griechenlandpolitik des neuen Außenministers Ernest Bevin folgte den bisherigen Grundlinien. Auch sein Ziel war die Sicherung der Interessen des British Empire. Die griechische Rechte interpretierte dies als Zustimmung zu ihrem Repressionskurs und intensivierte ihre Unterdrückungsmaßnahmen noch.

Am 31. März 1946 fanden die ersten regulären Wahlen seit Kriegsende in Griechenland statt. Sie hätten eine Chance für eine friedliche Entwicklung sein können. Doch die Kommunistische Partei Griechenlands (KKE) machte einen entscheidenden Fehler und boykottierte die Wahlen, obwohl sie nach übereinstimmender Meinung politischer Beobachter mit bis zu einem Drittel der Parlamentssitze hätte rechnen können. Aufgrund dieses Boykotts betrug die Wahlbeteiligung, obwohl Wahlpflicht bestand, nur etwa 56 Prozent. (Eine genaue Angabe ist nicht möglich, weil amtliche Angaben zur Zahl der Wahlberechtigten fehlen.) Das royalistische Vereinigte Lager der Nationalgesinnten (IPE) ging mit 55,1 Prozent der Stimmen und 206 von 354 Sitzen aus den Wahlen als Sieger hervor. Sein Spitzenkandidat Konstantinos Tsaldaris wurde anschließend Ministerpräsident. Auf der Gegenseite hatte sich ein Mitte-Links-Bündnis gebildet. Es bestand aus den Sozialisten unter Sophoklis Venizelos und Georgios Papandreou, die 19,3 Prozent erhielten, den von Themistoklis Sofoulis geführten Liberalen, die auf 14,4 Prozent kamen, und Napoleon Zervas'

konservativer Nationalen Partei Griechenlands, die knapp 6 Prozent erreichte.

Eigentlich sollte zugleich mit den Wahlen auch das Referendum über die Beibehaltung der Monarchie durchgeführt werden. Tatsächlich fand es erst am 1. September 1946 statt und wurde wie schon der Wahlgang zuvor von den Kommunisten boykottiert. Insofern ist es erstaunlich, dass diesmal fast 1,7 Millionen Menschen an der Abstimmung teilgenommen haben sollen, also über eine halbe Million mehr als bei den Parlamentswahlen. Das nährt verbreitete Zweifel daran, dass bei dieser Abstimmung alles mit rechten Dingen zuging. Nach den veröffentlichten Zahlen stimmten 68,4 Prozent mit Ja und 31,6 Prozent mit Nein. König Georg II. starb ein halbes Jahr später, ihm folgte sein Bruder Paul I. auf den Thron. Abgeschafft wurde die Monarchie in Griechenland erst in den 1970er-Jahren.

Bereits unmittelbar nach den Wahlen begann die dritte Runde der gewaltsamen Auseinandersetzungen und damit der eigentliche Bürgerkrieg. Es war ein Krieg zwischen Royalisten und Kommunisten, der mit großer Erbitterung geführt wurde. Nachdem EAM und ELAS nicht mehr existierten, gründete die Kommunistische Partei Griechenlands (KKE) eine Demokratische Armee Griechenlands (DSE) als bewaffneten Arm. Die KKE stand unter der Führung von Nikolaos Zachariadis, der in Moskau studiert hatte und auf Anweisung Stalins 1931 Generalsekretär der Partei geworden war. Nachdem Metaxas 1936 die Macht übernommen hatte, war Zachariadis ver-

haftet worden, nach der Besetzung Griechenlands durch die Deutschen wurde er 1941 in das Konzentrationslager Dachau deportiert. Nach seiner Befreiung kehrte er nach Griechenland zurück und übernahm erneut das Amt des Generalsekretärs der KKE. Im Lauf der Zeit gelang es ihm zunehmend, seinen Erzrivalen Markos Vafiadis zu entmachten und die Kontrolle über die DSE zu gewinnen. Gegen Ende des Bürgerkriegs war er sogar für kurze Zeit Chef einer Gegenregierung zu der offiziellen Regierung des Ministerpräsidenten Themistoklis Sofoulis. Als sich die Niederlage der KKE abzeichnete, floh Zachariadis in die Sowjetunion und wurde 1957 wegen seiner starren stalinistischen Haltung aus der KKE ausgeschlossen.

Die KKE versuchte zunächst, einen offenen Bürgerkrieg zu verhindern, doch in den Bergen Nordgriechenlands bildeten sich immer mehr Partisanengruppen und den Einheiten der DSE gelang es, durch Überfälle auf Polizeistationen ihre Bewaffnung zu verbessern. Zunächst verfolgte die DSE unter Führung von Vafiadis, der schon 1944 Kommandeur einer ELAS-Einheit gewesen war, eine Guerillataktik, aber Zachariadis wollte die offene Konfrontation mit den Regierungstruppen und riss die Führung der DSE 1948 an sich. Er hoffte auf diesem Weg eine Anerkennung durch die Staaten des Ostblocks zu erreichen. Auf die Dauer gerieten die Kommunisten bei diesem mit großer Brutalität geführten Krieg immer mehr in die Defensive. Der Wechsel von der Partisanentaktik zur konventionellen Kriegsführung verschärfte außerdem das Problem der Reserven, denn eine starre Verteidigung führt

Links: Jugendliche Partisanen im Gebiet von Epirus, von Regierungstruppen gefangen genommen, 25. März 1948.

Rechts: Auch Senioren werden als Partisanen aufgegriffen. Griechische Regierungssoldaten mit Gefangenen, 4. Mai 1948.

„Christus, gib unserem Land den Frieden und schenke uns das Glück, wieder zu unseren Eltern zurückzukehren": Eine Gruppe der ca. 25.000 Kinder, die aus dem umkämpften Gebiet von Makedonien und Thrakien geflohen sind und nach Athen in Sicherheit gebracht werden, April 1948.

oftmals zu hohen Verlusten. Da es aufgrund der Zwangsevakuierung durch die nationale Armee kaum noch bewohnte Dörfer im Kampfgebiet gab, deren Einwohner zwangsrekrutiert werden konnten, versuchte die DSE – nicht allzu erfolgreich – durch Angriffe auf Städte in ihrem Vorfeld am Rande der Berge Rekruten zu kidnappen. Die Regierungstruppen hatten 90.000 Mann unter Waffen und waren der DSE von der Ausrüstung her und auch zahlenmäßig überlegen.

Auf Seiten der Westmächte gab es in dieser Zeit eine grundsätzliche Veränderung der Konstellation. 1945 war mit Clement Attlee erstmals ein Labour-Politiker britischer Premierminister mit einer eigenen Mehrheit im Parlament geworden. Er führte grundlegende soziale Reformen durch und setzte gleichzeitig die staatlich gelenkte Wirtschaftspolitik der Kriegszeit fort. Das bei Kriegsende darniederliegende Land nahm in den ersten Nachkriegsjahren einen erstaunlichen Aufschwung. Gleichzeitig begann der Zerfall des britischen Weltreichs. 1947 schied Indien aus dem British Empire aus, damit wurde ein umfassender Dekolonisierungsprozess in Gang gesetzt. (Vgl. den Beitrag von Manfred Jehle in diesem Band.) Großbritannien erhielt Hilfe aus dem Marshall-Plan, schloss sich 1948 dem Brüsseler Pakt an, der die Gründung der NATO vorbereitete und

lehnte sich außenpolitisch an die USA an, die nun die Rolle der wichtigsten Schutzmacht gegen die imperialistischen Ambitionen der Sowjetunion übernehmen sollten.

Auf der anderen Seite verkündete der amerikanische Präsident Harry S. Truman am 12. März 1947 vor dem amerikanischen Kongress die sogenannte Truman-Doktrin. Dabei ging es zum einen um Wirtschaftshilfe für die Türkei, zum anderen um die Unterstützung der dortigen antikommunistischen Kräfte. Es kam hinzu, dass sich Stalin entgegen dem 1943 in Teheran gefassten Beschluss weigerte, die sowjetischen Truppen aus dem Iran abzuziehen. Truman setzte mit seiner Rede vor dem Kongress ein deutliches Zeichen, dass die USA gewillt waren, den Ländern beizustehen, die sich aus eigener Kraft gegen sowjetische Usurpationsversuche nicht wehren konnten:

„Zum gegenwärtigen Zeitpunkt der Weltgeschichte muss fast jede Nation zwischen alternativen Lebensformen wählen. Nur zu oft ist diese Wahl nicht frei. Die eine Lebensform gründet sich auf den Willen der Mehrheit und ist gekennzeichnet durch freie Institutionen, repräsentative Regierungsform, freie Wahlen, Garantien für die persönliche Freiheit, Rede- und Religionsfreiheit und Freiheit von politischer Unterdrückung. Die andere Lebensform gründet sich auf den Willen einer Minderheit, den diese der Mehrheit gewaltsam aufzwingt. Sie stützt sich auf Terror und Unterdrückung, auf die Zensur von Presse und Rundfunk, auf manipulierte Wahlen und auf den Entzug der persönlichen Freiheiten. Ich glaube, es muss die Politik der Vereinigten Staaten sein, freien Völkern beizustehen, die sich der angestrebten Unterwerfung durch bewaffnete Minderheiten oder durch äußeren Druck widersetzen. Ich glaube, wir müssen allen freien Völkern helfen, damit sie ihre Geschicke auf ihre Weise selbst bestimmen können."

Dies galt allerdings nicht für die Staaten Mittel- und Osteuropas, deren Zugehörigkeit zu Stalins Einflussbereich die Westmächte dem Diktator auf den Konferenzen der Anti-Hitler-Koalition zugestanden hatten. Aber Griechenland gehörte eben nicht zu diesen Staaten. Deshalb intervenierten die Westmächte hier, wobei die Initiative nun von Großbritannien auf die USA überging.

Der Herbst 1948 wurde zum Wendepunkt des griechischen Bürgerkriegs. Der amerikanische Einfluss entfaltete seine Wirkung. Noch folgenschwerer war, dass es zum Bruch zwischen Tito und Stalin kam. Die DSE wurde von Tito maßgeblich unterstützt, während die KKE, der die DSE unterstand, den Vorgaben der Kominform-Zentrale in Moskau folgte. Nach seinem Bruch mit Stalin beendete Tito dennoch die Unterstützung der DSE nicht. Erst kurz vor Ende des Bürgerkriegs 1949 endete auch die Unterstützung durch Jugoslawien, was der DSE ihre militärische Basis entzog. In der Schlacht um den Berg Grammos im August 1949 fügten die Regierungstruppen ihr eine entscheidende Niederlage bei. Die Rebellen konnten sich zwar nach Albanien zurückziehen, sich aber anders als in den Jahren zuvor nicht mehr neu bewaffnen und reorganisieren. Damit endete der griechische Bürgerkrieg. Am 9. Oktober 1949 beschloss das Zentralkomitee der KKE die vorübergehende Einstellung der Kampfhandlungen, die tatsächlich aber endgültig war.

Der jahrelange Bürgerkrieg hatte einen effizienten und zügigen Wiederaufbau des Landes nach dem Ende des Zweiten Weltkriegs verhindert. Für die Zahl der unmittelbaren Opfer gibt es keine verlässlichen Angaben. Die Schätzungen für die Kriegstoten reichen von etwa 50.000 bis zum Dreifachen, die Zahl der Flüchtlinge soll zwischen 80.000 und 700.000 betragen haben. Der Krieg vergiftete das politische Klima für lange Zeit und führte zu einer nationalen Spaltung in Kommunisten und Antikommunisten. Dennoch gingen aus den Parlamentswahlen im März 1950 drei gemäßigte Parteien unter Führung von Sophoklis Venizelos, Georgios Papandreou und Nikolaos Plastiras als Sieger hervor, die eine Koa-

litionsregierung bildeten. Dasselbe galt für die Wahlen vom September 1951. Unter der Regierung von Ministerpräsident Plastiras trat Griechenland 1952 gleichzeitig mit der Türkei in die NATO ein. Beide bilden bei allen wechselseitigen Animositäten bis heute die südosteuropäische Flanke des Verteidigungsbündnisses.

In der hohen Zeit des Kalten Krieges wollten die USA eine politisch weiter rechts stehende Regierung in Athen sehen. Auf starken Druck der Amerikaner wurde deshalb das Wahlrecht geändert und das geltende Verhältniswahlrecht durch ein Mehrheitswahlrecht ersetzt. Davon profitierte vor allem die 1951 gegründete „Griechische Sammlung" von Feldmarschall Alexandros Papagos, der im Bürgerkrieg mit starker amerikanischer Unterstützung die kommunistischen Partisanen bekämpft hatte. Bei den Parlamentswahlen 1952 erreichte die Griechische Sammlung mit 49 Prozent der Stimmen 82 Prozent der Mandate. Damit begann eine lange Periode rechtsgerichteter Regierungen unter Papagos und Konstantin Karamanlis, die bis 1963 dauerte. Innenpolitisch verfolgten sie einen scharf repressiven Kurs. Jedoch machte der wirtschaftliche Wiederaufbau mithilfe der USA und unter der Mitwirkung von Emigranten Fortschritte – insbesondere der Bausektor nahm einen enormen Aufschwung und veränderte das Gesicht der Städte; die griechische Handelsflotte entwickelte sich zur größten der Welt. Gleichzeitig sind bestimmte Modernisierungsprozesse in Griechenland bis heute unterblieben. Die griechische Klassen- und Klientelgesellschaft war stets von Bodenrenten, Finanzgeschäften und Tourismusdividenden beherrscht und steht einer sozialökologischen Modernisierung des Landes bis heute im Weg.

Links: Der republikanische General Nikolaos Plastiras versuchte 1945 vergeblich, den Frieden im Land zu bewahren. Als Ministerpräsident führte er 1952 sein Land gleichzeitig mit dem Beitritt der Türkei in die NATO. Gemälde von Georgios Prokopiou, 1921.

Rechts: Frieden für Hellas: Der Pazifist Grigoris Lambrakis bemühte sich im Krieg um die Versorgung der Bevölkerung mit Lebensmitteln, danach um die Versöhnung verfeindeter Klientelverbände. Kurz nach dieser Aktion am 21. April 1963 wurde er am 27. Mai 1963 ermordet.

Ernst Piper

Der Weg in die Unabhängigkeit: Israel

In der Pogromnacht von Nazis in Brand gesteckte Synagoge in Berlin, Prinzregentenstraße 69–70. Kolorierte Aufnahme, 9. November 1938. Die Ruine wurde 1958 abgetragen.

Palästina ist die historische Heimat der Juden, aber vor der ersten Alija in den 1880er-Jahren lebten dort nur noch ganz wenige. Diese Situation änderte sich zuerst langsam und dann immer schneller. Standen noch 1918 600.000 Arabern nur 56.000 Juden gegenüber, waren es 1931 bereits 175.000 Juden, die neben 859.000 Arabern in Palästina lebten. Eine neue Dynamik bekam die jüdische Einwanderung, als 1933 in Deutschland eine nationalsozialistische Regierung an die Macht kam, zu deren Programm ein auf das äußerste radikalisierter Antisemitismus mit eliminatorischen Konsequenzen gehörte. Bald nach Hitlers Ernennung zum Reichskanzler setzte die Emigration der deutschen Juden ein. Ein Haupthin-

dernis war dabei die Gesetzgebung aus der Zeit der Weltwirtschaftskrise von 1929, die die Ausfuhr von Devisen verbot. Schon bald begannen Verhandlungen zwischen der Reichsregierung und der Zionistischen Vereinigung für Deutschland, die im August 1933 mit dem Haavara-Abkommen erfolgreich abgeschlossen wurden. (Haavara ist das hebräische Wort für Transfer.) Das Abkommen sah vor, dass Auswanderer oder Investoren in Deutschland Waren erwarben, die dann nach Palästina exportiert werden konnten. Bis zum Kriegsausbruch im September 1939 emigrierten etwa 50.000 deutsche Juden nach Palästina, die Güter für mehr als 100 Millionen Reichsmark mitbrachten. Deutschland wurde so in den 30er-Jahren die Nation mit den größten Exporten nach Palästina. In den ersten Jahren des „Dritten Reiches" hatte die deutsche Regierung keine Bedenken, mit den Zionsten zusammenzuarbeiten. Man wollte die Juden aus Deutschland vertreiben und machte sich zunächst keine Gedanken über die Konsequenzen ihrer Emigration.

Nachdem es schon in den 20er-Jahren gelegentlich gewaltsame Auseinandersetzungen gegeben hatte, kam es 1936 zu einem regelrechten arabischen Aufstand. Am 15. April 1936 ermordeten Araber zwei jüdische Siedler, zwei Tage später ermordeten jüdische Untergrundkämpfer zwei Araber, was wiederum eine Reaktion provozierte. Einem arabischen Massaker in Jaffa fielen 15 Juden zum Opfer. Der Aufstand der Araber richtete sich bald nicht nur gegen die jüdischen Neusiedler, sondern auch gegen die britische Mandatsmacht. Im November 1936 schickte die britische Regierung eine Kommission nach Paläs-

tina, die unter der Leitung des früheren Indien-
ministers Robert Peel stand und die Ursachen
der Unruhen ergründen und die Verpflichtungen der Mandatsmacht gegenüber Arabern und
Juden überprüfen sollte. Die Kommission hielt
sich fast ein halbes Jahr im Lande auf, sprach
mit allen Gruppen und lieferte einen umfangreichen Bericht ab, der nicht zuletzt auch das Eingeständnis enthielt, dass die Versprechungen,
die die britische Regierung während des Ersten
Weltkriegs den Arabern und den Juden gemacht
hatte, „sich als unvereinbar miteinander erwiesen
haben". Am Ende der Analyse der Peel-Kommission hieß es unmissverständlich:

„Ein unüberwindlicher Konflikt hat sich zwischen den beiden nationalen Gemeinschaften
innerhalb der engen Grenzen eines kleinen Landes erhoben. Ungefähr eine Million Araber stehen in offenem oder latentem Kampf mit 400.000
Juden. Es gibt keine gemeinsame Grundlage
zwischen ihnen. Die arabische Gemeinschaft
ist vorwiegend asiatischen, die jüdische vorwiegend europäischen Charakters. Sie unterscheiden sich in Religion und Sprache. Ihr kulturelles
und soziales Leben, ihre Denkweise und Lebens-
führung sind ebenso unvereinbar wie ihre nationalen Bestrebungen. Die letztgenannten sind
das größte Hindernis für den Frieden. Araber und
Juden könnten möglicherweise lernen, zusammen in Palästina zu leben und zu arbeiten, wenn
sie eine echte Anstrengung machen wollten, ihre
nationalen Ideale miteinander zu versöhnen und
zu verbinden und so mit der Zeit ein gemeinsames zweigestaltiges Staatsvolkstum aufzubauen. Aber hierzu sind sie nicht imstande."

Das waren klare Worte, und die Kommission
wollte aus ihrer Analyse der Lage auch klare Konsequenzen ziehen. Sie erörterte zunächst eine
kantonale Lösung, also die Bildung je eines jüdischen und eines arabischen Kantons mit den
heiligen Stätten und einem Korridor von Jerusalem nach Jaffa sowie zum Hafen von Haifa unter
unmittelbarer Mandatsverwaltung, kam aber zu
dem Schluss, dass eine Kantonalisierung alle
Nachteile einer Teilung hätte, aber nicht deren
Vorteile. Die Kommission plädierte deshalb, und
das war damals etwas grundsätzlich Neues, für
eine Teilung Palästinas, ein Gedanke, der bis
heute auf der Tagesordnung der Weltpolitik steht.

Die jüdische Einwanderung war der Grund für
die arabischen Unruhen gewesen, die der Untersuchung durch die Peel-Kommission vorausgin-
gen, wobei die große Mehrheit der Einwande-
rer aus Mittel- und Osteuropa gekommen war.
Der Anteil der Deutschen betrug nur 22 Prozent.
Gleichwohl erhoben sich in Berlin zunehmend
auch kritische Stimmen. Doch Hitler entschied
im Januar 1938, dass die jüdische Emigration
nach Palästina fortgesetzt werden sollte. Dennoch verlor das Haavara-Abkommen, das fünf
Jahre lang gute Dienste geleistet hatte, zunehmend an Bedeutung und erlosch bei Kriegsausbruch ganz. Im Oktober 1941 wurde Juden die
Auswanderung dann generell verboten. An die
Stelle der Emigration trat die Deportation zu den
Mordstätten und Vernichtungslagern.

Synagoge in Hebron,
verwüstet während
des Pogroms im August
1929.

Links: Andrang zum Ticket nach Palästina: die Reiseagentur Palestine & Orient Lloyd in der Meineckestraße, Berlin-Charlottenburg, Januar 1939.

Rechts: Verhandlungen über Hilfe für verfolgte Juden ohne Ergebnis: Die Konferenz von Évian-les-Bains, Frankreich, im Juli 1938. Rechts am Tisch die Delegation der USA mit Myron Taylor und James McDonald (The President's Advisory Committee on Political Refugees).

Die britische Politik orientierte sich in jenen Jahren immer mehr an den Erfordernissen der immer unvermeidlicher erscheinenden kriegerischen Auseinandersetzung. Die Verteidigung des Sueskanals hatte eine höhere Priorität als die Sympathie der Zionisten. Die Briten verfolgten im Nahen Osten vor allem ihre eigenen Interessen und wollten auf keinen Fall einen „jüdischen Krieg" führen. Im April 1938 schickte die britische Regierung eine weitere Kommission nach Palästina, die Woodhead-Kommission, die mehrere Monate im Lande blieb und auch die wirtschaftlichen Aspekte einer Teilung gründlich untersuchte. Der Plan der Peel-Kommission erschien ihr nicht praktikabel, weil seine Umsetzung einen zu umfangreichen arabischen Bevölkerungstransfer zur Folge haben würde. An einem arabischen Staat, der finanziell von britischer Unterstützung abhängig sein würde, hatte man in London kein Interesse. Die Woodhead-Kommission arbeitete verschiedene Alternativpläne aus, kam aber in ihrem Schlussbericht, der am schicksalhaften Datum des 9. November 1938 publiziert wurde, zu dem Ergebnis, dass eigentlich kein möglicher Teilungsplan eine realistische Perspektive für die Schaffung zweier autarker Staaten, eines jüdischen und eines arabischen, bot.

Unterdessen hatten sich im Juli 1938 im französischen Évian-les-Bains am Genfer See auf Initiative des amerikanischen Präsidenten Roosevelt Vertreter von 32 Nationen zu einer Konferenz

getroffen, um Möglichkeiten der Auswanderung von Juden aus Deutschland und Österreich, den beiden nationalsozialistisch beherrschten Ländern, zu erörtern. Der britische Vertreter erklärte bei der Konferenz von Évian, die Territorien des Commonwealth seien bereits übervölkert und ohnehin für Europäer ungeeignet, England selbst sei ebenfalls dicht besiedelt. Zudem verbiete die gegenwärtige Arbeitslosigkeit die Aufnahme von Flüchtlingen. Der Repräsentant Frankreichs sagte, sein Land werde tun, was es könne, wobei sich herausstellte, dass das nichts war. Die Niederlande wollten immerhin jüdische Flüchtlinge aufnehmen, allerdings nur unter der Bedingung, dass die jetzt im Land vorhandenen Flüchtlinge es zum Ausgleich vorher verließen. Australien war gegen jede Einwanderung von Flüchtlingen, denn man habe bisher kein Rassenproblem und das solle auch so bleiben. Kanada verwies auf die wirtschaftliche Depression, die Lateinamerikaner auf die hohe Arbeitslosigkeit usw. Die Konferenz von Évian war ein Fiasko. Kaum ein Staat erklärte sich bereit, Juden in nennenswerter Zahl aufzunehmen und so vor dem sicheren Tod zu bewahren.

Für das NS-Regime war die Konferenz ein enormer Propagandaerfolg, denn es zeigte sich vor aller Welt: Niemand wollte die in Deutschland verfolgten Juden bei sich aufnehmen. „Wohin mit den Juden?" überschrieb der nationalsozialistische Ideologe Alfred Rosenberg seinen Kommentar im *Völkischen Beobachter*. Da „das Eindringen der syrischen Juden in Europa seinem Ende entgegengeht", war, so Rosenberg, eine große Lösung notwendig, ein Territorium, das etliche Millionen Menschen aufnehmen konnte. Palästina sei dafür viel zu klein und von den Juden ohnehin nur als Aufmarschgebiet für die wirtschaftliche Eroberung des Nahen Ostens vorgesehen. Rosenberg erinnerte dann an das alte Uganda-Projekt und den Madagaskarplan und bemerkte: „Die geschichtliche Situation ist ernst. Sie ist nur durch einen großen Entschluß jener zu meistern, die im Besitze riesiger Territorien sind." Damit meinte Rosenberg die Sowjetunion und er fügte hinzu: „Aber dieser jüdisch geleitete Staat hat seine Teilnahme an der Konferenz zu Évian nicht angemeldet!"

Ein gravierender Rückschlag für die Bestrebungen der Zionisten war die St.-James-Konferenz, die am 7. Februar 1939 im St. James Palace in London begann und am 17. März ergebnislos endete. Die britische Regierung hatte geglaubt, dass vielleicht auch ohne einen Teilungsplan eine arabisch-jüdische Verständigung möglich sei. Tatsächlich nahmen nicht nur Palästinenser, sondern auch Delegationen mehrerer arabischer Staaten an der Konferenz teil. Aber sie waren nicht einmal bereit, sich mit der jüdischen Delegation unter Leitung von Chaim Weizmann

an denselben Tisch zu setzen, geschweige denn irgend etwas zu vereinbaren. Stattdessen forderten sie die Rücknahme der Balfour Declaration von 1917, das Verbot weiterer jüdischer Einwanderung und dass in Palästina kein Land an Juden verkauft werden dürfe.

Am 17. Mai 1939 veröffentlichte die von dem Appeasement-Politiker Arthur Neville Chamberlain geführte britische Regierung ein Weißbuch, das künftig für die Politik Großbritanniens maßgeblich war. Es nahm nicht so sehr Rücksicht auf die zunehmend dramatische Lage der Juden in Europa, sondern zielte vielmehr darauf ab, die britische Position im Nahen Osten zu stärken und die auch von den Deutschen umworbenen Araber auf die Seite Großbritanniens zu ziehen. Das Weißbuch stellte klar, dass niemals die Errichtung eines jüdischen Staates gegen den Willen der arabischen Bevölkerung geplant war. In den nächsten fünf Jahren sollten noch jeweils 10.000 Juden nach Palästina einwandern dürfen sowie zusätzlich noch 25.000 weitere Juden. Darüber hinaus sollte Einwanderung nur noch mit arabischer Zustimmung möglich sein. In jedem Fall sollte die arabische Bevölkerungsmehrheit nicht in Gefahr geraten. Landverkauf an Juden war ab sofort verboten. Mit dieser Politik schloss Großbritannien sehenden Auges den letzten Fluchtweg für Juden aus Europa. Deutsche Juden, die bis zum

Sonderzug vom Anhalter Bahnhof in Berlin über Marseille nach Palästina: Abschied von den Jugendlichen, denen die Auswanderung erlaubt worden ist. Aufnahme Herbert Sonnenfeld, 1. September 1939.

Verbot der Emigration im Herbst 1941 noch hätten gerettet werden können, konnten das Land, das der Völkerbund offiziell als jüdische Heimstatt anerkannt hatte, nicht mehr erreichen, weil seine Grenzen für sie nun verschlossen waren.

Brigadier Kisch in Tripolis mit einer Einheit der Jewish Brigade, die gegen Rommels „Panzerarmee Afrika" kämpfte, 30. Januar 1943.

Verglichen mit dem status quo ante war das eine große Niederlage für die jüdische Seite, die darin einen Verrat der Balfour Declaration und ihrem Versprechen der Errichtung einer jüdischen Heimstätte in Palästina sah. Dennoch hatten die Juden, anders als die Araber, nicht die Option, die Seite zu wechseln. Mit den Feinden Englands, den Deutschen, konnten sie sich nicht verbünden, denn das waren ihre Mörder. Generalfeldmarschall Erwin Rommel gab am 20. Juli 1942 einer Einsatzgruppe unter dem Kommando von SS-Obergruppenführer Walther Rauff eine Anweisung, ähnlich wie sie die Einsatzgruppen an der Ostfront erhalten hatten, nämlich nach einer etwaigen Eroberung Palästinas alle dort ansässigen Juden zu töten.

Die in Palästina lebenden Juden konnten nur auf einen Sieg des britischen Afrikakorps unter dem Oberbefehl von Bernard Montgomery hoffen. David Ben-Gurion, der Führer der zionistischen Arbeiterbewegung und spätere Ministerpräsident, der schon im Ersten Weltkrieg in der

britischen Jüdischen Legion gekämpft hatte, gab deshalb die Parole aus: „Lasst uns mit den Briten kämpfen, als ob es kein Weißbuch gäbe, und lasst uns das Weißbuch bekämpfen, als ob es keinen Krieg gäbe." Etwa 30.000 der in Palästina lebenden Juden leisteten als Freiwillige Dienst in der britischen Armee, und das auch noch nach Rommels endgültiger Niederlage bei El Alamein im November 1942, als von den Deutschen in Afrika keine Gefahr mehr ausging.

Gleichzeitig ging der Kampf um die jüdische Immigration weiter. Zwischen 1939 und 1945 gelang etwa 70.000 europäischen Juden, vor allem aus Polen, Deutschland, Rumänien, Ungarn und der Tschechoslowakei, die Flucht nach Palästina. Das heißt, selbst die restriktiven Bestimmungen des Weißbuchs, nach denen 75.000 Juden hätten einwandern können, konnten nicht ganz ausgeschöpft werden, obwohl mehrere jüdische Untergrundorganisationen in Palästina im Kampf gegen die britische Besatzungsherrschaft engagiert waren und zugleich alles daran setzten, die jüdische Immigration zu unterstützen. Diese beiden Kampfziele gingen Hand in Hand, zumal die Briten, selbst als sich die Kenntnis vom wahren Ausmaß der nationalsozialistischen Judenvernichtung in der Welt verbreitete, an ihrer harschen Unterdrückung illegaler Einwanderung festhielten.

Eine entscheidende Rolle bei Flucht verfolgter Juden aus Europa spielten Flüchtlingsschiffe, von denen insgesamt etwa 100 zum Einsatz kamen. Die Schiffe, die zumeist von rumänischen oder bulgarischen Häfen starteten, brachten bis 1939 über 20.000 Menschen nach Palästina. Nach Kriegsausbruch wurde die Situation schwieriger. Etliche Flüchtlinge gelangten nicht bis zu den Einschiffungshäfen, nicht wenige kamen während der Überfahrt durch Kriegshandlungen um und mehr als die Hälfte derer, die durchkamen, wurden von den Briten interniert. Dramatisch war der Fall der bulgarischen „Struma". Das Schiff wurde, obwohl es eigentlich nicht seetüchtig war, auf Weisung der türkischen Behörden aufs offene Meer geschleppt, weil man die Flüchtlinge nicht im Land haben wollte. Am 24. Februar 1942 wurde die „Struma" dann durch einen sowjetischen Torpedo versenkt. Von den 791 Menschen an Bord überlebte nur ein einziger.

Nach dem Zusammenbruch der deutschen Balkanfront im Sommer 1944 nahm der Schiffsverkehr wieder zu, wobei nach wie vor die Gefahr von Verlusten durch Kriegseinwirkung bestand. Von August 1944 bis zur Gründung des Staates Israel im Mai 1948 kamen auf 64 von der zionistischen Untergrundorganisation Hagana organisierten Schiffen rund 70.000 Menschen nach Palästina, die aber fast alle von den Briten – zunächst in Palästina, später vor allem auf Zypern – interniert wurden und in der Regel erst nach dem Ende des britischen Besatzungsregimes wieder frei kamen. Auf Zypern gab es nach Kriegsende zwölf britische Lager, in denen mehr als 50.000 Juden interniert waren. Durch den Film *Exodus* (1960), in dessen Mittelpunkt das Schicksal des gleichnamigen Flüchtlingsschiffs steht, ist die Situation in den Internierungslagern auf Zypern später einer großen Öffentlichkeit bekannt geworden. Die „Exodus" war ein Schiff der Hagana, das im Juli 1947 mit über 4500 Flüchtlingen, darunter Hunderten von Kindern, von Frankreich nach Palästina fuhr. Es wurde unterwegs immer wieder von britischen Schiffen angegriffen und schwer beschädigt. Am Ende zwangen die Briten die Flüchtlinge, die bereits den Hafen von Haifa erreicht hatten, auf britische Deportationsschiffe und brachten sie zurück

Für die Auswanderung nach Palästina erhalten die Jugendlichen alles Nötige aus dem Materialamt der Arbeitsgemeinschaft für Kinder- und Jugendalijah. Foto Herbert Sonnenfeld, 1936.

Zum Schutz vor Terroranschlägen in Palästina schlossen sich jüdische Freiwillige in „Fliegenden Brigaden" zusammen, Aufnahme ca. 1935.

nach Deutschland, wo sie in der Nähe von Hamburg in Lagern für sogenannte Displaced Persons (DP-Lager) untergebracht wurden. Von dort brachen sie wenig später erneut auf. Fast allen Passagieren der „Exodus" gelang es am Ende, sich in Palästina eine neue Existenz aufzubauen.

Die Hagana („Verteidigung"), die einen großen Teil der Schiffstransporte für die Flüchtlinge organisierte, war die wichtigste jüdische Untergrundorganisation in Palästina. Sie hatte sich, nach organisatorischen Anfängen im zaristischen Russland, 1920 aus Anlass eines Pogroms in Jerusalem gebildet. Die folgenschweren Angriffe der Araber hatten deutlich gemacht, dass der britische Schutz der jüdischen Siedlungen nicht ausreichend war. In den 30er-Jahren umfasste die Hagana bereits 50.000 Kämpfer, das war damals etwa ein Zehntel der jüdischen Bevölkerung Palästinas. Im Mai 1941 fasste die Hagana ihre Elitekämpfer in der paramilitärischen Organisation Palmach zusammen. Im Palmach kämpften viele, die später in der israelischen Armee Karriere machten, unter anderem auch der spätere Ministerpräsident Jitzchak Rabin und seine Frau Leah und der spätere Verteidigungsminister Mosche Dajan. Die Hagana stand der Arbeiterpartei Awoda nahe. 1931 spaltete sich von ihr die nationalistische Irgun ab. Ihr wichtigster Repräsentant war der zionistische Revisionist Wladimir Jabotinsky. Die Irgun war eine terroristische Organisation, die auch vor Attentaten nicht zurückschreckte.

Der berüchtigtste Terrorakt war der Anschlag vom 22. Juli 1946 auf das King David Hotel in Jerusalem, bei dem ein ganzer Flügel des Gebäudes in die Luft gesprengt wurde und 91 Menschen ums Leben kamen. Die Leitung der Operation gegen das Hotel, das damals vor allem von britischen Besatzungsoffizieren und ihren Familien bewohnt wurde, hatte der spätere Ministerpräsident Menachem Begin. Die Hagana hatte seit Herbst 1945 mit der Irgun beim Kampf gegen die britische Besatzung kooperiert, nahm diesen brutalen Anschlag aber zum Anlass, die Zusammenarbeit wieder aufzukündigen.

Die für das weitere Schicksal der Juden in Palästina entscheidenden Mächte waren die Vereinigten Staaten und Großbritannien. Bei Kriegsende gab es bei den beiden Alliierten einen Wechsel an der Spitze der Regierung. Vizepräsident Harry Truman trat am 12. April 1945 an die Stelle des verstorbenen Präsidenten Roosevelt. Und die Labour Party mit ihrem Spitzenkandidaten Clement Attlee brachte den Konservativen unter Winston Churchill bei den Unterhauswahlen im Juli 1945 eine überraschend deutliche Niederlage bei, weil die Wähler Labour eine größere soziale Kompetenz beim Wiederaufbau des Landes nach dem Krieg zubilligten. Auf der Konferenz von Potsdam wurde die britische Delegation deshalb nach einer zweitägigen Unterbrechung ab dem 27. Juli 1945 von Attlee geleitet. Truman und Attlee konnten nicht gut miteinan-

Nach dem Bombenanschlag auf das King David Hotel, 22. Juli 1946.

der, was die Durchsetzung gemeinsamer Positionen gegen Stalin nicht unbedingt leichter machte.

Die Situation der beiden Staaten war zudem recht unterschiedlich. Die USA waren eine aufstrebende Weltmacht, Großbritannien eine Kolonialmacht, deren Zeit zu Ende ging. Den Briten fehlte die wirtschaftliche Kraft zur Aufrechterhaltung der bisherigen Frontstellungen. 1947 zogen sie sich aus dem griechisch-türkischen Raum zurück, der stark unter sowjetischen Druck geraten war, und überließen den USA die Initiative, entließen den indischen Subkontinent in die Unabhängigkeit, und auch das Palästina-Mandat empfanden sie zunehmend als lästige Bürde. Attlee klagt in seinen Memoiren, schon auf der Konferenz in Potsdam habe Truman ihn gedrängt, angesichts von Hunderttausenden von jüdischen Displaced Persons die bestehenden Einwanderungsbeschränkungen nun, da der Krieg vorbei war, aufzuheben. Doch es galt, so Attlee, dem amerikanischen Druck standzuhalten und die Balance zwischen jüdischen und arabischen Ansprüchen zu wahren. Die Briten waren im arabischen Raum stark engagiert und kontrollierten unter anderem Kuwait, die Vereinigten Arabischen Emirate, Oman und Bahrain. Diese britischen Protektorate waren wegen ihrer reichen Ölvorkommen von großer strategischer Bedeutung.

Am 4. Januar 1946 wurde das Anglo-American Committee of Inquiry on Palestine eingesetzt, eine gemischte Gruppe aus je sechs amerikanischen und britischen Diplomaten, Wissenschaftlern und Politikern. Das Komitee kam in Washington und London zusammen, um mit den Repräsentanten der beiden Regierungen die Einschätzung der gegenwärtigen Situation und Lösungsmöglichkeiten zu erörtern, reiste aber auch nach Wien, um mit Holocaust-Überlebenden in DP-Lagern zu sprechen. Die Mitglieder des Komitees mussten rasch erkennen, dass kaum eine jüdische Displaced Person (DP) an ihren Ursprungsort zurückkehren wollte. Ihre Familien, Nachbarn, Freunde waren ermordet worden, ihre Habe zerstört, geraubt oder versteigert, ihre Wohnungen waren enteignet worden und wurden jetzt von anderen bewohnt. Ihre Heimat existierte nicht mehr.

Etwa neun Millionen DPs, Menschen nichtdeutscher Herkunft, befanden sich bei Kriegsende auf deutschem und österreichischem Boden. Unter ihnen waren zwar nur 70.000 jüdische Überlebende, überwiegend aus Osteuropa, doch ihre Zahl vermehrte sich rasch. Allein in der amerikanisch besetzten Zone Deutschlands stieg die Zahl der jüdischen DPs von 36.000 im Januar 1946 bis Ende des Jahres auf über 140.000. Nach dem Pogrom von Kielce kamen allein aus Polen 100.000 jüdische Flüchtlinge in den Westen. Para-

doxerweise war gerade die Situation in Deutschland und Österreich etwas besser, insbesondere in den westlichen Besatzungszonen. Ausgerechnet das Land, von dem der Holocaust ausgegangen war, galt jetzt als ein vergleichsweise sicherer Zufluchtsort. In seinem Abschlussbericht schrieb das Anglo-American Committee: „In Polen, Ungarn und Rumänien haben die Menschen vor allem den Wunsch, das Land zu verlassen. Sie wollen irgendwo hin, wo sie die Chance auf ein neues Leben in Frieden und Sicherheit haben. (…) Die überwältigende Mehrheit der jüdischen DPs ist davon überzeugt, dass Palästina der einzige Ort ist, der ihnen eine solche Perspektive bietet."

Nach der Ankunft der „Exodus" im Hafen von Haifa setzten britische Soldaten (mit weißen Helmen) Tränengas bei der Besetzung des Schiffes ein. Die „Exodus" war am 18. Juli 1947 auf dem Mittelmeer gestoppt und nach Haifa gebracht worden. Auf dem Schiff waren mehrere Tausend jüdische Auswanderer, die anschließend nach Frankreich und Deutschland zurückgebracht wurden.

Sorge für den Gottesdienst bis zur Ausreise nach Eretz Israel: Tora-Rollen werden in das DP-Lager der UNRRA in Berlin-Mariendorf getragen, 19. September 1946.

Die durch den neu aufgeflammten Antisemitismus stark angeregte Fluchtbewegung führte dazu, dass auch die Reste jüdischer Kultur, die den Holocaust überlebt hatten, heute fast vollständig verschwunden sind. Das trifft in besonderem Maße für die jüdische Gemeinde in Polen zu. Sie umfasste vor 1939 etwa 3,3 Millionen Menschen, von denen 380.000 bei Kriegsende noch am Leben waren. Ende 1947 befanden sich nur noch 80.000 von ihnen in Polen, alle anderen hatten das Land bereits verlassen, nachdem es in zahlreichen polnischen Städten zu Pogromen mit insgesamt mehreren Hundert Toten gekommen war. Eines der bedeutendsten Zentren jüdischer Kultur in Europa war seit Jahrhunderten die Stadt Krakau. Vor dem Krieg gab es hier 68.000 Juden, von denen fast 4000 überlebten, nur um schon bald wieder Opfer der traditionellen Anfeindungen zu werden. Am 27. Juni 1945 wurde eine Jüdin zu einer Polizeiwache geschleppt. Ihr wurde Kindesraub vorgeworfen, eine typische antisemitische Anschuldigung, die auf die jahrhundertelang propagierten Ritualmordlegenden zurückging. Schon bald stellte sich heraus, dass die Mutter ihr Kind der Jüdin zur Aufsicht gegeben hatte. Dennoch verbreitete sich das Gerücht von der Entführung rasch weiter und wenig später war schon von Dutzenden entführten Kindern die Rede. Am 11. August 1945 kam es dann zu folgenschweren Ausschreitungen. Der Mob brach in die Kupa-Synagoge

ein, griff die zur Feier des Sabbat Versammelten an und verbrannte die Tora-Rollen. Wohnungen wurden aufgebrochen, verletzte Juden selbst im Krankenhaus noch geschlagen, die Auschwitz-Überlebende Róża Berger erschossen. Diese Vorfälle hatten eine Massenflucht zur Folge. Heute leben weniger als 200 Juden in Krakau. Von sieben Synagogen wird noch eine für reguläre Gottesdienste benutzt, an dem Anblick der anderen erfreuen sich die Touristen aus aller Welt.

Im April 1946 legte das Anglo-American Committee seinen Abschlussbericht vor und gab eine ganze Reihe von Empfehlungen. Das Komitee ging davon aus, dass Palästina nicht in der Lage sein würde, alle jüdischen Überlebenden aufzunehmen; es sah die ganze Welt in der Verantwortung dafür, diesen Menschen eine neue Lebensperspektive zu eröffnen. Gleichzeitig machten sich die Mitglieder des Komitees Gedanken über die Möglichkeit eines friedlichen Zusammenlebens von Arabern und Juden in Palästina und schlugen eine ganze Reihe von Maßnahmen vor, die auf eine Zweistaatenlösung hinausliefen. Als Sofortmaßnahme zur Linderung der größten Not befürwortete das Komitee die möglichst umgehende Einwanderung von 100.000 Holocaust-Überlebenden nach Palästina. Dieser letzte Vorschlag fand sofort die öffentliche Unterstützung von Präsident Truman, was in London keine Begeisterung auslöste. Außenminister Ernest Bevin ließ sich zu der Bemerkung hinreißen, Truman wolle nur verhindern, dass zu viele Juden nach New York kommen, und der Premierminister Clement Attlee wollte einer Forcierung der Einwanderung erst zustimmen, wenn die jüdische Bevölkerung Palästinas sich hatte entwaffnen lassen, eine Forderung, von der er genau wusste, dass sie völlig unrealistisch war. Um Zeit zu gewinnen, wurde ein weiteres Komitee eingesetzt, das herausfinden sollte, wie die Vorschläge des Anglo-American Committee umgesetzt werden konnten. Immerhin ließen die britischen Behörden ab Oktober 1946 monatlich 1500 Juden nach Palästina einreisen.

Das Mandat, das der Völkerbund der britischen Regierung 1920 übertragen hatte, wurde ihr zunehmend zur Last. Bereits am 25. Mai 1946 war Transjordanien aus dem Mandatsgebiet ausgeschieden und Abdallah I. war Herrscher des nunmehr unabhängigen Königreichs Jordanien geworden. Im Januar 1947 begann die Evakuierung aller britischen Staatsbürger aus Palästina, soweit ihre Anwesenheit im Lande nicht unbedingt erforderlich war. Am 2. April 1947 stellte Großbritannien den förmlichen Antrag an die Vereinten Nationen, sie mögen sich mit dem Palästina-Problem befassen, woraufhin eine außerordentliche Vollversammlung am 15. Mai 1947 einen Sonderausschuss, das United Nations Special Committee on Palestine (UNSCOP), einsetzte. Dieser Sonderausschuss bestand aus den Staaten Australien, Guatemala, Indien, Iran, Jugoslawien, Kanada, den Niederlanden, Peru, Schweden, der Tschechoslowakei und Uruguay. Dem Sonderausschuss fiel nichts Besseres ein, als dasselbe zu tun wie alle Kommissionen vor ihm, und im Juni 1947 nach Palästina zu fahren, um bei einem längeren Aufenthalt ein weiteres Mal die Situation im Land zu erkunden.

In seinem Abschlussbericht vom 31. August schlug das UNSCOP einstimmig vor, das britische Mandat so bald wie möglich zu beenden und nach einer Übergangsperiode unter der Aufsicht der Vereinten Nationen die Unabhängigkeit Palästinas zu proklamieren, das eine wirtschaftliche Einheit bilden solle. Über die weiteren Schritte gab es keine Einigkeit. Eine Mehrheit von acht Staaten wollte Palästina in einen arabischen und einen jüdischen Staat teilen und die Stadt Jerusalem, die als religiöses Zentrum für beide Seiten von großer Bedeutung ist, internationalisieren. Das Minderheitsvotum von Indien, Iran und Jugoslawien sprach sich für einen palästinensischen binationalen Föderativstaat aus, wobei die jüdische Einwanderung auf den jüdischen Staatsteil begrenzt werden sollte. Das Mehrheitsvotum wurde nach einer zweimonatigen Debatte im Wesentlichen zur Grundlage des Beschlusses der Vereinten Nationen vom 29. November 1947 (UN-Resolution 181), der vorsah, dass das britische Mandat spätestens zum 1. August 1948 enden sollte, und außerdem festlegte: „Spätestens am 1. Oktober 1948 entstehen in Palästina ein unabhängiger arabischer Staat und ein unabhängiger jüdischer Staat sowie das in Teil III dieses Plans vorgesehene internationale Sonderregime für die Stadt Jerusalem." 33 Staaten, unter ihnen die USA und die Sowjetunion, stimm-

ten für den Beschluss. Die Sowjetunion sah sich dadurch einem Hauptziel ihrer Politik, Großbritannien aus dem Mittelmeerraum zu verdrängen, entscheidend näher gekommen. Zehn Staaten enthielten sich und 13 Staaten stimmten gegen die Resolution, darunter alle arabischen Staaten; sie wollten, wie sie schon zuvor erklärt hatten, den „Verlust ihrer Souveränität auch nur über irgendeinen Teil ihres Landes nicht hinnehmen".

Der Abzug der britischen Mandatsmacht dauerte nicht bis zum 1. August 1948, nahm aber doch ein halbes Jahr in Anspruch. In dieser Zeit steigerten sich die Feindseligkeiten zwischen Arabern und Juden immer mehr zu einem offenen

Der UN-Teilungsplan von 1947 war die Legitimation der Völkergemeinschaft für die Gründung des Staates Israel.

223

Bürgerkrieg, zumal die 100.000 britischen Soldaten, die noch im Land waren, wenig Neigung zeigten einzugreifen. Die Regierung in London erklärte, sie sei für die Umsetzung der UN-Resolution nicht zuständig, und verhielt sich „strikt neutral". Gleichzeitig bereiteten die Führer des Jischuw, der jüdischen Bevölkerung Palästinas, die jetzt etwa 600.000 Menschen umfasste, den Aufbau einer eigenen Staatsverwaltung vor. Ein „Volksrat" und eine „Nationalversammlung" bildeten provisorisch Regierung und Parlament.

Am 14. Mai 1948 verließ Sir Allen Cunningham, der letzte britische Hochkommissar, Palästina, und noch am selben Tag proklamierte David Ben Gurion, unter einem Bild von Theodor Herzl stehend, die Unabhängigkeit. Das war die Geburtsstunde des Staates Israel. Der 1886 in Warschau geborene Ben Gurion hatte von 1935 bis 1948 die Jewish Agency for Palestine (heute: Jewish Agency for Israel) geleitet, die sich um die Immigranten, den Bau neuer Siedlungen, die Entwicklung der Infrastruktur, Erziehung und Kultur gekümmert hatte. Jetzt wurde Ben Gurion Ministerpräsident und zugleich Verteidigungsminister. Wenige Stunden später marschierten Streitkräfte aus Jordanien, Syrien, dem Libanon, Ägypten und dem Irak ein, um die Enstehung des Staates Israel in letzter Minute zu verhindern. Der Großmufti von Jerusalem, Amin el-Husseini, als Präsident des Muslimischen Oberrates höchste religiöse Autorität, rief die Araber dazu auf „gemeinsam über die Juden herzufallen und sie zu vernichten".

Der Großmufti war ein entschiedener Parteigänger der Nationalsozialisten gewesen, er hatte immer wieder judenfeindliche Ausschreitungen angezettelt und war auch Drahtzieher der Unruhen von 1936 gewesen. 1941 musste el-Husseini wegen seiner Beteiligung an einem fehlgeschlagenen prodeutschen Putsch im Irak fliehen. Am 28. November 1941 wurde er von Hitler empfangen, der ihm versicherte, sobald die deutschen Truppen den Südausgang Kaukasiens erreicht hätten, sei die Stunde der Freiheit für die arabischen Völker gekommen. Die deutschen Truppen kamen diesem Ziel zwar nahe, erreichten es aber nicht. El-Husseini war mehrfach in die Judenvernichtung involviert und wurde nach Kriegsende als Kriegsverbrecher gesucht. Es gelang ihm aber, 1946 nach Ägypten zu fliehen und von dort nach Palästina zurückzukehren. Der Großmufti spielte eine unheilvolle Rolle in den jüdisch-arabischen Beziehungen, insbesondere weil er stets einen Maximalismus vertrat, der

Staatsgründung Israels im Beth Dizengoff, dem als Kunstmuseum dienenden Wohnhaus des ehemaligen Bürgermeisters von Tel Aviv Meir Dizengoff: David Ben Gurion (Mitte, unter dem Porträt von Theodor Herzl) verliest die Unabhängigkeitserklärung Israels, 14. Mai 1948.

Appell an die Juden in den Besatzungszonen Deutschlands zur Solidarität mit dem gerade gegründeten Staat: Der III. Kongress der befreiten Juden ruft zum Dienst für Israel auf. Aufnahme Alex Hochhäuser, Bad Reichenhall 1948.

in jedem noch so vernünftigen Kompromiss eine Niederlage sah und Verhandlungslösungen praktisch unmöglich machte. Im Ergebnis erreichten die Araber oftmals weniger, als ihnen zunächst vorgeschlagen worden war.

Im Unabhängigkeitskrieg, der – unterbrochen von mehreren Waffenstillstandsperioden – mehr als ein Jahr dauerte, wehrten sich die israelischen Streitkräfte mit erstaunlichem Erfolg gegen die arabischen Armeen. Sie eroberten auch Gebiete, die nach dem Teilungsplan der Vereinten Nationen den Arabern zugefallen wären. Am Ende kontrollierten sie ein Gebiet, das etwa um die Hälfte größer war als dasjenige, das ursprünglich den jüdischen Teilstaat hätte ausmachen sollen, unter anderem auch den Westteil von Jerusalem, das eigentlich als Ganzes hatte internationalisiert werden sollen. Unter der Federführung der Vereinten Nationen wurden 1949 auf Rhodos Waffenstillstandserklärungen zwischen Israel einerseits und Ägypten, Jordanien, dem Libanon und Syrien andererseits unterzeichnet. Von einem palästinensischen Staat war nun keine Rede mehr. Das Westjordanland einschließlich des Ostteils von Jerusalem mit der Altstadt fiel stattdessen an Jordanien, der Gazastreifen kam unter ägyptische Verwaltung. Die 1949 vereinbarten Waffenstillstandslinien wurden im Jahr darauf durch ein Dreimächteabkommen von den USA, Großbritannien und Frankreich garantiert. Die Westmächte wollten so zu einer Befriedung der Situation beitragen und einen Rüstungswettlauf im Nahen Osten verhindern.

Am 25. Januar 1949 fanden die ersten Wahlen zur Knesset, dem israelischen Parlament, statt und am 11. Mai 1949 wurde Israel als 59. Mitglied in die Vereinten Nationen aufgenommen. Erster Präsident des Staates Israel wurde Chaim Weizmann, der aus dem weißrussischen Pinsk stammte und seit 1921 Präsident der Zionistischen Weltorganisation gewesen war.

Gelöst ist der israelisch-arabische Konflikt bis heute nicht. Was der jüdische Philosoph Martin Buber vor beinahe 100 Jahren gesagt hat, ist unverändert aktuell: „Das Nebeneinander zweier Völker auf dem gleichen Territorium muss aber, wenn es sich nicht zum Miteinander entfaltet, zum Gegeneinander ausarten." Da das Nebeneinander aber nun mal eine gegebene Tatsache ist, gibt es zum Miteinander keine Alternative. Ob wir es noch erleben werden, dass diese Erkenntnis sich durchsetzt, ist eine andere Frage.

Manfred Jehle

Der Weg in die Unabhängigkeit: Süd- und Südostasien

Indien und die Länder Südostasiens standen am Ende des Zweiten Weltkriegs vor der Unabhängigkeit, selbst wenn europäische Kolonialmächte es noch nicht wahrhaben wollten. Unter den demokratischen Staatschefs war Franklin D. Roosevelt der einzige, der davon überzeugt war. Er hielt Indochina für ein Beispiel kolonialer Misswirtschaft und Ausbeutung. Dabei war Roosevelt hellsichtig genug, zu erkennen, dass die Unabhängigkeit auch Risiken mit sich bringen würde: Die Gebiete waren historisch, ethnisch, kulturell und religiös keine Einheiten, meist waren sie erst durch ihre

Kolonialverwaltungen zu Territorien zusammengefügt worden. Um Konflikten vorzubeugen, wollte Roosevelt arbeitsfähige, stabile Regierungen, Parlamente, Gerichte und Verwaltungen schaffen, deren demokratische Strukturen die unterschiedlichen Interessen integrieren und die wirtschaftliche Entwicklung fördern sollten. Dafür und auch zum Ausgleich der zu erwartenden Grenzkonflikte mit den Nachbarn sollten die Vereinten Nationen in einer Übergangsfrist die Aufsicht übernehmen. Das waren kluge Überlegungen, wie die Jahre nach dem Kriegsende zeigen sollten.

Der Krieg ist aus, in Südostasien haben die Kolonialmächte gesiegt: Ein japanischer Offizier übergibt zum Zeichen der Kapitulation sein Schwert an einen britischen Offizier, Saigon 1945.

Roosevelts Plan fand dennoch bei den europäischen Regierungen und bei den meisten Unabhängigkeitsbewegungen wenig Zustimmung. Die Befreiungsbewegungen wollten nicht mehr abwarten, die Kolonialmächte hielten ihre Herrschaft für historisch und vertraglich legitimiert. Sie wollten nach dem Sieg über die Achsenmächte keine Niederlage durch die Befreiungsbewegungen hinnehmen, denen sie zudem Kollaboration mit den japanischen Besatzern vorwarfen. Es gab zwar auch Befreiungsbewegungen, die bewaffnet gegen die Japaner gekämpft hatten, sie galten aber als Rebellenverbände, denen eine so ernste Aufgabe wie die Staatsbildung nicht anvertraut werden sollte. Im Laufe der wachsenden Entfremdung zwischen der Sowjetunion und den westlichen Siegermächten wurden sie zudem verdächtigt, kommunistisch dominierte Vereinigungen zu sein. Anders als am Ende des Ersten Weltkriegs spielte die Beteiligung der Kolonialvölker am Zweiten Weltkrieg keine Rolle in der politischen Auseinandersetzung um ihre Unabhängigkeit. Nicht einmal die Tatsache, dass viele Inder in der British India Army kämpften, war als Argument zugunsten Indiens zu gebrauchen. Denn der Indian National Congress (INC), die bedeutendste indische Organisation, die für das Ende der Kolonialherrschaft kämpfte, hatte sich 1942 gegen eine Unterstützung der Alliierten ausgesprochen und stattdessen zur Quit-India-Kampagne gegen die Briten aufgerufen. Das Ergebnis war die Inhaftierung der INC-Führung bis zum Ende des Zweiten Weltkriegs.

Indiens Weg aus der Kolonialherrschaft

Bis 1858 wurde Indien von der East India Company beherrscht. Sie bestand seit Beginn des 17. Jahrhunderts als Handelsgesellschaft englischer Kaufleute, die durch königliche Privilegien und durch Verträge mit indischen Fürsten Handelsmonopole und obrigkeitliche Befugnisse an den Küsten des Subkontinents erwarb. Ein Aufstand im Norden Indiens 1857 leitete die Übertragung der Kolonialverwaltung auf den britischen Staat ein. Das Parlament beschloss 1858 den Government of India Act, entzog der Company das Mandat und richtete das Amt des Indien-Ministers (Secretary of State for India) in London ein. An die Stelle des Generalgouverneurs der East India Company trat der Vizekönig (Viceroy), der das Weisungsrecht gegenüber den Gouverneuren der Provinzen hatte. Gegen die Kolonialherrschaft bildete sich eine Unabhängigkeitsbewegung, die schnell an Bedeutung gewann. 1885 wurde der Indische Nationalkongress gegründet, der beanspruchte, alle Religionsgemeinschaften und sozialen Schichten zu vertreten, und der als politische Partei bis heute besteht.

In der Zeit zwischen den Weltkriegen wurde die indische Unabhängigkeitsbewegung zu einem Vorbild für erfolgreichen Widerstand gegen Kolonialregime. Besonders die charismatische Ausstrahlung von Mohandas Karamchand (genannt Mahatma) Gandhi reichte weit über Indiens Grenzen hinaus. Der koreanische

Links: Die grausame Unterdrückung des Aufstands der Sepoy, der indischen Soldaten der East India Company, beendete auch die Herrschaft der Handelsgesellschaft: 1858 wurde Indien eine Kolonie Großbritanniens.

Rechts: Das japanische Propaganda-Korps Sendenbu nutzt das Motiv der Exekutionen durch die East India Company zur Agitation gegen die Kolonialmacht, ca. 1944.

An der indischen Unabhängigkeitsbewegung beteiligen sich auch Frauen und verlangen zugleich ihre rechtliche und politische Gleichstellung, kolorierte Aufnahme ca. 1927.

Dichter Yi Kwang-su, „eine Vatergestalt der modernen koreanischen Literatur" (Kim Seongkon), schrieb in seiner Autobiografie, als er 1922, im Alter von dreißig Jahren, aus Shanghai nach Korea zurückkehrte, „träumte ich davon, ein Gandhi für mein Land zu sein". Es war gerade drei Jahre her, dass Gandhi sich nach dem Massaker von Amritsar (Punjab) am 13. April 1919 zum Engagement in der Unabhängigkeitsbewegung entschlossen hatte. Das „Blutbad, das jede Hoffnung auf eine aufbauende und bleibende Freundschaft zwischen England und Indien für viele Jahre zunichte machte" (Aga Khan), hatte mehr als 370 Demonstranten das Leben und 1200 die Gesundheit gekostet. Dieser Exzess blieb zwar eine Ausnahme in der Ordnungspolitik des British Raj, der Herrschaft Britanniens in Indien, aber gerade deshalb wurde er zum Ausdruck von kolonialem Unrecht, in Erinnerung gerufen in Reden, Liedern und Dramen.

In Amritsar, heute in Pakistan direkt an der Grenze zu Indien, waren viele muslimische Inder unter den Opfern gewesen. Gandhi war stets um eine gleichberechtigte Beteiligung aller Religionsgruppen an der Unabhängigkeitsbewegung bemüht. Die wichtigste Gemeinschaft neben den Hindus, zu denen Gandhi selbst gehörte, waren die Muslime, zu denen fast ein Drittel der Bevölkerung Indiens zählte. 1920 entschloss sich Gandhi, die „Kalifat"-Bewegung indischer Muslime zu unterstützen. Zu dieser Zeit verstanden

sich deren Anhänger als fromme Muslime und patriotische Inder. Noch 1930 schrieb ihr Anführer, Muhammed Ali: „Ich gehöre zu zwei Kreisen von gleicher Größe, die nicht konzentrisch sind. Einer ist Indien und der andere ist die muslimische Welt (...) Wir gehören zu diesen Kreisen, und wir können keinen von beiden verlassen." Muhammad Ali Jinnah, der Führer der All-India-Muslim-Liga, hatte allerdings kein Verständnis für die Kalifat-Bewegung. Sie war nicht aus dem Unabhängigkeitskampf in Indien entstanden, sondern als Reaktion auf den Zerfall des Osmanischen Reichs und die Demütigung des Sultans 1919 durch die Alliierten. In der Verfassung von 1876 hatte sich der Sultan zum „Kalifen und Hüter der islamischen Religion" erklärt, um angesichts der Auflösungserscheinungen des Reichs eine religiöse Legitimation zu schaffen. Diesen neuen, durch keine Tradition begründeten universellen Anspruch wiesen die meisten arabischen Geistlichen und ebenso die meisten Muslime in Indien als Anmaßung zurück.

Gandhis Unterstützung für die Kalifat-Bewegung im Jahr 1920 zeigte zwar seine Offenheit den Muslimen gegenüber, aber auch seine Hilflosigkeit angesichts zunehmender Missverständnisse. Zu dieser Zeit sprachen Hindu-Nationalisten schon lange von einer Tradition Indiens, die hinduistisch und nicht muslimisch sei. Auch Gandhis Engagement vermittelte den Eindruck, die muslimische Kultur nicht auf Indien, sondern auf Bagdad und Istanbul zu beziehen. Jinnah und die säkular orientierte Muslim-Liga bezogen sich dagegen auf eine jahrhundertealte indische Tradition, in der es viele Religionsgemeinschaften gab, von denen keine allein die nationale Kultur repräsentieren konnte. Gefährdet wurde das Projekt einer säkularen Nation unter Einschluss aller Religionsgruppen anfangs nicht durch Muslime, sondern durch Hindu-Nationalisten, die seit der zweiten Hälfte des 19. Jahrhunderts die exklusive „Nationalisierung der Hindu-Tradition" (Vasudha Dalmia) betrieben und dabei die Muslime aus einer neu konstruierten indischen Nationalkultur hinausdrängten. Das hatte fatale Folgen, als die Muslim-Liga ebenfalls damit begann, aus der Religion ihre eigene Nation herzuleiten. Seit 1940 sprachen Jinnah und die Muslim-Liga vom Nationalstaat „Pakistan", der aus den mehrheitlich muslimischen Provinzen im Norden Indiens geschaffen werden sollte. „Pakistan" war kein historischer, sondern ein neu geschaffener Name, der aus Namensbestandteilen der muslimisch dominierten Regionen Punjab, Kaschmir, Sind und Baluchistan zusammengesetzt wurde.

Die „Nationalisierung der Hindu-Kultur" hatte von Anfang an eine antimuslimische Tendenz. Die Anfänge reichen in das frühe 19. Jahrhundert zurück, im 20. Jahrhundert entstand daraus der bekannte indische „Kommunalismus", der die Religionsgemeinschaften im politischen Leben berücksichtigte. Der Indian Council Act des britischen Parlaments verfügte 1909 für die Wahlen zu Vertretungsorganen der indischen Bevölkerung auf Provinz- und Zentralebene, dass sich die Sitzverteilung nach den Anteilen der Religionsgruppen zu richten habe. Dieses Gesetz war die Reaktion auf die wachsende Entfremdung zwischen Hindus und Moslems und förderte die Spaltung noch.

Die neue, hinduistisch geprägte Nationalkultur war ein Konstrukt, geschaffen auf der Grundlage der Umgangssprache „Hindi", die jedoch kein alter indischer Dialekt war, sondern eine von Europäern künstlich aus dem älteren Hindustani geschaffene Sprache. Die Anfänge des Hindi lagen in den Verständigungsproblemen der britischen Kolonialbeamten. Es gab in Indien zahlreiche Dialekte der Regionen und der sozialen Gruppen. Die am weitesten verbreitete Sprache war Hindustani, das in den Städten von den Mittelschichten, die wirtschaftlich mit anderen Regionen verbunden waren, gesprochen wurde. Hindustani war entsprechend seiner überregionalen Funktion von Elementen aller traditionellen Sprachen, insbesondere der hinduistischen und muslimischen Sprachgeschichte beeinflusst. Zur Ausbildung der Kolonialbeamten wurde 1800 in Kalkutta ein College eingerichtet, für das der „Prem Sagar" (eine Erzählung über Krishna) so bearbeitet wurde, dass aus der Umgangssprache alle arabischen und persischen Elemente getilgt und durch Begriffe aus anderen Hindu-Dialekten ersetzt wurden. Das Ergebnis wurde 1810 als erstes literarisches Werk in Hindi veröffentlicht. 1818 erschien als zweites Werk das Neue Testament. Das Ergebnis, so schrieb 1889 der britische Linguist Sir George Grierson, „war eine neu erfundene Sprache, mit der Grammatik der Ursprungssprache, einem aber fast vollständig ausgetauschten Vokabular".

Der Aufstand im Norden Indiens 1857 und die 1858 erfolgte Umwandlung in eine Kolonie der britischen Krone motivierte religiös und literarisch gebildete junge Hindus, das Kolonialprojekt einer allgemeinen Umgangssprache aufzugreifen und sie zur „Nationalsprache" zu entwickeln. Es führte erstaunlich schnell zum Erfolg. Aus der gemeinsamen Sprache von Hindus und Muslimen entstanden das sprachbereinigte Hindi und das Urdu, heute die Sprache der Muslime, die die meisten Elemente des älteren Hindustani bewahrt hat. George Grierson war Ende des 19. Jahrhunderts verblüfft über die schnelle Durchsetzung einer von Europäern erfundenen Hybridsprache („that wonderful hybrid language known to Europeans as Hindi, and invented by them"), die heute von ca. 41 Prozent der indischen Bevölkerung als Muttersprache angegeben wird.

Anfangs folgte der Entzweiung des Sprachgebrauchs noch nicht die Zwietracht zwischen hinduistischen und muslimischen Aktivisten. An der Gründung des Indischen Nationalkongresses 1885 nahmen zahlreiche Muslime teil. Als 1905 die Kolonialverwaltung Bengalen entsprechend den Mehrheitsverhältnissen der Religionsgruppen teilte, wurde 1906 als Interessenverband der Muslime die Muslim-Liga gegründet, ohne dass deren Gründer deshalb den INC verließen. Die Verbitterung wurde aber 1928 deutlich, als der Nationalkongress über einen Antrag einer Gruppe um Motilal Nehru, Vater von Jawaharlal

Muhammad Ali Jinnah und Mahatma Gandhi: trotz politischer Differenzen zeitlebens freundschaftlich verbunden, September 1944.

Nehru, debattierte. Nehru schlug die Abschaffung der getrennten Wählerlisten des „Kommunalismus" vor. Stattdessen sollte Vorsorge für einen säkularen Staat, Religionsfreiheit und das Verbot der Diskriminierung aus religiösen Gründen getroffen werden. Für die Muslim-Liga verlangte Muhammad Ali Jinnah hingegen die Aufrechterhaltung der getrennten Wählerlisten und außerdem die Anerkennung des Urdu als Amtssprache. Als diese Anträge abgelehnt wurden, verließen die Muslime die Konferenz.

Mit Jinnah stimmte Gandhi in der Frage der Zugehörigkeit der Inder verschiedener Religionen zu der einen unteilbaren Nation überein. Er beanspruchte nie, für den Hinduismus zu sprechen, und wollte auch kein hinduistisches Indien. Das brachte ihn in Gegensatz zu den Hindu-Nationalisten, die ihn schließlich sogar ermorden sollten. Dennoch stand auch Gandhi mit seiner Lehre der Wahrheitssuche und Wahrheitskraft, mit seiner Askese und seinem Ashram in Ahmedabad (heute Bundesstaat Gujarat) in hinduistischer Tradition, wenngleich er passiven Widerstand

und Verzicht auf Gewalt, gegründet auf die „Kraft der Wahrheit" (satyagraha), als Ausdruck einer universellen Moral lehrte.

Gandhis Ansehen stieg, unabhängig von der Religionszugehörigkeit, auch außerhalb Indiens. Der 1915 geborene indonesische Dichter H. Karkono Kamajaya berichtete, er habe in den Dreißigerjahren ein Gedicht für einen Krontjong-Song mit dem Titel „Swadeshi" geschrieben: „Swadeshi war eine Gandhi-Bewegung, und wir wussten alles darüber." Es war der Ausdruck für ökonomische Selbstbestimmung, die Ablehnung importierter zugunsten einheimischer Waren. Tatsächlich war Swadeshi schon vor Gandhi eine Widerstandsform, sie wurde aber später mit seinem Namen verbunden. Karkono kannte auch den Begriff „Ahimsa", der Gandhis Gewaltlosigkeit bezeichnete. Zum Schreiben des Gedichts aber motivierte ihn Swadeshi, der Ausdruck des aktiven (und nicht des passiven) Widerstands. Der 1914 geborene Roeslan Abdulgani, Unabhängigkeitsaktivist in Indonesien und später Minister in Sukarnos Regierung, erzählte von seinem Vater, der 1930 im Zentralorgan der Great Indonesia Party einen Bericht über den „Salzmarsch" Gandhis fand: „Mein Vater las den Artikel meiner Mutter vor, sie redeten darüber und ich hörte zu. Dann nahm mein Vater die Zeitung – auf der Seite war ein Bild von Mahatma – er schnitt das Bild heraus und befestigte es an der Wand."

Die Selbstversorgung brachte Gandhi täglich mit seinem Spinnrad zum Ausdruck: Darauf spann er die Fäden, aus denen er seine Kleidung herstellen ließ. Legendär aber wurden seine großen Kampagnen. 1922 protestierte er in der Provinz Gujarat gegen Steuererhöhungen. Eine Demonstration im Dorf Chauri Chaura endete jedoch mit dem Abbrennen der Polizeistation, in der mehrere Polizisten starben. Gandhi brach die Kampagne sofort ab, was ihm Vorwürfe der Hindu-Nationalisten und der INC-Führung einbrachte. Eine andere Großveranstaltung war der „Salzmarsch" (Salz-Satyagraha) 1930, der fast 400 Kilometer von seinem Ashram in Ahmedabad nach Dandi (beide in der Provinz Gujarat) führte. Dort zeigte Gandhi, dass Salz aus dem Meerwasser zu gewinnen war und dass auf das von den Briten importierte und durch ein Monopol privilegierte teure Salz verzichtet werden konnte.

Mahatma Gandhi verlässt mit seiner Enkelin Tara und deren Freundin Urmila Mehta eine Demonstration der spinnenden Zunft, die zur Eröffnung der nationalen Woche in der Bhangi Kolonie in Neu Delhi stattfand. Links seine andere Enkelin Sita und rechts Pandit Jawaharlal Nehru, 19. April 1946.

Während des Zweiten Weltkriegs hielt Gandhi der britischen Forderung, dass sich Indien am Krieg beteiligen solle, entgegen, dass eine freie Entscheidung des indischen Volkes für die Kriegsteilnahme nur dann möglich sei, wenn das Land unabhängig sei. In seiner berühmten „Quit India Speech" am 8. August 1942 im Gowalia Tank Maidan, einem Park in Bombay, forderte er die Briten auf, das Land zu verlassen. Am Tag darauf ließen die Kolonialbehörden Gandhi und die gesamte Führung des INC verhaften. „Quit India" wurde dennoch zum Stichwort für eine neue Massenbewegung des Ungehorsams und Widerstands. Gandhi wurde zwei Jahre später schwer krank aus der Haft entlassen. Die politische Aufmerksamkeit galt jetzt aber weniger dem Abzug der Briten, der für selbstverständlich angesehen wurde, als der künftigen Staatsbildung. Die Muslim-Liga verlangte, dass aus den mehrheitlich muslimischen Regionen im Norden (Punjab, Baluchistan, Sind, Kaschmir, Bengalen) ein eigener Staat mit Namen „Pakistan" gegründet werde. Gandhi versuchte vergeblich, Jinnah bei einem Treffen in Bombay für ein einheitliches unabhängiges Indien zurückzugewinnen.

Am Ende des Krieges gab die britische Verwaltung bekannt, dass sie Indien so bald als möglich in die Unabhängigkeit entlassen wolle. Gandhi erklärte daraufhin den Kampf für beendet. 100.000 politische Gefangene, unter ihnen auch die noch immer inhaftierte INC-Führung, wurden freigelassen. Jetzt ging es um die Frage, welche Regionen am Tag der Unabhängigkeit indisch und welche pakistanisch sein sollten. Am 16. August 1946 rief Jinnah in Kalkutta zur „Direct Action" für einen unabhängigen muslimischen Staat auf. Nach drei Tagen der Gewalt lagen circa 20.000 tote Hindus und Muslime in den Straßen der Stadt. Dieses Ereignis soll das Signal für Premierminister Clement Attlee gewesen sein, den Rückzug Großbritanniens aus der Kolonie so schnell wie irgend möglich abzuschließen. Am 20. März 1947 traf Lord Louis Mountbatten, zusammen mit seiner Frau Edwina und Tochter Pamela, in Delhi ein, um als Viceroy den Gang in die Unabhängigkeit vorzubereiten. Jawaharlal Nehru, der Vorsitzende des INC und erste Ministerpräsident Indiens, soll ihn als Wunschkandidaten für diese Aufgabe genannt haben.

Mahatma Gandhi mit Lord Louis und Lady Edwina Mountbatten, April 1947. Lady Edwina war an der Verständigung mit der indischen Unabhängigkeitsbewegung entscheidend beteiligt.

Schon am 31. März und wieder am 1. April 1947 trafen Mountbatten und Gandhi zusammen. Der Vizekönig war tief beeindruckt und meinte später, Gandhi würde in die Geschichte auf einer Stufe mit Christus und Buddha eingehen. Fotos von den Treffen zeigen, dass zwischen ihnen von Anfang an Einvernehmen herrschte. Dazu trugen auch Edwina und Pamela bei, die voller Bewunderung für Gandhi waren. Als sie gemeinsam den Palast des Vizekönigs in Delhi betraten, stützte sich Gandhi, der schon gebrechlich war, auf Edwinas Schultern, wie er es sonst nur bei seiner Nichte tat. Edwina unterhielt auch ein sehr enges, vertrauensvolles Verhältnis zu Nehru, der ihr zahllose Briefe schrieb und sie um Rat fragte. Als sie 1960 starb, erhoben sich die Mitglieder der beiden Häuser des indischen Parlaments und gedachten ihrer in einer Schweigeminute. An ihrer Bestattung in der See vor Portsmouth nahm eine Fregatte der indischen Navy teil, deren Seeleute einen Blumenkranz Nehrus in die See warfen.

Mit Muhammad Ali Jinnah, dem Vorsitzenden der Muslim-Liga, traf Mountbatten erstmals am 5. April zusammen. Mountbatten war entschlos-

Links: Muhammad Ali Jinnah verliest die Erklärung der Unabhängigkeit und Staatsgründung Pakistans, neben ihm sitzend Louis Mountbatten, 15. August 1947.

Rechts: Vizekönig Louis Mountbatten übergibt die Unabhängigkeitsurkunde an Pandit Jawaharlal Nehru, 15. August 1947.

sen, zwischen den Religionsgemeinschaften zu vermitteln und einen einzigen Staat in die Unabhängigkeit zu entlassen. Weder der Vizekönig noch seine Frau konnten aber zu Jinnah eine vertrauensvolle Beziehung herstellen. Die Unterschiede im Verhältnis des höchsten britischen Beamten zu seinen indischen Verhandlungspartnern ließ sich schon an der Körpersprache erkennen. Während Gandhi und Nehru in – nach europäischen Maßstäben – unkonventioneller Kleidung auftraten, war Jinnah äußerst förmlich und machte in seinen dreiteiligen Anzügen einen strengen und distanzierten Eindruck. Ihr Vater, schrieb Pamela Mountbatten später, sei vom INC immer um Rat und Hilfe gebeten worden, Jinnah hingegen habe versucht, ihn von wichtigen Vorgängen fernzuhalten.

Am 16. April rief der Vizekönig die Provinzgouverneure zur All India Governor's Conference zusammen. Der Eindruck, den selbst die Gouverneure aus den ruhigeren Landesteilen mitbrachten, war, dass sie alle „auf dem Kraterrand eines Vulkans" saßen. Im Punjab brannten längst die kleinen Städte, aus denen die Sikhs und Hindus flohen. Umgekehrt wurden aus den benachbarten Provinzen die Muslime nach Westen vertrieben. Mountbatten schrieb nach seinem Besuch in den Unruhegebieten, er habe sich bisher über „das Ausmaß des Horrors" keine Vorstellung machen können.

Am 3. Juni 1947 akzeptierten die indischen Verhandlungspartner den Mountbatten-Plan zur Errichtung zweier Staaten, am 4. Juni wurde er auf einer Pressekonferenz veröffentlicht. Am 15. August 1947 wurde die Kolonialherrschaft beendet. Indien und Pakistan (einschließlich Ostpakistan, seit 1971 Bangladesh) wurden als Dominions, definiert als „autonome Gemeinschaften innerhalb des Empire", unabhängig. Im Jahr darauf wurden beide Staaten souverän und gehörten nun dem britischen Commonwealth of Nations an. Mountbatten trat 1947 als Vizekönig ab, in Indien wurde er auf Bitten des Ministerpräsidenten Nehru bis zur völligen Souveränität 1948 Generalgouverneur. Jinnah, der erste Ministerpräsident Pakistans, bot Mountbatten diese Ehre nicht an und übernahm die Funktion des Generalgouverneurs selbst. Nach der Staatsbildung wurde der Bevölkerungsaustausch systematisch fortgeführt: 14,5 Millionen Menschen mussten ihre Heimat verlassen. Aus Indien zogen 6,5 Millionen Muslime nach West-Pakistan und 0,7 Millionen nach Ost-Pakistan. Nach Indien kamen 4,7 Millionen (meist Hindus und Sikhs) aus West-Pakistan und 2,6 Millionen aus Ost-Pakistan. Bei Unruhen kamen Hunderttausende Menschen ums Leben, die Schätzungen reichen von 250.000 bis zu einer Million Todesopfern.

Die von Mountbatten angeordneten Verhandlungen über die Festlegung der Grenzen wurden von beiden Staaten hinausgeschoben. Stattdessen gab es Krieg. Am 22. Oktober 1947 überschritten Stammeskrieger, meist Paschtunen, unterstützt von irregulären pakistanischen Streitkräften die Grenze zu Kaschmir. Dort regierte noch der souveräne Maharaja Hari Singh, der vergeblich verlangt hatte, Kaschmir zum dritten souveränen Staat zu erklären. Die Mehrheit der Bevölkerung war muslimisch, der Fürst ein Hindu. Der Urgroßvater Hari Singhs, Dografürst Gulab Singh, hatte Kaschmir und Jammu 1846 von den Briten für eine Million Pfund gekauft. Nach der Invasion aus Pakistan bat Hari Singh Indien um militärische Unterstützung. Die indische Regierung sagte Hilfe zu, verlangte aber den Anschluss Kaschmirs an Indien, den Hari Singh notgedrungen erklärte. Das war der Beginn des Ersten Kaschmirkrieges zwischen Indien und Pakistan. Er sollte bis in den Januar 1949 dauern und mit einem Waffenstillstand enden. Das Ergebnis war die Teilung Kaschmirs entlang der Waffenstillstandslinie unter Vermittlung der Vereinten Nationen. Die Konflikte dauern bis heute an, auch wenn Indien nach erneuten Feindseligkeiten 2003 und 2004 einen „Kontrollzaun" errichtet hat, der nach dem Muster der früheren innerdeutschen Grenze aus zwei Zäunen besteht, mit elektrisch geladenen Drähten und Minenfeldern gesichert. Deshalb wird die Grenzsicherung auch „Asia's Berlin Wall" genannt.

Mahatma Gandhi verfolgte die Vorgänge mit wachsender Verzweiflung und fiel ihnen schließlich selbst zum Opfer. Auch nach dem Beginn des Kaschmirkrieges blieb er dabei, dass die Konflikte zwischen den früheren Partnern der Befreiungsbewegung friedlich zu lösen sollten. Deshalb protestierte er dagegen, dass Indiens Regierung die vertraglich vereinbarte Teilung der Staatskasse und die Auszahlung an Pakistan stornierte, und kündigte einen Hungerstreik an. Hindu-Nationalisten beschlossen angesichts seiner standhaften Friedfertigkeit seine Ermordung. Am 30. Januar 1948 wurde er mit drei Schüssen getötet. Manche Hindu-Nationalisten feiern dieses Datum des feigen Mordes noch heute als nationalen Erweckungstag.

Den Briten und besonders Lord Mountbatten ist vorgeworfen worden, mit ihrer hastigen Beendigung des Kolonialregimes die Gewalttaten und Vertreibungen mit verursacht zu haben. Dieser Vorwurf wurde auch in die Vergangenheit ausgedehnt: Durch die Entwicklung der künstlichen Hindi-Sprache hätten britische Missionare und Beamte die bis dahin friedlich zusammenlebenden Religionsgemeinschaften entfremdet und Britisch Indien durch die Schürung von Konflikten destabilisiert. Heute bemühen sich hinduistische, muslimische und säkular gesinnte Intellektuelle eher darum, die Schuldzuweisungen zu beenden, sich der verhängnisvollen Aufteilung der indischen Nationalkultur zwischen den Hindi und Urdu sprechenden Menschen bewusst zu werden und in beiden Ausformungen der Alltagssprache wieder das Verbindende und den gemeinsamen Ursprung zu suchen.

Die erste große außenpolitische Unternehmung des gerade unabhängig gewordenen indischen Staates hatte 1947 das Ende des Kolonialkrieges in Indonesien zum Ziel. Gemeinsam mit Australien setzte Indien Verhandlungen über die Zukunft der Inselwelt durch. Die Größe Indiens, die Bevölkerungszahl (1950: 350 Millionen = 14 Prozent der Weltbevölkerung), die Stabilität des politischen Systems und nicht zuletzt die Erfolgsgeschichte der Unabhängigkeitsbewegung seit der Gründung des INC 1885 machten Indien von Anfang an zu einem einflussreichen internationalen Partner.

Auch nach der Gründung der zwei Staaten gehen die Unruhen und Vertreibungen weiter: eine verwüstete Geschäftsstraße in Lahore (West-Punjab, Pakistan), 25. August 1947.

Die innere territoriale Einheit Indiens war mit der Unabhängigkeit 1947/48 allerdings nicht vollendet. Es fehlten noch die mehr als 600 kleinen und großen autonomen Herrschaften und Fürstentümer, die mit den britischen Kolonialherren gewöhnlich vertrauensvoll kooperiert hatten. Die Fürsten mussten eine Erklärung abgeben, zu welchem der beiden Staaten sie künftig gehören wollten. Die Erklärung des Maharaja von Kaschmir, sich der indischen Union anzuschließen, löste zwar den ersten Kaschmirkrieg aus. In den meisten anderen Fällen ging die Unterordnung jedoch friedlich vonstatten. Der muslimische Nizam von Hyderabad allerdings, der mächtigste unter den autonomen Fürsten, regierte mitten auf dem Sub-

His Exalted Highness Asaf Jah VII. (Osman Ali Khan), Nizam von Hyderabad, schwört seine Treue zur Republik Indien, 2. Februar 1950.

kontinent ein Land, das mehrheitlich von Hindus bewohnt war. Er entzog sich einer Erklärung, die nur den Anschluss an Indien bedeuten konnte, und ließ sich aus Pakistan mit Waffen beliefern. Die indische Regierung setzte am 13. September 1948 Polizeitruppen ein und ließ das Land des Nizam innerhalb von vier Tagen besetzen. Das war das Ende einer Dynastie, deren Fürsten von Queen Victoria im 19. Jahrhundert noch mit dem Ehrentitel „His Exalted Highness" ausgezeichnet worden waren. Lord Mountbatten war als Verwandter des britischen Königshauses nicht glücklich über die Degradierung der Fürsten, konnte sie aber nicht abwenden. Seine letzte Amtshandlung als Vize-

könig, wenige Stunden bevor er seine Macht der indischen Regierung übergab, war die Ernennung der Begum von Palampur zur Highness. Ihr Gatte, der Nawab von Palampur, war vom Colonial Office immer wieder abgewiesen worden, weil die Gattin bürgerlicher Herkunft war und dazu auch noch aus Australien stammte. Mit der Erhebung der Begum nahm der Vizekönig 1947 seinen standesgemäßen Abschied.

Burma

Zusammen mit Indien wurde auch Burma in die Unabhängigkeit entlassen. 1937 war das Land von British India getrennt und als eigene Kolonie verwaltet worden. Es erhielt mit Ba Maw, dem langjährigen Führer der Unabhängigkeitsbewegung, einen Premierminister, der weiterhin völlige Selbstbestimmung forderte und 1940 die Beteiligung Burmas am Zweiten Weltkrieg ablehnte. Dafür sperrte ihn die britische Kolonialverwaltung ein. Seine Freiheit erhielt er 1942 wieder: Die japanischen Besetzer holten ihn aus dem Gefängnis und machten ihn zum Regierungschef einer provisorischen Regierung, die der japanischen Militäradministration unterstand. Als 1945 die britischen Truppen Burma wieder besetzten, floh Ba Maw nach Japan, kehrte aber später zurück. Er gründete die Greater Burma Party, konnte aber keine verantwortliche politische Funktion mehr ausüben.

Im Januar 1947 wurden in Burma Wahlen zu einer verfassungsgebenden Versammlung durchgeführt. Im April fanden Parlamentswahlen statt, bei denen die Anti-Fascist People's Freedom League (AFPFL) unter Aung San die Mehrheit errang. Aung San wurde Premierminister des Executive Council. Er sollte bereits am 19. Juli 1947 mit mehreren Ministern von uniformierten Putschisten ermordet werden. Seitdem ist der 19. Juli als Martyr's Day ein Feiertag in Burma. Die Unabhängigkeit des Landes wurde am 4. Januar 1948 erklärt. Burma war an diesem großen Tag „ein vielfach gespaltenes und zerrissenes Land" (Hans-Bernd Zöllner). Bald schon begannen die Unruhen. Die ethnische Gruppe der Karen und eine starke kommunistische Bewegung hatten bis zur Unabhängigkeit große Teile des Landes kontrolliert und weigerten sich jetzt, ihre Macht an die gewählte Regierung abzugeben. Sie wurden von den Regierungstruppen zurückgedrängt und behielten nur Teile Oberburmas im Norden unter Kontrolle. Ethnische Konflikte dauerten fort in Burma, erst recht unter der Militärdiktatur seit 1962. Die Umbenennung des Landes in „Myanmar" 1989 sollte signalisieren, dass künftig alle ethnischen Gruppen an der Verwaltung beteiligt würden. Aber erst in jüngster Zeit gelang es, einen Waffenstillstand mit den Ethnien der Karen und Kachin herbeizuführen und einen Prozess der Demokratisierung einzuleiten, in dem die Tochter des ersten Ministerpräsidenten, die Friedensnobelpreisträgerin Aung San Suu Kyi, eine entscheidende Rolle spielt.

Südostasien nach der „Großasiatischen Wohlstandssphäre"

Die japanische Expansionspolitik hatte die Unterwerfung und wirtschaftliche Ausbeutung Ost- und Südostasiens zum Ziel. Das gelang nicht, aber die nachhaltige Destabilisierung der kolonialen Herrschaft in der ganzen Region und die Stärkung der Unabhängigkeitsbestrebungen gehörten doch zu den Ergebnissen der japanischen Eroberungen. Japans Besatzungspolitik bediente sich gerne der Führungen der Freiheitsbewegungen, um Kollaborations-Regimes in den besetzten Gebieten, von Japan als „Großasiatische Wohlstandssphäre" bezeichnet, einzusetzen. 1943 wurden die Regierungschefs dieser Marionettenregimes nach Tokio zur „Großostasiatischen Konferenz" gerufen. Unter den Teilnehmern finden sich große Namen: Ba Maw als Premierminister von Burma, Subhash Chandra Bose (1927 zusammen mit Nehru Generalsekretär des INC) als Chef einer „Provisorischen Regierung des Freien Indien", José P. Laurel als Ministerpräsident der „Zweiten Philippinischen Republik". Das Königreich Thailand hatte den Prinzen Wan Waithayakon als Gesandten geschickt.

Auch unterhalb der Regierungsebene trug die Losung „Asien den Asiaten" in den besetzten Ländern dazu bei, Künstler und Literaten zur Mitarbeit an pro-japanischer Agitprop zu bewegen. Dabei ging es, wie die Künstler bald feststellten, gar nicht um „Asien den Asiaten", sondern um Japans Vorherrschaft in Asien. Daran erinnerte sich in Indonesien der Grafiker und Maler Hendro-

noto Soerono, der als Gestalter der ersten indonesischen Geldscheine berühmt wurde. Während der Okkupation zeichnete er Reklametafeln, für die ihm das japanische Propaganda-Korps Sendenbu die Motive vorgab: Alle liefen auf „Die Drei As" hinaus: „Japan Licht Asiens, Japan Befreier Asiens, Japan Zukunft Asiens".

Philippinen

Die Philippinen wurden seit 1898 von den USA als Kolonie beansprucht und nach einem Krieg seit 1902 auch wirklich von ihnen beherrscht. Seit 1935 waren sie auf dem Weg in die Unabhängigkeit, die ihnen für 1945 versprochen worden war. Die im Dezember 1941 angreifenden Japaner wurden bereits von einer schlecht ausgerüsteten, von amerikanischen Ausbildern nur unzureichend angeführten philippinischen Armee empfangen. In den folgenden Jahren kamen Millionen Menschen in die japanischen Zwangsarbeitslager, hunderttausend von ihnen kamen ums Leben. Selbst hier gelang es den Japanern, die Verwaltung des Landes philippinischen Kollaborateuren zu übertragen. José Paciano Laurel wurde Präsident der von Japan abhängigen Zweiten Philippinischen Republik. Zu dieser Marionettenregierung gehörten Politiker und Beamte, die schon zuvor zur politischen Klasse gehört hatten. Unter den Beratern von Präsident Laurel

Zwei Generationen für Freiheit und Demokratie: Aung San Suu Kyi vor einem Porträt ihres Vaters Aung San, Unabhängigkeitskämpfer gegen Japan und 1947 erster Ministerpräsident Burmas, Aufnahme ca. 1990.

235

war Manuel Roxas, der nach dem Krieg wegen Kollaboration angeklagt werden sollte, auf amerikanische Intervention hin jedoch unbehelligt blieb. Er wurde 1946 bis zu seinem Tod 1948 der erste Präsident der Dritten Philippinischen Republik. Er ordnete eine Amnestie für Kollaborateure an, die auch Laurel die Freiheit brachte. Laurel kandidierte 1949 erneut im Präsidentschaftswahlkampf und zog 1951 in den Senat ein, dem er bis 1957 angehörte.

Auf den Philippinen hatte es neben den Kollaborateuren eine Befreiungsbewegung gegeben, die außerhalb der Städte einen Guerillakrieg gegen die japanischen Besatzer führte. Die wichtigste und effektivste Gruppe war die kommunistisch dominierte Hukbalahap ("Volksarmee gegen die Japaner"). Sie wurde 1946 von der Regierungsbildung ferngehalten, ihr Anführer Luis Taruc wurde von den Amerikanern verhaftet. Dass zugleich die ehemaligen Kollaborateure unbehelligt blieben, diente der Hukbalahap als Begründung dafür, den bewaffneten Kampf auch gegen die neue Regierung fortzusetzen. Nach acht Jahren, in denen sie zeitweise mehrere philippinische Provinzen unter Kontrolle hatte, gab sie den Kampf schließlich 1954 auf.

Vietnam

In Vietnam zeigten sich die Folgen von Roosevelts Tod für die Neuausrichtung der US-Politik in der Kolonialfrage. Schon vor seinem Tod am 12. April 1945 bereiteten Franzosen und Briten in Südostasien die Wiederherstellung ihrer Kolonialregimes vor. Seit dem Herbst 1944 unterstützte Louis Mountbatten, Befehlshaber des alliierten South East Asia Command, französische Soldaten aus der Luft. "Die Amerikaner erkennen anscheinend gar nicht, wie weit wir gemeinsam mit den Franzosen schon in Indochina vorgedrungen sind", meinte im Januar 1945 ein Diplomat des britischen Foreign Office. Selbst in den US-Ministerien nahm die Sympathie für die alten Kolonialmächte zu. Joseph Grew vom State Department bemerkte, ebenfalls im Januar 1945, gegenüber einem australischen Diplomaten, er sei davon überzeugt, dass die Franzosen nach Indochina zurückkehren würden. Auf der Konferenz in Jalta im Februar 1945 verzichtete Roosevelt auf eine Wiederholung seiner Forderung nach der internationalen Aufsicht über die befreiten Kolonien. Umso mehr vertraute er darauf, dass die Entlassung der Philippinen in die Unabhängigkeit als ein Signal wirken werde, auch den anderen Ländern die Freiheit zu geben.

Links: Die "Großasiatische Wohlstandssphäre" in Südostasien sollte die Rohstoffversorgung Japans sichern. Die US-Flotte schneidet ab 1944 den Seeweg ab: Amerikanisches Flugblatt mit General Douglas MacArthur auf den Philippinen und Admiral Chester W. Nimitz auf einem Flugzeugträger, 1944.

Rechts: In den USA lässt die philippinische Exilregierung dieses Plakat in 15.000-facher Auflage verbreiten und erinnert daran, dass nicht die Amerikaner allein gegen Japan kämpfen. Entwurf von Manuel Rey Isip, 1944.

Im Krieg gegen die Japaner arbeiteten Viet Minh und Amerikaner eng zusammen. Mitglieder des amerikanischen Nachrichtendienstes OSS und ihre Verbündeten, in der Mitte (v. l.): Ho Chi Minh, Major Allison Thomas, Vo Nguyen Giap (mit Krawatte), Übersetzer Henry Prunier (hinter Vo Nguyen Giap), August 1945.

Seit 1941 gab es in Vietnam die „Liga für die Unabhängigkeit Vietnams" (Viet Minh), in der sich Sozialisten unter der Führung Ho Chi Minhs und Nationalisten unter Vo Nguyen Giap gegen Japan zusammengefunden hatten. 1943 kontrollierten sie bereits große Gebiete im nördlichen Tonkin zwischen Hanoi und der chinesischen Grenze. 1945 kam es zur offiziellen Zusammenarbeit zwischen Viet Minh und dem US-Office of Strategic Services (OSS). Das OSS lieferte Waffen und Funkgerät, die Viet Minh rettete abgeschossene US-Piloten und versorgte das OSS mit Informationen aus dem Kriegsgebiet. Vo Nguyen Giap und Ho Chi Minh waren sich einig, dass das Land eng mit den USA kooperieren sollte. Ho Chi Minh wurde nicht müde, das Programm der Viet Minh mit der amerikanischen Unabhängigkeitserklärung von 1776 zu vergleichen. Amerika sei der Garant für Selbstbestimmung, schrieb er an das OSS, und fuhr fort: „Warum solltet ihr uns nicht helfen? Gibt es irgendeinen Unterschied zwischen mir und eurem George Washington?" Am 2. September 1945, am Tag der bedingungslosen Kapitulation Japans, wurde in Hanoi vor 400.000 Menschen die Unabhängigkeit verkündet und die Demokratische Republik Vietnam proklamiert. Ho Chi Minh fuhr in einem alten amerikanischen Auto vor, begleitet von einem Fahrradkorso. Er trat vor die Menge und erklärte: „Alle Menschen

sind gleich erschaffen. Sie sind von ihrem Schöpfer mit unveräußerlichen Rechten begabt. Dazu gehören Leben, Freiheit und das Streben nach Glück ..." Ho Chi Minh las die einleitenden Sätze der amerikanischen Verfassung vor und erklärte, es handle sich um unleugbare Wahrheiten, die dem französischen Volk seit 1789 bekannt seien.

Inzwischen war aber nicht mehr Roosevelt, sondern Harry S. Truman Präsident der USA. An ihn richtete sich der Brief, den Ho Chi Minh dem OSS-Mann Archimedes L. Patti nach Washington mitgab. Es war sein zweiter Brief an einen amerikanischen Präsidenten. Den ersten hatte er 1919 an Woodrow Wilson gerichtet, den er an das Selbstbestimmungsrecht des vietnamesischen Volkes erinnerte. Beide Briefe blieben unbeantwortet.

Dabei hatte die neue Regierung von Vietnam alle Autorität – mit Ausnahme der des Kolonialherren. Vietnams Kaiser Bao Dai, formell noch immer regierender Monarch, hatte schon am 25. August auf seinen Thron verzichtet und erklärt, dass er die Regierung der Viet Minh unterstützen werde. Er übergab der neuen Verwaltung das Reichsschwert, Symbol der legitimen Herrschaft im Land. An Charles de Gaulle schrieb der Kaiser: „Das Volk Vietnams will und kann aus-

Ein „einfacher Bürger" neben dem Präsidenten: Ho Chi Minh und Kaiser Bao Dai halten nach der Abdankung des Monarchen eine Pressekonferenz ab, 25. August 1945.

ländische Herrschaft oder Verwaltung nicht länger zulassen. Ich bitte Sie dringend zu verstehen, dass der einzige Weg zur Erhaltung französischer Interessen und des geistigen Einflusses Frankreichs in Indochina ist, Vietnams Unabhängigkeit anzuerkennen." Vier Jahre später diente Bao Dai doch wieder Frankreich als „Staatsoberhaupt" in Südvietnam. Nach dem Rückzug Frankreichs aus Indochina wurde er 1955 durch ein Referendum abgesetzt, zog sich nach Frankreich und Monaco zurück und näherte sich später wieder Ho Chi Minhs Nordvietnam an.

Die Unabhängigkeit Vietnams galt vom Tag der Proklamation an nur für den Norden des Landes. Den Süden kontrollierten noch immer die Briten. Sie zogen sich nach der Ankunft französischer Truppen und Beamter am 23. September 1945 zurück. Die Franzosen begannen sofort, Oppositionelle zu verhaften. Die Fotografin Germaine Krull, ehemals für Charles de Gaulles Exilregierung tätig, beobachtete in Saigon „undisziplinierte Horden", die Frankreich das Ansehen kosteten: „Wir haben ihnen gezeigt, dass das neue Frankreich noch mehr zu fürchten war als das alte." In Saigon begann ein Generalstreik, der das Leben in der Stadt lähmte. In den folgenden Wochen dehnten sich die Unruhen und Gewalttaten auf die ländlichen Regionen Südvietnams aus. In Saigon kamen in den ersten Tagen mehr als 200 Vietnamesen und mehrere Dutzend Franzosen ums Leben. Der Beginn des Indochina-Krieges, resümierte Frederik Logewall,

werde gewöhnlich auf 1946 datiert; es gebe aber Gründe, diesen 23. September 1945 als den Tag zu bezeichnen, an dem der Krieg ausbrach. Der Krieg Frankreichs um seine ehemalige Kolonie dauerte bis zur Katastrophe in der Schlacht um Dien Bien Phu am 7. Mai 1954. Es war seit der Niederlage italienischer Truppen gegen Kaiser Menelik II. von Äthiopien 1896 das zweite Mal, dass eine europäische Kolonialarmee auf einem nichteuropäischen Schlachtfeld von Einheimischen besiegt und aus dem Land getrieben wurde. Auf der Indochina-Konferenz in Genf erklärte sich Frankreich 1954 zum Rückzug aus ganz Indochina bereit. Nicht nur Süd- und Nordvietnam, auch die benachbarten Länder Laos und Kambodscha wurden von Frankreich in die Unabhängigkeit entlassen.

Indonesien

Die Inseln des heutigen Indonesien wurden 1941/42 von japanischen Truppen besetzt. Mit ihrer Ankunft endete die Kolonialherrschaft in Niederländisch Indien, gegen die es schon vor dem Krieg eine einflussreiche Nationalbewegung gegeben hatte. Diese Bewegung, angeführt von Sukarno, Mohammad Hatta und Soetan Sjahrir, setzte den Japanern keinen Widerstand entgegen und wurde von ihnen umworben. Sukarno erhielt von den Japanern als Anerkennung sogar eine Sammlung europäischer Malerei; dieses Geschenk machte ihn zu einem der bedeutenden Kunstsammler seines Landes. Im Gegensatz zu anderen okkupierten Kolonien bildeten aber die Anführer der indonesischen Unabhängigkeitsbewegung keine Marionettenregierung.

Zu den Ergebnissen der japanischen Besetzung gehörte die Zerstörung der niederländischen Verwaltungsstrukturen. Japan förderte auf der unteren Ebene die Einrichtung lokaler und regionaler Verwaltungen durch die Angehörigen der Unabhängigkeitsbewegung. Schon am 7. September 1944 versprach die japanische Regierung, Indonesien in die Unabhängigkeit zu entlassen. Am 17. August 1945, zwei Tage nach Japans Kapitulation, proklamierte Sukarno die Republik. Sie blieb zunächst unbehelligt: Amerikaner, Briten und Niederländer waren noch weit entfernt, die japanischen Truppen verhielten sich wohlwollend und versorgten die Republikaner sogar mit Waffen. Die Niederländer bezeichneten deshalb Sukarno und Hatta als Kollaborateure und die Japaner als die Gründer der Republik. Im Oktober 1945 begannen die ersten Kämpfe. Britische Truppen, unterstützt von indischen und jetzt auch von den verbliebenen japanischen Verbänden, begannen mit der Eroberung von Städten auf Java. Im November 1946 waren bereits mehr als 50.000 niederländische Soldaten eingetroffen. Sie besetzten große Teile der Inseln, allerdings vorwiegend die Städte und kaum das Land.

Auf dem Höhepunkt der nationalen Revolution musste die indonesische Regierung aus Djakarta fliehen und sich nach Yogyakarta im Inneren der Insel Java zurückziehen. Die militärischen Erfolge der Niederländer wurden jetzt jedoch auf diplomatischer Ebene zunichtegemacht. Australien und das gerade unabhängig gewordene Indien hatten genug vom Blutvergießen in ihrer Nachbarschaft und stellten sich auf die Seite der Republik Indonesien. In den Vereinten Nationen bekam die Republik Unterstützung von der Sowjetunion und den USA. Diesem Druck gab die Regierung der Niederlande nach. Am 27. Dezember 1949 wurde in Amsterdam der Vertrag unterzeichnet, in dem die Unabhängigkeit Indonesiens anerkannt wurde. Nur Neuguinea blieb noch unter Kolonial-

verwaltung; 1954 verzichteten die Niederlande im New Yorker Abkommen auch auf diese Insel.

Sukarno, Mohammad Hatta und Soetan Sjahrir sind bis heute die nationalen Helden der Unabhängigkeit. Ihre Heldengräber in Blitar (Ost-Java) und in Jakarta sind Pilgerstätten, ihre Autos werden wie Reliquien verehrt. Sie stehen im Hof des The-Youth-of-1945-Museum und haben die Kfz-Kennzeichen „Republic 1" (Sukarno, der erste Präsident), „Republic 2" (Mohammad Hatta, Vizepräsident) und „Republic 3" (Soetan Sjahrir, Ministerpräsident). Es gibt sogar noch die leeren Holzsärge, in denen Sukarno (verstorben 1970) und Hatta (verstorben 1980) nach ihrem Tod aus den Hospitälern Jakartas überführt wurden. Sie wurden allerdings nicht Teil der Heiligenverehrung, sondern der Kolonialgeschichte. Rudolf Mrázek, der tschechisch-amerikanische Historiker mit engen Verbindungen zu den alt gewordenen Freiheitskämpfern und deren Familien, hat die Reliquien zu sehen bekommen und kolonialhistorisch gedeutet: Sie stehen auf Holzböcken in einer Holzhütte des Alten Holländischen Friedhofs, „next to the center of the metropolis, and in the center of my writing", nahe den Gräbern niederländischer Generalgouverneure und Handelsherren – inmitten der Erinnerung an die Jahrhunderte dauernde europäische Kolonialherrschaft, deren Ende die Befreiungsbewegungen herbeigeführt haben.

In der Gewalt der Kolonialherren (v. l.): Soetan Sjahrir (neben ihm ein niederländischer Soldat), Sukarno und Mohammad Hatta werden nach der Einnahme Yogyakartas durch die Kolonialtruppen verhaftet, Dezember 1948.

Manfred Jehle

Das Ende des Bürgerkriegs in China

Der Bürgerkrieg zwischen Nationalisten und Kommunisten um die Macht in China begann 1927 und dauerte bis 1949. Als der Konflikt begann, kämpften revolutionäre Guerillas gegen Regierungstruppen. Als er endete, standen zwei riesige, mit schweren Waffen ausgerüstete Millionenheere gegeneinander im Feld.

Als Nationalisten galten die Angehörigen der 1912 von Sun Yat-sen gegründeten Kuomintang (Nationale Volkspartei), deren Gegenspieler waren die Angehörigen der 1921 gegründeten Kommunistischen Partei Chinas (KPCh) im Bündnis mit linken Kuomintang-Anhängern. Unterbrochen wurde der Bürgerkrieg

Erinnerungen über der Landkarte: Mao Zedong studiert den Weg des „Langen Marsches", undatiert, ca. 1960.

1937, als Japan Shanghai und große Teile des östlichen China besetzte. Bis 1945 verbanden sich die republikanischen Nationalisten unter Chiang Kai-shek und die Kommunisten unter Mao Zedong gegen den Aggressor, um danach wieder übereinander herzufallen. Beide großen Gegenspieler hatten 1923 bis 1927 in der sogenannten Ersten Einheitsfront schon einmal kooperiert. Ihre vereinigten Armeen besiegten 1926 auf dem „Nordfeldzug" die Warlords von Fengtian und Zhili. Damals lebte noch der legendäre Gründer der Kuomintang, Sun Yat-sen, der die Flügel seines Bündnisses zusammenhielt. Nach seinem Tod 1925 endete die Einheit. Der linke Flügel unter Wang Jingwei schloss sich den Kommunisten an.

1927 brachen Arbeiteraufstände in Nanchang, Kanton und Shanghai aus, die von der Kuomintang niedergeschlagen wurden. Ein Aufstand von Bauern, geleitet vom jungen Mao Zedong, wurde im Herbst desselben Jahres unterdrückt. Doch in den folgenden Jahren eroberten Maos Truppen die Provinzen Hunan, Fujian und Jiangxi in der Mitte und im Süden Chinas. Vor einem Großangriff der Kuomintang zogen sich die kommunistischen Truppen 1934/35 auf dem Langen Marsch nach Shangxi zurück. Mao Zedong wurde jetzt neuer Chef der Kommunistischen Partei, die nur noch in Yan'an im Nordwesten Chinas ihre Macht retten konnte. Den Rest des Landes kontrollierte die Kuomintang Chiang Kai-sheks. Er hatte 1927 Nanjing (Nanking) zur Hauptstadt der Republik China gemacht. Der Bürgerkrieg zwischen Kommunisten und Kuomintang verhinderte, dass die Besetzung der

Mandschurei durch die Japaner 1931 aufgehalten werden konnte. 1933 schloss Chiang Kai-shek Waffenstillstand mit Japan und anerkannte dessen Herrschaft in der Mandschurei, die durch ihre Bodenschätze, Eisenbahnverbindungen in den Norden und Pazifikhäfen die reichste und strategisch wichtigste Provinz Chinas war. Vor allem der Süden ist reich an Kohle und Erz, es gab bereits Stahlindustrie und Eisenbahnlinien, als Japan dort die Macht übernahm.

Seit dem Russisch-Japanischen Krieg 1905 war der Süden der Mandschurei, das „Land des Überflusses", eine japanische Kolonie, während der Norden noch von Russland kontrolliert wurde. In den folgenden Jahrzehnten dehnte Japan seine Herrschaft aus. Am 18. September 1931 verübten junge Offiziere der japanischen Kwantung-Armee einen Sprengstoffanschlag auf die Eisenbahnlinie nahe bei Shenyang (damals Mukden, ca. 300 Kilometer südlich von Changchun), um einen Vorwand für die Besetzung des ganzen Nordostens zu schaffen. Die Mandschurei wurde zum Vasallenstaat „Mandschukuo", regiert von Aisin Gioro Puyi, dem letzten Kaiser der Qing-Dynastie. (Sein Schicksal ist das Thema von Bernardo Bertoluccis Film *Der letzte Kaiser.*) Die Kontrolle der reichen Bodenschätze und der landwirtschaftlichen Ressourcen auf dem Festland war die Voraussetzung dafür, dass Japan den Krieg um die Herrschaft in Südostasien beginnen konnte. Der Nissan-Konzern übernahm mit Unterstützung der Regierung die Kontrolle der Schwerindustrie und der Eisenbahnlinien und machte die Mandschurei innerhalb weniger Jahre zu einer der zehn größten Industrieregionen der Welt. 1940 versorgte die Mandschurei Japan mit großen Mengen an Kohle, Roheisen, Stahl, Gold, Chemikalien und Industriegütern.

1937 drangen die Japaner aus der Mandschurei nach Zentralchina vor, eroberten Peking, Shanghai und Nanjing, die Hauptstadt der Kuomintang. In Nanjing wurde eine von Japan kontrollierte Kollaborationsregierung eingerichtet, die von Wang Jingwei, dem Führer des linken Kuomintang-Flügels und Verbündeten Mao Zedongs geleitet wurde. In den folgenden Jahren reduzierten Mao Zedong und Chiang Kai-shek ihre Feindseligkeiten zugunsten des gemeinsamen Kampfes gegen Japan, ohne jedoch auf gegen-

seitige Angriffe zu verzichten, wenn es der Festigung ihrer Positionen in den unbesetzten Gebieten diente.

Als der Krieg schon seinem Ende entgegenging, erklärte die Sowjetunion am 8. August 1945, zwei Tage nach dem Abwurf der Atombombe auf Hiroshima, Japan den Krieg und besetzte die Mandschurei. Hierhin konnten sich jetzt Maos kommunistische Truppen zurückziehen, um mit sowjetischer Hilfe die Kapitulation großer japanischer Truppenteile entgegenzunehmen und sich deren Waffen anzueignen. Die restlichen von Japan besetzten Gebiete kamen unter die Kontrolle der amerikanischen Armee, deren Hauptquartier in Shanghai eingerichtet wurde. Die sowjetische Okkupation der Mandschurei sollte der KPCh später den kriegsentscheidenden Vorteil gegenüber der Kuomintang bringen, wenngleich Stalin bis zum Ende des Bürgerkriegs die von Chiang Kai-shek geführte Regierung der Republik China mit dem Sitz in Nanjing anerkannte.

In Jalta hatte sich Stalin verpflichtet, die Mandschurei einer rechtmäßigen chinesischen Regierung zurückzugeben. Als rechtmäßige Regierung erkannten die Sowjets ebenso wie die Amerikaner die Kuomintang unter Chiang Kai-shek an. Als sich die Sowjet-Armee im April 1946 aus Teilen der Mandschurei zurückzog, übergab sie die

Nach der Okkupation der benachbarten Mandschurei durch Japan lässt sich Stalin als militärischer Führer gegen die Aggressoren feiern. Mit der Kriegserklärung wartet er, bis Japan 1945 von den USA besiegt ist. Entwurf von A. W. Misin für ein Wandgemälde in der Moskauer Metrostation Kijewskaja, 1933/34.

241

Links: Vertrag über Freundschaft und Zusammenarbeit zwischen der Sowjetunion und der von Chiang Kai-shek geführten Republik China. Am Tisch unterzeichnet Chinas Außenminister Wang Shijie, hinter ihm stehen Stalin und Molotow, 14. August 1945.

Rechts: Chiang Kai-shek im Kreis der Mächtigen: Auf der Konferenz von Kairo beraten sich die Staatsmänner der Republik China, der USA und Großbritanniens über das gemeinsame Vorgehen gegen Japan, November 1943.

meisten Städte den Truppen der Kuomintang. Gleichzeitig kontrollierten aber die kommunistischen Truppen neben anderen Städten vor allem die ländlichen Gebiete und damit die Lebensmittelversorgung. Chiang Kai-shek schickte seine besten Truppen in den Norden, wo sie mit ihrer guten Ausrüstung, vor allem den schweren Waffen und Flugzeugen, den Kommunisten überlegen waren und sie bald nach Norden abdrängten. Die Kuomintang hätte wahrscheinlich den militärischen Sieg errungen, wenn sie nicht von George C. Marshall, Präsident Trumans Sondergesandtem, gezwungen worden wäre, im Juni 1946 einen Waffenstillstand mit Mao zu schließen. Im September 1946 ordnete Truman ein Waffenembargo an, um der Forderung nach einer gemeinsamen Regierungsbildung von Kuomintang und KPCh Nachdruck zu verleihen. Erst im Juli 1947 wurde das Embargo wieder aufgehoben. In der Zwischenzeit hatten sich die kommunistischen Truppen in der Mandschurei von den Niederlagen erholt und neu gruppiert. Sowjetische Militärberater unterwiesen sie inzwischen im Umgang mit schweren Waffen.

Amerikas Politik der Einheitsfront in China

Stalin und Truman waren sich darin einig, dass die KPCh und die Kuomintang zur Zusammenarbeit veranlasst werden sollten. Abgesehen davon war, wie der Historiker Harold M. Tanner es formuliert

hat, Trumans Politik im chinesischen Bürgerkrieg von „Apathie und Ignoranz" gezeichnet. Für sein christlich und sogar von missionarischem Eifer geprägtes Weltbild war China eine „rückständige Nation von Seelen, die auf Erlösung warteten, und ein riesiger Markt von 400 Millionen Konsumenten". Weil aber alle Voraussetzungen für vorteilhafte Wirtschaftsbeziehungen fehlten, war das Land in der amerikanischen Außenpolitik von geringer Bedeutung. Schon 1931, als Japan die Mandschurei besetzte, protestierte die Regierung der Vereinigten Staaten zwar, machte aber keine Anstalten zur Intervention. Die territoriale Integrität Chinas war kein „matter of serious interest" für die USA. Erst als Japan sich nach Indochina wandte und die Interessen europäischer Nationen bedrohte, wurde die amerikanische Regierung auf Chiang Kai-shek und seine Kuomintang aufmerksam. Aber selbst nach dem japanischen Überfall auf Pearl Harbor wurde Chiang Kai-shek nicht großzügig unterstützt. Das lag auch daran, dass der amerikanische Kommandeur auf dem chinesisch-burmesischen Kriegsschauplatz, General Joseph Stilwell, das undemokratische und korrupte Regime Chiang Kai-sheks für unfähig hielt, das Land dauerhaft zu führen.

Dieser negative Eindruck war das Ergebnis von Geheimdienstberichten, in denen die Kuomintang als unfähig und die Kommunistische Partei Chinas als eher unbestechlich und kompetent geschildert wurde. Die Geheimdienste prognostizierten, dass die KP bei freien Wahlen die größere

Zustimmung bei der Bevölkerung finden werde. Eine gemäßigte demokratische Alternative zu den beiden mächtigen, aber extremen und undemokratischen Verbänden gab es ebenso wenig wie eine freie Presse. Die Geheimdienstberichte waren die einzigen Quellen, aus denen sich amerikanische Politiker und Medien ein Bild von der politischen Willensbildung in China machen konnten. Die amerikanische Politik richtete sich daher auf einen Kompromiss in China, statt nach freien Wahlen sofort jeden Einfluss zu verlieren.

Im August 1944 kam Roosevelts Sondergesandter Patrick Hurley nach Chongqing, der provisorischen Hauptstadt von Chiang Kai-sheks Republik China. Im November desselben Jahres stieg Hurley zum Botschafter in China auf. Er war strikt antikommunistisch eingestellt, musste aber hinnehmen, dass Roosevelt auf der Konferenz in Jalta im Februar 1945 mit Winston Churchill und Stalin vereinbart hatte, dass die Sowjetunion die Gebiete in der Mandschurei, die Russland 1905 im Krieg gegen Japan verloren hatte, wieder besetzen durfte. Roosevelt hatte gehofft, mit diesem Zugeständnis Stalin zum baldigen Kriegseintritt gegen Japan zu bewegen. Auch wenn Stalin damit zögerte und tatsächlich abwartete, bis die USA Japan fast besiegt hatten, war Hurley doch überzeugt, dass seine Vision eines nichtkommunistischen China damit erledigt war. Widerwillig nahm er den Auftrag an, nicht nur mit Chiang Kai-shek, sondern auch mit Mao Zedong und Zhou Enlai, später der erste Ministerpräsident der Volksrepublik China, zu verhandeln. Nach Roosevelts Tod hoffte Hurley, Truman werde die „Fehler von Jalta" korrigieren, sah sich aber auch darin getäuscht. Am 26. November 1945 erklärte er

seinen Rücktritt. Sein Schreiben erschien schon am Tag darauf in der amerikanischen Presse, voll mit Anschuldigungen gegen Beamte des State Department, denen er Kumpanei mit den Kommunisten „gegen Freiheit, Demokratie und freies Unternehmertum in China" vorwarf.

Nach der Niederlage Japans – und trotz der gerade noch rechtzeitigen Kriegserklärung Stalins kurz vor Kriegsende – waren die USA die entscheidende Siegermacht im Fernen Osten, der sich in China sowohl Chiang Kai-sheks Kuomintang als zunächst auch die Kommunisten fügen mussten. Präsident Truman und sein Außenminister James F. Byrnes teilten die Zweifel General Stilwells an der alleinigen Regierungsfähigkeit Chiang Kai-sheks und der Kuomintang. Deshalb drängten sie den Generalissimus, mit den Kommunisten eine gemeinsame Regierung zu bilden. In den Reihen konservativer Politiker und des Militärs regte sich dagegen Widerstand. Admiral William D. Leahy, ein enger Freund Präsident Roosevelts und dessen Stabschef im Weißen Haus, argwöhnte, der Außenminister sei nicht immun gegenüber seinen „kommunistisch gesinnten Ratgebern" im Außenministerium. Hurley hatte offenbar in seinem Rücktrittsschreiben das ausgedrückt, was in einflussreichen Kreisen kolportiert wurde: dass nämlich Sympathisanten der Kommunisten in Teilen der Staatsverwaltung, der Presse und Kultur den Ton angaben. Auch aus innenpolitischen Gründen war der Versuch, in China eine Vermittlerrolle zu spielen, nicht unumstritten.

Der Kommandeur der amerikanischen Streitkräfte in der Republik China, General Albert Wedemeyer, hatte bereits im November und

Treffen im kommunistischen Hauptquartier in Yan'an: Botschafter Patrick J. Hurley (3. v. r.) mit dem Militärbeobachter Col. Ivan V. Yeaton, Mao Zedong (2. v. l.), Militärkommandeur Zhu De (l.) und Zhou Enlai (r.), 1945.

Dezember 1945 in Memoranden an das State Department und das Pentagon deutlich gemacht, dass er (ebenso wie General Douglas MacArthur und Admiral Raymond A. Spruance) hoffe, dass der amerikanische Botschafter einen Kompromiss zwischen Kuomintang-Regierung und der Opposition zustande bringen werde, um ein vereintes und demokratisches China zu schaffen. Die Alternative dazu sei riskant: Die Vereinigung der Republik China und der Mandschurei unter Kuomintang-Führung werde einen mörderischen Bruderkrieg („fratricidal warfare") und vielleicht sogar einen Krieg mit der Sowjetunion zur Folge

Unter Aufsicht der amerikanischen Vermittler prosten sich Mao Zedong und Chiang Kai-shek freundlich zu, 1946.

haben; dann würden mit Sicherheit erheblich mehr amerikanische Streitkräfte gebraucht, als bisher verfügbar seien. Wedemeyer hat später, in den erbitterten Auseinandersetzungen des Präsidentschafts-Wahlkampfs 1950/52 um die Frage „Who lost China?", behauptet, er habe schon 1945 den Krieg gegenüber einer nationalistisch-kommunistischen Koalition in China vorgezogen. Seine Memoranden drückten das allerdings nicht eindeutig aus. Deren nachträgliche Interpretation zeigte allenfalls, wie sehr die amerikanische Chinapolitik der Zeit des Bürgerkriegs später mit innenpolitischen Maßstäben bewertet wurde.

George C. Marshalls Mission in China

Harold Tanner sah es als den Ausdruck einer zunehmend umstrittenen und konfusen Regierungspolitik, dass nach Hurleys spektakulärem Abgang General George Marshall als Sondergesandter Trumans nach China geschickt wurde. Es ging jedoch dem Präsidenten und seinem Außenminister nach wie vor darum, die Verwicklung Amerikas in einen weiteren Krieg und womöglich in einen Konflikt mit der Sowjetunion zu verhindern. Deshalb konnte das Ziel – auch in der Logik konservativer Militärs – nur sein, in China eine Koalitionsregierung und die Zusammenführung der Bürgerkriegsarmeen zu einer einzigen unpolitischen, demokratisch kontrollierten Armee durchzusetzen. Für diese Aufgabe war Marshall die beste Wahl. Im Krieg war er der Chef des Vereinigten Generalstabs gewesen und wurde in der Heimat als „Architekt des amerikanischen Sieges im Zweiten Weltkrieg" gefeiert. Er genoss unabhängig von Parteimeinungen das größte Vertrauen und verstand es, strategisch zu planen und zu handeln. Er war außerdem loyal und vermutlich selbst davon überzeugt, dass eine Katastrophe in China nur durch die Versöhnung der beiden Bürgerkriegsparteien verhindert werden konnte. Dass der General nicht nur militärisch, sondern auch politisch ein brillanter Denker war, konnte er drei Jahre später in Europa zeigen: Mit dem European Recovery Program, kurz „Marshall-Plan" genannt, sollte er 1948 das Fundament der künftigen wirtschaftlichen und poltischen Stabilität Westeuropas legen.

Marshall traf am 20. Dezember 1945 in China ein. Chiang war skeptisch: Er hielt ihn für unerfahren in chinesischen Angelegenheiten und für zu nachgiebig gegenüber den Kommunisten. Diese wiederum sahen in ihm zwar nicht ihren Freund, begrüßten aber seine Ankunft schon deshalb, weil sie im Bürgerkrieg gerade unterlegen waren und auf eine Atempause hofften. Mao Zedong war sogar der Ansicht, die Abreise Hurleys und die Ankunft Marshalls seien ein Zeichen für die wachsende Stärke „progressiver Kräfte" in den USA. Damit stimmte er im Grunde mit Hurleys Verdächtigungen überein. Verhandlungsziel der KP war es, die amerikanische Unterstützung für Chiangs Truppen zu beenden und möglichst die Anerkennung für die von ihr kontrollierten Regionen in der Mandschurei zu erhalten. Dem Ziel, Marshall für sich zu gewinnen, passte Mao, gedrängt von Zhou Enlai, anfangs sogar seine Rhetorik an und erklärte, die chinesische Demokratie müsse dem amerikanischen Weg folgen.

Schon am 7. Januar 1946 trat erstmals das Committee of Three zusammen, dem außer Marshall die Repräsentanten der Kuomintang (Zhan Qun) und der Kommunistischen Partei (Zhou Enlai) angehörten. Am 10. Januar erklärte das Komitee feierlich das Ende der Feindseligkeiten. In den folgenden Wochen arbeitete Marshall die Pläne für eine Zusammenführung der Bürgerkriegstruppen aus. Den Kommunisten bot er ein amerikanisches Ausbildungsprogramm für ihre Offiziere an. Am 4. März traf er im kommunistischen Hauptquartier in Yan'an erstmals mit Mao Zedong zusammen.

Der Frieden stand vorerst nur auf dem Papier. Parallel zu den Verhandlungen des Committee of Three griffen Kuomintang-Truppen im Januar die von kommunistischen Einheiten besetzte Stadt Siping an und brachten sie in ihre Gewalt. Siping war wie das weiter nördlich gelegene Changchun und Shenyang (Mukden) im Süden ein wichtiger Knotenpunkt an der Eisenbahnlinie, die Zentralchina und die Häfen von Port Arthur und Dalian mit dem Norden bis zur sowjetischen Grenze und dem Osten Richtung Korea und Wladiwostok verband. Siping gehörte zu den strategisch wichtigsten Orten in der Mandschurei und blieb bis zum Ende des Bürgerkriegs hart umkämpft. Am 17. März 1946 eroberten die kommunistischen Einheiten die Stadt zurück. Bis dahin hatten nur kleinere Einheiten von einigen Tausend Soldaten auf beiden Seiten gekämpft. Jetzt verlegten die Kommunisten mehr als 80.000 Kämpfer in die Stadt. In der Zweiten Schlacht um Siping, die am 17. April 1946 begann, setzte die Regierungsarmee 100.000 Mann ein, denen am 18. Mai die Eroberung der Stadt gelang. Die kommunistischen Einheiten zogen sich nach Norden zurück, verfolgt vom Armeegeneral Du Yuming, der jetzt die Gelegenheit gekommen sah, die „kommunistischen Banditen", wie er sie nannte, ein für allemal auszuschalten.

Im Frühjahr 1946 begann Stalin zugleich, die Rote Armee aus der Mandschurei abzuziehen. Nur die wichtigen eisfreien Häfen von Dalian (zu Zeiten der japanischen Okkupation Dairen genannt), zu denen auch Port Arthur im Stadtteil Lüshunkou gehörte, blieben bis 1955 sowjetisch besetzt. Die Sowjets hielten sich an die Vereinbarung, die Städte bei der Räumung den Regierungstruppen der Kuomintang zu überlassen, und sie versuchten auch die KP Chinas zu zwingen, das zu akzeptieren. Der Eisenbahnknotenpunkt Shenyang etwa wurde von den Sowjets ordnungsgemäß der Kuomintang übergeben, während die kommunistischen Kräfte auf Anweisung der sowjetischen Offiziere überstürzt die Stadt verlassen mussten. Auch Marshall

billigte die Besetzung der Städte durch Chiang Kaisheks Einheiten, die er ebenso wie die Sowjets als die rechtmäßige Regierungsarmee ansah. Zugleich setzte Marshall jedoch durch, dass eine erneute Waffenruhe ausgehandelt wurde, die am 7. Juni beginnen und zwei Wochen dauern sollte. Zwei Mal wurde die Waffenruhe verlängert und dauerte bis in den Herbst. Angesichts der Überlegenheit der Regierungsarmee nutzte die Kampfpause der kommunistischen Seite. General Du Yuming musste die Verfolgung von Lin Biaos fliehenden Verbänden abbrechen. General Lin Biao sammelte seine Truppen nördlich des Songhua-Flusses und begann, sie neu zu ordnen.

Nach der Ankunft der Volksbefreiungsarmee beginnen die Prozesse gegen die Landbesitzer vor „Volkstribunalen". Angeklagt ist hier Huang Chin-Chi in der Provinz Guangdong wegen des Privatbesitzes eines Viertelhektars Ackerfläche, 1953.

Während Zhou Enlai weiterhin mit Marshall verhandelte, wurde Mao Zedongs Ton gegenüber dem amerikanischen Vermittler schärfer. Im Juni 1946 verlangte der KP-Chef die Einstellung der US-Hilfe für Chiang Kai-shek und den Abzug der amerikanischen Truppen aus China. Amerikanische Soldaten wurden wiederholt von kommunistischen Truppenteilen gefangen genommen und erst Tage später wieder freigelassen. Ende Juli wurde ein Versorgungskonvoi der US-Marines von kommunistischen Truppen angegriffen. Da aber gleichzeitig Chiang Kai-shek die militärischen Operationen gegen die Kommunisten fortsetzte, begann Marshall am Sinn seiner Mission zu zweifeln. In einem Schreiben an das Außenministerium beklagte er, dass die amerikanischen Hilfslieferungen nicht dem Frieden dienten, sondern den Krieg forcierten. Am 29. Juli trat ein amerikanisches Waffen-Embargo gegen alle Kriegsparteien in Kraft, das bis Ende Mai 1947 aufrechterhalten wurde. Das rettete aber nicht den Frieden, sondern die Truppen der KPCh, die an fast allen Fronten zurückgewichen waren.

Am 1. Oktober drohte Marshall erstmals damit, seine Mission abzubrechen. Chiang Kai-shek stimmte jetzt Verhandlungen wieder zu, weitete zugleich aber die Kampfhandlungen in der Mandschurei aus. Ende Dezember bat Marshall den Präsidenten um Beendigung seiner Mission. Truman berief ihn am 6. Januar 1947 ab.

General George C. Marshall, Sonderbotschafter des Präsidenten in China, hier vor seiner Abreise noch im Schneetreiben von Washington, 10. Dezember 1945.

Am Tag darauf gab er die Ernennung Marshalls zum neuen Außenminister bekannt. Sie erfolgte am 21. Januar, die Marshall-Mission wurde am 29. Januar für beendet erklärt.

In China betrieb die Regierung der Vereinigten Staaten ohne Konsequenz und ohne Erfolg eine Politik des Ausgleichs zwischen Kommunisten und Nationalisten, während sie der gleichzeitigen erfolgreichen Kooperation beider Strömungen in Vietnam keine Beachtung schenkte. Die Bemühungen des Viet Minh um amerikanische Hilfe wurden ignoriert, während Marshall in Shanghai mit Zhou Enlai kooperierte und sich die Provokationen Mao Zedongs gefallen ließ. Der Historiker Christopher Baxter hat vermutet, dass die Regierung der USA kein Konzept für die Nachkriegszeit gehabt habe, um neben der Eindämmung Japans für eine dauerhafte demokratische Ordnung im Fernen Osten zu sorgen. Die nach außen harmonisch erscheinende Beziehung der amerikanischen Militärverwaltung mit Chiang Kai-shek diskreditierte die Kuomintang in der zunehmend nationalistisch gesinnten Öffentlichkeit, so dass sich Mao Zedong als der bessere Vertreter nationaler Interessen darstellen konnte. Zugleich aber wurde der Kuomintang die dringend benötigte militärische Hilfe versagt, während sich Mao Zedongs Truppen in der Mandschurei regenerieren und mit sowjetischer Hilfe mit schweren Waffen ausrüsten konnten.

Das lustlose Bündnis zwischen KPdSU und KPCh

Auf der kommunistischen Gegenseite war das Bündnis zwischen KPCh und der KPdSU nicht planvoller. 1946 favorisierte die sowjetische Regierung eine politische Lösung, das hieß: eine Koalitionsregierung von Kuomintang und KPCh unter Führung von Chiang Kai-shek. Zugleich förderte Stalin aber nach der Räumung der Mandschurei deren teilweise Besetzung durch die kommunistischen Truppen, denen er die Waffen der besiegten Japaner auslieferte. Nach späteren sowjetischen Angaben sollen es insgesamt 700.000 Gewehre, 18.000 Maschinengewehre, 4000 Geschütze und 860 Flugzeuge gewesen sein. Außerdem konnte mit sowjetischer Hilfe die 200.000 Mann starke chinesische Armee, die im Krieg auf Japans Seite gekämpft hatte, in die kommunistische Armee integriert werden. Während die kommunistische Armee in der Mandschurei bis dahin aus „nicht viel mehr als lose organisierten Banden" bestanden hatte, wie George Marshall an Truman schrieb, wurde sie durch die sowjetische Hilfe zu einem ernsthaften Gegner der Regierungsarmee.

Stalin machte einen Unterschied zwischen der Hilfe für eine kommunistische Bruderpartei und dem nationalen Interesse der Sowjetunion. Für die gemeinsame wirtschaftliche Ausbeutung der Ressourcen in der Mandschurei schien ihm Chiang Kai-shek ein besserer Partner als Mao

Friedens unter Führung von Chiang Kai-shek. Dasselbe sagte Roščin im Gespräch mit dem Leiter der indischen Gesandtschaft in Nanjing, Chakravarty, der ihn gefragt hatte, ob ein Sieg der Kommunisten denn nicht im Interesse der Sowjetunion sei. Roščin antwortete, ein mächtiger kommunistischer Staat an der Ostgrenze bringe der Sowjetunion ernsthafte Probleme. Roščin wurde bald darauf nach Moskau gerufen und kehrte am 25. Februar als Botschafter nach Nanjing zurück. Er hatte also zweifellos die offizielle sowjetische Meinung geäußert.

Mao wollte im Gegensatz zu Chiang nach Moskau kommen, wurde aber stets hingehal-

Zedong. Chiang bekam wiederholt die Einladung zum Staatsbesuch in Moskau. Im Sommer und Herbst 1946 hatte aber die Kuomintang militärisch so großen Erfolg, dass Chiang Kai-shek es nicht für nötig hielt, der Einladung zu folgen. Stalin war darüber erbost, änderte aber vorerst seine Politik nicht. Für ihn war die KPCh keine seriöse Alternative. Die chinesischen Kommunisten waren für ihn „Agrarsozialisten" und unfähig, eine eigene Regierung und Verwaltung zu führen. Noch am 7. Januar 1948, als Lin Biaos Truppen bereits mit der Belagerung der mandschurischen Städte begonnen hatten, versicherte der sowjetische Militärattaché in China, Nikolaj V. Roščin, in einem Gespräch mit dem Kuomintang-Funktionär Zhang Zhizhong, die sowjetische Regierung hoffe auf eine baldige Wiederherstellung des

ten. Noch Ende 1948, als seine Truppen in der Mandschurei die Kuomintang vor sich her trieben, teilte man ihm mit, ein Besuch sei jetzt nicht möglich, weil das ZK der KPdSU mit der Herbsternte beschäftigt sei. Moskau hätte es lieber gesehen, wenn Mao in der Mandschurei Ruhe gegeben und statt dessen die Arbeiter in Nanjing und Shanghai mobilisiert hätte. Abfällig telegrafierte z. B. Anastas I. Mikojan, der gerade mit der KPCh verhandelte: „Sie sitzen in ihrem entlegenen Dorf [= Xibaipo, Provinz Hebei], abgeschnitten von der Wirklichkeit." Mao aber hielt nichts davon, die Militäraktionen zu beenden und die Arbeiter zu mobilisieren. Seine Bürgerkriegserfahrung hatte ihn gelehrt: „Die politische Macht kommt aus den Gewehrläufen."

Links: Die Nähe zwischen den beiden Diktatoren gab es zwar ideologisch und propagandistisch, doch weniger in der Diplomatie und im wirklichen Leben: „Stalin und Mao führen uns zum Sieg", 1953.

Rechts: Bei den Weltfestspielen der Jugend in Ost-Berlin wurden Stalin und Mao nebeneinanderher getragen, 5. August 1951.

Die Entscheidung in der Todeszone der Mandschurei

Nach der Abreise George Marshalls wurden die großen Entscheidungsschlachten in der Mandschurei ausgefochten. Chiang Kai-shek schickte seine besten Truppen dorthin, die Kommunisten zogen aus mandschurischen Dörfern und Städten fast eine Million Männer ein. Der Nordosten Chinas wurde 1947 zu einer Todeszone. Es waren riesige Armeen, die aufeinandertrafen, und blutige Schlachten, in denen die Regierungstruppen nach und nach zerrieben wurden.

Zu Beginn des Jahres 1948 gab es britische und amerikanische Berichte aus China, dass Chiangs Truppen schlecht geführt und demoralisiert schnell in Panik gerieten und desertierten, wenn sie auf kommunistische Einheiten stießen. Immer häufiger ergaben sie sich ohne Gegenwehr. In scharfem Kontrast dazu wurden Einigkeit und Kampfgeist der Kommunisten geschildert. Angus Ward, US-Generalkonsul in Shenyang, berichtete, dass die nationalistischen Truppen sich, umgeben von kommunistischem Territorium, wie in der Fremde fühlten, inmitten einer feindseligen Bevölkerung. Das Debakel rücke näher, der gesamte Nordosten Chinas sei für die Kommunisten offen. US-Botschafter Stuart in Nanjing drängte Chiang, ein Friedensangebot zu machen und erneut Verhandlungen mit den Kommunisten aufzunehmen. Doch Chiang lehnte ab. Die Aufhebung des Waffenembargos ermunterte ihn nur, vom nahen Sieg zu reden, während seine Truppen sich bereits auflösten.

Warten auf den Sieg der Volksbefreiungsarmee: Mao Zedong in seinem Hauptquartier in Xibaipo (Provinz Hebei), das Mikojan als „entlegenes Dorf, abgeschnitten von der Wirklichkeit" bezeichnete, 1948.

Chiang Kai-shek scheiterte nicht nur auf den Schlachtfeldern. Auch seine Verwaltung löste sich mehr und mehr auf. Ihre Aufgaben hatte sie schon bisher, geschwächt durch Korruption und Inkompetenz, kaum bewältigt. Vor dem Bürgerkrieg flohen Millionen Menschen, die nicht versorgt werden konnten. Die Kommunisten führten auch gegen die Bevölkerung Krieg, plünderten und zerstörten Städte und Dörfer, Eisenbahnlinien und Brücken. Selbst nach der Aufhebung des amerikanischen Embargos kam nur wenig Hilfe ins Land, sodass die Kuomintang den Krieg durch Ausplünderung der Bevölkerung finanzieren musste. Die Lebenshaltungkosten waren zwischen 1936, dem Jahr vor dem Einmarsch Japans, und 1947 auf das Dreißigtausendfache gestiegen. Für 100 Yuan konnte man 1940, bereits unter Kriegsbedingungen, noch ein Schwein kaufen, 1947 gab es für denselben Betrag nur noch eine Schachtel Streichhölzer. 1949 wurde das Geld in Schubkarren zum Markt gefahren. Es waren Bilder, wie sie in Deutschland von der Inflation 1923 bekannt waren. Die Schuld wurde meist der Regierung gegeben, während von Mao Zedongs KP zunehmend die Rettung erwartet wurde.

Dabei zeigte das Verhalten der kommunistischen Armeeführung, dass den Zivilisten vor allem als strategische Masse in der Kriegführung Aufmerksamkeit geschenkt wurde. In der Mandschurei war der früher nationalistische, jetzt kommunistische General Lin Biao auch deshalb militärisch erfolgreich, weil er den Tod der Zivilbevölkerung nüchtern einkalkulierte. Er war an der Whampoa-Militärakademie der Kuomintang in Guangzhou (Kanton), die von Chiang Kai-shek geleitet wurde, ausgebildet worden und übertraf seinen Lehrer an Zynismus und Menschenverachtung. Ein Beispiel dafür war die Eroberung des Eisenbahnknotenpunkts Changchun, 1948 die wichtigste der großen Städte, die noch von den Nationalisten gehalten wurden. Changchun war seit 1932 die Hauptstadt des japanischen Marionettenregimes in der Mandschurei und Sitz des letzten Kaisers Aisin Gioro Puyi gewesen. Sie wurde von den Kuomintang-Truppen verzweifelt verteidigt, deren Komandeur Zheng Dongguo wusste: Wenn Changchun fiel, würde kein Ort in China mehr sicher sein.

Entsprechend dem Tagesbefehl Lin Biaos vom 30. Mai 1948 wurde Changchun zur „Stadt des Todes". Eine halbe Million Zivilisten und 100.000 Soldaten waren in der Stadt. Im Lauf der fünf Monate dauernden Blockade ernährten sich die Menschen in der Stadt von Armeepferden, Hunden und Katzen, dann von Gras, Insekten und Baumrinde, auch Kannibalismus gehörte dazu. Lin Biao hatte einen Belagerungsring mit bis zu vier Meter tiefen Gräben ausheben und mit Stacheldraht versehen lassen. Beabsichtigt war, die Flucht der Menschen zu verhindern. Wenn Zivilisten die Stadt verlassen hatten, wurden sie von den Kuomintang-Soldaten an der Rückkehr, von den kommunistischen Soldaten am Entkommen gehindert. Ende Mai waren 30.000, Ende Juli schon 150.000 Zivilisten zwischen den Linien.

Lin Biao selbst berichtete über das Elend, dass die Menschen aus der Stadt um Erbarmen flehten und ihre Kinder vor seinem Stacheldraht absetzten. Die Posten hätten mitunter befehlswidrig Mitleid gezeigt und gerufen: „Wir führen nur Befehle aus!" Im Lauf der Zeit, schrieb Lin Biao, begannen seine Soldaten die Flüchtlinge zu erschlagen oder zu erschießen. Genau wisse er nicht, schloss er seinen Bericht ab, wieviele Menschen bisher von seinen Leuten umgebracht worden seien. Ein Überlebender erinnerte sich, dass über allem der beißende Gestank der Verwesung lag. Als die Stadt am 16. Oktober übergeben wurde, waren 160.000 Zivilisten tot. Sie wurden in Massengräbern bestattet; bis heute werden bei Bauarbeiten solche Gräber entdeckt.

Zur selben Zeit wurde Jinzhou, die strategisch wichtige Stadt zwischen der Mandschurei und Zentralchina, von 300.000 KP-Soldaten angegriffen. Ohne lange Belagerung wie in Changchun wurden die Stadtmauern gesprengt und die Stadt am 15. Oktober 1948 besetzt. Auch Shenyang wurde in einem blutigen Straßenkampf erobert. Als dort die Regierungssoldaten am 1. November kapitulierten, war die Schlacht um die Mandschurei vorbei.

Damit war aber auch das Schicksal Chinas besiegelt. Die kommunistischen Armeen verfügten inzwischen über fünf Millionen gut bewaffnete Soldaten. Die Belagerung von Peking endete am 22. Januar 1949 mit der Kapitulation der Verteidiger. Lin Biao schonte 240.000 Kuomintang-Sol-

Jubel für die Volksbefreiungsarmee in Peking, 4. März 1949. Die Porträts zeigen (v. l.) General Zhu De, Mao Zedong, General Lin Biao.

daten und integrierte sie in seine Volksbefreiungsarmee. Damit schickte er ein Signal an die Kommandeure der Gegenseite, sich nicht weiter zu widersetzen. Als seine Truppen am 31. Januar in Peking einmarschierten, war das Riesenporträt Chiang Kai-sheks auf dem Tian'anmen-Platz durch eines von Mao Zedong ersetzt worden. Über Lautsprecher wurden die Soldaten mit Parolen begrüßt: „Willkommen die Volksbefreiungsarmee in Peking! Glückwünsche dem Volk von Peking zu seiner Befreiung!"

Noch zuvor war südlich von Peking im November 1948 bei Xuzhou die letzte große Schlacht im Bürgerkrieg und zugleich eine der größten Schlachten in der Geschichte Chinas überhaupt geschlagen worden. Von hier aus war der Weg frei nach Nanjing, der Hauptstadt der Kuomintang-Regierung, zum Tal des Yangtse und nach Shanghai. 600.000 kommunistische Soldaten, meist aus der Mandschurei hierher verlegt, standen 400.000 Regierungssoldaten gegenüber. Auch hier hielt sich Lin Biao an seine Strategie der „Stadt des Todes". Die Volksbefreiungsarmee zerstörte durch Artilleriefeuer alle Dörfer rings um die Stadt. Die Bevölkerung der Region, nahezu fünf Millionen Menschen, wurden zu Hilfsarbeiten gezwungen. Die für die Arbeiten weniger geeigneten Kinder, Frauen und Älteren wurden in Scharen unbewaffnet gegen die Stellungen der Verteidiger gejagt. Ein junger Soldat erinnerte sich später, dass er im Schützengraben die unzähligen Menschen auf sich zukommen sah. Um das Elend nicht mitansehen zu müssen,

Mao Zedong erklärt die Gründung der Volksre-publik China, 1. Oktober 1949.

1949 wagte die Besatzung der „Amethyst" hinter einem chinesischen Passagierschiff die Flucht zurück nach Shanghai. Die Fregatte wurde entdeckt und beschossen, aber nicht getroffen. Stattdessen wurde das Passagierschiff versenkt, auf dem Hunderte Menschen ums Leben kamen. Die britische Fregatte schaffte es bis Wusong, 20 Kilometer flussabwärts von Shanghai, das seit dem 27. Mai 1949 von der Volksbefreiungsarmee okkupiert war. Nach der erfolgreichen Flucht wurde der legendäre Funkspruch abgegeben, der später auch die Verfilmungen der Geschichte abschließen sollte: „Wieder vereinigt mit der Flotte südlich Wusong. God save the King!"

Nanjing, Chiang Kai-sheks Regierungssitz, wurde von den kommunistischen Truppen am 21. April 1949 erobert. Die Kuomintang zog sich nach Guangzhou (Kanton) im Perlfluss-Delta zurück, wo Sun Yat-sen 1911 seine erste republikanische Verwaltung und 1924 die Whampoa-Militärakademie errichtet hatte. Seine provisorische Regierung brachte Chiang Kai-shek im Hotel Oi Kwan unter. Hierher kamen auch die wenigen diplomatischen Vertretungen, die noch bei der Regierung der Republik China ausgeharrt hatten. Die sowjetische Gesandtschaft hatte als erste Nanjing verlassen, als die kommunistischen Einheiten sich näherten, und besetzte nun das sechste Geschoss im Hotel Oi Kwan, die Amerikaner richteten sich im zehnten Geschoss ein. Am 14. Oktober wurde Guangzhou von der Volksbefreiungsarmee ohne große Mühe besetzt. Das Ereignis blieb vor allem deshalb in Erinnerung, weil die Armee Lin Biaos in einem Jahr von Changchun bis hierher ziemlich genau 3500 Kilometer zurückgelegt hatte. Chiang Kaishek und seine Getreuen flohen anschließend in die beiden letzten Stützpunkte der Kuomintang auf dem Festland: zuerst nach Chongqing, dann im November nach Chengdu, beide damals in der Provinz Sichuan im Landesinneren gelegen. Am 10. Dezember fiel Chengdu als letzte provisorische Hauptstadt der Republik China an Mao Zedongs KPCh. Chiang Kai-shek floh nach Taiwan, wo er, unterstützt von circa einer Million Anhängern vom Festland, ein autoritäres Regime errichtete, jetzt endlich mit der entschlossenen Hilfe der USA, die ihn vor dem kommunistischen Regime auf dem Festland schützten.

schloss er die Augen, als er mit dem Maschinengewehr schoss. Piloten, die Xuzhou aus der Luft versorgten, berichteten, dass die Ebene um die Stadt rostrot vom Blut der Toten war. Am 10. Januar 1949 ergaben sich die Verteidiger. Deren Kommandeur war Du Yuming, der 1946 vergeblich versucht hatte, in der Mandschurei die „kommunistischen Banditen" zu verfolgen. Er wurde entdeckt, als er in der Uniform eines einfachen Soldaten zu entkommen versuchte. Die Jahre bis 1959 verbrachte er im Gefängnis. Dann wurde er begnadigt und auf eine hohe Position als Regierungsberater versetzt. Als Motiv für die Beförderung wird vermutet, dass er seinen in die USA emigrierten Schwiegersohn Chen-Ning (Franklin) Yang, der 1957 den Physik-Nobelpreis erhalten hatte, zur Rückkehr nach China bewegen sollte.

Nach der Einnahme von Xuzhou zogen Maos Truppen weiter zum Yangtse. Damit gerieten die europäischen und amerikanischen Bewohner von Nanjing, noch immer die Hauptstadt von Chiang Kai-sheks Regierung, in Gefahr. Die britische Fregatte „Amethyst" versuchte am 20. April 1949 von Shanghai aus auf dem Yangtse nach Nanjing zu gelangen und die Europäer zu evakuieren. Sie wurde auf halbem Weg vom Ufer aus beschossen, obwohl sie die weiße Flagge zeigte, und schwer beschädigt. Dabei starben 44 britische Seeleute. Erst in der Nacht des 30. Juli

Taiwan, die britische Kronkolonie Hongkong und die portugiesische Kolonie Macau blieben als einzige Bestandteile des ehemaligen Kaiserreichs von der Volksbefreiungsarmee Mao Zedongs verschont. Auf der Insel Taiwan regierte die Kuomintang bis 1987 als einzige Partei unter Kriegsrecht. Am 28. Februar 1947 hatte sie hier bei der Niederschlagung eines Protestes gegen die korrupte Verwaltung ihre Entschlossenheit demonstriert und etwa 30.000 Zivilisten umgebracht. Die britische Kronkolonie Hongkong wurde 1997, die portugiesische Kolonie Macau 1999 an die Volksrepublik China übergeben. Seitdem sind beide ehemaligen Kolonien „Sonderverwaltungszonen" mit formal autonomer Administration. Die „Republik China", wie Taiwan offiziell heißt, ist bis heute unabhängig, wird aber auf Grund der sogenannten Ein-China-Politik nur von wenigen Staaten diplomatisch anerkannt.

Mao Zedong zog am 1. Oktober 1949 in Peking ein. Er fuhr in der gepanzerten Dodge-Limousine vor, die in den 30er-Jahren aus Detroit für Chiang Kai-shek geliefert worden war. Vor 300.000 Menschen erklärte er auf dem Tian'anmen die Errichtung der Zentralregierung in seiner neuen Hauptstadt Peking. Hier trat er in einer dunkelbraunen Jacke auf, wie sie Sun Yat-sen getragen hatte. Bald wurde das Kleidungsstück als Mao-Jacke bezeichnet. Neben ihm stand Song Qing-Ling, genannt Madame Sun Yat-sen. Sie hatte den 26 Jahre älteren Präsidenten 1915 geheiratet und sich im Bürgerkrieg auf die Seite der Kommunisten gestellt, während ihre Schwester Song Meiling mit Chiang Kai-shek verheiratet war. Madame Sun Yat-sen sollte den Eindruck erwecken, dass die Kommunisten in einer Einheitsfront unter Einschluss aller politischen Gruppen regieren würden. Aber auf dem Platz zeigten mehr als 16.000 Soldaten, zahllose Panzer und gepanzerte Fahrzeuge mit aufmontierten Maschinengewehren, dass die Macht im Land tatsächlich aus den Gewehrläufen kam.

Im Bürgerkrieg sollen circa sechs Millionen Zivilisten ums Leben gekommen sein. Im Jahr darauf überfielen nordkoreanische Truppen mit chinesischer Hilfe Südkorea, das von den USA und von den Vereinten Nationen unterstützt wurde. Der bis 1953 dauernde Krieg brachte zweieinhalb Millionen Nordkoreanern und je einer Million Südkoreanern und Chinesen den Tod, auch fast 37.000 amerikanische Soldaten starben. In Maos Programm spielten diese Menschenleben jedoch keine Rolle. Er schockierte selbst seine sowjetischen Gastgeber, denen er 1957 auf einer Konferenz der kommunistischen und Arbeiterparteien in Moskau vorrechnete: „Es gibt 2,7 Milliarden Menschen auf der Erde, ein Drittel davon könnten wir verlieren. Auch ein Verlust von einer Hälfte der Weltbevölkerung wäre möglich. Ich sage, dass im schlimmsten Fall 1,5 Milliarden sterben könnten, womit 1,5 Milliarden übrig wären, aber der Imperialismus wäre ausgerottet und die ganze Welt würde sozialistisch werden. Nach wenigen Jahren gibt es dann wieder 2,7 Milliarden Menschen." In der KP-Propaganda wurde der „Sieg im Volkskrieg" als „Befreiung" gefeiert. Danach aber begann die „Tragödie der Befreiung" (Frank Dikötter). In den folgenden Jahren fielen Millionen Menschen den „Säuberungen" zum Opfer. Der „Große Sprung", ein Programm zur weiteren Entwicklung des Landes, war ein ökonomisches Desaster. Er löste eine ungeheure Hungersnot aus und kostete zwischen 1958 und 1962 viele Millionen Menschen das Leben. Die Schätzungen reichen bis zu 45 Millionen Toten. Das große Sterben endete in China und Ostasien nicht mit dem Ende des Bürgerkriegs.

Propaganda-Plakat mit der Botschaft: Unter Mao Zedong sind Volksbefreiungsarmee und Volk zusammengekommen und beseitigen gemeinsam Armut, Unwissenheit und Privilegien, China 1949.

Ralf Fücks

Europäisches Deutschland oder deutsches Europa?

„Welches ist der Zustand, in den Europa gebracht worden ist? (...) In weiten Gebieten starren ungeheure Massen zitternder menschlicher Wesen gequält, hungrig, abgehärmt und verzweifelt auf die Ruinen ihrer Städte und suchen den Horizont angestrengt nach dem Auftauchen einer neuen Gefahr, einer neuen Tyrannei oder eines neuen Schreckens ab. Unter den Siegern herrscht ein babylonisches Stimmengewirr, unter den Besiegten das trotzige Schweigen der Verzweiflung. (...) Und doch gibt es ein Mittel, das wie durch ein Wunder die ganze Szene veränderte und in wenigen Jahren ganz Europa, oder doch dessen größten Teil, so frei und glücklich machte, wie es die Schweiz heute ist. Welches ist dieses vorzügliche Mittel? Es ist die Neuschöpfung der europäischen Völkerfamilie, indem wir ihr eine Struktur geben, in welcher sie in Frieden, in Sicherheit und in Freiheit bestehen kann. Wir müssen eine Art Vereinigte Staaten von Europa errichten. (...) Warum sollte nicht eine europäische Gruppierung möglich sein, welche den verwirrten Völkern dieses unruhigen und mächtigen Kontinents ein erweitertes Heimatgefühl und ein gemeinsames Bürgerrecht zu geben vermöchte?" Winston Churchill, Rede an der Universität Zürich, 19.9.1946

Die Gründung der Bundesrepublik am 23. Mai 1949 war von vornherein ein europäisches Ereignis. Nicht nur deshalb, weil sie nur im Einvernehmen mit dem alten Erzfeind Frankreich und dem ehemaligen Kriegsgegner Großbritannien erfolgen konnte. Sie war eingebettet in eine rasche Abfolge dramatischer Ereignisse, die vom Ende des Zweiten Weltkriegs zum Kalten Krieg führten, dessen Epizentrum Europa bildete. Die

fast ein Jahr während Berlin-Blockade brachte die Welt an den Rand einer militärischen Konfrontation zwischen den ehemaligen Alliierten der Anti-Hitler-Koalition. Der zwei Jahre darauf folgende Koreakrieg zeigte die globale Dimension dieser neuen Konfliktachse. Insofern ist die Gründung von zwei deutschen Staaten auf dem Territorium des ehemaligen „Dritten Reiches" unauflösbar mit der Spaltung Europas in eine westliche und eine sowjetische Sphäre verwoben.

Zugleich war die Gründung der Bundesrepublik Deutschland eingebettet in vielfältige Initiativen für die Vertiefung europäischer Kooperation. Bereits unmittelbar nach Ende des Krieges wurden die Fundamente für die heutige Europäische Union gelegt. Idee und Praxis der europäischen Integration gehen auf jene Jahre zurück, in denen sich die Menschen mühsam aus den Trümmern eines katastrophalen Krieges erhoben. Schon nach dem Ersten Weltkrieg war die industrielle und kulturelle Vorrangstellung Europas erschüttert; der Zweite verwandelte weite Teile des Kontinents in ein Massengrab und eine Ruinenlandschaft. Viele Millionen Tote und Vertriebene, zerstörte Infrastruktur, eine stark dezimierte Industrie, bankrotte Staatsfinanzen – auf sich allein gestellt bestand nicht nur für die Bundesrepublik keine Aussicht, wieder auf die Beine zu kommen. Dazu kamen der moralische Makel der unabweisbaren Kriegsschuld und die Verantwortung für namenlose Verbrechen, die von Deutschen und in deutschem Namen begangen worden waren. Für die neu gegründete Bonner Republik war die Überwindung ihrer wirtschaftlichen und politischen Isolation eine Existenzbedingung.

Auch auf Seiten der westlichen Siegermächte wuchs die Einsicht, diesmal nicht die Fehler von Versailles zu wiederholen, sondern dem demokratischen Deutschland die Hand zu reichen und den Wiederaufbau Europas als Gemeinschaftsprojekt anzugehen. Dabei trafen gleich mehrere Motive zusammen:

- die Überwindung des europäischen Nationalismus in einem Prozess fortschreitender Kooperation und Integration
- die Einbindung des industriellen und politischen Potentials Deutschlands in ein euro-atlantisches Sicherheitsbündnis
- die erfolgreiche Stabilisierung der Bundesrepublik als westlicher Frontstaat und Schaufenster gegenüber dem „sozialistischen Lager"
- die schiere wirtschaftliche Notwendigkeit, den grenzübergreifenden Zahlungsverkehr, Handel und Investitionen in Europa wieder in Gang zu bringen.

Dieses Bündel unterschiedlicher Motive führte zu einer ganzen Reihe politischer Initiativen, die parallel zur Gründung der Bundesrepublik gestartet wurden. Im Frühjahr 1948 trat das „European Recovery Program" in Kraft, besser bekannt als Marshall-Plan. Die USA pumpten rund 13 Milliarden Dollar als Investitionshilfen und Darlehen in den Wiederaufbau und die Modernisierung der europäischen Industrie. Es war ein bemerkenswertes Signal, dass auch das besiegte Deutschland an diesem Programm beteiligt wurde, auch wenn nur rund ein Zehntel der Mittel nach Westdeutschland flossen. Zunächst beteiligten sich 16 europäische Staaten, die am 16. April 1948 die Organisation für europäische wirtschaftliche Zusammenarbeit (OEEC) gründeten, den Vorläufer der heutigen OECD. Noch im selben Jahr unterzeichneten sie ein Abkommen zum innereuropäischen Zahlungsverkehr, 1949 folgte ein Kodex zur Liberalisierung des grenzüberschreitenden Handels. Im Juli 1950 wurde die Europäische Zahlungsunion etabliert. Sie stellte die Konvertibilität der Währungen sicher und hob die Mengenbeschränkungen im europäischen Handel auf. Der nächste Schritt war die Gründung der Europäischen Gemeinschaft für Kohle und Stahl (EKGS) im April 1951. Als Frankreichs Außenminister Robert Schuman diesen Plan dem deutschen Bundeskanzler vorstellte, erkannte Adenauer sofort die Chancen einer „Montanunion" für die junge Bundesrepublik: Sie konnte damit die Souveränität über das Ruhrgebiet

Winston Churchill in der Aula der Universität Zürich, vor dem Wandfresko von Paul Bodmer „Nicht-Wissen", 19. September 1946: „Therefore I say to you: Let Europe arise!"

zurückgewinnen und zugleich Absatzmärkte für die deutsche Schwerindustrie erschließen. Die Intentionen der EKGS gingen aber weit über die Zollfreiheit für Kohle und Stahl hinaus. Ihr Architekt war der französische Industrielle, Diplomat und Wirtschaftspolitiker Jean Monnet. Nach seiner Vorstellung war die Integration der westeuropäischen Kohle- und Stahlindustrie der Katalysator für eine immer umfassendere wirtschaftliche Verflechtung, die schließlich in eine politische Föderation münden sollte.

Am Anfang der europäischen Einigung: Die Gründung der OEEC zur Durchführung des Marshall-Plans. Auf der Gründungsversammlung hält, in der Mitte stehend, General Marie-Pierre Kœnig, Militärgouverneur der Französischen Besatzungszone in Deutschland, eine Ansprache, 16. April 1948.

Vom gemeinsamen Markt zur politischen Union

Zugleich ging es um ein friedenspolitisches Projekt, die Sicherung des Friedens durch Vergemeinschaftung der kriegswichtigen Schlüsselindustrien. Ein gemeinsamer Markt und eine gemeinsame Regulierungsbehörde für Kohle und Stahl sollten den Weg für die politische Vereinigung (West-)Europas bahnen. Dabei sollte die neue Partnerschaft zwischen Deutschland und Frankreich Zentrum und Motor der europäischen Einigung sein. Insoweit war die Montanunion ein visionäres Projekt. Sie war Vorläufer der 1957 aus der Taufe gehobenen Europäischen Wirtschaftsgemeinschaft (EWG), die dem gleichen Grundgedanken folgte. Die Schaffung eines gemeinsamen Marktes sollte die politische Integration Europas nach sich ziehen. Die Römi-

schen Verträge, mit denen die EWG begründet wurde, waren ein revolutionärer Schritt über die Grenzen nationaler Souveränität hinaus. Mit dem Europäischen Parlament, dem Europäischen Gerichtshof und dem gemeinsamen Wirtschafts- und Sozialausschuss wurden supranationale Institutionen geschaffen, die über die bloße Kooperation von Regierungen hinausgingen.

Auch der Gründungsprozess der Bundesrepublik Deutschland folgte der funktionalistischen Logik, bei der die wirtschaftliche Integration der politischen vorangeht. Der wirtschaftliche Zusammenschluss der westlichen Besatzungszonen, die Einführung der D-Mark und die Errichtung der Bank deutscher Länder (als Vorläuferin der Bundesbank) gingen der Gründung des neuen Staates voraus. Die „Methode Monnet" stand auch 1990 Pate bei der Errichtung der Europäischen Wirtschafts- und Währungsunion. Der europäische Binnenmarkt und die ein Jahrzehnt später folgende gemeinsame Währung sollten eine Art Sachzwang für die Vollendung der politischen Union erzeugen. Eine gemeinsame Währung kann auf Dauer nicht ohne gemeinschaftliche Wirtschafts- und Finanzpolitik funktionieren. Insofern waren die Maastrichter Verträge nur ein Provisorium. Die globale Finanzkrise von 2008 enthüllte die Konstruktionsmängel der Eurozone auf brutale Weise. Sie sind bis heute nicht durchgreifend behoben.

Zur wirtschaftlichen Erfolgsgeschichte der neu gegründeten Bundesrepublik gehört noch eine Begebenheit, die heute weitgehend aus dem kollektiven Gedächtnis verdrängt ist: der großzügige Schuldenerlass, der dem Nachfolgestaat des „Dritten Reiches" gewährt wurde. Auf der Bundesrepublik Deutschland lasteten Anfang der 50er-Jahre Auslandsschulden in Höhe von 30 Milliarden D-Mark. Rund die Hälfte dieses Betrages ging noch auf Kredite zur Bedienung von Reparationsforderungen aus dem Versailler Friedensvertrag von 1919 zurück. Dazu kamen ausstehende Zinszahlungen in einer Größenordnung von rund 20 Milliarden. Sie waren eine schwere Hypothek für ein Land, das immer noch von den Verheerungen des Krieges gezeichnet war und dessen Wiederaufbau nur mühsam in Gang kam. Ab Sommer 1952 verhandelte eine deutsche Delegation unter Leitung des Bankiers Hermann Josef Abs mit den Gläubigerstaaten über eine Neuregelung der Schuldenfrage. Die Konstellation war günstig. Die Bundesrepublik war zum Frontstaat des Kalten Krieges und zum Verbündeten der Westmächte geworden. Washington, London und Paris wollten kein gedemütigtes und verarmtes Deutschland, sondern eine stabile und prosperierende Demokratie. Entsprechend weit kamen sie der deutschen Seite entgegen.

Am 27. Februar 1953 wurde das Londoner Schuldenabkommen unterzeichnet. Der Bundesrepublik wurden 15,5 Milliarden DM Schulden sowie alle ausstehenden Zinsen erlassen. Für die restlichen Zahlungsverpflichtungen wurden günstigere Zinsen und Laufzeiten vereinbart. Damit reduzierten sich die Belastungen aus dem Schuldendienst auf drei Prozent der deutschen Exporterlöse – eine Größenordnung, die weit unter den Zahlungsverpflichtungen liegt, die gegenwärtig von europäischen Krisenländern wie Griechenland zu leisten sind. Daran sollten wir uns erinnern, wenn es heute um die Bewältigung der europäischen Schuldenkrise geht. Die in Deutschland vorherrschende Haltung „Wir kommen nicht für die Schulden anderer auf" ist geschichtsvergessen. Sie verdrängt, dass das berühmte Wirtschaftswunder nicht zuletzt auf die Bereitschaft der ehemaligen Siegermächte zurückging, der Bundesrepublik finanziell unter die Arme zu greifen. Marshall-Plan und Schuldenerlass waren Zeugnis einer weitblickenden, auf Aussöhnung, Kooperation und Integration gerichteten Politik, ganz im Geist der berühmten Züricher Europa-Rede Churchills. Dieses Credo ist seit dem Ausbruch der Finanzkrise im Jahr 2008 immer stärker von einer Rückkehr des nationalen Egoismus verdrängt worden, der nicht nur den wirtschaftlichen, sondern auch den mentalen Zusammenhalt der EU gefährdet.

Der älteste politische Zusammenschluss europäischer Staaten ist eine Organisation, die heute im Schatten der Europäischen Union steht: Am 5. Mai 1949, ein paar Tage vor der Konstituierung der Bundesrepublik, gründeten zehn westeuropäische Staaten den Europarat. Auch dabei standen die USA Pate. Für sie lag die politische Einigung (West-)Europas in ihrem aufgeklärten Eigeninteresse. Das gilt, allen Unkenru-

fen zum Trotz, auch heute noch. Ursprüngliche Aufgabe des Europarats ist es, „einen engeren Zusammenschluss zwischen seinen Mitgliedern zu verwirklichen" (so der Artikel 1 seiner Satzung), das gemeinsame europäische Erbe zu bewahren sowie den wirtschaftlichen und sozialen Fortschritt in Europa zu fördern. Das bekannteste und wirkungsmächtigste zwischenstaatliche Abkommen, das in diesem Rahmen geschlossen wurde, ist die Europäische Menschenrechtskonvention. Auf dieses normative

Dokument berufen sich zahllose Beschwerden, die beim Europäischen Gerichtshof für Menschenrechte eingereicht werden, der über die Einhaltung der Konvention wacht. In dieser Richtung wirkt auch der Menschenrechtskommissar, der von der parlamentarischen Versammlung des Europarats gewählt wird. Ein weiteres Instrument, das der Konvention Geltung verschaffen soll, sind Berichte zur Menschenrechtssituation in einzelnen Ländern. So ist im Laufe der Zeit der Einsatz für Menschenrechte und rechtsstaatliche Normen zum Arbeitsschwerpunkt des Europarats geworden – zum Missvergnügen insbesondere jener Regimes, die es mit den Grundrechten nicht besonders ernst nehmen, obwohl sie als Mitglieder des Europarats auch auf die Europäische Menschenrechtskonvention verpflichtet sind. Die mit Abstand höchste Zahl von Beschwerden stammt aus Russland.

Auch ein Schritt nach Europa: Unterzeichnung des Schuldenabkommens im Londonderry House in London, 27. Februar 1953. Die Gläubiger erlassen der hochverschuldeten Bundesrepublik Deutschland die Hälfte der Staatsschulden.

Der Beitritt der Bundesrepublik zum Europarat erfolgte im Mai 1951. Inzwischen gehören dem Rat 47 Staaten mit 820 Millionen Bürgern an – neben der OSZE ist er der umfassendste politische Zusammenschluss auf gesamteuropäischer Ebene. Im Anschluss an die Europäische Menschenrechtskonvention wurden zahlreiche weitere Abkommen beschlossen, darunter die Europäische Sozialcharta, eine Antifolterkonvention, die Europäische Charta der Regional- und Minderheitssprachen, eine Datenschutzkonvention und eine Anti-Doping-Konvention. Alle diese Vereinbarungen konstituieren europäisches Recht, das eingeklagt werden kann. Sie sind Meilensteine auf dem Weg zu einem einheitlichen europäischen Rechtsraum, der Mindeststandards im Hinblick auf Bürger- und Menschenrechte garantiert.

Jeder Rückblick auf europäische Kooperations- und Integrationsprojekte in der Gründerzeit der Bundesrepublik wäre grob lückenhaft ohne Verweis auf die Sicherheitspolitik. In jenen Nachkriegsjahren wurden auch die Fundamente der NATO und einer gemeinsamen europäischen Verteidigung gelegt. Die Verhandlungen über einen nordatlantischen Verteidigungspakt begannen im Juni 1948 unter dem Eindruck der Abriegelung Berlins durch die sowjetische

Armee. Besiegelt wurde das Bündnis am 4. April 1949, also noch vor Gründung der Bundesrepublik, die erst 1955 beitrat. Zuvor war die Bundesregierung bereits am ersten Anlauf für eine Europäische Verteidigungsgemeinschaft (EVG) beteiligt, die eine europäische Armee schaffen und damit auch die politische Integration Westeuropas fördern sollte. Eine entsprechende vertragliche Vereinbarung mit Frankreich, den Benelux-Staaten und Italien wurde 1952 unterzeichnet. Bevor sie in Kraft treten konnte, scheiterte die EVG zwei Jahre später an der Ablehnung der französischen Nationalversammlung. Damit war auch die innenpolitisch heiß umstrittene Wiederbewaffnung der Bundesrepublik auf Eis gelegt. Erst der NATO-Beitritt öffnete dann die Tür für die Aufstellung der Bundeswehr. Das galt sowohl im Hinblick auf die politische Zustimmung im eigenen Land wie hinsichtlich der Akzeptanz der europäischen Nachbarn. Nach den Erfahrungen zweier Weltkriege, die durch den deutschen Drang nach Vorherrschaft über Europa ausgelöst worden waren, musste Deutschland entweder entwaffnet oder fest in das europäisch-transatlantische Bündnis eingebunden werden. Dieser Zusammenhang besteht noch heute – jeder sicherheitspolitische Alleingang Deutschlands würde die europäische Sicherheitsarchitektur zum Einsturz bringen.

Über drei Jahrhunderte hinweg, seit dem Westfälischen Frieden, kreiste die europäische Staatenpolitik um die Frage, wie der deutsche Koloss im Zentrum Europas eingebunden oder neutralisiert werden konnte. Die klassische Antwort war eine Politik des Kräftegleichgewichts und die Bildung von Allianzen und Gegenallianzen der europäischen Mächte. Zweimal versuchte das Deutsche Reich, dieses Kräftegleichgewicht zu sprengen. Die europäischen Gegenmächte konnten sich nur unter Aufbietung aller Kräfte und unter schrecklichen Verlusten behaupten, und sie konnten es nur, weil die USA ihr enormes wirtschaftliches und militärisches Potential in die Waagschale warfen. Im Unterschied zu 1918 setzten die westlichen Siegermächte des Zweiten Weltkriegs nicht auf die dauerhafte Schwächung und Kontrolle Deutschlands, sondern auf seine Einbindung. Churchills Züricher Rede war eine kühne Vision und zugleich ein Dokument europäischer Realpolitik.

Das programmatische Ziel des Europarats ist der „engere Zusammenschluss aller Europäer": Sitzung des Europarats in Straßburg in der Aula des Hauptgebäudes der Universität, 10. August 1953.

EU als Vorreiter einer neuen globalen Ordnung?

Das Projekt einer politischen Union – der von Churchill proklamierten „Vereinigten Staaten Europas" – markiert einen Bruch mit der bis dahin herrschenden europäischen Staatenordnung. An die Stelle der Rivalität der europäischen Großmächte, die sich in wechselnden Bündnissen bekämpften, trat die fortschreitende wirtschaftliche und politische Integration. Zugleich lösten sich die europäischen Imperien auf, ihre außereuropäischen Kolonien erkämpften sich die Unabhängigkeit. Statt Expansion nach außen sollte nun die Festigung und Vertiefung der innereuropäischen Zusammenarbeit gelten und Krieg ein für allemal aus der Staatenwelt verbannt werden. Die Europäische Union versteht sich als Vorreiter eines post-nationalen, post-imperialen und post-bellizistischen Zeitalters der Weltgeschichte. Schwer vorstellbar, dass ein heutiger Staatsmann der europäischen Öffentlichkeit folgenden Satz ins Stammbuch schreibt: „Die Errettung der Menschen aus Krieg und Knechtschaft muss garantiert werden durch die Bereitschaft aller Männer und Frauen, lieber zu sterben, als sich der Tyrannei zu unterwerfen." Was für Churchill 1946 noch selbstverständlich war – in diesem Geist hatten die Briten dem Nationalsozialismus die Stirn geboten –, würde heute von der Mehrheit der Europäer allenfalls mit Unverständnis quittiert. Die EU basiert auf der Überzeugung, dass sich im Prinzip jeder Konflikt durch einen Interessenausgleich auf dem Verhandlungsweg lösen lässt.

Es ist allerdings nicht ausgemacht, ob diese Überzeugung tatsächlich ein Modell für das 21. Jahrhundert wird oder eine Ausnahme bleibt. Vieles deutet darauf hin, dass die Epoche nationaler Großmachtpolitik und kriegerischer Konflikte noch lange nicht zu Ende ist. Die USA bleiben eine Weltmacht; China schickt sich an, eine zu werden; Russland hat unter Putin einen nationalistischen und expansiven Kurs eingeschlagen; Schwellenländer wie Indien, Brasilien oder Südafrika sind auf dem Weg zu Regionalmächten. Der ewige Frieden zwischen den Nationen lässt auf sich warten; stattdessen sehen wir seit den 90er-Jahren eine Serie von genozidalen Exzessen und militärischen Interventionen. Neue, nichtstaatli-

che Gewaltakteure betreten die Szene. Die friedensstiftende Funktion der Vereinten Nationen erodiert; das Völkerrecht wird beiseite gewischt, wenn es um nationale Machtinteressen geht. Die Annexion der Krim ist dafür ein eklatantes Beispiel. Autoritäre Regimes stellen die Universalität der Menschenrechte in Frage. Das europäische Demokratiemodell wird keineswegs als globales Vorbild anerkannt. Für die EU stellt sich damit die Frage, wie sie ihre normativen Grundlagen und ihr postnationales Credo in einer Welt behaupten kann, die durch eine Vielzahl konkurrierender Mächte und Regierungsformen geprägt ist.

Eine mögliche Antwort darauf ist, dass die europäische Union selbst zum Staat werden muss, um sich im Konzert der Großen behaupten zu können. In dieser Lesart sind die europäischen Staaten – einschließlich Deutschlands – allesamt zu schwach, um allein in einer multipolaren internationalen Ordnung bestehen zu können. Als machtpolitischer Faktor sind sie künftig nur relevant, wenn sie ihre Kräfte bündeln und gemeinsam nach außen auftreten. Solange die Außen- und Verteidigungspolitik die Domäne der nationalen Regierungen bleibt, sei Europa nicht in der Lage, als Gestaltungsmacht auf der internationalen Bühne aufzutreten. Die EU müsse deshalb den Sprung zur Bildung einer zentralen Regierungsmacht wagen. Wenn nicht alle Mitgliedsstaaten dazu bereit seien, müssten

Verhandlung über die Europäische Gemeinschaft für Kohle und Stahl (Montanunion) in Paris, am Tisch von rechts: Frankreichs Außenminister Robert Schuman, Planungskommissar Jean Monnet, Diplomat Herbert Blankenhorn, Bundeskanzler und Außenminister Konrad Adenauer, Staatssekretär Walter Hallstein, 12. April 1951.

257

Sympathiewerbung für das gemeinsame Projekt Europa: der Europazug im Münchner Hauptbahnhof, 21. April 1951. Die im Krieg schwer beschädigten Waggons wurden in Deutschland umgebaut, in Frankreich und Großbritannien ausgestattet. Der Zug reiste in die 19 Länder, die Mittel aus dem Marshall-Plan erhalten hatten.

Deutschland und Frankreich im Verein mit anderen integrationswilligen Nationen vorangehen. Im Kern ist das eine machtpolitische Begründung für einen europäischen Zentralstaat. Einer ihrer prominenten Verfechter ist Joschka Fischer. Er steht damit beileibe nicht allein.

So nachvollziehbar diese Argumentationslinie ist, so voluntaristisch mutet sie angesichts der faktischen ökonomischen, politischen und kulturellen Heterogenität Europas an. Das gilt auch für die Außen- und Sicherheitspolitik. Die Unterschiede im sicherheitspolitischen Diskurs Großbritanniens, Frankreichs, Italiens, Polens und Deutschlands – um nur einige zentrale Akteure herauszugreifen – sind offenkundig. Politische Kernfragen etwa um den Einsatz militärischer Macht, Abschreckung, Rüstungsexporte, die Rolle der NATO und die Bedeutung der transatlantischen Allianz, um Russlandpolitik oder die Haltung zu Israel werden quer durch die EU unterschiedlich beantwortet. Das bedeutet nicht, dass diese Differenzen unüberwindliche Hindernisse auf dem Weg zu einer gemeinsamen euro-

päischen Außen- und Sicherheitspolitik wären. Aber es spricht vieles dafür, dass ein gemeinsames Auftreten nach außen noch für lange Zeit zwischen den europäischen Regierungen ausgehandelt werden muss. Gerade in Fragen von Krieg und Frieden ist die Gefahr groß, dass eine europäische Zentralgewalt die internen Differenzen eher verschärfen würde. Eine europäische Öffentlichkeit ist erst im Werden; Konsensbildung immer noch primär national organisiert. Mit anderen Worten: Die Nationalstaaten bilden nach wie vor das Zentrum demokratischer Legitimation. Deshalb ist das Aushandeln politischer Kompromisse durch die europäischen Regierungen auch nicht undemokratisch, sondern repräsentiert noch am ehesten den Willen der europäischen Völker. Das Europaparlament muss in diese Rolle erst hineinwachsen. Die notwendige Bündelung politischer Souveränität auf europäischer Ebene ist nicht identisch mit dem allmählichen Verschwinden der Nationalstaaten zugunsten einer europäischen Staatlichkeit, repräsentiert durch eine europäische Regierung und das europäische Parlament.

Einheit und Vielfalt

Man kann die „Vereinigten Staaten von Europa" in sehr unterschiedlicher Form denken, als europäischer Bundesstaat, als Staatenbund oder als eine „Doppelhelix" aus Staatenunion und Bürgerunion. In einer solchen Doppelstruktur sind die europäischen Bürgerinnen und Bürger zweifach repräsentiert: durch ihre nationalen Parlamente und Regierungen, die im europäischen Konzert eine maßgebliche Rolle spielen, und durch das direkt gewählte europäische Parlament. Sie entspricht am ehesten der realen Vielfalt der europäischen Sprachen, Traditionen und politischen Landschaften. Wer allein auf Zentralisierung der Entscheidungsgewalt setzt, verkennt, dass diese Vielfalt geradezu konstitutiv für Europa ist. Die künftige politische Verfasstheit der EU muss beides ermöglichen: Einheit und Vielfalt. Das gilt auch für den latenten Konflikt zwischen Erweiterung und Vertiefung der Union. Die Verfechter eines europäischen Bundesstaats sind in der Regel ausgesprochen reserviert, was die Aufnahme neuer Mitglieder betrifft. Das hat eine gewisse Konsequenz, weil mit jeder Erweiterungsrunde die wirtschaftliche und politische Heterogenität der EU zunimmt. Gemeinsame, für alle verbindliche Regelungen und Entscheidungen werden dadurch nicht einfacher. Wer für die Aufnahme der Türkei oder der Ukraine plädiert, sabotiert aus dieser Perspektive das europäische Einigungsprojekt. Soll man also zugunsten der weiteren Vertiefung der Union ihre Erweiterung auf Eis legen und damit das Versprechen aufgeben, dass alle europäischen Nationen Mitglied der Union werden können, sofern sie sich auf den Weg von Demokratie und Rechtsstaatlichkeit begeben und bereit sind, ihre Wirtschaft zu europäisieren? Das wäre Verrat am Ideal eines vereinten und freien Europa. Gleichzeitig untergräbt eine solche Position die Reformdynamik in den Nachbarländern der EU, die noch stark durch autoritäre Traditionen und ineffiziente bis korrupte Strukturen geprägt sind. Sie befördert damit gewollt oder ungewollt die erneute Spaltung Europas in einen Innen- und einen Außenraum der EU.

Dem latenten Konflikt zwischen Erweiterung und Vertiefung kann man am ehesten durch eine möglichst flexible Verfassung der EU entgehen, die nicht dem Muster einer umfassenden Zentralisierung folgt, sondern Raum für Binnendifferenzierung lässt. Sie kombiniert gemeinsame europäische Institutionen (Europaparlament, Kommission, europäischer Rat, Gerichtsbarkeit) mit unterschiedlichen Stufen der Kooperation und Integration zwischen Mitgliedsstaaten. Nicht alle müssen den Euro einführen, sich auf eine gemeinsame Migrations- und Flüchtlingspolitik verständigen, den Aufbau einer europäischen Armee vorantreiben, ein gemeinsames außen- und sicherheitspolitisches Kabinett bilden, ihre Steuerpolitik vereinheitlichen oder eine gemeinsame Energiepolitik betreiben. Diejenigen jedoch, die dazu bereit und in der Lage sind, sollen das auch tun, und zwar in wechselnden Konstellationen. Die EU wäre dann ein gemeinsamer politischer und regulatorischer Rahmen für alle ihre Mitglieder und zugleich ein flexibles Netzwerk, das unterschiedliche „Koalitionen der Willigen" ermöglicht. Diese Konstruktion ist heute bereits in der Kombination von vergemeinschafteten Politikfeldern und intergouvernementalen Vereinbarungen angelegt. Eine Stärkung des gemeinschaftlichen Elements sollte nicht vorrangig in der Bündelung politischer Entscheidungsbefugnisse in den Händen einer europäischen Regierung gesucht werden, sondern in der Herausbildung einer genuin europäischen politischen Sphäre. Dazu gehören europaweite Parteilisten und Spitzenkandidaten für die Wahlen zum

Alle europäischen Flaggen (einschließlich der deutschen und der türkischen) an den gemeinsamen Mast: Plakat von Reyn Dirksen für den Marshall-Plan, 1947.

Europaparlament, europäische Bürgerbegehren und die europaweite Vernetzung von Gewerkschaften, Nichtregierungsorganisationen, Berufsverbänden, Publikationen und Internetplattformen. Ohne gesamteuropäische Öffentlichkeit vergrößert die Zentralisierung politischer Befugnisse an der Spitze des europäischen Institutionengefüges nur die Kluft zwischen Bürgerschaft und politischen Eliten. Das wäre Wasser auf die Mühlen antieuropäischer Parteien und Bewegungen.

Seit den Revolutionen des 19. Jahrhunderts ein freiheitlicher und demokratischer Traum in allen Regionen Europas: „La Republique universelle démocratique et sociale" – Prozession der Völker Europas in Einheit und Brüderlichkeit. Lithografie von Frederic Sorrieu, 1848.

Die EU auf dem Prüfstand

Die Erfolgsgeschichte der europäischen Einigung ist nicht gesichert. Von innen ist sie bedroht durch eine Renationalisierung des Fühlens und Denkens der Bürger/innen und eine Renationalisierung der Politik. Am deutlichsten wird diese Gefahr in den Reaktionen auf die schwere Finanz- und Wirtschaftskrise, die den Zusammenhalt der EU erschüttert. Ganz entgegen seiner Absichten erscheint Deutschland in den Augen vieler europäischer Nachbarn wieder als selbstsüchtiger Dominator, der Europa seine Regeln aufzwingen will und eine staatenübergreifende Lastenverteilung zurückweist. Längst überwunden geglaubte nationale Ressentiments sind zurückgekehrt und vergiften den europäischen Zusammenhalt. Gut möglich, dass sich an der Frage einer partiellen Vergemeinschaftung der Schulden die Zukunft des Euro und mit ihr auch die Zukunft der europäischen Union entscheiden wird. Deutschland kommt dabei

eine Schlüsselrolle zu. Ohne eine stärkere Koordination und Integration der Finanz- und Wirtschaftspolitik in der Eurozone bleibt die gemeinsame Währung ein Haus ohne Fundament.

Gleichzeitig wachsen auch die äußeren Herausforderungen an die EU. Schon die gewaltsamen Erschütterungen der arabischen Welt, die wachsende Zahl der Flüchtlinge, die an den Außengrenzen der EU rütteln, die Einbindung der Türkei in eine gemeinsame europäische Außen- und Sicherheitspolitik und die sinkende Bereitschaft der USA, um jeden Preis die Sicherheit Europas zu garantieren, stellen die Handlungsfähigkeit der europäischen Gemeinschaft auf den Prüfstein. Die größte Herausforderung aber liegt in der neoimperialen Wendung Russlands. Die Okkupation der Krim und der unerklärte Krieg, den der Kreml gegen die Ukraine führt, stellen die Fundamente der europäischen Friedensordnung in Frage. Seit der Unterzeichnung der Schlussakte von Helsinki im Jahr 1975 gehören Gewaltverzicht, Unverletzlichkeit der Grenzen, Einhaltung internationaler Verträge zu den Eckpunkten der europäischen Nachkriegsordnung. Putins Rückkehr zu einer Politik der Einflusszonen und der begrenzten Souveränität der ehemaligen Sowjetrepubliken, die er als Bestandteil der russischen Welt betrachtet, markieren eine Kehrtwende. Ob man will oder nicht: Die Ukraine ist zum Prüfstein für die Zukunft Europas geworden. Akzeptieren wir eine neue Spaltung Europas in eine westliche und östliche Sphäre oder stehen wir zum Versprechen eines einigen und freien Europa? Unterstützen wir die demokratische Selbstbestimmung der postsowjetischen Gesellschaften einschließlich ihres Rechts auf freie Wahl ihrer Bündnisse? Und stehen wir zu den viel beschworenen europäischen Werten, für die Millionen in der Ukraine auf die Straße gegangen sind und für die inzwischen Tausende ihr Leben gelassen haben? Während im Westen die Europamüdigkeit grassiert, ist „Europa" für viele Menschen in Mittel-Osteuropa der Inbegriff ihres Strebens nach Demokratie und Rechtsstaat, sozialem Fortschritt und einer Regierung, die nicht ihre eigene Bevölkerung ausplündert.

Der Fehdehandschuh, den Präsident Putin der EU vor die Füße geworfen hat, geht weit über die Ukraine hinaus. Die russische Führung

Neue Impulse für die europäische Integration aus dem Weimarer Dreieck: Die Außenminister Laurent Fabius, Frank-Walter Steinmeier und Radosław Sikorski in Weimar, 1. April 2014.

vertritt inzwischen ein gesellschaftspolitisches Gegenmodell, das die EU im Kern herausfordert: „Gelenkte Demokratie" statt einer liberalen und pluralistischen Verfassung, Staatswirtschaft statt Marktwirtschaft, Medienkontrolle anstelle Pressefreiheit, Fusion von kirchlicher und politischer Macht statt Trennung von Staat und Kirche, Stigmatisierung sexueller Minderheiten statt des „dekadenten Liberalismus" des Westens, Gleichschaltung statt offener Gesellschaften, Nationalismus statt postnationaler Integration, Hegemonie statt Gleichberechtigung. Für diesen Gegenentwurf sucht der Kreml offensiv Verbündete gerade auch innerhalb der EU. Zu seinem Netzwerk gehören ultrarechte Bewegungen wie der französische Front National, der Vlamse Block in Belgien oder die griechische „Morgenröte" ebenso wie traditionelle Linksparteien und eine Vielzahl von Moskau finanzierter Medien mit dem Auslandssender „Russia Today" als Flaggschiff.

Auch in dieser Frage ist die deutsche Haltung ein Schlüssel für den Zusammenhalt der EU. Es ist kein Zufall, dass der Kreml insbesondere auf die Beeinflussung der deutschen Öffentlichkeit zielt. Er weiß um ihre Anfälligkeit für antiwestliche Ressentiments, um die neutralistischen Strömungen und tief sitzenden Träume von einem deutsch-russischen Sonderverhältnis. Was auf dem Spiel steht, ist die Westbindung der Bundesrepublik. Sie war die Quintessenz aus dem Unglück, das deutsche Sonderwege über Europa und das eigene Land gebracht haben. Zugleich war und ist die Integration in die euro-

päisch-transatlantische Gemeinschaft ein Garant für die Verankerung der liberalen Demokratie in Deutschland, das sich – wie Russland – lange Zeit als Gegenmodell zu ihr verstanden hatte. Ein Deutschland, das sich aus dieser Verankerung lösen und erneut auf eine irrlichternde Fahrt ins Ungewisse begeben würde, wäre ein Unglück für Europa und für sich selbst.

Die Zukunft des wiedervereinigten Deutschland kann nur in einem vereinigten Europa liegen. Auf diesem Weg stellen sich zwei vordringliche Aufgaben: die Vertiefung der Wirtschafts- und Währungsunion und die Stärkung der gemeinsamen europäischen Außen- und Sicherheitspolitik. Ohne schrittweise Konvergenz der Fiskal- und Wirtschaftspolitik und eine gemeinschaftliche Lösung der Schuldenkrise droht die gemeinsame Währung durch wachsende wirtschaftliche und politische Diskrepanzen zwischen den Euroländern zerrieben zu werden. Das wäre der Anfang vom Ende der EU. Gleichzeitig muss die europäische Gemeinschaft eine aktive Strategie für ihre südliche und östliche Nachbarschaft entwickeln. Insbesondere gegenüber Russland braucht es ein gemeinsames Auftreten, das die besondere Situation der ost-mitteleuropäischen Staaten berücksichtigt. Die deutsch-französische Zusammenarbeit, bislang der Garant für den Zusammenhalt der EU, reicht für die neue gesamteuropäische Konstellation nicht mehr aus. Sie muss zu einem Dreieck Paris-Berlin-Warschau als Motor der europäischen Integration erweitert werden.

Zeittafel

1939

30. Januar	Adolf Hitler prophezeit für den Fall eines Krieges die Vernichtung der jüdischen Rasse in Europa
14. März	Deutscher Einmarsch in die „Resttschechei", die als Reichsprotektorat Böhmen und Mähren dem Deutschen Reich angegliedert wird, die Slowakei wird ein formal selbständiger deutscher Satellitenstaat
22. Mai	Deutschland und Italien schließen einen militärischen Bündnisvertrag („Stahlpakt")
23. August	Deutsch-sowjetischer Nichtangriffsvertrag („Hitler-Stalin-Pakt")
1. September	Deutscher Angriff auf Polen
3. September	Großbritannien und Frankreich erklären dem Deutschen Reich den Krieg

1940

8./9. April	Deutscher Überfall auf Dänemark und Norwegen („Weserübung")
10. Mai	Beginn der deutschen Offensive im Westen
	Winston Churchill wird britischer Premier- und Verteidigungsminister
18. Juni	Charles de Gaulle ruft aus dem Londoner Exil die Franzosen zur Fortsetzung des Widerstands auf
22. Juni	Deutsch-französischer Waffenstillstand
12. August	Beginn der Luftschlacht um England
28. Oktober	Italienischer Angriff auf Griechenland
14. November	Deutscher Luftangriff auf Coventry („Operation Mondscheinsonate"), bei der die Stadt einschließlich der mittelalterlichen Kathedrale weitgehend zerstört wird
15./16. November	Abriegelung des Warschauer Gettos, in das insgesamt ca. 500.000 Menschen verschleppt werden
18. Dezember	Hitlers Weisung Nr. 21 („Fall Barbarossa") zur Vorbereitung des Überfalls auf die Sowjetunion

1941

6. Januar	Präsident Franklin D. Roosevelt propagiert in seiner Rede zur Lage der Nation vor dem amerikanischen Kongress das Prinzip der „vier Freiheiten"
6. April	Deutscher Überfall auf Jugoslawien und Griechenland
22. Juni	Deutscher Überfall auf die Sowjetunion
31. Juli	Reinhard Heydrich wird von Hermann Göring mit den Vorbereitungen für die „Gesamtlösung der Judenfrage" beauftragt
14. August	Verabschiedung der Atlantik-Charta durch Roosevelt und Churchill
19. September	Verpflichtung für alle Juden im Deutschen Reich, die älter als sechs Jahre sind, einen gelben Stern zu tragen
20. Oktober	Erste Deportation von deutschen Juden

23. Oktober	Deutschen Juden wird die Auswanderung verboten
Dezember	Erste Tötungen durch Giftgas im Stammlager Auschwitz
7. Dezember	Japanischer Angriff auf Pearl Harbor (Hawaii), das Hauptquartier der amerikanischen Pazifikflotte
8. Dezember	Die USA erklären Japan den Krieg
11. Dezember	Das Deutsche Reich erklärt den USA den Krieg
22. Dezember –14. Januar	Amerikanisch-britische Arcadia-Konferenz in Washington zur Erörterung der Kriegslage, Gründung der Combined Chiefs of Staff

1942

1. Januar	Deklaration Vereinter Nationen, die von 26 Staaten während der Arcadia-Konferenz unterzeichnet wird
13. Januar	Die Inter-Allied-Commission deklariert die Bestrafung von Vergehen gegen die Haager Konvention als Kriegsziel (Erklärung von St. James)
20. Januar	Wannsee-Konferenz zur Koordination der an der Judenvernichtung beteiligten Instanzen
1.–31. Juli	Erste Panzerschlacht bei El Alamein
12.–17. August	Konferenz mit Stalin, Churchill und Averell Harriman in Moskau
23. Oktober –4. November	Zweite Panzerschlacht bei El Alamein
8. November	Anglo-amerikanische Verbände landen in Marokko und Algerien
19. November	Beginn der sowjetischen Großoffensive und Einkesselung der deutschen Truppen in Stalingrad

1943

14.–26. Januar	Konferenz von Casablanca
2. Februar	Generalfeldmarschall Paulus begibt sich mit 30 Generälen und 91.000 Soldaten in Stalingrad in Gefangenschaft
19. April	Beginn des Aufstands im Warschauer Getto
13. Mai	Der anglo-amerikanische Tunesienfeldzug endet mit der Kapitulation der deutschen und italienischen Streitkräfte
10. Juli	Amerikanische und britische Fallschirmjäger landen auf Sizilien
25. Juli–3. August	Bombardierung Hamburgs (Operation Gomorrha)
14.–24. August	Erste Konferenz von Québec, u. a. zur Vorbereitung der Operation Overlord
3. September	Waffenstillstand von Cassibile zwischen Italien und den West-Alliierten
19. Oktober –1. November	Konferenz der Außenminister der USA, Großbritanniens und der Sowjetunion in Moskau

Nach der Kapitulation in Stalingrad: deutsche Soldaten auf dem Weg in die Gefangenschaft, Februar 1943.

13. Oktober	Italien erklärt dem Deutschen Reich den Krieg
20. Oktober	Gründung der United Nations War Crimes Commission in London
22.–26. November	Konferenz von Kairo mit Roosevelt, Churchill und Chiang Kai-shek zur Festlegung der Kriegsziele im Pazifikkrieg
28. November –1. Dezember	Konferenz von Teheran, erstes Zusammentreffen von Roosevelt, Churchill und Stalin

1944

6. Juni	Landung der Alliierten in der Normandie (Operation Overlord)
20. Juli	Attentat auf Hitler in der Wolfsschanze. Stauffenberg und die Hauptverschwörer werden noch in der Nacht in Berlin im Hof des Bendlerblocks erschossen
22. Juli	Unterzeichnung des Abkommens von Bretton Woods, das die Grundlagen für die Schaffung der Weltbank und des Internationalen Währungsfonds legt
1. August	Beginn der Erhebung der Polnischen Heimatarmee (Warschauer Aufstand), der nach zwei Monaten von den deutschen Besatzungstruppen niedergeschlagen wird
23. August	Der rumänische Diktator Ion Antonescu wird durch einen Staatsstreich unter Anführung von König Michael gestürzt
25. August	De Gaulle zieht an der Spitze des Komitees für die nationale Befreiung in Paris ein
8./9. September	Bulgarien wird von der Roten Armee besetzt
12.–16. September	Zweite Konferenz von Québec, u. a. zur Frage alliierter Besatzungszonen in Deutschland nach Kriegsende
15. September	Amerikanische und französische Truppen überschreiten nordwestlich von Trier die deutsche Grenze
9.–20. Oktober	Konferenz in Moskau mit Stalin und Churchill über die Zukunft von Ostmittel- und Südosteuropa, insbesondere von Polen

1945

27. Januar	Befreiung des Konzentrationslagers Auschwitz durch sowjetische Truppen
1. Februar	In Bulgarien verurteilen kommunistische Volksgerichte auf Anordnung Georgi Dimitrows Tausende von Menschen zum Tode
4.–11. Februar	Konferenz von Jalta, zweites Zusammentreffen von Roosevelt, Churchill und Stalin
13./14. Februar	Bombardierung Dresdens durch britische und amerikanische Flugzeuge
1. März	Die Türkei erklärt als letzter Staat dem Deutschen Reich den Krieg, um Gründungsmitglied der Vereinten Nationen sein zu können
9./10. März	Bombardierung von Tokio, mit über 100.000 Toten der opferreichste konventionelle Bombenangriff der Geschichte
11. März	Prinz Sihanouk proklamiert die Unabhängigkeit Kambodschas
19. März	Hitler erlässt den „Befehl betreffend Zerstörungsmaßnahmen im Reichsgebiet" (sog. Nerobefehl)
12. April	Nach dem Tod Franklin D. Roosevelts wird sein Stellvertreter Harry S. Truman als 33. Präsident der Vereinigten Staaten vereidigt
16. April–2. Mai	Schlacht um Berlin
25. April	Amerikanische und sowjetische Truppen treffen bei Torgau (Nordsachsen) aufeinander
25. April–26. Juni	Konferenz von San Francisco zur Vorbereitung der Gründung der Vereinten Nationen
27. April	Bildung der Provisorischen Staatsregierung Renner in der wieder unabhängigen Republik Österreich
28. April	Mussolini wird von Partisanen erschossen. Die deutschen und die italienischen Truppen in Norditalien kapitulieren
29. April	Befreiung des Konzentrationslagers Dachau durch amerikanische Truppen
30. April	Selbstmord Hitlers in Berlin. Großadmiral Dönitz wird sein Nachfolger als Staatsoberhaupt
	Die Gruppe Ulbricht fliegt von Moskau nach Berlin

5. Mai	Beginn der militärischen Erhebung des tschechischen Widerstands in Prag, dem sich die Waffen-SS aber erfolgreich entgegenstellt
7. Mai	Generaloberst Jodl unterzeichnet in Reims die Gesamtkapitulation der deutschen Wehrmacht
9. Mai	Ratifikation der Kapitulation durch Vertreter aller Heeresteile in Karlshorst Die Rote Armee nimmt Prag ein
23. Mai	Verhaftung der geschäftsführenden Reichsregierung unter Großadmiral Dönitz
25. Mai	Die Regierung der tschechischen Nationalen Front nimmt ihren Sitz in Prag
5. Juni	Die vier Siegermächte übernehmen gemeinsam die oberste Regierungsgewalt in Deutschland und teilen das Land in vier Besatzungszonen auf
26. Juni	Unterzeichnung der Charta der Vereinten Nationen durch die 50 Gründungsmitglieder
17. Juli–2. August	Potsdamer Konferenz
26. Juli	Frankreich erhält aus den britisch und amerikanisch besetzten Territorien eine eigene Besatzungszone
30. Juli	Erste Sitzung des Alliierten Kontrollrats in Berlin
6. August	Abwurf der ersten Atombombe auf Hiroshima
8. August	Die Sowjetunion erklärt Japan den Krieg
9. August	Abwurf einer zweiten Atombombe auf Nagasaki
15. August	Kaiser Hirohito erklärt Japans Kapitulation
21. Oktober	Erlass der sogenannten Beneš-Dekrete durch die tschechoslowakische Exilregierung
19. Oktober	Stuttgarter Schuldbekenntnis der Evangelischen Kirche in Deutschland (EKD)
18. November	Bei den Wahlen zum bulgarischen Parlament ist nur die kommunistische Vaterländische Front zugelassen, sie bekommt fast 90 % der Stimmen
20. November	Beginn des Hauptkriegsverbrecherprozesses vor dem Internationalen Militärgerichtshof in Nürnberg
29. November	Josip Broz Tito wird zum ersten Ministerpräsidenten der Republik Jugoslawien gewählt
10. Dezember	Alcide de Gasperi wird italienischer Ministerpräsident
20. Dezember	Wahl von Karl Renner zum ersten Präsidenten der zweiten Republik Österreich

1946

5. März	Alliiertes Gesetz zur Befreiung Deutschlands von Nationalsozialismus und Militarismus
21./22. April	Vereinigung von SPD und KPD zur Sozialistischen Einheitspartei Deutschlands (SED) in der Sowjetischen Besatzungszone

Konzentrationslager Auschwitz nach der Befreiung durch sowjetische Truppen: Den letzten Opfern wenigstens soll eine würdige Bestattung gegeben werden, 28. Januar 1945.

9. Mai	Ein SPD-Parteitag in Hannover mit Delegierten aus den drei Westzonen wählt Kurt Schumacher zum Vorsitzenden
10. Mai	Jawaharlal Nehru wird zum Vorsitzenden der indischen Kongresspartei gewählt
25. Mai	Das britische Völkerbundmandat für Transjordanien erlischt und das Königreich Jordanien wird unabhängig
2. Juni	Abstimmung in Italien über eine neue Verfassung, die Monarchie wird abgeschafft
4. Juli	Bei einem Pogrom werden in der polnischen Stadt Kielce über 40 Juden ermordet
28. September	König Georg II. kehrt nach Griechenland zurück
1. Oktober	Der Internationale Militärgerichtshof in Nürnberg verkündet sein Urteil
16. Oktober	Hinrichtung der zum Tod verurteilten Hauptkriegsverbrecher in Nürnberg
9. November	Die kommunistisch dominierte Einheitsliste gewinnt mit Hilfe weitreichender Wahlfälschungen die Wahlen zum rumänischen Parlament mit 80 Prozent der Stimmen
9. Dezember	Beginn der von den USA geführten Nürnberger Nachfolgeprozesse mit dem Ärzte-Prozess

1947

1. Januar	Die britische und die amerikanische Besatzungszone werden zur Bizone zusammengefasst
25. Februar	Das Land Preußen wird durch ein alliiertes Kontrollratsgesetz aufgelöst
12. März	Präsident Truman verkündet vor dem amerikanischen Kongress die sogenannte Truman-Doktrin
2. April	Der Kommandant des Vernichtungslagers Auschwitz, Rudolf Höß, wird von einem Gericht in Warschau zum Tod verurteilt und 14 Tage später vor seiner Residenz in Auschwitz erhängt
5. Juni	Der US-Außenminister Marshall verkündet das European Recovery Program (ERP)
15. August	Großbritannien gibt die Kolonie Britisch Indien auf. Aus ihr entstehen die unabhängigen Staaten Indien und Pakistan
15. September	Die Pariser Friedensverträge mit Deutschlands europäischen Verbündeten im Zweiten Weltkrieg, Italien, Rumänien, Ungarn, Bulgarien und Finnland, treten in Kraft
29. November	Die Generalversammlung der Vereinten Nationen stimmt mit großer Mehrheit für den UN-Teilungsplan für Palästina, der einen jüdischen und einen arabischen Staat vorsieht
25. November –15. Dezember	Konferenz der Außenminister der vier Siegermächte in London, es kommt zum Bruch zwischen den USA und der Sowjetunion, die Konferenz endet ohne Ergebnis
30. Dezember	Der rumänische König Michael dankt ab und geht ins Exil, die Rumänische Volksrepublik wird ausgerufen
	Mit dem Prozess gegen das Oberkommando der Wehrmacht beginnt der letzte Nürnberger Nachfolgeprozess, er dauert bis zum 14. April 1949

1948

30. Januar	Mahatma Gandhi wird von dem nationalistischen Hindu Nathuram Godse erschossen
23. Februar –6. März	Erste Londoner Sechsmächtekonferenz der drei westlichen Siegermächte und der Beneluxländer
17. März	Im Brüsseler Pakt vereinbaren Großbritannien, Frankreich und die Beneluxländer eine zunächst auf 50 Jahre angelegte Wirtschafts- und Verteidigungsgemeinschaft
20. März	Der sowjetische Kommandant Marschall Sokolowski beendet seine Mitarbeit im Alliierten Kontrollrat
3. April	Präsident Harry S. Truman unterzeichnet den Marshall-Plan
20. April–2. Juni	Zweite Londoner Sechsmächtekonferenz
14. Mai	Proklamation des Staates Israel
15. Mai	Ägypten, Saudi-Arabien, Jordanien, der Libanon, der Irak und Syrien erklären Israel den Krieg
20. Juni	Währungsreform in den drei deutschen Westzonen, die D-Mark wird eingeführt

24. Juni	Beginn der Berlinblockade
1. Juli	Die Militärgouverneure der drei westlichen Siegermächte übergeben den west- deutschen Ministerpräsidenten die sogenannten Frankfurter Dokumente mit Richtlinien für das zu schaffende Grundgesetz
1. September	Konstituierende Sitzung des Parlamentarischen Rates in Bonn, zum Vorsitzenden wird Konrad Adenauer gewählt
6. September	Kommunistische Demonstranten blockieren die Versammlung der Berliner Stadt- verordneten im Stadthaus, die nichtkommunistischen Abgeordneten ziehen in den Westteil Berlins um, das bedeutet das Ende einer einheitlichen Stadtregierung

1949

25. Februar	David Ben Gurion wird erster Premierminister des Staates Israel
4. April	Unterzeichnung des Nordatlantikpakts durch die zwölf Gründungsmitglieder der North Atlantic Treaty Organisation (NATO)
8. April	Die französische Besatzungszone schließt sich der Bizone an, die so zur Trizone wird
11. April	Mit dem Urteil im Wilhelm- straßen-Prozess enden die Nürnberger Nachfolgeprozesse
5. Mai	Gründung des Europarates durch den Vertrag von London
8. Mai	Verabschiedung des Grund- gesetzes durch den Parla- mentarischen Rat mit 53 zu 12 Stimmen
12. Mai	Ende der Berlinblockade
	Die drei westlichen Militär- gouverneure billigen das Grundgesetz
23. Mai	Verkündung des Grundgeset- zes für die Bundesrepublik Deutschland
14. August	Erste Bundestagswahl: CDU/ CSU 31,0 %, SPD 29,2 %, FDP 11,9%, KPD 5,7 %, BP 4,2 %, DP 4,0 %, Zentrum 3,1 %, WAV 2,9 %
29. August	Zündung der ersten sowjeti- schen Atombombe auf dem Atomwaffentestgelände Semipalatinsk in Kasachstan
5. September	Konstituierende Sitzung des Europarates in Straßburg
12. September	Theodor Heuss (FDP) wird von der Bundesversammlung zum ersten Bundes- präsidenten gewählt
15. September	Konrad Adenauer (CDU) wird vom Deutschen Bundestag mit einer Stimme Mehrheit zum Bundeskanzler gewählt
21. September	Die Alliierten Hohen Kommissare John Jay McCloy, Brian Hubert Robertson und André François-Poncet geben in Anwesenheit des neuen Bundeskabinetts das Ende der Militärregierung bekannt
1. Oktober	Mao Zedong proklamiert die Volksrepublik China
7. Oktober	Proklamation der Deutschen Demokratischen Republik (DDR)
11. Oktober	Wilhelm Pieck wird von der Provisorischen Volkskammer und der Provisorischen Länderkammer zum Präsidenten der DDR gewählt
22. November	Die Alliierten Hohen Kommissare und Bundeskanzler Adenauer schließen das Petersberger Abkommen
27. Dezember	Konstitution der Republik der Vereinigten Staaten von Indonesien

Nach dem Ende der Berlinblockade stellen Arbeiter im Mai 1949 an einem Grenzübergang ein Schild mit der Auf- schrift „Freie Fahrt" auf.

Autoren

Jörg Becken, geboren 1964 in Berlin, Ausbildung zum Diplombibliothekar, Studium der Geschichte. Arbeitet seit 2003 freiberuflich als Autor, Kurator und Archivar, u. a. Konzeption und Aufbau des Unternehmensarchivs der AOK Berlin. Zahlreiche kultur- und sozialgeschichtliche sowie landeskundliche Veröffentlichungen.

Prof. Dr. Wolfgang Benz, geboren 1941 in Ellwangen, Historiker der Zeitgeschichte, international anerkannter Vertreter der Vorurteilsforschung, der Antisemitismusforschung und der NS-Forschung. Bis 2011 lehrte er an der Technischen Universität Berlin und leitete dort von 1990 bis 2011 das Zentrum für Antisemitismusforschung.

Ralf Fücks, geboren 1951 in Edenkoben, hat Sozialwissenschaften, Ökonomie und Geschichte studiert, war Lehrbeauftragter an der Universität Bremen und Dozent in der Erwachsenenbildung, Senator für Stadtentwicklung und Umweltschutz und Bürgermeister in Bremen und ist heute Vorstandsmitglied der Heinrich-Böll-Stiftung.

Dr. Gerd Hankel, geboren 1957 in Büderich, Sprachwissenschaftler und Völkerrechtler; Dr. jur., wissenschaftlicher Angestellter am Hamburger Institut für Sozialforschung; von 2000 bis Ende 2001 Mitarbeiter im Team der Ausstellung „Verbrechen der Wehrmacht. Dimensionen des Vernichtungskriegs 1941–1944". Zahlreiche Veröffentlichungen zu den Themen humanitäres Völkerrecht, Massengewalt und Genozid in Ruanda und im Gebiet der Großen Seen Afrikas.

Dr. Manfred Jehle, geboren 1948 in Waldshut, freier Autor und Redakteur, zahlreiche Arbeiten zur mittelalterlichen, neueren, Technik- und Verkehrsgeschichte, Quellensammlungen und Bibliografien zur Geschichte der Juden in Mittel- und Osteuropa.

Lars-Broder Keil, geboren 1963 in Bad Dürrenberg. Studium der Journalistik in Leipzig. 1991/92 war er Mitarbeiter der Akademie der Wissenschaften Berlin-Brandenburg. Seit 1999 Redakteur in der Welt-N24-Gruppe. Zahlreiche Buchveröffentlichungen zur deutschen Literatur- und Zeitgeschichte, zuletzt *Der Mauerfall. Ein Volk nimmt sich die Freiheit* (mit Sven Felix Kellerhoff, Köln 2014).

Sven Felix Kellerhoff, geboren 1971 in Stuttgart, Historiker und Journalist, Studium der Geschichte und Publizistik, Absolvent der Berliner Journalistenschule, seit 2003 Leitender Redakteur für Zeit- und Kulturgeschichte der WELT-N24-Gruppe. Zahlreiche Buchveröffentlichungen zur deutschen und zur Berliner Geschichte, vorwiegend des 20. Jahrhunderts.

Silke Kettelhake, geboren 1967 in Hameln. Studium der Publizistik und der Theater-, Film- und Fernsehwissenschaften an der FU Berlin sowie Ausbildung zur Mediengestalterin in Bild und Ton. Zahlreiche Buchveröffentlichungen zur deutschen Kultur- und Zeitgeschichte, u. a. Biografien von Libertas Schulze-Boysen und Renée Sintenis.

Prof. Dr. Christopher Kopper, geboren 1962 in Bergisch Gladbach, 1991–1998 Lehrtätigkeit in Göttingen, 1998–2003 DAAD-Professor an verschiedenen Universitäten in den USA, Habilitation 2005, apl. Professor an der Universität Bielefeld. Zahlreiche Veröffentlichungen zur deutschen Wirtschafts- und Zeitgeschichte.

PD Dr. Ernst Piper, geboren 1952 in München, promovierte 1981 in Mittelalterlicher Geschichte an der TU Berlin, seit 1982 in verschiedenen Positionen in der Verlagsbranche tätig, seit 2006 Privatdozent für Neuere Geschichte an der Universität Potsdam. Zahlreiche Veröffentlichungen zur Geschichte der Renaissance sowie zur Neueren und Neuesten Geschichte, zuletzt *Nacht über Europa. Kulturgeschichte des Ersten Weltkriegs* (Berlin 2013).

Prof. Dr. Heinz A. Richter, geboren 1939 in Heilbronn, hat in Heidelberg Geschichte, Politikwissenschaft und Anglistik studiert. Nach einem langjährigen Aufenthalt in Griechenland war er von 1991 bis 2003 außerplanmäßiger Professor für griechische und zypriotische Zeitgeschichte an der Universität Mannheim. Herausgeber der

Schriftenreihen *Thetis. Mannheimer Beiträge zur klassischen Archäologie und Geschichte Griechenlands und Zyperns* und *Peleus. Studien zur Archäologie und Geschichte Griechenlands und Zyperns.*

Prof. Dr. Axel Schildt, geboren 1951 in Hamburg, hat Politikwissenschaft, Soziologie, Geschichte, Literaturwissenschaft und Philosophie in Hamburg und Marburg studiert. Seit 2002 ist er Direktor der Forschungsstelle für Zeitgeschichte in Hamburg und Professor für Neuere Geschichte an der Universität Hamburg. Seine wissenschaftlichen Schwerpunkte sind die Geschichte des Wohnens, der Freizeit und der Massenmedien, die Geschichte der Suburbanisierung in Deutschland nach dem Zweiten Weltkrieg sowie die Geschichte europäischer Jugendkulturen im 20. Jahrhundert.

Prof. Dr. Michael Schwartz, geboren 1963 in Recklinghausen, Wiss. Mitarbeiter am Institut für Zeitgeschichte München-Berlin und apl. Professor für Neuere und Neueste Geschichte an der Universität Münster; Mitglied des Wissenschaftlichen Beraterkreises der Stiftung Flucht Vertreibung Versöhnung; neueste Veröffentlichung zum Thema: *Funktionäre mit Vergangenheit. Das Gründungs-Präsidium des Bundes der Vertriebenen und das „Dritte Reich"*, München 2013.

Weiterführende Literatur

Abelshauser, Werner: Deutsche Wirtschaftsgeschichte von 1945 bis zur Gegenwart, Bonn 2011

Andrae, Friedrich: Auch gegen Frauen und Kinder. Der Krieg der Wehrmacht gegen die Zivilbevölkerung in Italien 1943–1945, München 1995

Anonyma [Marta Hillers]: Eine Frau in Berlin. Tagebuchaufzeichnungen vom 20. April bis 22. Juni 1945, Nachwort Kurt W. Marek, Frankfurt/Main 2003

Antoni, Michael: Das Potsdamer Abkommen – Trauma oder Chance? Geltung, Inhalt und staatsrechtliche Bedeutung, Berlin 1985

Applebaum, Anne: Der Eiserne Vorhang. Die Unterdrückung Osteuropas 1944–1956, München 2012

Bader, William B.: Österreich im Spannungsfeld zwischen Ost und West 1945 bis 1955, Wien 2002

Baxter, Christopher: The Great Power Struggle in East Asia 1944–50. Britain, America and Post-War Rivalry, Basingstoke – New York 2009

Benz, Wolfgang: Potsdam 1945. Besatzungsherrschaft und Neuaufbau im Vier-Zonen-Deutschland, München ⁴2005

Benz, Wolfgang: Die Gründung der Bundesrepublik. Von der Bizone zum souveränen Staat, München ⁵1999

Benz, Wolfgang: Auftrag Demokratie. Die Gründungsgeschichte der Bundesrepublik und die Entstehung der DDR 1945–1949, Berlin 2009

Brackmann, Michael: Vom totalen Krieg zum Wirtschaftswunder. Die Vorgeschichte der westdeutschen Währungsreform 1948, Essen 1993

Buckow, Anjana: Zwischen Propaganda und Realpolitik. Die USA und der sowjetisch besetzte Teil Deutschlands 1945–1955, Stuttgart 2003

Buruma, Ian: Erbschaft der Schuld, München 1993

Chang, Jung / Halliday, Jon: Mao. Das Leben eines Mannes, das Schicksal eines Volkes, München 2005

Churchill, Winston: The Second World War, 6 Bde., London 1950–54 (deutsch: Der Zweite Weltkrieg: Mit einem Epilog über die Nachkriegsjahre, Frankfurt/Main ⁴2003)

Clay, Lucius D.: Entscheidung in Deutschland, Frankfurt/Main 1950

Dalmia, Vasudha: The Nationalization of Hindu Traditions: Bhāratendu Hariśchandra and Nineteenth-century Banaras, Delhi 1997

Davies, Norman: Im Herzen Europas. Geschichte Polens, München 2006

269

Davies, Norman: Die große Katastrophe. Europa im Krieg 1939–1945, München 2009

Deutschland unter alliierter Besatzung 1945–1949/55. Ein Handbuch, Hrsg. Wolfgang Benz, Berlin 1999

Dikötter, Frank: The Tragedy of Liberation: A History of the Chinese Revolution 1945–57, London u. a. 2013

Douglas, R. M.: Ordnungsgemäße Überführung. Die Vertreibung der Deutschen nach dem Zweiten Weltkrieg, München 2012

Ende des Dritten Reiches – Ende des Zweiten Weltkrieges. Eine perspektivische Rückschau, Hrsg. Hans-Erich Volkmann, München – Zürich 1995

Entscheidungen der SED 1948. Aus den Stenographischen Niederschriften der 10. bis 15. Tagung des Parteivorstandes der SED, Hrsg. Thomas Friedrich / Christa Hübner / Herbert Mayer / Kerstin Wolf, Berlin 1995

Erhard, Ludwig: Deutsche Wirtschaftspolitik. Der Weg der Sozialen Marktwirtschaft, Düsseldorf 1962

Exil und Neuordnung. Beiträge zur verfassungspolitischen Entwicklung in Deutschland nach 1945, Hrsg. Claus D. Krohn / Martin Schumacher, Düsseldorf 2000

Förster, Uwe / Hochberg, Stephanie von / Kubisch, Lutz-Ulrich: Auftrag Luftbrücke. Der Himmel über Berlin 1948/49, Berlin 1998

Francia, Luis H.: A History of the Philippines: From Indios Bravos to Filipinos, New York 2010

Franck, Dieter: Jahre unseres Lebens 1945–1949, München 1980

Gebhardt, Miriam: Als die Soldaten kamen. Die Vergewaltigung deutscher Frauen am Ende des Zweiten Weltkriegs, München 2015

Gerlach, Christian: Extrem gewalttätige Gesellschaften. Massengewalt im 20. Jahrhundert, München 2011

Görtemaker, Manfred: Geschichte der Bundesrepublik Deutschland. Von der Gründung bis zur Gegenwart, München 1999

Graml, Hermann: Die Alliierten und die Teilung Deutschlands. Konflikte und Entscheidungen 1941–1948, Frankfurt/Main 1985

Greiner, Bernd: Die Morgenthau-Legende. Zur Geschichte eines umstrittenen Plans, Hamburg 1995

Greiner, Bettina: Verdrängter Terror. Geschichte und Wahrnehmung sowjetischer Speziallager in Deutschland, Hamburg 2010

Hankel, Gerd: Die Leipziger Prozesse. Deutsche Kriegsverbrechen und ihre strafrechtliche Verfolgung nach dem Ersten Weltkrieg, Hamburg 2003

Hausmann, Friederike: Kleine Geschichte Italiens von 1943 bis heute, Berlin 1997

Heimkehr 1948. Geschichte und Schicksale deutscher Kriegsgefangener, Hrsg. Annette Kaminsky, München 1998

Henke, Klaus-Dietmar: Die amerikanische Besetzung Deutschlands, München [2]1996

Herbert, Ulrich: Geschichte Deutschlands im 20. Jahrhundert, München 2014

Huschke, Wolfgang J.: Die Rosinenbomber. Die Berliner Luftbrücke 1948/49, ihre technischen Voraussetzungen und deren erfolgreiche Umsetzung, Berlin [2]2008

Judt, Tony: Geschichte Europas von 1945 bis zur Gegenwart, Frankfurt/Main [4]2012

Junker, Detlef: Kampf um die Weltmacht. Die USA und das Dritte Reich 1933–1945, Düsseldorf 1988

Karlsch, Rainer: Allein bezahlt? Die Reparationsleistungen der SBZ/DDR 1945–1953, Berlin 1993

Keiderling, Gerhard: „Rosinenbomber" über Berlin. Währungsreform, Blockade, Luftbrücke, Teilung, Berlin 1998

Kershaw, Ian: Das Ende. Kampf bis in den Untergang. NS-Deutschland 1944/45, München 2011

Kleßmann, Christoph: Die doppelte Staatsgründung. Deutsche Geschichte 1945–1955, Göttingen [5]1991

Königseder, Angelika / Wetzel, Juliane: Lebensmut im Wartesaal. Die jüdischen DPs (Displaced Persons) im Nachkriegsdeutschland, Frankfurt/Main 1994

Kossert, Andreas: Kalte Heimat. Die Geschichte der deutschen Vertriebenen nach 1945, München 2008

Kostka, Bernd von: Ferien vom Kalten Krieg. Die Kinderluftbrücke 1953–1957, Berlin 2013

Kriegsende in Europa. Vom Beginn des deutschen Machtzerfalls bis zur Stabilisierung der Nachkriegsordnung 1944–1948, Hrsg. Axel Schildt / Ulrich Herbert, Essen 1998

Kriegsende 1945. Verbrechen, Katastrophen, Befreiungen in nationaler und internationaler Perspektive, Hrsg. Bernd-A. Rusinek, Göttingen 2004

Kulke, Hermann / Rothermund, Dietmar: Geschichte Indiens. Von der Induskultur bis heute, München 2010

Kultur, Pajoks und CARE-Pakete. Eine Berliner Chronik 1945–1949, Hrsg. Winfried Ranke, Berlin 1990

Levene, Mark: The Crisis of Genocide. Bd. 2: Annihilation: The European Rimlands, 1939–1953, London – New York 2014

Lobeck, Lenore: Die Schwarzenberg-Utopie. Geschichte und Legende im „Niemandsland", Leipzig [2]2004

Logevall, Frederik: Embers of War: The Fall of an Empire and the Making of America's Vietnam, New York 2012

Lowe, Keith: Der wilde Kontinent. Europa in den Jahren der Anarchie 1943–1950, Stuttgart 2014

Mai, Gunther: Der Alliierte Kontrollrat in Deutschland. Alliierte Einheit – deutsche Teilung?, München 1995

Marienfeld, Wolfgang: Konferenzen über Deutschland. Die alliierte Deutschlandplanung und -politik 1941–1949, Hannover 1962

Mee jun., Charles L.: Die Teilung der Beute. Die Potsdamer Konferenz 1945, Wien – München 1977

Metaxas, Ioannis: To prosopiko tou imerologio, 4 Bde., Athen 1960

Meyer-Seitz, Christian: Die Verfolgung von NS-Straftaten in der Sowjetischen Besatzungszone, Berlin 1998

Mielke, Katja / Schetter, Conrad: Pakistan. Land der Extreme. Geschichte – Politik – Kultur, München 2013

Moos, Carlo: Ausgrenzung, Internierung, Deportation. Antisemitismus und Gewalt im späten italienischen Faschismus 1938–1945, Zürich 2005

Mrázek, Rudolf: A Certain Age: Colonial Jakarta Through the Memories of Its Intellectuals, Durham – London 2010

Müller, Wolfgang: Die sowjetische Besatzung in Österreich 1945–1955 und ihre politische Mission, Wien 2005

Musebach, Jan: Zwischen Stettin und Szczecin. Metamorphosen einer Stadt von 1945 bis 2005, Wiesbaden 2010

Naimark, Norman M.: Die Russen in Deutschland. Die sowjetische Besatzungszone 1945–1949, Berlin 1997

Naimark, Norman M.: Flammender Hass. Ethnische Säuberung im 20. Jahrhundert, München 2004

Niethammer, Lutz: Die Mitläuferfabrik. Die Entnazifizierung am Beispiel Bayerns, Bonn 1982

Nishida, Sutoshi: Der Wiederaufbau der japanischen Wirtschaft nach dem Zweiten Weltkrieg. Die amerikanische Japanpolitik und die ökonomischen Nachkriegsreformen in Japan 1945–1952, Stuttgart 2007

Politische Säuberung in Europa. Die Abrechnung mit Faschismus und Kollaboration nach dem Zweiten Weltkrieg, Hrsg. Klaus-Dietmar Henke, München 1991

Rauchensteiner, Manfred: Stalinplatz 4: Österreich unter alliierter Besatzung, Wien 2005

Richter, Heinz A.: British Intervention in Greece: From Varkiza to Civil War, February 1945 – August 1946, London 1986

Richter, Heinz A.: Griechenland 1940–1950. Die Zeit der Bürgerkriege, Ruhpolding 2012

Rothermund, Dietmar: Gandhi und Nehru – Zwei Gesichter Indiens, Stuttgart 2010

Scharlau, Winfried: Der General und der Kaiser. Die amerikanische Besatzung Japans 1945–1952, Bremen 2003

Schmidt-Glintzer, Helwig: Das neue China. Von den Opiumkriegen bis heute, München [5]2009

Schöne, Jens: Die DDR. Eine Geschichte des „Arbeiter- und Bauernstaates", Berlin 2014

Scholl-Latour, Peter: Der Tod im Reisfeld. Dreißig Jahre Krieg in Indochina, NA München 2000

Schwartz, Michael: Ethnische „Säuberungen" in der Moderne. Globale Wechselwirkungen nationalistischer und rassistischer Gewaltpolitik im 19. und 20. Jahrhundert, München 2013

Schwarz, Hans-Peter: Vom Reich zur Bundesrepublik. Deutschland im Widerstreit der außenpolitischen Konzeptionen in den Jahren der Besatzungsherrschaft 1945–1949, Stuttgart [2]1980

Sommer, Theo: 1945. Die Biographie eines Jahres, Reinbek 2005

Sowjetisierung oder Neutralität? Optionen sowjetischer Besatzungspolitik in Deutschland und Österreich 1945–1955, Hrsg. Andreas Hilger, Göttingen 2006

Staritz, Dietrich: Die Gründung der DDR. Von der sowjetischen Besatzungsherrschaft zum sozialistischen Staat, München 1984

Steininger, Rolf: Deutsche Geschichte seit 1945. Darstellung und Dokumente in vier Bänden, Band 1 (1945–1947), Band 2 (1948–1955), Frankfurt/Main 1996

Tanner, Harold M.: The Battle for Manchuria and the Fate of China: Siping, 1946, Bloomington/Indianapolis 2013

Taylor, Frederick: Zwischen Krieg und Frieden. Die Besetzung und Entnazifizierung Deutschlands 1944–1946, Berlin 2011

Ther, Philipp: Die dunkle Seite der Nationalstaaten. „Ethnische Säuberungen" im modernen Europa, Göttingen 2011

Der Tjulpanov-Bericht. Sowjetische Besatzungspolitik in Deutschland nach dem Zweiten Weltkrieg, Hrsg. Gerhard Wettig, Göttingen 2012

Treber, Leonie: Mythos Trümmerfrauen, Essen 2014

Trümmerfrauen: Biografien einer betrogenen Generation, Hrsg. Trude Unruh, Essen 1987

Trümmerzeit und Wiederaufbau. Deutschland 1945–1955 (GEO Epoche PANORAMA, Heft 3/2014), Hamburg 2014

Ulrich, Herbert: Geschichte Deutschlands im 20. Jahrhundert, München 2014

Ueberschär, Gerd R. / Müller, Rolf-Dieter: 1945. Das Ende des Krieges, Darmstadt 2005

Verdrängte Schuld, verfehlte Sühne. Entnazifizierung in Österreich 1945–1955, Hrsg. Sebastian Meissl, München 1986

Vickers, Adrian: A History of Modern Indonesia, Cambridge [2]2013

Vollnhals, Clemens: Evangelische Kirche und Entnazifizierung 1945–1949. Die Last der nationalsozialistischen Vergangenheit, München 1989

Wehler, Hans-Ulrich: Deutsche Gesellschaftsgeschichte, Bd. 4: Vom Beginn des Ersten Weltkrieges bis zur Gründung der beiden deutschen Staaten 1914–1949, München [2]2003

Weinke, Annette: Die Verfolgung von NS-Tätern im geteilten Deutschland. Vergangenheitsbewältigung 1949 bis 1969, München 2002

Westdeutschland 1945–1955. Unterwerfung, Kontrolle, Integration, Hrsg. Ludolf Herbst, München 1986

Wilde, Frank-Eberhard: Die sowjetische Besatzungsherrschaft 1945/46. Dargestellt an der thüringischen Kreisstadt Rudolstadt, Rudolstadt [3]2013

Winkler, Heinrich August: Geschichte des Westens. Die Zeit der Weltkriege 1914–1945, München 2011

Winkler, Heinrich August: Geschichte des Westens. Vom Kalten Krieg zum Mauerfall, München 2014

Woller, Hans: Die Abrechnung mit dem Faschismus in Italien 1943 bis 1948, München 1996

Woller, Hans: Geschichte Italiens im 20. Jahrhundert, München 2010

Das Zeitalter der Weltkriege. 1914 bis 1945, Hrsg. Ernst Piper, Köln 2014

Zöllner, Hans-Bernd: Birma zwischen „Unabhängigkeit zuerst – Unabhängigkeit zuletzt". Die birmanischen Unabhängigkeitsbewegungen und ihre Sicht der zeitgenössischen Welt am Beispiel der birmanisch-deutschen Beziehungen zwischen 1920 und 1948, Münster 2000

Zuccotti, Susan: The Italians and the Holocaust: Persecution, Rescue and Survival, Lincoln/NE 1996

200 Tage und 1 Jahrhundert. Gewalt und Destruktivität im Spiegel des Jahres 1945, Hrsg. Hamburger Institut für Sozialforschung, Hamburg 1995

Bildnachweis

akg images (216 re., 249, 242 li., 251); DEFA Stiftung (145 li.); commons.wikimedia (4, 60, 68, 75 li., 75 re. , 107, 115, 179 li., 182 li., 195, 196 re., 201 li., 208, 209, 213 li., 213 re., 215); Jüdisches Museum Berlin (217 [FOT 88/500/106/033], 219 o. [FOT 88/500/47/001], 222 [2006/8/33], 225 [2001/69/2]); Landesarchiv Berlin (11 [F Rep. 290 Nr. 0172936]); Library of Congress, Washington (73); Lingen Verlag (40, 41, 79, 97, 103, 223); National Archives, Washington (155 li.); Picture Alliance (26, 45, 104, 168, 197 re., 220, 227 li., 242 re., 250); Picture Alliance AFP (254); Picture Alliance akg (6, 7, 9, 12, 15 li., 15 re., 21, 23, 25, 27, 30 re., 32 re., 35, 37, 43, 44 u. re., 46, 48 li., 48 re., 51, 61, 63, 65 li., 65 u., 66 re., 69, 71, 72 li., 72 re., 76 li., 76 re., 80, 85, 86, 89 re., 93, 95, 106 li., 113, 116 li., 116 re., 117 re., 119, 120 re., 125 re., 127, 128, 129 o., 130, 131 re., 134, 139, 140, 141, 142, 143, 144, 145 re., 146, 149 li., 149 re., 153, 155 re., 158, 160, 166, 170, 171, 182 re., 183, 189, 190, 193, 197 li., 200 o., 201 re., 204, 207, 210, 211 li., 211 re., 214, 216 li., 228, 236 re., 240, 241, 255, 256); Picture Alliance AP (33 re., 100, 117 li., 206 re., 232 li., 233, 246); Picture Alliance China Daily (248); Picture Alliance Consolidated National Archives (29); Picture Alliance Constantin_film (186); Picture Alliance CPA Media (44 u. li., 226, 227 re., 235, 237, 238, 243); Picture Alliance CTK (34, 74 u., 92); Picture Alliance dea picture library (191); Picture Alliance dpa (dpa/Zentralbild) (5, 13, 17, 18 li., 22, 24, 28 li., 28 re., 31, 32 li., 33 li., 38 re., 50, 52, 53, 54, 55, 56, 58 li., 58 re., 59, 64 li., 64 re., 65 o. M., 65 re., 67 o., 67 u. li., 67 u. re., 70, 77, 81, 82, 83, 87, 88, 89 li., 94, 96 li., 96 re., 99, 105 li., 105 re., 108, 109, 110, 121 re., 123, 124, 125 li., 126, 129 u., 131 li., 132 o., 132 u., 133, 135, 136, 137, 138, 147, 148, 150, 151, 154, 159, 161, 163, 164, 165, 167, 169, 172 li., 172 re., 173, 175, 176 re., 177, 178, 179 re., 180, 181, 184, 185, 192 li., 200 u., 203, 212, 232 re., 247 re., 258, 261, 263); Picture Alliance edition Grüntal Verlag (121 li.); Picture Alliance epa (36); Picture Alliance Everett Collection (19, 30 re., 57, 192 re., 205, 236 li.); Picture Alliance heritage images (218); Picture Alliance ICC-imaginechina (247 li.); Picture Alliance imagno (196 li., 219 u.); Picture Alliance Israeli_Government_Press_Office (224); Picture Alliance Keystone (74 o.); Picture Alliance Kyodo (44 o.); Picture Alliance Leemage (Usis-Dite/Leemage) (38 li., 39, 157, 199, 259, 260); Picture Alliance Mary Evans Picture Library (114, 120 li., 122, 156, 194); Picture Alliance PAP (91, 98); Picture Alliance Photopress-Archiv (2 53); Picture Alliance RCAHMS handout (174); Picture Alliance RIA Nowosti (14, 16, 42, 102, 106 re., 265); Picture Alliance ROPI (198 li., 198 re.); Picture Alliance Sammlung Richter (152); Picture Alliance Skai_TV_Press_Office (206 li.); Picture Alliance SZ (101); Picture Alliance tevere/sadfilm / Ronald Grant Ar (188); Picture Alliance Ullstein (66 li.); Picture Alliance United Archives (18 re., 112, 118, 187, 229, 231, 234, 239); Picture Alliance UPI (20, 47, 49, 111, 162, 176 li., 221, 230, 244, 245, 257, 267); Staatsarchiv Sigmaringen (62 [Wü_13_T_2_2025--003_02]); Stiftung Flucht, Vertreibung, Versöhnung, Berlin (84)

Impressum

Die Edition Lingen Stiftung erscheint im Lingen Verlag, Köln
©2015 by Helmut Lingen Verlag GmbH, Brügelmannstr. 3, 50679 Köln
Herausgeber: Ernst Piper
Projektleitung und Redaktion: Heinrich Hengst
Bildredaktion: Manfred Jehle
Kartografie: STELZNER Illustration, Frankfurt am Main
Titelfoto: dpa – picture alliance

Das Werk, einschließlich aller seiner Teile, ist urheberrechtlich geschützt. Jede Verwendung außerhalb der engen Grenzen des Urheberrechts ist ohne Zustimmung des Verlages unzulässig und strafbar. Das gilt insbesondere für Vervielfältigungen, Übersetzungen, Mikroverfilmungen und die Verarbeitung in elektronischen Systemen.

Printed in EU
Alle Rechte vorbehalten.
www.lingenverlag.de